Workflow-Management in der betrieblichen Personalwirtschaft

Schriften zum

Managementwissen

Herausgegeben von
Joachim Hentze
und Andreas Kammel

Band 4

PETER LANG
Frankfurt am Main · Berlin · Bern · Bruxelles · New York · Oxford · Wien

Klaus Koch

Workflow-Management in der betrieblichen Personalwirtschaft

Bibliografische Information Der Deutschen Bibliothek
Die Deutsche Bibliothek verzeichnet diese Publikation in der Deutschen Nationalbibliografie; detaillierte bibliografische Daten sind im Internet über <http://dnb.ddb.de> abrufbar.

Gedruckt auf alterungsbeständigem,
säurefreiem Papier.

D 84
ISSN 1618-453X
ISBN 3-631-50190-0

Printed in Germany 1 2 4 5 6 7

www.peterlang.de

Inhaltsverzeichnis

Abbildungsverzeichnis

Abkürzungsverzeichnis

AFG	Arbeitsförderungsgesetz
AN	Arbeitnehmer
ArbGG	Arbeitsgerichtsgesetz
ARIS	Architektur integrierter Informationssysteme
ASP	Application Service Providing
AWV	Arbeitsgemeinschaft für wirtschaftliche Verwaltung e.V.
B2B	Business to Business
B2C	Business to Consumer
B2E	Business to Employee
BDSG	Bundesdatenschutzgesetz
BetrVG	Betriebsverfassungsgesetz
BGB	Bürgerliches Gesetzbuch
BMWi	Bundesministerium für Wirtschaft und Technologie
BR	Betriebsrat
BV	Betriebsvereinbarung
bvr.	betriebsverfassungsrechtlich
CBT	Computer Based Training
CDI	Deutsche Private Akademie für Wirtschaft GmbH
CI	codierte Information
CIM	Computer Integrated Manufacturing
CSCW	Computer Supported Cooperative Work
DIN	Deutsches Institut für Normung e.V.
DV	Datenverarbeitung
EDV	elektronische Datenverarbeitung
eEPK	erweiterte ereignisgesteuerte Prozesskette
EPK	ereignisgesteuerte Prozesskette
et al.	et alli
FB	Fachbereich
GAN	Global Area Network
GB	Geschäftsbereich
GG	Grundgesetz
GUI	Graphical User Interface
HR	Human Resources
Hrsg.	Herausgeber

IKT	Informations- und Kommunikationstechnik
IS	Informationssystem
ISO	International Organization for Standardization
IT	Informationstechnik
IuK	Informations- und Kommunikationstechnik
IuKDG	Informations- und Kommunikationsdienste-Gesetz
LAN	Local Area Network
MBR	Mitbestimmungsrecht
MIT	Massachusetts Institute of Technology
MWR	Mitwirkungsrecht
NCI	nicht codierte Information
NLVA	Niedersächsisches Landesverwaltungsamt
RegTP	Regulierungsbehörde für Telekommunikation und Post
RKW	Rationalisierungs-Kuratorium der Deutschen Wirtschaft e. V.
SigG	Signaturgesetz
u.a.	und andere
WAN	Wide Area Network
WfM	Workflow-Management
WfMS	Workflow-Management-System
WWW	World Wide Web

1 Einführung und Grundlegung

1.1 Problemumfeld

Seit Ende der sechziger Jahre werden Systeme der Informationstechnik (kurz IT-Systeme) für die personalwirtschaftliche Datenverarbeitung entwickelt und eingesetzt. Erste Anwendungen beschränkten sich auf Routinetätigkeiten (z.B. Personaldatenverwaltung, Entgeltabrechnung, Berichtswesen, Personalrechnungswesen und Arbeitszeiterfassung), um Rationalisierungseffekte insbesondere aus der Massendatenverarbeitung zu nutzen (vgl. z.B. Hoppe 1993:50f. u. Heinecke 1994:5f.).

Ausgelöst durch Rationalisierungsbemühungen in Unternehmungen, wie zum Beispiel Lean Management, Total Quality Management und Business Reengineering, setzte Anfang der neunziger Jahre ein Umdenkungsprozess ein, durch den sich die betriebliche Personalwirtschaft in Richtung Informations- und Dienstleistungsfunktion entwickelte und neue personalwirtschaftliche IT-Lösungen erforderte (Hentschel 2000:66). Hentze und Kammel (2002:369) formulieren in diesem Sach- und Situationszusammenhang: „Die betriebliche Personalarbeit ist aufgrund von ökonomischen, rechtlichen und technischen Anforderungen so komplex geworden, dass sie nur durch flexible computergestützte in- und/oder externe Dienstleistungen der ‚Serviceeinheit Personal' erfüllt werden kann". Ebenso fordert Scholz (2000:132) die „Computerbasierung als Notwendigkeit" ein: „Zur Erfüllung der Ziele eines zeitgemäßen Personalmanagements gehört auf allen Feldern und Ebenen eine adäquate EDV-Infrastruktur".

Gefördert durch die rasante Entwicklung der Informationstechnik findet sich aktuell ein umfangreiches Angebot an IT-Systemen für die Unterstützung zahlreicher Aufgaben der Personalarbeit am Markt (vgl. für eine Übersicht mit 1400 Software-Produkten: Strohmeier 1999).

Es lässt sich nun vermuten, dass diese Entwicklung, im Kontext der „IT-gestützten Personalwirtschaft" auch durch eine wissenschaftliche Betrachtung begleitet, vorangetrieben und kritisch diskutiert wird, wie beispielsweise Heinecke (1994:1f.) postuliert: „Die Realität in der Praxis zwingt [...] zu einer intensiveren Auseinandersetzung mit der Informationsverarbeitung und insbesondere mit den EDV-gestützten Werkzeugen, die immer leistungsfähiger und aufgabenspezifischer sind. [...] Eine wissenschaftliche Betrachtung der Personalwirtschaft kann sich dem Gebiet der EDV-gestützten Informationsverarbeitung wohl kaum noch entziehen [...]. Eine Analyse möglicher EDV-Werkzeuge für die Personalwirtschaft aus der wissenschaftlichen Perspektive erscheint daher sinnvoll zu sein, ohne dass dabei der Praxisbezug vernachlässigt wird".

Es zeigt sich aber in der Literatur, dass diesem Appell nur fragmentarisch nachgegangen wird. Die personalwirtschaftliche Literatur greift zwar den Themenkreis auf, aber dennoch werden IT-Systeme und deren Anwendung nur beiläufig diskutiert beziehungsweise vorrangig administrative Systeme (Systeme für die Massenverarbeitung personalwirtschaftlicher Daten, z.B. in den Bereichen der Personalabrechnung, der Personalstammdaten- und Bewerberverwaltung sowie der Zeitwirtschaft) und dispositive Systeme (Systeme, die personalwirtschaftliche Entscheidungen unterstützen, z.B. in den Bereichen Personalcontrolling, -planung, -entwicklung, Nachfolgeplanung und Entgeltfindung) betrachtet (vgl. z.B. Hoppe 1993:45f., Heinecke 1994, Kropp 1997:479f., Oechsler 2000:203f., 1029f. u. Scholz 2000:132ff.). Es lässt sich auch ein umfangreiches personalwirtschaftliches Lehrbuch finden, das in jeder Beziehung den Einsatz von IT-Systemen inhaltlich ausblendet (vgl. Ridder 1999). Kossbiel et al. (2000:7) erkennen in diesem Zusammenhang ein wissenschaftliches Defizit, das sich „in einer relativen Vernachlässigung informatikspezifischer Themen im Personalbereich" äußert.

Diese Vernachlässigung betrifft insbesondere Workflow-Management-Systeme. Workflow-Management-Systeme, welche für die Unterstützung von Geschäftsprozessen, im Sinn des sogenannten Workflow-Managements einsetzbar sind, werden gänzlich in der personalwirtschaftlichen Literatur unberücksichtigt oder werden von den Autoren nur in kompakter Darstellungsform erwähnt (vgl. z.B. Werner 1994, Bellgardt 1995, Mülder 1997, Haasters 1999:141ff., Scholz 2000:136, Mülder 2000 u. Hentze/Kammel 2002:393ff.), obwohl sie „schon bald zum unverzichtbaren Hilfsmittel der Personalwirtschaft aufsteigen" können (Mülder 1997:12), sich die Themenstellung der Entwicklung und Anwendung von Workflow-Management-Systemen seit den neunziger Jahre in den Disziplinen der Informatik und Wirtschaftinformatik etabliert hat (vgl. z.B. Teufel et al. 1995:184ff.) und gleichermaßen Workflow-Systeme am Markt verfügbar sind (vgl. für eine Marktstudie z.B. Fichter 1999) und in der Praxis angewendet werden (vgl. für Anwenderberichte z.B. die Studie von Karl et al. 2000).

Als erste Arbeitsbegriffsdefinitionen, die im Folgenden noch zu spezifizieren sind, kann zum einen Workflow-Management definiert werden als „alle Aufgaben, die bei der Modellierung, der Simulation sowie bei der Ausführung und Steuerung von Geschäftsprozessen (endliche Folgen von Aktivitäten, die durch Ereignisse ausgelöst und beendet werden) erfüllt werden müssen" und zum anderen ein Workflow-Management-System bestimmt werden als „ein aus mehreren Werkzeugen bestehendes System, welches die Aufgaben des Workflow-Managements durch die Ausführung von Software unterstützt“ (Teufel et al. 1995:182).

1.2 Problemstellung

Aus der Literatur lässt sich extrahieren, dass die Personalwirtschaft aktuell mit zahlreichen Herausforderungen und Defiziten konfrontiert wird.

Haasters (1999:1f.) beschreibt die Situation auf folgende Art: „Die hohen und beständig weiter ansteigenden Personal- und Personalzusatzkosten führen bei der Entscheidung über die Verteilung der knappen betrieblichen Investitionsmittel zu einem zunehmenden ökonomischen Rechtfertigungsdruck auf die Personalabteilung. Darauf lassen sich letztlich auch die Bestrebungen zurückführen, die Mitarbeiter in der Personalarbeit verstärkt auf ökonomisches Denken und Handeln auszurichten. Angestrebt wird somit zum einen eine organisatorische Aufwertung und Professionalisierung der Personalarbeit, zum anderen soll die Personalarbeit als kundenorientierte Dienstleistung etabliert werden“. Ebenso argumentieren Schmeisser et al. (1999:7): „Eine Steigerung der Effizienz des Personalbereichs ist angesichts des hohen Entgeltanteils an der Gesamtkostenstruktur und der Bedeutung der Personalkosten erforderlich“. Wunderer und von Arx (1999:5) fordern gar, dass „das Personalmanagement gleichzeitig strategie- und effektivitätsorientiert, qualitätsorientiert und dienstleistungsorientiert sowie wirtschaftlichkeits- und wertschöpfungsorientiert auszuge-stalten“ ist. Scholz (2000:65ff.) führt diese Betrachtungen zusammen und stellt ein Anforderungsprofil für eine zeitgemäße Personalwirtschaft bereit, das sich aus den nachstehenden Voraussetzungen ergibt:

- Erfolgsorientierung - personalwirtschaftliche Aktivitäten sind explizit auf ökonomische Zielgrößen auszurichten,
- Flexibilisierung – die Personalwirtschaft hat die Systemeigenschaft der kurzfristigen Anpassungsfähigkeit an Änderungen aufzuweisen,
- Individualisierung – die Personalwirtschaft hat verstärkt Bedürfnisse und Wertvorstellungen der einzelnen Mitarbeiter zu berücksichtigen,
- Kundenorientierung – alle personalwirtschaftlichen Aktivitäten sind strikt an den Wünschen vorhandener und potentieller Kunden auszurichten,
- Qualitätsorientierung – die Personalarbeit ist in den Total-Quality-Management-Ansatz zu integrieren,
- Akzeptanzsicherung – die Personalwirtschaft hat die Aufgabe, die Akzeptanz für notwendige Organisationsentwicklungsprozesse herzustellen und damit

Bedingungen zu schaffen, unter denen Mitarbeiter auch in Zeiten des Wandels ihre Aufgaben erfüllen können und wollen,
- Professionalisierung – die Personalwirtschaft hat den eigenen Wissensstand ständig zu aktualisieren und spezifische Kompetenzen auszubauen, zu denen insbesondere auch der Umgang mit neuen Techniken in Form von Spezialsoftware zählt.

Diesen Anforderungen an die Personalwirtschaft steht ein vermeintliches Leistungspotential von Workflow-Management-Systemen gegenüber, das aufgrund der Neuheit und Vielfalt des Gebietes Workflow-Management lebhaft in der Literatur zur Wirtschaftsinformatik diskutiert wird. Daher kann die im Folgenden skizzierte Diskussion ohne Zweifel als noch nicht abgeschlossen betrachtet werden.

Teufel et al. (1995:182) sehen die betriebswirtschaftliche Bedeutung von Workflow-Systemen primär in ihrem Potential zur Erhöhung der Produktivität und Flexibilität sowie zur Steigerung der Effektivität betrieblicher Geschäftsprozesse. Ähnlich argumentieren Vogler und Österle (1996:V): „Workflow-Management bringt für viele Geschäftsprozesse wettbewerbsentscheidende Produktivitätsfortschritte". Jablonski (1995:2ff.) betont, dass neben Rationalisierungseffekten „eine Qualitätsverbesserung bei der Ausführung von Prozessen im Allgemeinen von Workflow-Management erwartet" wird. Wersch (1995:3ff.) wiederum hebt „die Erhöhung von Transparenz und Beherrschbarkeit der betrieblichen Arbeitsprozesse" hervor, welche systemgestützt erreicht und hinsichtlich der Prozesseffizienz und -effektivität überwacht werden können. Gadatsch (2000:33ff.) fasst die Aussagen weiterer Autoren (Rolles 1997:21,121ff., Becker et al. 1996:17, Vogler 1996:344, 348f., Oberweis 1996:60f., Kurbel et al. 1997:67, 70 u. Hagemeyer et al. 1998:60) zusammen und kommt zu dem Schluss, dass Workflow-Management:

- ein „Enabler" für das Business Reengineering ist und eine Unterstützungsfunktion bei der Umsetzung von Reengineering-Maßnahmen bereitstellt,
- eine Verbesserung der Kundenzufriedenheit in Hinblick auf eine beschleunigte Auskunftsfähigkeit gegenüber dem Kunden ermöglicht,
- die Geschäftsprozessqualität in Hinblick auf die Reduktion von Prozessfehlern verbessert und eine permanente Geschäftsprozessqualitätssicherung erlaubt,
- die Geschäftsprozesstransparenz erhöht,
- Geschäftsprozessdurchlaufzeiten verkürzt,
- Geschäftsprozesskosten reduziert,
- die permanente Anpassung von Geschäftsprozessen unter der Berücksichtigung von organisatorischen Änderungen unterstützt,

- den Ablauf von Geschäftsprozessen in ihrer Gesamtheit automatisiert unterstützt.

Die oben beschriebene Diskussion zeigt auf, dass der Einsatz von Workflow-Management-Systemen für die Personalwirtschaft ein viel versprechendes Leistungspotential bieten kann. Das folgende Kapitel beschreibt, unter welcher Fragestellung und unter welcher Zielsetzung eine derartige Applikation in der vorliegenden Arbeit betrachtet wird.

1.3 Zentrale Fragestellung und Zielsetzung

Greift man nun das dargestellte Problemumfeld und die aufgezeigte Problemstellung auf, so ergibt sich als unmittelbares Ziel dieser Arbeit, das Applikationspotential des Workflow-Managements für die betriebliche Personalwirtschaft in der Ausgestaltung eines Ansatzes für das „Workflow-Management personalwirtschaftlicher Geschäftsprozesse" zu erschließen und zugänglich zu machen. Zweck dieser Arbeit ist daher, ein Instrumentarium zu entwickeln, das eine systematische und analytische Durchdringung der vorgestellten Thematik fördert und prinzipiell mögliche Gestaltungsräume aufzeigt.

Aus dieser Zielsetzung heraus lassen sich nun zentrale Fragestellungen ableiten, die im Rahmen dieser Arbeit zu behandeln sind.

In der Literatur zur Wirtschaftsinformatik werden zahlreiche und zum Teil eigenständige Beiträge zum Workflow-Management vorgestellt. Es muss daher der Frage nachgegangen werden, ob einer dieser Beiträge zumindest partiell für die personalwirtschaftliche Problemstellung adaptiert werden kann oder ob ein neuer Ansatz zu konzipieren ist.

Aus der Perspektive der Personalwirtschaft ist zu klären, welche personalwirtschaftlichen Aufgabengebiete Applikationspotentiale für das Workflow-Management bieten und welche funktionalen sowie dysfunktionalen Potentiale im Hinblick auf die vorab dargelegten Anforderungen zu erwarten sind.

Weiterführende und ergänzende Fragestellungen und Zielsetzungen werden im Kapitel „1.6 Vorgehensweise und Aufbau der Arbeit" behandelt.

1.4 Wissenschaftliche Orientierung, grundlegende Methodik und Forschungsaufgabe

Die vorliegende Arbeit orientiert sich in ihren Grundzügen an den Erkenntnissen der Wirtschaftsinformatik, die sich mit der Konzeption, Entwicklung, Einführung, Wartung und Nutzung von IT-Systemen im Betrieb befasst und sich somit als Nachbardisziplin der Betriebswirtschaftslehre versteht, die insbesondere Aspekte der angewandten Informatik behandelt (vgl. z.B. Gutzwiller 1994:3, Heinecke 1994:1, Hansen 1996:86ff., Mertens et al. 1996:1, Eichhorn 2000:42 u. Derszteler 2000:14).

Der Verfasser teilt hier die Auffassung von Eichhorn (2000:40), der grundsätzlich benachbarten Fachgebieten der Betriebswirtschaftslehre neben den klassischen Wirtschaftlichkeitsaspekten andere Fragestellungen zugesteht, sodass der „Blick für Voraussetzungen, Einflüsse, Übereinkünfte und Wirkungen jenseits von Wirtschaftlichkeitsaspekten" ermöglicht werden kann und damit verhindert wird, dass die wirtschaftliche Betrachtungsweise dominiert.

Als Betriebe werden im Folgenden Produktionswirtschaften im weiteren Sinne verstanden, also einschließlich der Dienstleistungsbetriebe, wobei öffentliche Betriebe nicht mit in die Betrachtung eingeschlossen werden (vgl. für eine Diskussion des Begriffs Betrieb besonders Raffée 1974:50ff.). Der Betrieb wird in dieser Arbeit insofern eingeschränkt betrachtet, als dass sich die Ausarbeitung an der betrieblichen Personalwirtschaft ausrichtet und diese modellhaft betrachtet wird. Die in der Praxis uneinheitlich und vielfältig ausgestaltete Personalarbeit erfordert dieses, die Komplexität der Realität reduzierende Vorgehen, das sich ausschließlich an dem personalwirtschaftlichen Schrifttum ausrichtet. Des Weiteren ermöglicht eine solche modellhafte Betrachtung der betrieblichen Personalwirtschaft, dass neue, im Forschungsumfeld der Personalwirtschaft dargebotene Ergebnisse sowie Entwicklungen, die in praxi noch nicht umgesetzt werden, mit in die Untersuchung eingebunden werden können. Gleiches gilt für Workflow-Management-Systeme. Um die vorliegende Ausarbeitung gegen die rasante Entwicklung der Informationstechnik weitestgehend zu immunisieren, werden keine am Markt verfügbaren Systeme, sondern vielmehr idealtypische Workflow-Systeme, wie sie im Schriftgut zur Informatik und Wirtschaftsinformatik durch Systemanforderungen dargestellt werden, betrachtet.

Zur wissenschaftlichen Betrachtung der zugrunde liegenden Problemstellung, Fragestellung und Zielsetzung, wird das methodische Instrument Theorie in der vorliegenden Arbeit verwendet.

Als Theorie kann ein System von Aussagen über eine gesetzmäßige Ordnung bezeichnet werden (Chmielewicz 1994:11). Theorien erfüllen für die wissenschaftliche Disziplin der Betriebswirtschaftslehre mehrere Funktionen des Erkenntnisgewinns (vgl. z.B. Kosiol 1964:734ff., Wild 1967, Schanz 1976, Witte 1981b u. Eichhorn 2000:26ff.):

- Die Beschreibungsfunktion von Theorien legt fest, was für ein Problembereich relevant und im Umkehrschluss irrelevant ist. Theorien fokussieren hierbei zum einen auf bisher unerkannte Aspekte und vereinfachen zum anderen die Problemkomplexität.

- Theorien helfen durch eine Erklärungs- und Prognosefunktion Aussagen über Zusammenhänge und Wirkungsbeziehungen eines Problembereichs zu formulieren und zukünftige Ereignisse unter Kenntnis der Ausgangssituation vorherzusagen.
- Theorien üben über eine Kritikfunktion eine kritische Beurteilung eines Sachverhalts aus, indem aktuelle Gegebenheiten in Frage gestellt werden.
- Theorien können auf der Basis der drei vorangestellten Funktionen Schlüsse für eine verbesserte Gestaltung (Gestaltungsfunktion) ermöglichen.

Albert (1975b:57) fasst den Nutzen von Theorien durch die Aussage „Nichts ist praktischer als eine relevante und informative Theorie“ treffend zusammen. Dieser Standpunkt zur Theorieanwendung wird hier als Grundlage für die Betrachtung des Aufgabengebietes Workflow-Management zugrunde gelegt. Es gilt daher, einen Workflow-Management-Ansatz unter der Berücksichtigung einer theoretischen Im-plikation zu entwickeln. Dieser Ansatz, bei dem auf eine bestehende Theorie zurückgegriffen wird, soll anschließend als Analyseinstrument für die personalwirtschaftliche Problemstellung angewendet werden. Demnach wird im Folgenden primär der Beschreibungsfunktion einer spezifischen Theorie nachgegangen.

Die vorliegende Arbeit verfolgt also im Ganzen einen modelltheoretischen Ansatz (vgl. für die hier zugrunde gelegte Idee zur Konzeption und Anwendung von modelltheoretischen Ansätzen – aus der Perspektive der Personalführung - Hentze et al. 1997:70f.).

Strohmeier (2000:90) bezeichnet das interdisziplinäre Forschungsgebiet der Fachrichtungen Wirtschaftsinformatik und Personalwirtschaft, welches sich inhaltlich mit Fragestellungen zur Erstellung, dem Einsatz und den Folgen personalwirtschaftsspezifischer Informationstechnikanwendungen auseinandersetzt, als sogenannte Informatisierung der Personalwirtschaft. Durch eine Zusammensetzung möglicher Forschungsfunktionen und –inhalte erzielt Strohmeier eine Strukturierung der Forschungsaufgabe für das Gebiet der Informatisierung der Personalwirtschaft in einzelne Segmente (Strohmeier 2000:90f. - im Kontext der Forschungsfunktionen mit Bezug auf Bunge 1967a, 1967b u. 1983 sowie im Kontext der Forschungsinhalte mit Bezug auf Ropohl 1979 u. 1990), in die sich auch die vorliegende Arbeit hinsichtlich ihrer Forschungsaufgabe einordnen lässt (vgl. Abbildung 1-1). Des Weiteren erlaubt diese Segmentierung eine Spezifizierung und Begründung der hier nachgegangenen Forschungsaufgabe.

Forschungsfunktionen setzen sich gegenseitig voraus (Strohmeier 2000:91). An erster Stelle steht die Beschreibung, welche die Erklärung fundiert. Die Er-

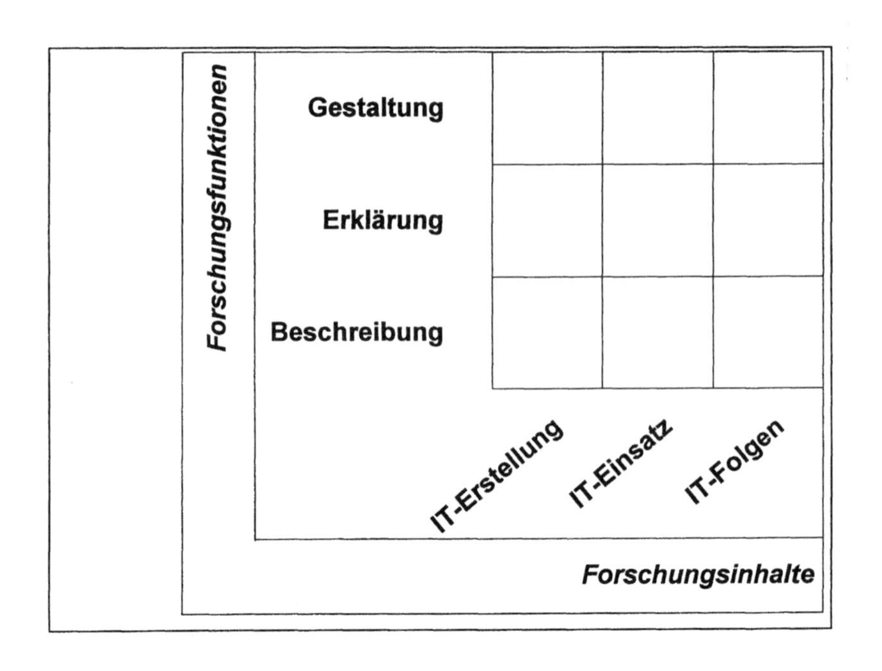

Abbildung 1-1: Segmente der Forschungsaufgabe im Gebiet der Informatisierung der Personalwirtschaft (verändert nach Strohmeier 2000:91)

klärung selbst liefert die Grundlage für die Gestaltung. In Anbetracht der fehlenden Forschungsarbeiten zum Thema der vorliegenden Arbeit erscheint es vermessen, dem Ziel beziehungsweise der Forschungsfunktion Gestaltung nachzugehen und einen gestaltungsorientierten Beitrag für die Unterstützung der personalwirtschaftlichen Praxis zu liefern. Vielmehr ist es aus Gründen der Forschungslogik angebracht und sinnvoll, die Themenstellung vornehmlich deskriptiv in Form einer Analyse zu verfolgen, um ein Fundament für eventuell weitere expositorische oder formative wissenschaftliche Beiträge bereitzustellen.

Architektur- und Implementierungsvorschläge zu Workflow-Management-Systemen liegen in der Literatur zahlreich vor. Daher ist, basierend auf diesen Forschungsergebnissen, im Folgenden der personalwirtschaftliche Einsatz solcher Systeme zentral zu bearbeitender Forschungsinhalt.

1.5 Begriffsklärung und -abgrenzung

1.5.1 Begriffsauswahl

Die Personalwirtschaft, ihre funktionale Systematisierung und ihre Zielsetzung sowie die Organisation der Personalwirtschaft bilden neben dem allgemeinen Terminus des Geschäftsprozesses die konstruktive begriffliche Grundlage für eine Arbeitsdefinition des Begriffs „personalwirtschaftlicher Geschäftsprozess". Daher erfolgt im nachstehenden Abschnitt eine sukzessive und kompakte Erläuterung der genannten Be-griffe - bevor das Kapitel abschließend - das Basisobjekt der vorliegenden Arbeit der „personalwirtschaftliche Geschäftsprozess", die einzelnen Begriffe zusammenführend, definiert wird und die Vorgehensweise und der Aufbau der Arbeit dargestellt werden. Vorerst gilt es aber, die schon mehrfach gebrauchten Begriffe Informationstechnik und IT-System festzulegen und abzugrenzen.

1.5.2 Informationstechnik und System der Informationstechnik

Zur Bestimmung des Terminus Informationstechnik ist es erforderlich, die Begriffe Information und Technik vorab zu definieren.

Die hier zugrunde gelegte Definition für den Begriff Information orientiert sich an der Auffassung von Eichhorn (2000:172), die im Wesentlichen auf Wittmann (1959:14) zurückzuführen ist, wonach Informationen (zweckorientierte Nachrichten, die Entscheidungen oder Handeln vorbereiten) und Nachrichten (Zeichen bestimmter Bedeutung) dazu dienen, Produktionsfaktoren, Zustände, Ereignisse sowie Ergebnisse zu erfassen.

Der Begriff Technik umfasst nach Stickel et al. (1997:705) und Balzert (2000:17ff.):

- die Menge der nutzenorientierten, künstlichen und materiellen Gebilde,
- die Menge menschlicher Handlungen und Einrichtungen, in denen Sachsysteme entstehen und
- die Menge menschlicher Handlungen, in denen Sachsysteme verwendet werden.

Der häufig zum Terminus Technik in der Literatur synonym verwendete Begriff Technologie wird in dieser Arbeit in Anlehnung an Balzert (2000:18) nicht sinnverwandt zur Technik, sondern in der ursprünglichen Bedeutung als die Lehre von der Technik verstanden.

Folglich bezeichnet Informationstechnik die Menge aller technischen Ressourcen (insbesondere Hard- und Software), welche die Informationsverarbeitung und den Informationsaustausch unterstützt, aber auch die Entstehungs- und Verwendungszusammenhänge von Hard- und Software (vgl. z.B. Stickel et al. 1997:705f. u. Krcmar 2000:21). Um die Integration der Kommunikationseinrichtungen, insbesondere der Netzwerke, in der Begriffsbestimmung zu unterstreichen, findet sich in der Literatur auch die Bezeichnung Informations- und Kommunikationstechnik (kurz IuK oder IKT, vgl. z.B. Teufel et al. 1995:91ff.).

Hard- und Software bilden im Verbund Systeme der Informationstechnik (IT-Systeme), mit denen Informationen aufgenommen, gespeichert, transformiert, übertragen, wiedergegeben und genutzt werden können. Solche Systeme bestehen in der Regel aus Rechnern, Software und Netzwerken sowie Peripheriegeräten.

1.5.3 Personalwirtschaft

Der Begriff Personalwirtschaft ist in der Literatur nicht eindeutig bestimmt. Er wird in zahlreichen personalwirtschaftlichen Publikationen in substitutiver Weise zu anderen Begriffen verwendet. Neuberger (1997:7) zum Beispiel führt in diesem Kontext die Termini Personalwesen, Personalwirtschaft, Personalmanagement, Human Resource Management, Personalführung, Personalpolitik, Personalökonomie und Personalwissenschaft auf. Bei einer detaillierteren Betrachtung der Begriffe in Hinblick auf den Terminus Personal-wirtschaft wird gleichwohl offensichtlich, dass Besonderheiten und Differenzen zwischen den einzelnen Inhalten bestehen. Oechsler (1997:13) betont, dass der Terminus Personalwirtschaft zum Ausdruck bringt, dass Personal unter wirtschaftlichen (ökonomischen) Bedingungen eingesetzt wird, und dass der Terminus Personalwesen von den ökonomischen Bedingungen eher ablenkt und nicht die objektbezogene Nähe zu Anlagen-, Material- oder Finanzwirtschaft hervorhebt. Ähnlich argumentiert Eigler (1995:77) in Anlehnung an Wächter (1992:316): Der Begriff Personalwirtschaft „[...] betont die Notwendigkeit eines an Wirtschaftlichkeitsanforderungen orientierten Personaleinsatzes. Mit diesem Begriff wird auch eine Verknüpfung der inhaltlichen Fachausrichtung mit der Betriebswirtschaftslehre hergestellt, welche durch den Begriff Personalwesen verschleiert wurde und bei dem Begriff der Personalpolitik allenfalls zu erahnen ist.“ Nach Neuberger (1997:11f.) ist die Personalwirtschaft einem pragmatisch-normativen Programm verpflichtet, das heißt die Personalwirtschaft gibt praxisbewährte Gestaltungsempfehlungen in Form von Verfahren, Instrumenten und Systemen und würdigt diese im Hinblick auf ihren Beitrag zur Erreichung ökonomischer oder sozialer

Ziele. Heinecke (1992:5f.) hebt hervor, dass der Begriff Personalwesen die rein administrativen Aufgabenbereiche der Personalarbeit beschreibt, der Begriff Personalmanagement synonym zur Personalführung zu verwenden ist, und dass ausschließlich der Begriff Personalwirtschaft dem gesamten Spektrum der Personalarbeit innerhalb einer Unternehmung gerecht wird.

Im Sinne einer kompakten Arbeitsbegriffsdefinition wird in dieser Ausarbeitung mit Bezug zu den Auffassungen von insbesondere Heinecke (1992:5f.), Eigler (1995:77), Ridder (1999:38ff.) sowie Hentze und Kammel (2001:3ff.) von folgendem Begriffsverständnis ausgegangen: Die Personalwirtschaft impliziert alle Aufgaben- und Gestaltungsfelder, die den Menschen (das Personal) in Organisationen betreffen.

1.5.4 Personalwirtschaftliche Funktionen

Einzelne personalwirtschaftliche Aufgaben- und Gestaltungsfelder sind nicht als isolierte Elemente zu verstehen, sondern integrieren sich vielmehr in ein System von Funktionen, das den gesamten Aufgabenumfang der Personalwirtschaft gliedert und beschreibt. Eine Systematisierung personalwirtschaftlicher Funktionen differenziert die einzelnen personalwirtschaftlichen Aufgabengebiete mit dem Anspruch auf Vollständigkeit zu einer wohlgeordneten Beschreibung der Aufgabenstellung für die Personalwirtschaft (Metz 1995:43).

Systematiken zu personalwirtschaftlichen Funktionen werden in der Literatur traditionell zahlreich diskutiert und vorgeschlagen (vgl. z.B. Heinecke et al. 1989:194ff., Heinecke 1992:13ff., 136ff., Wagner 1994:17ff., Jung 1995:4ff., Berthel 1997:7ff., Ridder 1999:38ff. u. Scholz 2000:VI). Es werden zur Abgrenzung einzelner Funkti-onen zum Teil verschiedenartige Bezeichnungen gewählt. Inhaltlich unterscheiden sich die angebotenen Systematiken aber nur geringfügig. Aktuelle personalwirtschaftliche Lehrbücher und Konzeptionen weisen zusätzlich zu einer an diesen klassischen Personalfunktionen orientierten Ordnung eine Metastruktur auf, die sich beispielsweise am Arbeitsrecht und Arbeitgeber-Arbeitnehmer-Beziehungen (Oechsler 2000), an den üblichen strategischen, taktischen und operativen Managementebenen (Scholz 2000) oder auch an System- und Entscheidungstheorien (Kropp 1997) ausrichtet.

Die hier gewählte Darstellung der personalwirtschaftlichen Funktionen orientiert sich an der klassischen in der Literatur etablierten Gliederung, wie sie zum Beispiel bei Hentze und Kammel (2001 u. 2002) und ähnlich auch bei Jung (1995) zu finden ist. Demnach wird die nachstehende Systematik für die weitere Vorgehensweise zugrunde gelegt, welche die Kernfunktionen:

- Personalbedarfsermittlung,
- Personalbeschaffung,
- Personalentwicklung,
- Personaleinsatz,
- Personalerhaltung und Leistungsstimulation und
- Personalfreistellung

aufweist.

1.5.5 Ziele der Personalwirtschaft

Das Zielsystem der Personalwirtschaft orientiert sich an ökonomischen und sozialen Zielen. Die Zurechnung von ökonomischen Zielen erfolgt hierbei typischerweise ausgerichtet auf die Unternehmung, wohingegen soziale Ziele sich auf Erwartungen, Bedürfnisse und Interessen der Mitarbeiter beziehen (Drumm 1995:7ff. u. Metz 1995:49). Die Bildung beziehungsweise Ableitung einzelner Ziele der Personalwirtschaft erfolgt unter der Anknüpfung an die jeweiligen Unternehmensziele (Hentze/Kammel 2001:53ff.). Im idealtypischen Prozess werden dabei zunächst Oberziele definiert, die dann über die Bildung von Unterzielen und die Ermittlung dazugehöriger Aufgaben sukzessive auf Aufgabenträger übertragen werden (Metz 1995:47).

Die von Kosiol (1978:54 u. 223f.) für die Betriebswirtschaftslehre getroffene Unterscheidung von Sachzielen (Art, Menge und Zeitpunkt der im Markt abzusetzenden Produkte) und Formalzielen (Wirtschaftlichkeit) ermöglicht auch für die Personalwirtschaft eine Konkretisierung der einzelnen Ziele. Ökonomische Ziele, wie Gewinnmaximierung oder Kostenminimierung, bilden daher auch die fundamentalen Formalziele der Personalwirtschaft. Personalwirtschaftliche Sachziele werden durch die Zielsetzungen der einzelnen personalwirtschaftlichen Funktionen definiert.

1.5.6 Organisation der Personalwirtschaft

Unter Organisation der Personalwirtschaft werden generell alle Tätigkeiten und Ergebnisse verstanden, die Strukturierungen im Personalbereich betreffen, mit denen angestrebt wird, eine zielorientierte Ordnung zu gestalten oder zu erhalten, wobei diese Strukturierung allgemein die horizontale und vertikale Differenzierung und Verknüpfung von Tätigkeitsbereichen, Aufgaben und Aufgabenträgern umfasst (Hentze/Kammel 2001:101).

In der Organisationslehre werden divergente Organisationsbegriffe unterschieden, die sich nach Bea et al. (1999:3ff.; ähnlich z.B. auch bei Oelsnitz 2000:18ff.) in die Kategorien:

- tätigkeitsorientierter,
- institutioneller und
- instrumenteller Organisationsbegriff

untergliedern lassen.

Der tätigkeitsorientierte Begriff fasst Organisation in der Bedeutung eines zielorientierten Strukturierens als eine Tätigkeit auf, durch welche eine Ordnung entsteht. Die institutionelle Sichtweise bestimmt Organisation als Oberbegriff für verschiedene Formen der institutionalisierten Wirtschaftstätigkeit. Aus dieser Perspektive heraus betrachtet, ist eine Organisation eine bestimmte Art von Institution beziehungsweise ist die Unternehmung eine Organisation. Der instrumentelle Organisationsbegriff umschreibt ein dauerhaftes Regelsystem, das eine Unternehmung hat und welches zielorientiert als Führungsinstrument eingesetzt wird und den betrieblichen Leistungsprozess steuert. Dieses Verständnis der Organisation als Konfiguration ist auf Kosiol (1978:69; vgl. hierzu auch Oelsnitz 2000:19f.) zurückzuführen, der den Be-griff der Organisation durch drei Merkmale bestimmt: „Struktur, Integration und Dauer. (1) Es geht um die Bildung von Strukturen in Gefügen. (2) Diese Strukturierung ist auf eine Integration der Bestandteile der Gefüge gerichtet. (3) Die integrative Strukturierung erstrebt die generelle Dauerhaftigkeit von Gebilden und Prozessen.“ Kosiol (1978:70) unterscheidet weiterführend die Aufbauorganisation als „die Gliederung der Unternehmung in aufgabenteilige Einheiten“ und die Ablauforganisation als „Gestaltung von Arbeits- und Bewegungsabläufen“. „Diese gedankliche Abstraktion von Aufbau und Ablauf eines real einheitlichen Tatbestandes“ (Kosiol 1978:70) ist von der personalwirtschaftlichen Literatur adaptiert worden. Einzelne Konfigurationen der Organisationsstruktur der Personalwirtschaft werden daher im Schrifttum unter den folgenden Aspekten vorgestellt und erörtert (Domsch et al. 1992:1934 u. Metz 1995:41):

- Zuordnung von Personalaufgaben zu einzelnen Aufgabenträgern und multipersonalen spezialisierten Funktionseinheiten (Personalbereich und -abteilungen),
- Differenzierung von exklusiv Personalaufgaben wahrnehmenden Funktionseinheiten in untergeordnete Teileinheiten,
- Integration dieser Funktionseinheiten in die Gesamtorganisation des Unternehmens und
- raum-zeitliche Strukturierung der zur Erfüllung personalwirtschaftlicher Aufgaben erforderlichen Arbeitsvorgänge.

Für die nachstehenden Ausführungen wird als Arbeitsbegriffsdefinition die Organisation der Personalwirtschaft als Konfiguration in der Bedeutung des instrumentellen Organisationsbegriffs verstanden. Die oben aufgeführte allgemeine Definition von Hentze und Kammel wird demnach auf die von Domsch et al. und Metz gegebenen Merkmale eingeschränkt betrachtet.

Des Weiteren werden in der Organisationslehre Konfigurationen differenziert in die Gruppen Primärorganisation und Sekundärorganisation betrachtet (vgl. z.B. Hentze et al. 1985:77 u. Bea et al. 1999:279, 315, 337ff.). Der Gruppe der Primärorganisationen sind Konfigurationen zuzuordnen, die eine dauerhafte Grundstruktur aufweisen. Konfigurationen für temporäre oder innovative Sonderaufgaben (Projekte) zählen zu der Gruppe der Sekundärorganisationen.

Mit Hilfe dieser Differenzierung wird der hier gebrauchte Begriff der Organisation der Personalwirtschaft auf Konfigurationen der personalwirtschaftlichen Primärorganisation weiter eingeschränkt. Organisationsformen, welche temporär für die Abwicklung von in der Regel umfangreichen Vorhaben in Ergänzung zur personalwirtschaftlichen Primärorganisation installiert sind, indem ausgewählte Mitarbeiter aus der Personalabteilung und anderen Fachabteilungen zeitlich befristet herausgelöst werden, um sich gemeinsam einer bestimmten personalwirtschaftlichen Projektaufgabe zu widmen (vgl. z.B. Neuberger 1997:164 u. Bertram 1996:176f.), finden keine Beachtung.

1.5.7 Geschäftsprozess

Der Begriff Geschäftsprozess wird in der Literatur nicht eindeutig beschrieben. Eine erste sachliche Auffassung des Ausdrucks vermitteln die Ausführungen des Deutschen Instituts für Normung e.V., welche einen Prozess als miteinander verbundene Aktivitäten oder Teilprozesse zur Bearbeitung einer Aufgabe oder als einzelne Aktivität rekursiv definieren und weiterführend als Geschäftsprozess solche Prozesse bezeichnen, die unter betriebswirtschaftlichen Gesichtspunkten betrachtet werden können (DIN 1996:16). Maurer (1996:4) bestimmt den Terminus unter betriebswirtschaftlichen Gesichtspunkten weiterführend als „ [...] ein Netzwerk aus Ressourcen und Aufgaben (bzw. Aktivitäten), die zur Erstellung einer genau definierten, messbaren Leistung für einen bestimmten Prozesskunden(-kreis) oder zur Herstellung eines bestimmten Zielzustandes notwendig sind. Die einzelnen Aktivitäten sind über einen durchgängigen Leistungs- bzw. Informationsfluss miteinander verbunden und stehen in definierten Reihenfolgebeziehungen zueinander. Die Abwicklung eines Falles, d.h. einer konkreten Ausprägung eines Geschäftsprozesses, wird durch ein Startereignis ausgelöst.“ Ähnliche Definitionen mit mehr oder minder großen Abweichungen sind unter anderem auch bei Gaitanides (1983:74f.), Harrington (1991:9), Elgass et al. (1993:43), Davenport (1993:5f.), Hammer et al. (1996:52) und Hungenberg (2000:244ff.) zu finden. Die wesentlichen Charakteristika des Geschäftsprozessbegriffs in der Literatur zählen Bullinger (1993:22ff.) und Hölzle (1999:31) auf:

- Geschäftsprozesse sind definierte Abläufe des Betriebsgeschehens. Sie sind inhaltlich abgeschlossen und können von vor-, neben- oder nachgelagerten Vorgängen isoliert betrachtet werden.
- Geschäftsprozesse besitzen einen definierten Beginn und ein definiertes Ende.
- Ein Geschäftsprozess ist zielorientiert, so dass sein Ende durch das Erreichen des Ziels festgelegt ist.
- Geschäftsprozessorientierung betrachtet parallel alle prozessrelevanten Parameter wie Personal, Material, Produktionsanlagen, Information und Informationsanlagen, Qualität, Durchlaufzeiten und alle Aspekte der Organisation, auch diejenigen, die als Randbedingungen den Geschäftsprozess entgegen der Zielrichtung beeinträchtigen.
- Gestartet wird ein Geschäftsprozess meist durch einen externen Auslöser, der als Eintritt eines definierten Zustandes zu verstehen ist.
- Ein Geschäftsprozess enthält Input und liefert Output, er befindet sich im Kontext vor- und nachgelagerter Prozesse.
- Geschäftsprozesse setzen sich aus Teilprozessen zusammen, Teilprozesse können sukzessive oder parallel ausgeführt werden.
- Geschäftsprozesse und Teilprozesse sind oftmals funktions- und abteilungsübergreifend.
- Geschäftsprozesse können Kunden, Lieferanten und andere externe Bezugsgruppen involvieren.
- Geschäftsprozesse sind dynamisch, ständige Anpassung an ein verändertes Umfeld und ständige Optimierung sind notwendig.
- Ein Geschäftsprozess steht in der Verantwortung eines Geschäftsprozesseigners.

Eine Arbeitsbegriffsdefinition ist ausschließlich basierend auf den Merkmalsausprägungen aufgrund ihrer Vielzahl und einhergehender mangelnder Handhabbarkeit nicht festlegbar. Daher bietet sich eine die Komplexität reduzierende und einzelne Merkmale zusammenfassende Arbeitsdefinition, gegliedert in vier Betrachtungsweisen in Anlehnung an Bea et al. (1995:278ff. u. 1999:310), an:

- Transformationsaspekt: Ein Geschäftsprozess enthält Tätigkeiten zur Umwandlung von Einsatzgütern/Inputinformationen in Ausbringungsgüter/Outputinfor-mationen.

- Verkettungsaspekt: Umfangreiche Geschäftsprozesse (Hauptprozesse) lassen sich in mehrere miteinander verbundene Teilprozesse zerlegen.
- Zielaspekt: Geschäftsprozesse dienen der Verwirklichung unternehmerischer Ziele.
- Personalaspekt: Geschäftsprozesse werden von Personen durchgeführt, kontrolliert und verantwortet.

1.5.8 Personalwirtschaftlicher Geschäftsprozess

Auf der Grundlage der vorab getroffenen Begriffsbestimmungen kann nun der personalwirtschaftliche Geschäftsprozess anhand einer Ergänzung des Terminus Geschäftsprozess definiert werden:

- Ein personalwirtschaftlicher Geschäftsprozess repräsentiert personalwirtschaftliche Aufgaben- und Gestaltungsfelder, die Bestandteil mindestens einer personalwirtschaftlichen Funktion sind. Er enthält Tätigkeiten zur Umwandlung von Inputinformationen in Outputinformationen (Transformationsaspekt).
- Umfangreiche personalwirtschaftliche Geschäftsprozesse (personalwirtschaftliche Hauptprozesse) lassen sich in mehrere miteinander verbundene Teilprozesse zerlegen (Verkettungsaspekt).
- Personalwirtschaftliche Geschäftsprozesse dienen der Verwirklichung insbesondere personalwirtschaftlicher Sach- und Formalziele (Zielaspekt).
- Personalwirtschaftliche Geschäftsprozesse werden von personalwirtschaftlichen Aufgabenträgern, welche durch die Organisation der Personalwirtschaft beschrieben werden, durchgeführt, kontrolliert und verantwortet (Personalaspekt).

1.6 Vorgehensweise und Aufbau der Arbeit

Die Synopse ist in der Wissenschaft eine Methode zur Anordnung von sinnverwandten Texten in parallelen Spalten einer Tabelle. Sie dient allgemein dem Zweck einer geordneten Übersicht beziehungsweise kompakten Nebeneinanderstellung von Formulierungen (vgl. z.B. Bortz et al. 1995:337). In Kapitel 2 wird diese Methode verwendet, um eine kompakte selektive Übersicht zur Forschung aus dem Gebiet des Workflow-Managements zu erzielen. Da Workflow-Management nicht auf wenige Begriffe und Aussagen einzelner Autoren reduziert werden kann, erfolgt die Darstellung der einzelnen Beiträge nicht in tabellarischer Form, sondern in einer geordneten Berichtsform. Die Ergebnisse der synoptischen Darstellung zum Workflow-Management sowie Aussagen und Annahmen über allgemeine funktionale und dysfunktionale Potentiale zur Applikation von Workflow-Systemen fließen inhaltlich in die nachfolgenden Kapitel ein.

In Kapitel 3 steht die Konzeption eines umfassenden Workflow-Management-Ansatzes unter Einbeziehung einer theoretischen Implikation im Vordergrund. Es ist daher das Ziel, in diesem Kapitel Workflow-Management theoriegebunden zu statuieren.

Die Analyse der Anwendungspotentiale des Workflow-Managements in der betrieblichen Personalwirtschaft erfolgt in Kapitel 4 auf der Grundlage des in Kapitel 3 konzipierten Workflow-Management-Ansatzes. Kapitel 1.4 motiviert die modellhafte Betrachtung der Personalwirtschaft. Durch die gegebene Definition zum Begriff personalwirtschaftlicher Geschäftsprozess kann das betrachtete Modell für die Analyse spezifiziert werden. Bei einer Analyse entlang der personalwirtschaftlichen Funktionen finden der Transformations-, Verkettungs- und Zielaspekt personalwirtschaftlicher Geschäftsprozesse Beachtung (Kapitel 4.1.1). Durch eine Analyse entlang personalwirtschaftlicher Organisationsmodelle wird insbesondere der Personalaspekt berücksichtigt (Kapitel 4.1.2). Eine derartige Modelldifferenzierung erscheint notwendig, da nicht „die personalwirtschaftliche Konfiguration" existiert, sondern vielmehr zahlreiche Modelle in der Literatur diskutiert werden. Die in Kapitel 1.5.4 angeführte Definition zum Terminus personalwirtschaftliche Funktionen bietet eine rein funktionalistische und formale Perspektive auf die Aufgabengebiete der Personalwirtschaft an. Die funktionale Gliederung ist ein Instrument, das eine spezifische Logik zur Verfügung stellt und die Abbildung nahezu beliebiger Komplexitätsstufen und Inhalte erlaubt. Die Darstellung eines differenzierten Verständnisses der in dieser Arbeit zugrunde gelegten personalwirtschaftlichen Funktionen erfolgt daher ergänzend in Kapitel 4.1.1 jeweils vor der eigentlichen Analyse. Gleiches gilt für die Konfigurationen, welche in Kapitel 1.5.6 rein formal systematisiert sind. In der Literatur diskutierte Organisationsmodelle werden somit zunächst in Kapitel 4.1.2 vorgestellt, bevor sie einer Analyse unterzogen werden.

Die Einführung und Verwendung von Workflow-Systemen kann insbesondere aus der Perspektive der Unternehmensführung zu ungewollten Effekten führen. Derartige dysfunktionale Potentiale werden in Kapitel 4.2 in Verbindung mit rechtlichen Regulativa herausgestellt.

Workflow-Systeme interagieren in einer IT-Infrastruktur, in welche die Systeme eingebettet werden müssen. Kapitel 5 greift diesen Aspekt heraus und reflektiert die Integration von Workflow-Systemen in die personalwirtschaftliche IT-Infrastruktur.

Die gegebene Gliederung zeigt inhaltlich betrachtet Überlagerungen (besonders in Kapitel 4.1.1 kann der Personalaspekt nicht vollständig ausgeblendet werden) und Dependenzen (die in Kapitel 2 und 3 erzielten Ergebnisse bestimmen die inhaltlichen Ausprägungen der nachfolgenden Abschnitte) auf, die eine kompakte Zusammenfassung der erzielten Ergebnisse in Kapitel 6 aus Gründen der Ergebnistransparenz erfordern. An dieser Stelle wird das in Kapitel 1.2 angeführte Anforderungsprofil an eine zeitgemäße Personalwirtschaft erneut aufgegriffen und den Teilergebnissen der einzelnen Kapitel gegenübergestellt.

Abbildung 1-2 zeigt in der Übersicht den Aufbau der Arbeit.

1 **Einführung und Grundlegung**

2 **Synoptische Darstellung von Beiträgen zum Workflow-Management**

3 **Entwicklung eines Workflow-Management-Ansatzes unter Berücksichtigung einer theoretischen Implikation**

4 **Analyse des Anwendungspotentials von Workflow-Management in der betrieblichen Personalwirtschaft**

4.1 Funktionale Potentiale

4.1.1 Dimension: Personalwirtschaftliche Funktionen

4.1.2 Dimension: Personalwirtschaftliche Konfigurationen

4.2 Dysfunktionale Potentiale und rechtliche Regulativa

5 **Integration von Workflow-Management-Systemen in die personalwirtschaftliche IT-Infrastruktur**

6 **Zusammenfassung der Ergebnisse**

Abbildung 1-2: Aufbau der Arbeit

2 Synoptische Darstellung von Beiträgen zum Workflow-Management

2.1 Konstruktive versus empirische Beiträge

Zielsetzung dieses Kapitels ist die geordnete inhaltliche Erarbeitung eines Überblicks über den gegenwärtigen Stand (State of the Art) von Beiträgen zum Workflow-Management. Zu diesem Zweck werden einzelne Abhandlungen entweder in der Gruppe von konstruktiven Beiträgen oder in der Gruppe von empirischen Beiträgen betrachtet. Als konstruktive Beiträge werden hier Publikationen verstanden, die sich mit Aspekten hinsichtlich der Entwicklung und der Gestaltung eines betrieblichen Workflow-Managements auseinandersetzen. Der Gruppe der empirischen Beiträge werden solche Veröffentlichungen zugeordnet, die in Form von Studien (z.B. Befragungen u. Laborstudien) Ursache-/Wirkungsbeziehungen, unter der Beachtung von hauptsächlich ökonomischen Zielen, im Kontext der betrieblichen Applikation von Workflow-Systemen erörtern.

2.2 Synopse konstruktiver Beiträge

2.2.1 Entwurf einer Darstellungsordnung

An dieser Stelle wird zunächst das Darstellungsschema erläutert, anhand dessen die inhaltliche Präsentation und Analyse der einzelnen konstruktiven Beiträge erfolgen. Abbildung 2-1 zeigt in einer Zusammenfassung die gewählte Darstellungsordnung, welche sich in ihrer Grundstruktur an Ausführungen von Badura et al. (1976:152ff.) und Ende (1982:53) anlehnt.

Die erste Analysedimension ermöglicht den wissenschaftlichen und inhaltlichen Einstieg in den jeweiligen Beitrag und soll unter anderem den wissenschaftlichen Ursprung und die wissenschaftsdisziplinäre Verortung des Workflow-Managements aufzeigen. Mit Hilfe der zweiten und dritten Analysedimension werden grundlegende Begriffe des Workflow-Managements analysiert und die fundamentalen Annahmen, Problemstellungen und Zielsetzungen der einzelnen Verfasser dokumentiert. Aus den in der Literatur anerkannten Bedeutungsvarianten des Terminus Management (vgl. hierzu Staehle 1999:71ff. u. Hentze et al. 1997:19f.) werden die vierte, fünfte, sechste und siebte Analysedimension abgeleitet.

Analysedimensionen	Konkretisierung der Analysedimensionen
1. Grundlegende Orientierung	Wissenschaftsdisziplinärer Entstehungszusammenhang, Anknüpfung an Forschungstraditionen sowie Historie und Ursprung des Workflow-Managements
2. Zentrale Kategorien	Grundbegriffe und Definitionen
3. Basisannahmen und Zielsetzung	Faktische und theoretische Annahmen, Problemstellung, Fragestellung sowie Zielsetzung
4. Funktionaler Aspekt	Funktionen und Aufgaben des Workflow-Managements
5. Institutioneller Aspekt	Aufgabenträger des Workflow-Managements
6. Instrumenteller Aspekt	Verständnis (Anforderungen) und Definition eines Workflow-Management-Systems und sonstiger Methoden und Verfahren
7. Prozessualer Aspekt	Zusammenwirken der Punkte 4, 5 und 6, z.B. in einem Phasenschema
8. Interpretationen und Schlussfolgerungen	Abgeleitete Empfehlungen, z.B. Gestaltungsvorschläge und Handlungsweisen
9. Explizite Praxisorientierung	z.B. Einführungsmodelle und rechtliche Hinweise

Abbildung 2-1: Darstellungsordnung für konstruktive Beiträge zum Workflow-Management

Hier steht die Untersuchung möglicher Funktionen, Aufgaben, Aufgabenträger sowie spezifischer Methoden und Verfahren des Workflow-Managements und deren Zusammenwirken im Vordergrund, wobei der instrumentelle Aspekt, in Abweichung zu den klassischen Bedeutungsvarianten des Managements, als eigenständiger Aspekt betrachtet wird, um konzentriert ein ausgeprägtes Verständnis für Workflow-Management-Systeme zu erzielen (vgl. struktural ähnlich bei Hentze et al. 1993 unter dem Fokus der Unternehmungsplanung). Die jeweiligen Ergebniszusammenhänge und die sich daraus anschließenden Interpretationen der einzelnen Beiträge sowie der Brückenschlag zwischen den wissenschaftlichen Ausführungen und der Praxis konkretisieren schließlich die achte und neunte Analysedimension.

2.2.2 Selektionsproblematik und Auswahl einzelner Beiträge

Die Anzahl an Veröffentlichungen zu der Thematik Workflow-Management ist enorm. Eine einfache Literaturrecherche bezüglich relevanter Titelstichwörter ergibt im Ergebnis zu Beginn des Jahres 2000 etwa eintausend Monographien, Herausgeberwerke, Aufsätze und Dissertationen, die sich mit der Thematik befassen. Allein Bußler (1998:323ff.) gibt hierzu eine kommentierte Übersicht mit 130 Quellenangaben an. Es gilt daher Auswahlkriterien festzulegen, die unter Beachtung der Zielsetzung der vorliegenden Arbeit die Grundgesamtheit der Publikationen einschränken. Die hier getroffene Systematisierung der Auswahlkriterien orientiert sich an „positiv Kriterien", welche notwendig für die Auswahl eines Beitrags und des Weiteren an „negativ Kriterien", welche hinreichend für den Ausschluss einer Publikation sind.

Notwendig für die Auswahl eines Beitrags sind folgende Attribute:

- Zitation(shäufigkeit) und Würdigung in der Literatur,
- angemessener Umfang der Arbeit in Abgrenzung zu kompakten Beiträgen, wie zum Beispiel Schlagwortbeiträge und
- deutschsprachige Veröffentlichung, um insbesondere „rechtliche Hinweise" einzubeziehen.

Hinreichend für den Ausschluss einer Publikation sind folgende Charakteristika:

- ausschließliche oder vornehmliche Betrachtung von Waren- bzw. materiellen Prozessen,
- ausschließliche oder vornehmliche Betrachtung von Randgebieten des Workflow-Managements und
- rein konstruktive Arbeit zu Workflow-Management-Systemen aus dem Bereich der Softwareentwicklung.

Die aufgeführten Kriterien sprechen weitestgehend für sich selbst. Es muss aber an dieser Stelle betont werden, dass in diesem Kapitel das Ziel verfolgt wird, insbesondere die Kernideen des Workflow-Managements zu analysieren und zu isolieren. Daher finden Beiträge, die das Workflow-Management in einer übergeordneten Thematik behandeln (vgl. z.B. Raufer 1997 mit einem Bezug zum Controlling von Geschäftsprozessen u. Derszteler 2000 mit einem Bezug zum Prozessmanagement), keine Beachtung. Des Weiteren schränkt die in Kapitel 1 gegebene Definition zum Begriff „personalwirtschaftlicher Geschäftsprozess" (vgl. Transformationsaspekt: Information) die Grundgesamtheit weiter ein. Publikationen, die mit einem Schwerpunkt den Transformationsaspekt Güter erörtern (vgl. z.B. Wersch 1995) werden ebenso ausgeschlossen.

Gerade die betriebliche Anwendung von IT-Systemen in der Personalwirtschaft wird in Deutschland durch ein hohes Maß an rechtlichen Vorschriften reglementiert (vgl. z.B. Mülder 2000:99). Von daher müssen Veröffentlichungen, die auch einen rechtlichen Bezug beinhalten, in die Betrachtung eingebunden werden.

Gemäß der gegebenen Selektionskriterien werden folgende Beiträge näher betrachtet:

- Heilmann (1994),
- Scheer und Galler (1994 u. 1995),
- Hässig und Arnold (1996) sowie
- Gehring und Gadatsch (1999a u. 1999b).

2.2.3 Marginalien zur Darstellung und Analyse der Beiträge

Um das oben beschriebene Programm einer systematisierten synoptischen Darstellung einzuhalten, werden in den Folgekapiteln ergänzend zu den ausgewählten Arbeiten auch Quellen einbezogen, die explizit in den Veröffentlichungen genannt werden. Dies gilt ebenso für Ausarbeitungen, die von den Autoren im gleichen Zeitraum mit ähnlicher Themenstellung veröffentlicht wurden, sodass eine inhaltliche Assoziation unterstellt werden kann. Ein solcher Sachverhalt wird von Scheer und Galler sowie von Gehring und Gadatsch erfüllt. Demnach werden die Beiträge von dem erstgenannten Autorenpaar um die Publikationen von Scheer (1994b u. 1994c) und Scheer et al. (1995) ergänzt betrachtet und auch die Einzelveröffentlichung von Gadatsch (1999) mit in die Beiträge von Gehring und Gadatsch eingebunden.

In der inhaltlichen Darstellung werden die Beiträge bewusst ausführlich wörtlich und inhaltlich zitiert, ebenso wird die Terminologie der Autoren beibehalten, um die Beiträge weitgehend für sich selbst sprechen zu lassen, und um Interpretationsfehler seitens des Verfassers zu vermeiden.

Eine eigenständige kompakte Darstellung der selektierten Beiträge erscheint vor einer Dokumentation der Arbeits- bzw. Analyseergebnisse als notwendig, um mögliche Interpretationen des Verfassers transparent zu machen. Des Weiteren ergänzt die umfassende Synopse das Schrifttum zum Workflow-Management insofern, als dass eine geordnete Übersicht aktuell nicht vorliegt.

Die Präsentationsreihenfolge der Beiträge ergibt sich aus dem Zeitpunkt der Publikation.

2.2.4 Workflow-Management nach Heilmann

a) Grundlegende Orientierung

Die Thematik des Workflow-Managements orientiert sich nach Heilmann (1994:9) allgemein an den sich inhaltlich überschneidenden Bereichen:

- der Betriebswirtschafts- und Organisationslehre mit den Schwerpunkten des prozessorientierten Ansatzes der Organisationsgestaltung und der Prozesskostenrechnung,
- der Wirtschaftsinformatik mit den Schwerpunkten der aktionsorientierten Datenverarbeitung und der Integration von Arbeitsabläufen zu Vorgangsketten sowie
- der Büroautomation/-kommunikation und der Unterstützung organisatorischer Aufgaben durch Informations- und Kommunikationssysteme als Anwendungsbereiche von Informationstechnik.

b) Zentrale Kategorien

Heilmann (1994:8) definiert Workflow-Management „als Kombination von Modellierung, Analyse und Simulation, Steuerung und Protokollierung beliebiger Geschäftsprozesse verschiedenen Detaillierungsgrads". Die Begriffe Workflow, Geschäftsprozess und Vorgang verwendet die Autorin synonym und sie bezeichnet damit einen abgrenzbaren, meist arbeitsteiligen Prozess, der zur Erstellung oder Verwertung betrieblicher Leistungen führt (Heilmann 1994:9). Ein Vorgang zeichnet sich weiterhin dadurch aus, dass er durch einen Auslöser (synonym: Trigger) angestoßen wird (z.B. Erreichen eines Zeitpunktes, Ende eines Zeitraums, Vorfall: beispielsweise Eingang eines Kundenauftrags), dass er aus Vorgangsschritten (sy-nonym: Aktionen, Aktivitäten, Tätigkeiten) besteht, die abhängig von Bedingungen alternativ oder auch parallel ablaufen und dass er einen eindeutigen Abschluss (Ergebnis, Ereignis oder Abbruch) hat (Heilmann 1994:10). Mittels einer Unterscheidung von Vorgangstypen und –exemplaren erfolgt bei Heilmann (1994:10) eine begriffliche Trennung hinsichtlich der Meta- und Ausführungsebene von Vorgängen. Ein Vorgangstyp beschreibt die Ablaufstruktur einer Klasse von Vorgängen. Ein Vorgangsexemplar entspricht einem konkreten Einzelvorgang.

c) Basisannahmen und Zielsetzung

Eine explizite Problem- und Fragestellung zum Workflow-Management liegt der Arbeit von Heilmann nicht zugrunde. Grundlegend stützt sich die Argumentation der Autorin auf Veröffentlichungen zum „Business Process Reengineering“ (Davenport 1993, Hoch et al. 1993 u. Simon 1993), welche im Kontext der Neumodellierung von Vorgängen, ausgerichtet an kritischen Erfolgsfaktoren und der Wettbewerbssituation von Unternehmen, über Ergebnisse aus Fallstudien mit „Verbesserungen in der Größenordnung von über 30% hinsichtlich Prozesszeit, -kosten und Ergebnisqualität“ referieren (Heilmann 1994:15).

Als Zielsetzung des Workflow-Managements gibt die Verfasserin an, dass auf strategischer und taktischer Ebene eine Geschäftsprozessoptimierung (Reorganisation), ausgerichtet auf Zeit-, Kosten- und Qualitätsziele unter Beachtung der Verbesserung der Effektivität von Vorgängen („die richtigen Dinge tun“), zu erreichen ist und dass auf operativer Ebene die Effizienz von Prozessen („die Dinge richtig tun“) betrachtet wird (Heilmann 1994:15).

d) Funktionaler Aspekt

Heilmann (1994:15) differenziert einzelne Aufgaben und Funktionen des Workflow-Managements anhand von drei Einsatzebenen in Haupttätigkeiten auf:

- strategischer Ebene (Geschäftsprozessoptimierung, Reorganisation der Kernprozesse),
- taktischer Ebene (Reorganisation ausgewählter (Teil-)Kernprozesse und diese unterstützende Nebenprozesse) und
- operativer Ebene (Modellierung und Steuerung von [Teil-]Prozessen).

Den Tätigkeitsbereich auf operativer Ebene beschreibt Heilmann (1994:11, 13f. u. 15f.) weiterführend. Nach einer erfolgten Ist-Modellierung (Definition) von bekannten Vorgangstypen erfolgt auf dem Fundament einer Animation und/oder Simulation von Vorgangsexemplaren eine Stärken-Schwächen-Analyse der Vorgangstypen. Mit Hilfe der erzielten Ergebnisse werden anschließend „hinreichend optimierte“ Vorgangstypen durch eine Soll-Modellierung abgebildet, in welche auch unternehmensspezifische Prinzipien der Organisationsentwicklung einmünden sollen. Während der eigentlichen Ausführung von Vorgangsexemplaren (Steuerung der Tätigkeiten der einbezogenen Bearbeiter im täglichen Arbeitsablauf durch ein Workflow-Management-System) im Sinne der Soll-Modellierung kann eine Statusüberwachung der Prozesse (erledigte, offene und in Arbeit befindliche Vorgänge) und eine ausgeglichene Auslastung der involvierten Bearbeiter sowie eine Ablaufprotokollierung hinsichtlich der Durchführungs-, Bearbeitungs-, Durchlauf-, Rüst- und Liegezeiten einzelner Vorgangsexemplare (je Vorgangsschritt und Bearbeiter) erfolgen. Informationen der Ablaufprotokolle dienen schließlich möglichen Revisionszwecken und einer möglichen Verbesserung der Vorgangstypenmodelle.

e) Institutioneller Aspekt

Explizit benennt Heilmann (1994:16) als betriebliche Träger von Workflow-Management-Aufgaben Führungskräfte, welche „durch Eingriffe in Vorgangsexemplare für eine gleichmäßige Auslastung ihrer Mitarbeiter sorgen, Vorgänge auf Termineinhaltung überwachen und in Sonderfällen den Ablauf einzelner Vorgangs-exemplare modifizieren". Als Bearbeiter (Akteure) von Vorgangsschritten bezeichnet Heilmann (1994:10) eine bestimmte Person oder einen Stelleninhaber, eine Personengruppe, aber auch eine Abteilung bzw. Instanz. Des Weiteren hält die Autorin auch die Einführung von Prozessmanagern mit einer Gesamtverantwortung für bestimmte Vorgangstypen für „überlegenswert" (Heilmann 1994:20).

Implizit ist dem Beitrag zumindest ergänzend eine Verortung der Aufgabenträger gemäß der oben genannten Einsatzebenen und Haupttätigkeiten zu entnehmen.

f) Instrumenteller Aspekt

Als Workflow-Management-System versteht Heilmann (1994:10f., 13 u. 16) ein Softwarepaket, das die Gesamtheit der Workflow-Management-Aufgaben unterstützt und im einzelnen folgende Anforderungen bzw. Funktionen erfüllt:

- Modellierung von Vorgangstypen mit Petri-Netzen,
- Modellierung einer Aufbauorganisation mit Mitarbeitern, Dienstwegen und Kompetenzen,
- Modellierung von Rollen (bestimmte Aufgabengruppen, z.B. die eines Buchhalters oder Außendienstmitarbeiters), die einem oder mehreren Mitarbeitern im Kontext der Typenmodellierung zugeordnet werden,
- Simulation mit freien Annahmen zu Inhalten, Anzahl und zeitlicher Verteilung von Vorgangsexemplaren unter Berücksichtigung von Zeitbedarfs- und Kostenvorgaben,
- Einbindung und Datenbereitstellung für Software (z.B. Standardsoftware, Kommunikationssoftware, Dokumenten-Management-Systeme), die für die Abwicklung von Vorgangsschritten erforderlich ist,
- Steuerung des Ablaufs eines Vorgangsexemplars gemäß der Typendefinition mit einer
- Bereitstellung anstehender Vorgangsschritte für zuständige Bearbeiter in Form einer Arbeitsliste,
- Protokollierung von Zeitdaten.

Ergänzend thematisiert Heilmann (1994:11) als wichtigen instrumentellen Aspekt des Workflow-Managements die Einteilung von Vorgangstypen mittels

Attributwertekombinationen zu Typen höherer Ordnung, sogenannten Supertypen. Als Attribute werden die Komplexität (Anzahl und Verschiedenheit der Aufgaben und Ablaufalternativen), der Detaillierungsgrad (Vorgangszerlegung bis auf einzelne Teilschritte), der Arbeitsteilungsgrad (Anzahl verschiedenartiger Bearbeiter eines Vorgangsexemplars), die Interprozessverflechtung (Interdependenzen mit anderen Prozessen), die Dynamik eines Vorgangs pro Zeiteinheit (anfallende Änderungen der Ablaufstruktur eines Vorgangstyps je Zeiteinheit) und die Anzahl von Vorgangsexemplaren je Zeiteinheit genannt (Heilmann 1994:11f.).

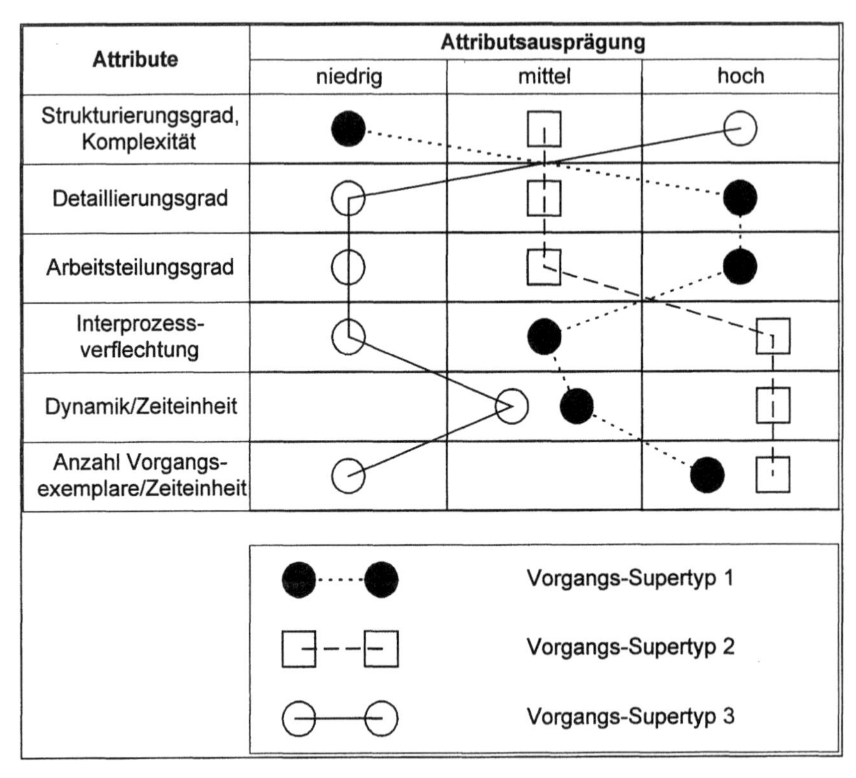

Abbildung 2-2: Differenzierung von Vorgangsattributen und –Supertypen (nach Heilmann 1994:14)

Weiterführend schlägt Heilmann (1994:12f.) eine Unterteilung von Geschäftsprozessen in drei Supertypen vor (vgl. Abbildung 2-2), welche durch

- den Vorgangs-Supertyp 1 (als typischer Routinevorgang auf operativer Ebene, z.B. Bearbeitung eines Kundenauftrags),
- den Vorgangs-Supertyp 2 (als Aufgabenbereich, bei welchem eine begrenzte Anzahl von Bearbeitern flexibel auf inhaltlich wechselnde Vorgangsexemplare reagieren muss) und
- den Vorgangs-Supertyp 3 (als komplexe, wenig strukturierte Aufgabe für wenige Bearbeiter, welche relativ selten auftritt, z.B. in Form eines Forschungsauftrags)

beschrieben wird. Heilmann (1994:13 u. 19) hält es für zweckmäßig, den Einsatz von Workflow-Management-Systemen auf Vorgangstypen zu beschränken, die der Klasse von „Supertyp 1" zuzuordnen sind.

g) Prozessualer Aspekt

Für Heilmann verläuft Workflow-Management in der Idealform in einem Zyklus. Abbildung 2-3 zeigt diese Vorstellung und veranschaulicht die Abhängigkeiten der oben genannten Aufgaben und deren Informationsflüsse in einer Übersicht.

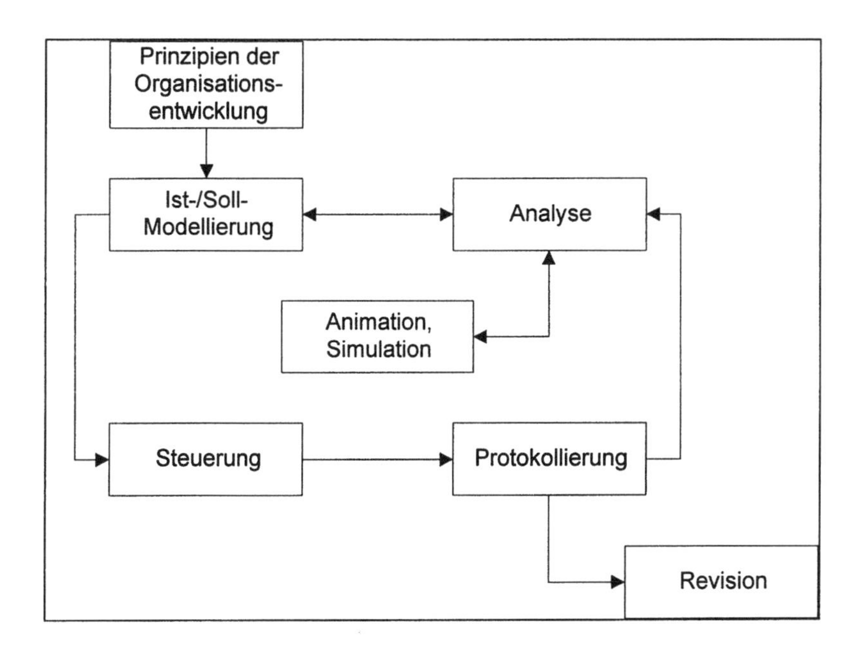

Abbildung 2-3: Workflow-Management-Zyklus (nach Heilmann 1994:14)

h) Interpretationen und Schlussfolgerungen

Grundsätzlich ist „Workflow-Management mit Rationalisierung verbunden" und führt zu „höherer Produktivität" (Heilmann 1994:20).

Im Kontext der Gestaltung von Vorgangstypen resümiert Heilmann (1994:11), dass Workflow-Management die Realisierung von drei Koordinationsformen ermöglicht: „Es ist sowohl eine hierarchische Koordination durch die Einbindung von Führungskräften als Bearbeiter/Entscheider, [...] eine Regelung durch organisatorische Vorgaben und Business Rules" und „eine hierarchisch unabhängige Kommunikationsbeziehung mit Selbstabstimmung der Bearbeiter", wenn diese „in einer Teamsituation zusammenarbeiten", möglich.

Ferner ordnet Heilmann dem Workflow-Management verschiedenartige Integrationspotentiale zu. Im Rahmen der Bearbeitung von Vorgängen ermöglicht Workflow-Management eine horizontal integrierte Vorgangsbearbeitung insofern als „Software und Daten in Vorgangstypen eingebunden sind" (Heilmann 1994:17) sowie eine vertikale „Vorgangsintegration [..], wenn Dienstweg und Führungskräfte einbezogen sind" (Heilmann 1994:18). Des Weiteren „ergibt sich eine Integration der Benutzungsoberfläche", so dass „die Mensch-Maschine-Kommunikation vereinfacht" wird, die Einarbeitung und Versetzung von Mitarbeitern weniger Zeit kostet und Job Enlargement und Job Enrichment unterstützt werden (Heilmann (1994:18). Als weitere Integrationsaspekte merkt Heilmann (1994:18) an, dass „über die Modellierung der Aufbauorganisation [...] die Integration zwischen Organisation und Informationsverarbeitung verstärkt" wird und dass Prozess- und Vorgangsmodellierung Unternehmensprozessmodelle komplettieren. Diese Vervollständigung ist, top down betrachtet, eine Verfeinerung des Unternehmensprozessmodells in drei Formen von Vorgangs-Supertypen sowie aus bottom-up-Sicht eine vereinfachte und vereinheitlichte unternehmensspezifische Vorgangsmodellierung, indem wiederverwendbare Vorgangsbausteine bereitgestellt werden (Heilmann 1994:18 u. vgl. Abbildung 2-4).

Abschließend fasst Heilmann (1994:19) zusammen: „Die entscheidende Schlussfolgerung aus den Integrationsüberlegungen ist: Geschäftsprozesse laufen nicht isoliert voneinander ab, sondern sind über (zu modellierende) Schnittstellen verknüpft. Die Verknüpfung aufeinander abgestimmter Vorgangstypen eines Unternehmens bildet das Unternehmensprozessmodell."

i) Explizite Praxisorientierung

Da mit Workflow-Management nicht nur Vorteile, sondern auch Risiken, vor allem im Akzeptanzverhalten der Mitarbeiter, welche einer höheren Kontrolle ausgesetzt sowie aufgrund der einhergehenden Rationalisierung mit neu gesta-

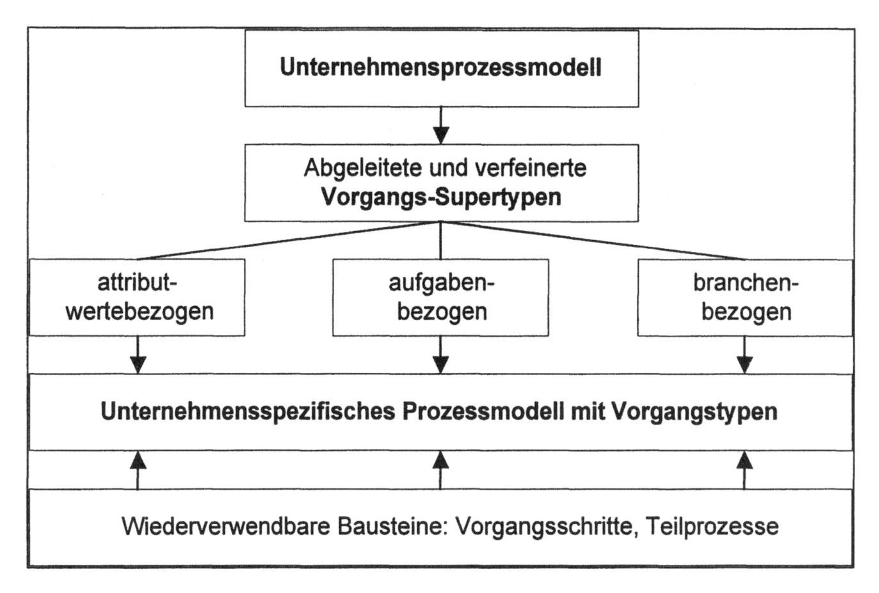

Abbildung 2-4: Ableitung eines unternehmensspezifischen Prozessmodells und entsprechender Vorgangstypen (nach Heilmann 1994:18)

teten Abläufen konfrontiert sind, einhergehen, empfiehlt Heilmann (1994:19f.) eine evolutionäre Strategie im Rahmen der Einführung in der Praxis, bei welcher alle betroffenen Instanzen (Fachabteilungen, Organisation, Informationsverarbeitung, Controlling und Betriebs- bzw. Personalrat) einzuschließen sind. Heilmann (1994:20) hält eine Pilotanwendung für zweckmäßig, mit deren Hilfe erste Erfahrungen zu isolierten Einzelprozessen gesammelt werden können, die nachfolgend in eine Einführungsplanung und in ein Unternehmensprozessmodell einfließen.

2.2.5 Workflow-Management nach Scheer und Galler

a) Grundlegende Orientierung

Scheer und Galler (1994:102) sehen den Ursprung des Workflow-Managements in dem in den 80er Jahren entwickelten CIM-Konzept (Computer Integrated Manufacturing) und in der Büroautomatisierung. „Die Integration der Abläufe" in der Fertigung „auf den Bürobereich übertragen, führt zu dem Begriff der Büroautomatisierung. Die Büroautomatisierung war aber einseitig auf die Sicht des

Arbeitsplatzes im Büro ausgerichtet und nahm nicht zur Kenntnis, dass ein Büroarbeitsplatz keine für sich bestehende Organisationseinheit ist, sondern nur im Zusammenhang mit den Abläufen, in die er eingebettet ist, betrachtet werden kann. Diese ablauforganisatorische und damit auf Geschäftsprozesse ausgerichtete Sicht wird gegenwärtig durch das Konzept des Workflow-Managements aufgegriffen“ (Scheer 1994b:9). Im gegebenen Kontext ordnen Scheer und Galler (1994:104 u. 1995:21) weiterführend das Teilforschungsgebiet „Workflow-Management-Systeme“ dem Bereich des CSCW (Computer Supported Cooperative Work) zu.

b) Zentrale Kategorien

Workflow-Management ist ein ganzheitliches Konzept, das von der Spezifikation bzw. Definition über die Steuerung, Bearbeitung, Kontrolle und Reorganisation von Geschäftsprozessen reicht und durch Workflow-Management-Systeme unterstützt wird (Scheer und Galler 1994:102 u. 1995:21). Diese Systeme definieren die Autoren in Anlehnung an Schönecker (1993:56) als „eine flexibel gestaltbare, nach organisatorischen Regelwerken arbeitende, aktiv einwirkende Software, die einen über mehrere Arbeitsplätze gehenden Vorgang steuert und bestehende technische Basiskomponenten einbindet“ und die komplexe Aufgabenzusammenhänge, an denen eine Vielzahl von Mitarbeitern arbeitet, unterstützt und somit das zeitlich versetzte (asynchrone) und örtlich getrennte Bearbeiten von Geschäftsprozessen ermöglicht (Scheer/Galler 1994:105 u. Scheer/Galler 1995:20f.). Ein modellhaft beschriebener operativer Geschäftsprozess ist letztendlich das zentrale Objekt des Workflow-Managements und wird als Vorgangstyp bezeichnet (Scheer/Galler 1995:22).

c) Basisannahmen und Zielsetzung

Die Informationstechnologie, zu deren Systemtypen Workflow-Management-Systeme zweifelsohne zählen, ist ein entscheidender Erfolgsfaktor, ohne den die Umsetzung innovativer Ablaufstrukturen und deren technische Unterstützung heutzutage nicht mehr möglich ist (Scheer/Galler 1995:20f. in Anlehnung an die Ausarbeitungen von Davenport 1993). Auf der Grundlage dieser Aussage und im Kontext der Problemstellung, dass die Umstellung von Unternehmensstrukturen (veranlasst durch das generelle ökonomische Verhalten von Unternehmen in Reaktion auf internationale Konjunktur- und Wettbewerbsverhältnisse), unter der Einbeziehung der Geschäftsprozessorientierung, gegenüber der traditionellen Funktionsgliederung zu einer erhöhten Komplexität der Ablauforganisation und zu einem gesteigerten Koordinationsbedarf in den einzelnen Organisationseinheiten sowie zu einem Koordinationsbedarf zwischen Organisationseinheiten führt (Scheer 1994b:6f.) und in diesem Zusammenhang des Weiteren ineffektive, unproduktive oder redundante (Teil-)Geschäftsprozesse auftreten können (Scheer/Galler 1994:103), verfolgen die Autoren mit ihrem Entwurf zwei Zielsetzungen:

Workflow-Management hat im Kontext der Geschäftsprozessorientierung die detaillierte DV-gestützte und auf das jeweilige Unternehmen angepasste Entwicklung und Umsetzung operativer Geschäftsprozesse zum Ziel.

Im Rahmen der Koordinationsproblematik gilt es Koordinationsaufgaben des Mittelmanagements zu reduzieren und gleichzeitig Koordinationskompetenzen in die Linie auf die Ebene der Sachbearbeiter zu verlagern (Scheer 1994b:7).

d) Funktionaler Aspekt

Scheer und Galler (1994:102f. sowie 1995:21f. u. 26) unterscheiden generell Aufgaben des Workflow-Managements auf der Ebene von Vorgangstypen und auf der Ausprägungsebene während der eigentlichen Bearbeitung von Vorgängen.

Auf der Ebene der Vorgangstypen sind Geschäftsprozesse zu identifizieren, zu selektieren und anschließend in einem Modell abzubilden. Das entstandene Modell ist hinsichtlich einer eventuell nötigen Reorganisation zu analysieren und zu modifizieren. Auf der Grundlage des Geschäftsprozessmodells werden einzelne Prozesse, die für einen Workflow-Einsatz geeignet sind, selektiert und in ein Workflow-Managment-System integriert. Bei der Überwachung und Kontrolle von historischer bzw. bereits abgeschlossener Vorgangsbearbeitung über einen längeren Zeitraum hinweg (Monitoring historischer Vorgangsinformationen, vgl. Scheer/Galler 1995:26) sind schließlich Rücklaufdaten aus der Nutzung des Workflow-Management-Systems hinsichtlich möglicher Verbesserungsvorschläge zu den verwendeten Modellen zu analysieren.

Auf der Ausprägungsebene, also während der Bearbeitung einzelner Vorgänge gemäß der Typendefinition und einhergehender Nutzung der Workflow-Anwendung, sind Kontrolldaten von sich gegenwärtig in der Ausführung befindlichen Geschäftsprozessen hinsichtlich anfallender Probleme zu überwachen (Monitoring aktueller Vorgangsinformationen, vgl. Scheer/Galler 1995:26).

e) Institutioneller Aspekt

Als Träger des Workflow-Managements im Aufgabenbereich der Modellierung des Geschäftsprozessmodells benennen Galler und Scheer konkret Mitarbeiter aus den Organisationseinheiten Organisation und EDV, die in Kooperation mit den betroffenen Fachabteilungen, in denen das Workflow-Management-System produktiv eingesetzt wird, Geschäftsprozesse definieren und einzelne (Teil-) Prozessmodelle für den Workflow-Einsatz auswählen und diese Selektion einem DV-Koordinator der jeweiligen Fachabteilung für die Integration bzw. Implementierung in ein Workflow-Management-System bereitstellen (Scheer/Galler 1994:103 u. Scheer/Galler 1995:22, 26). Das Monitoring der Vorgangsinformationen und die Entwicklung von Verbesserungsvorschlägen fällt den Prozess-Managern (Business Process Owner) der Fachabteilungen zu. In den Fachabteilungen wird das Workflow-System angewandt, wobei die Anwender neben der Bearbeitung der Geschäftsprozesse auch Verbesserungsvorschläge hinsichtlich der Prozessgestaltung an die Prozess-Manager weiterleiten (Scheer/Galler 1995:27).

f) Instrumenteller Aspekt

Anforderungen an die Funktionalität von Workflow-Management-Systemen gliedern Scheer und Galler (1994:103f. u. 106 sowie 1995:23f., in Anlehnung an Lippold 1993) in die Bereiche Definition, Steuerung, Bearbeitung und Verwaltung von Vorgängen:

- Definition von Vorgängen:
  Die grafische Definition von Prozessstrukturen entspricht der Modellierung von Geschäftsprozessen. Hierbei werden einzelne Prozessschritte in eine der Ablauforganisation entsprechende Sequenz gebracht, und es erfolgt eine Zuordnung von organisatorischen Stellen, welche diese Prozessschritte bearbeiten. Als wesentliche Anforderung kann hier herausgestellt werden, dass die Funktionen zur Organisationsmodellierung, bezogen auf die Aufbau- und Ablauforganisation, auf einer einheitlichen Modellierungsmethode beruhen.
- Steuerung von Vorgängen:
  Das Workflow-Management-System steuert entsprechend der Typendefinition der Geschäftsprozesse deren Ablauf auf der Ausprägungsebene, d.h. Dokumente werden in einem Prozessablauf Personen zugeordnet und an diese weitergeleitet, wobei die Handhabung von Ausnahmebehandlungen, wie die Aufnahme neuer Arbeitsschritte im Ablauf, die Änderbarkeit während der Abarbeitung, die Behandlung von Warteschlangen oder die Umgestaltung von Bürovorgängen durch den Endbenutzer, zusätzliche Anforderungen darstellt.
- Bearbeitung von Vorgängen:
  Scheer und Galler unterscheiden automatisierte und manuelle Tätigkeiten. Durch die Integration von Standardanwendungssoftware (z.B. Textverarbeitung u. Mailsysteme) und betriebswirtschaftlicher Anwendungssoftware in

das System werden automatisierte Tätigkeiten durch das Workflow-Management-System selbst durchgeführt. Manuelle Tätigkeiten werden dem Endbenutzer in einer Tätigkeitsliste präsentiert. Das System unterstützt den Benutzer durch das automatische Erzeugen und Weiterleiten von Formularen bzw. Dokumenten.

- Verwalten von Vorgängen:
  Ein im System integriertes Vorgangsinformationssystem protokolliert betriebswirtschaftliche und technische Daten (Kennzahlen) über die Vorgangsbearbeitung und stellt Funktionen zu deren Auswertung (Monitoring) bereit. Als Kennzahlen nennen Scheer und Galler exemplarisch Werte, die Zeiten (Durchlauf-, Liege- und Bearbeitungszeiten), den Personalstand und die Arbeitsauslastung betreffen. Des Weiteren ermöglicht das System die manuelle Delegation von Aufgaben, den Lastausgleich zwischen Bearbeitern und die eventuell anfallende Korrektur von Abläufen.

Ergänzend zu diesem sehr umfassenden Instrument heben Galler und Scheer (1994:107 u. 110f.) vor allem Modellierungsnotationen zur Definition und Analyse von Geschäftsprozessmodellen und Vorgangstypen hervor. Die Autoren beziehen sich in diesem Zusammenhang auf das von Scheer entwickelte Konzept ARIS (Architektur integrierter Informationssysteme, vgl. Scheer 1994c), durch welches betriebswirtschaftliche Sachverhalte, in die vier Sichten Organisation, Daten, Funkti-onen und Steuerung gegliedert werden und empfehlen die Methode „erweiterte ereignisgesteuerte Prozessketten“ (eEPK) zur Modellierung. Eine ereignisorientierte Prozesskette ist ein gerichteter Graph mit drei verschiedenen Knotenkategorien (Scheer 1994c:49ff.). Zur ersten Knotenkategorie zählen Ereignisse, die Zeitereignisse oder Datenereignisse (Veränderung vorhandener Daten) sein können. Die zweite Knotenkategorie umfasst Funktionen, die für eine Transformation von Eingangs- in Ausgangsdaten stehen. Die dritte Knotenkategorie beschreibt Konnektoren, die einerseits Eingangs- und Ausgangsverknüpfungen und andererseits Ereignis- und Funktionsverknüpfungen sind. Die gerichteten Kanten verbinden die Knoten in ihrer sachlogischen Folge. Sowohl Knoten als auch Kanten können mit einer Vielzahl von Attributen für Dokumentations- und Analysezwecke näher beschrieben werden (vgl. auch Scheer et al. 1995:426ff.).

Bezüglich der Selektion von für das Workflow-Management geeigneten Geschäftsprozessen empfehlen Galler und Scheer eine analytische Vorgehensweise in Bezug auf die Formalisierbarkeit von Aufgaben. Scheer und Galler (1994:105f.) differenzieren mit Bezug auf Schäl und Zeller (1993) drei Typen von Vorgängen:

- allgemeine Vorgänge (z.B. Reisekostenabrechnung und der Urlaubsantrag) sind in der Regel gut strukturiert und fallen als administrative Tätigkeiten in Organisationen an,
- fallbezogene Vorgänge (z.B. Kreditbearbeitung von Banken und Schadensuntersuchung bei Versicherungen) betreffen die zentralen Aktivitäten eines Unternehmens und unterliegen bestimmten Regeln, die nicht vollkommen standardisierbar sind,
- ad-hoc-Vorgänge (z.B. Marktanalyse für ein zu beschaffendes Großgerät) betreffen unstrukturierte Einzelvorgänge, die Projektgruppen für eine begrenzte Zeitdauer definieren,

und argumentieren fortführend, dass sich allgemeine und fallbezogene Vorgänge gut mit Workflow-Management-Systemen unterstützen lassen und ad-hoc Vorgänge, die nicht an ein organisatorisches Regelwerk gebunden sind, bei der Auswahl auszuschließen sind.

g) Prozessualer Aspekt

Scheer und Galler verstehen Workflow-Management als ein Kreislauf-System (Workflow-Life-Cycle/Workflow-Lebenszyklus), welches langfristig eine kontinuierliche Verbesserung von Geschäftsprozessen ermöglicht und in Abbildung 2-5 in einer Übersicht dargestellt ist.

h) Interpretationen und Schlussfolgerungen

Die Applikation von Workflow-Management-Systemen und die einhergehende Gewinnung von Kontrolldaten, welche in einem Vorgangsinformationssystem vorgehalten werden, ermöglichen eine Nutzung der gewonnenen Daten, die weit über die originären Aufgaben des Workflow-Managements hinaus gehen und langfristige Potentiale des IT-Systems darstellen. Scheer und Galler (1995:26) nennen hierzu die Verwendung der Daten im Sinne des IS-Controlling, um Informationen zur Nutzung der Informationsinfrastruktur zu gewinnen und die Möglichkeit, durch den Vergleich von Analyseergebnissen aus Vorgängen unterschiedlicher Unternehmensbereiche Aussagen über die Qualität von Prozessstrukturen zu treffen oder zu validieren sowie auf der Ebene der Endanwender die Option, Arbeitsleistungen in qualitativer und quantitativer Form (z.B. Anzahl bearbeiteter Vorgänge, durchschnittliche Bearbeitungszeit) zu dokumentieren.

Des Weiteren stellen die im System abgebildeten Prozessmodelle organisatorisches Wissen dar, welches für Mitarbeiterschulungen genutzt werden kann (Galler/Scheer 1993:109).

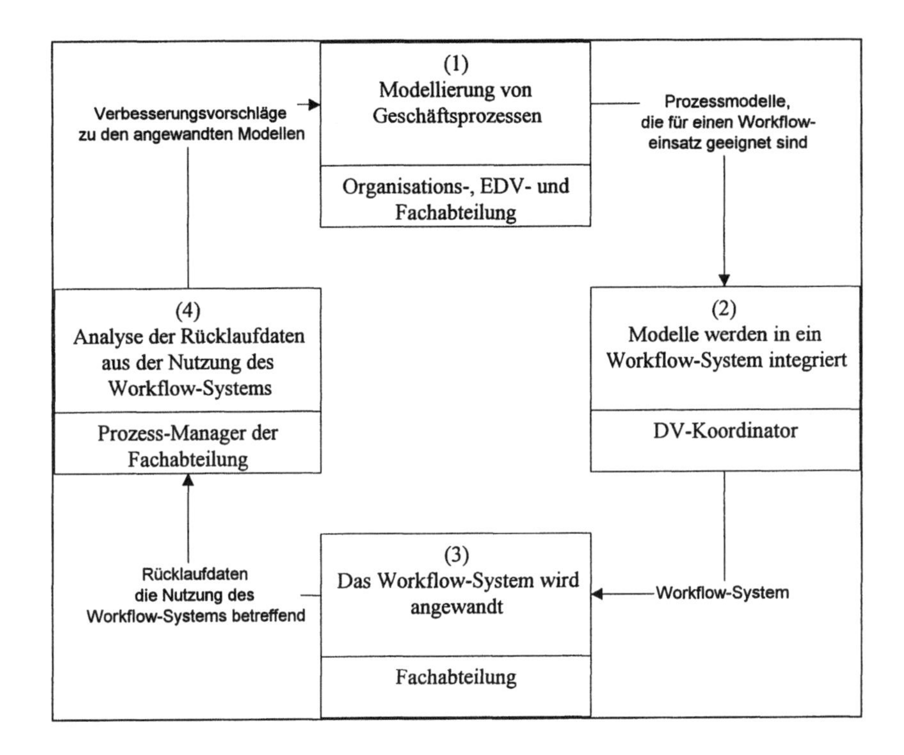

Abbildung 2-5: Workflow-Life-Cycle (nach Scheer/Galler 1994:103 u. 1995:22)

i) Explizite Praxisorientierung

Für die betriebliche Einführung eines Workflow-Management-Systems geben die Autoren ein einfaches Vorgehensmodell an, das sich in vier Kernphasen aufteilt (Scheer/Galler 1995:22ff.):

- Erstellung eines Fachkonzeptes:
  Der Entwurf des Fachkonzeptes erfolgt auf betriebswirtschaftlicher Ebene und beinhaltet die Erhebung, Modellierung (Ist-Situation), Analyse und Reorganisation von Geschäftsprozessen (Soll-Situation) und beinhaltet demnach keine informationstechnischen Aspekte.
- Erstellung eines DV-Konzeptes:
  Das DV-Konzept bestimmt die technische Umsetzung des Fachkonzeptes und schließt sowohl die Auswahl eines Workflow-Managements-Systems (Eigen- oder Fremdentwicklung oder Kauf einer Standardsoftware) als auch die informationstechnologische Auswahl und Umsetzung von Geschäftspro-

zessen in Vorgangstypen ein. Hinsichtlich einer solchen Spezifizierung des betriebswirtschaftlichen Modells zu Workflow-Modellen gilt es Funktionen in manuelle und automatisierte Funktionen zu trennen sowie Daten und Datenflüsse auf der Ebene von Entitäten und Attributen sowie Strukturbeziehungen und Input-Output-Relationen zu beschreiben. Bezogen auf die Ablaufsteuerung sind Bedingungen (alternative Verzweigungen im Prozessablauf) zu operationalisieren, das heißt so zu formulieren, dass Bedingungen mathematisch überprüfbar sind und zu einem eindeutigen Ergebnis führen. Hinsichtlich der Endanwender werden Rollen beschrieben, die letztendlich Personentypen hinsichtlich ihrer Fähigkeiten zur Durchführung von Tätigkeiten definieren.

- Implementierung:
  Als wichtigsten Aspekt bei der Implementierung des Workflow-Management-Systems heben die Autoren die Anpassung der betrieblichen Informationsinfrastruktur an das verteilte, integrierte Konzept des Systems hinsichtlich der Server (z.B. Datenbankserver und Druckserver), Anwendungsdienste und -systeme (z.B. Email, Textverarbeitung und Grafiksysteme) sowie der Hardwareinfrastruktur (z.B. Computer, Drucker, Scanner, Netzwerke) hervor.
- Einführung und Nutzung:
  Für die Einführung eines Workflow-Management-Systems empfehlen die Autoren neben einem zweigeteilten Schulungskonzept, das zum einen eine Softwareschulung und zum anderen auch eine Schulung hinsichtlich der geänderten organisatorischen Abläufe beinhaltet, die Durchführung einer Pilotphase, in welcher ein Prototyp des geplanten Systems zur Anwendung kommt. Während der Pilotphase können erste unternehmensspezifische Erfahrungen hinsichtlich technischer und organisatorischer Probleme gesammelt werden, die in Hinblick auf eine Verbesserung des geplanten Gesamtsystems verwendet werden und schließlich auch zu einer höheren Akzeptanz der Endbenutzer führen. Die Nutzung des produktiven Systems erfolgt dann gemäß dem Workflow-Life-Cycle.

2.2.6 Workflow-Management nach Hässig und Arnold

a) Grundlegende Orientierung

„Aufgrund der Entwicklung der letzten Jahre in der Informationstechnologie lassen sich Abläufe, welche die Bearbeitung von Informationen zum Gegenstand haben, auf Basis von verteilten Systemen und Software-Werkzeugen wirksam unterstützen" (Hässig/Arnold 1996:99). Workflow-Management ist gemäß dieser

Aussage nach Hässig und Arnold (1996:99f. u. 105) ein Instrument des Business Process Reengineering, das dem interdisziplinären Forschungsgebiet Computer Supported Cooperative Work (CSCW) der Informatik, welches als Forschungsobjekt die Möglichkeiten der Computerunterstützung von Gruppen- bzw. Teamarbeit mittels Software-Werkzeugen untersucht, zuzuordnen (Hässig/Arnold 1996:110, in Anlehnung an Mühlherr et al. 1994:5ff., Reinwald 1993:41ff. u. Heilmann 1994:16f.).

b) Zentrale Kategorien

Hässig und Arnold stützen ihren Beitrag auf eine umfassende, systematisch gegliederte Terminologie, die zum einen betriebswirtschaftlich relevante Begriffe zum Workflow-Management und die zum anderen Begriffe zum Workflow-Management selbst beinhaltet (vgl. Abbildung 2-6). Zusätzlich ist anzumerken, dass die Autoren zwei Begriffspaare deutlich voneinander abtrennen. Dies sind zum einen die Termini Ablauforganisation und Informationslogistik:

„Die Ablauforganisation befasst sich nur mit der Systemgestaltung, das heißt mit dem Prozessaufbau, den Arbeitsinhalten, den Formularen, Dokumenten sowie Hardware- und Software-Lösungen. Die Informationslogistik befasst sich überdies mit dem Systemeinsatz (Koordination von Aktivitäten), lässt jedoch die eigentliche Bearbeitung außer Acht." (Hässig/Arnold 1996:112),

sowie die Begriffe Informationsmanagement und Informationslogistik:

„Gegenüber dem umfassenden Begriff des Informationsmanagements stehen bei der Informationslogistik vor allem die Informationsflüsse zwischen Aktivitäten zur betrieblichen oder zwischenbetrieblichen Koordination im Vordergrund. Es handelt sich um eine Servicefunktion, die [...] von strategischer Bedeutung ist, und dafür zu sorgen hat, die an den Arbeitsplätzen benötigten Informationen zur Bearbeitung der anfallenden Aufgaben" zur Verfügung zu stellen (Hässig/Arnold 1996:112).

c) Basisannahmen und Zielsetzung

Bedingt dadurch, „dass sich die Wettbewerbsverhältnisse in allen Bereichen der Wirtschaft verschärfen werden, [...] ist die Effizienz der Abläufe [...] für alle Unternehmungen eine notwendige Voraussetzung, um Wettbewerbsvorteile erringen zu können" (Hässig/Arnold 1996:113). Business Process Reengineering, Time Based Management, schlankes Management, Total Quality Management und Benchmarking sind Konzepte, die dazu dienen, diese Ziele zu erreichen (Hässig/Arnold 1996:99f. u. 113). Hässig und Arnold erörtern daher das Anwendungsgebiet des Workflow-Managements „aus betriebswirtschaftlicher Sicht"

Problemlösungsprozess	Zyklischer Arbeitsprozess, durch welchen ein Problem einer Lösung zugeführt wird. Er besteht aus den Phasen: Planungsphase: • Analyse des Problems • Erarbeitung von alternativen Lösungen Beurteilungsphase: • Bestimmung der Zielkriterien • Bewertung der Alternativen Wahl einer Alternative oder Verbesserungsphase: • Implementierung und Einsatz oder • Ursachen ermitteln und beheben
Prozess bzw. Ablauf	Erstellung einer Leistung für einen (internen oder externen) Kunden, wobei die dazu notwendigen Aktivitäten inhaltlich, räumlich und zeitlich koordiniert sind.
Aufgabe	Verpflichtung einer Person, einer Stelle oder einer Abteilung, bestimmte Aktivitäten an Objekten (Werkstücke, Dokumente oder elektronisch gespeicherte Informationen) durchzuführen.
Aktivität	Verrichtung oder Veränderung an einem Objekt (Werkstück, Dokument oder elektronisch gespeicherte Information).
Prozess- oder Ablauforganisation	1) Organisatorische Regeln zur Lösung von Aufgaben, die sich insbesondere mit der Herstellung von Gütern und Dienstleistungen befassen. Dazu gehören Darstellungen und Beschreibungen der • Abläufe (Reihenfolgen), • Aktivitäten (Arbeitspläne), • Dokumente (Werkstattpapiere), • Informationsflüsse 2) Systemgestaltung (Hard-, Software usw.).
Management	Führung eines Problemlösungsprozesses.
Informationslogistik	Übertragung des Logistikansatzes auf die Informationsversorgung von Prozessen. Ganzheitlicher Ansatz, der alle Tätigkeiten umfasst, die sich mit der Gestaltung der betreffenden Systeme sowie ihrem Einsatz, d.h. mit der Planung und der Steuerung der Abläufe bzw. Prozesse befassen, um die • richtige Information (Art und Umfang) in der • richtigen Qualität zur • richtigen Zeit am • richtigen Ort zur Verfügung zu stellen.
Informationslogistik-Management	Führungsaufgaben für die Informationsversorgung von Unternehmungsprozessen.
Workflow (Arbeitsflüsse), Workflow-Process	Computergestützter Fluss von Geschäftsfällen in einem betrieblichen oder zwischenbetrieblichen Prozess.
Workflow-Management	Computergestütztes Informationslogistik-Management.
Workflow-Management-Werkzeuge (-Tools)	Computersoftware-Pakete für Workflow-Management, welche die Phasen von Problemlösungsprozessen teilweise oder vollumfänglich unterstützen. In der Planungsphase unterstützen sie die Gestaltung einer Prozessorganisation und beim Einsatz die Koordination der Prozesse.
Workflow-Management-System	Integrierter Verbund von Workflow-Management-Tools zur Unterstützung der Lösung komplexer Aufgaben.

Abbildung 2-6: Terminologie zum Workflow-Management (nach Hässig/Arnold 1996: 101 u. 103)

als „ein vielversprechendes Informatik-Instrument des Business Process Reengineerings“ und versuchen „wichtige Aspekte und Zusammenhänge“ aufzuzeigen (Hässig/Arnold 1996:99f.).

Die Autoren ordnen dem Workflow-Management, der begrifflichen Festlegung als computergestütztes Informationslogistikmanagement folgend, Versorgungsziele der Logistik, aber auch wirtschaftliche Ziele zu und definieren: „Die für die Erledigung der Geschäftsfälle notwendigen Aktivitäten sind mit den:

- richtigen Informationen (Art und Umfang) in der
- richtigen Qualität zur
- richtigen Zeit am
- richtigen Ort

zu versorgen, wobei gleichzeitig

- minimale Durchlaufzeiten,
- minimale Kosten,
- maximaler Kundenservice

angestrebt werden“ (Hässig/Arnold 1996:104).

d) Funktionaler Aspekt

Aufgabengebiete des Workflow-Managements unterscheiden Hässig und Arnold (1996:105) in die Phase „Gestaltung“ (Einführung von Workflow-Management) und die Phase „Einsatz“ (Anwendung von Workflow-Management-Systemen).

Die von den Autoren getroffene Differenzierung macht eine Abweichung von der gewählten Darstellungsordnung notwendig. Die vorab getroffene Wahl, Einführungsmodelle des Workflow-Managements unter dem Punkt „Explizite Praxisorientierung“ darzustellen, ist aufgrund der Struktur dieses Beitrags nicht möglich, da die Autoren in einem Phasenschema funktionale Aspekte, aber auch Einführungsüberlegungen betrachten.

Die Einführung von Workflow-Management ist „ein Übergang von einer traditionellen zur elektronischen Bearbeitung“, die „meistens mit beträchtlichen Umstellungen für die Arbeitskräfte verbunden“ ist und „häufig einem Business-Process-Reengineering-Projekt“ entspricht, das sich durch die Merkmale:

- „fundamentales Überdenken einer Problemstellung,
- drastische Veränderung der bisherigen Abläufe, verbunden mit
- dramatischen Verbesserungen der relevanten Zielgrößen, welche die Zeit, die Qualität, die Flexibilität und die Kosten betreffen“

auszeichnet (Hässig/Arnold 1996:105 in Anlehnung an Hammer/Champy 1994:48), wobei es „häufig eine Ermessenfrage“ ist, „ob diese Punkte in konkreten Fällen erfüllt sind oder nicht“ (Hässig/Arnold 1996:105).

„Die Gestaltung einer computergestützten Ablauforganisation und Informationslogistik ist [...] ein komplexes Projekt“ und hat folgende Abschnitte in einer Gestaltungsphase zu durchlaufen (Hässig/Arnold 1996:105ff.):

I) Planung

Im Rahmen der Planung gilt es eine Ablauforganisation zu entwerfen. Diese Tätigkeiten gliedern sich in nachstehende Stufen auf.

1. Betriebswirtschaftliche Situationsanalyse und Formulierung der Ziele: Von der aktuellen Ablauforganisation ausgehend wird eine Stärken-Schwächen-Analyse vorgenommen, und es werden Ziele hinsichtlich der Durchlaufzeiten (als gesamte Zeit, welche ein Auftrag vom Eintreffen bis zu seiner Vollendung durch einen Prozess benötigt), des Durchsatzes (als Anzahl der pro Zeiteinheit durch einen Prozess bearbeiteten Aufträge), der Qualität und der Kosten formuliert.
2. Grobplanung:
   Geschäftsprozesse werden in groben Zügen und implementationsunabhängig beschrieben. Das Ergebnis der Modellierung zeigt Bearbeitungsstellen und Relati-onen zwischen Bearbeitungsstellen in Bezug auf Informationsbedarfe (Inputs) und Informationslieferungen (Outputs) auf.
3. Feinplanung:
   Die Prozessbeschreibungen der Grobplanung werden verfeinert und implementationsabhängig konkretisiert, so dass Informationsflüsse und Bearbeitungsschritte in allen Einzelheiten geregelt sind. Die Ergebnisse beinhalten im Detail:
   - eine Prozess-Sicht (als detaillierte Definition der Ablauforganisation mit Arbeitsreihenfolgen, beteiligten Stellen, sequentiellen und parallelen Vorgängen und Delegations- und Stellvertretungsverhältnissen),
   - eine Funktions-Sicht (als Einbindung von Bearbeitungswerkzeugen wie z.B. Textverarbeitung, Tabellenkalkulation, Bürografik und Datenbankanwendungen in den Ablauf),
   - Daten-Sicht (als genaue Definition des Datenflusses mit Quellen und Senken von Dokumenten, Mailings und Kontrolldaten und entsprechenden Datentypen) sowie
   - Definitionen Schnittstellen gegenüber der Systemumgebung und den Anwender.

II) Beurteilung

Die Beurteilung von Workflow-Prozess-Varianten resultiert aus einer Analyse von Prozessvarianten hinsichtlich der Überprüfung der Abläufe sowie der Ermittlung von Überkapazitäten, Engpässen und mittleren Durchlaufzeiten und einer anschließenden Bewertung der verschiedenen Varianten auf

Leistungsfähigkeit, Vor- und Nachteile sowie Kosten und Nutzen. Varianten, welche die gesetzten Ziele erfüllen, werden anschließend implementiert.

III) Implementation und Test

Implementation und Test beinhalten die Aufgaben der Bereitstellung der notwendigen Hard- und Software, Installation der Workflow-Lösung auf Servern und Arbeitsplatzrechnern sowie Tests von Workflow-Prozessen hinsichtlich technischer (Verifikation der Implementation) und logischer Fehler (Validation der Lösung).

Das Aufgabengebiet der Einsatzphase gliedern Hässig und Arnold (1996:105 u. 108ff.) in die Bereiche:

Einsatz, Inkrementelle Verbesserung sowie Systemeinführung und Schulung.

I) Einsatz

„Beim produktiven Einsatz des Workflow-Management-Systems kommen die Möglichkeiten einer Computerunterstützung richtig zum Tragen" (Hässig/Arnold 1996:108). Diese „Möglichkeiten" umfassen im einzelnen (Hässig/Arnold 1996:108f.):

- Workflow-Management als Dokumentationsinstrument
  Das „System liefert [...] eine vollständige Dokumentation der gesamten Prozesse, was insbesondere auch im Hinblick auf eine ISO-Zertifizierung von Bedeutung sein kann".
- Workflow-Management als Fertigungsleitstand
  Bearbeitungsschritte an verschiedenen Bearbeitungsstellen lassen sich „visualisieren", so dass „Engpässe rechtzeitig erkannt" und „Korrekturmaßnahmen" ergriffen werden können.
- Workflow-Management als Monitoringsystem
  Das System ermöglicht Auskünfte über den aktuellen Status einzelner Aufträge sowie den gegenwärtigen Zustands einzelner Bearbeitungsschritte und informiert über anstehende Bearbeitungsschritte.
- Workflow-Management als Kontrollsystem
  Die laufende Protokollierung von Informationen (Bearbeitungs-, Anfangs- und Endzeiten, Störungen, Ursachen für Probleme und Nachbearbeitungen) stellt eine Datenbasis bereit, die nachträglich ausgewertet werden kann.
- Workflow-Management als Qualitätsinformationssystem
  "Im Sinne des Kaizen lassen sich die erfassten Informationen und die Erfahrungen der Mitarbeiter in Quality Circles diskutieren" und Veränderungen der Prozesse erarbeiten.
- Workflow-Management als Anwenderunterstützung
  Anwender sind bei der Daten- und Dateiverwaltung zu entlasten, indem zu bearbeitende Dateien und Werkzeuge zu deren Bearbeitung angeboten werden.

II) Inkrementelle Verbesserung

Basierend auf den „ablauforganisatorischen Daten“ lassen sich „kontinuierlich kleine Verbesserungen“ und „Anpassungen von Geschäftsprozessen“ vornehmen.

III) Systemeinführung und Schulungen

„Schulung ist [...] eine wesentliche Voraussetzung für die Motivation des Personals und [...] den kontinuierlichen Verbesserungsprozess“. Daher sind Schulungen durchzuführen, die sich auf „das Verständnis des gesamten Prozesses in seiner EDV-Realisation, auf die Logik und Anwendung des Systems an jedem Arbeitsplatz und die Verwendung der zur Bearbeitung notwendigen Anwendungs-Software“ beziehen.

e) Institutioneller Aspekt

„Wegen der Komplexität prozessorientierter Problemstellungen und des Einsatzes neuer Informatikinstrumente“ empfehlen Hässig und Arnold (1996:105), den Aufgabenbereich der Gestaltungsphase „durch ein Projektteam anzugehen, in welchem die Anwender, Informatiker, Organisationsspezialisten und eventuell externe Berater vertreten sind“.

Dem Aufgabenbereich „Einsatzphase“ ordnen Hässig und Arnold (1996:108) zwei Personengruppen zu. „Der Prozess-Manager initiiert die Geschäftsfälle, überwacht deren Abwicklung und ist im Kontakt mit Anwendern“. Die Abwicklung der Geschäftsfälle erfolgt durch die Anwender. „Diese benutzen für die Bearbeitung der Geschäftsfälle Anwendungssoftware oder führen allenfalls auch noch manuelle Tätigkeiten aus“.

f) Instrumenteller Aspekt

Anforderungen an die Funktionalität eines Workflow-Management-Systems sind den Ausführungen der Autoren, die obige Definition ergänzend, nur fragmentarisch zu entnehmen.

Ein Punkt ist die Benutzerschnittstelle des Systems, welche „softwareergonomischen Grundsätzen genügen“ muss (Hässig/Arnold 1996:108). Solche Anforderungen an eine „benutzerorientierte Dialoggestaltung“ sind in Anlehnung an Ulich (1991:257) Kriterien hinsichtlich:

- der Aufgabenorientierung (Ganzheitlichkeit, Anforderungsvielfalt, Interaktionsmöglichkeiten, Lernpotentiale, Autonomie),
- der Logik und Orientierung (Transparenz, Konsistenz, Kompatibilität, Unterstützung, Feedback) und

- der Kontrolle (Flexibilität, Wahlmöglichkeiten, Individualisierung, Partizipation).

Ein weiterer Punkt ist, dass Workflow-Management-Systeme in die betriebliche Informations- und Kommunikationsinfrastruktur eingebettet werden können, so dass zu bearbeitende Aufgaben in Verbindung mit entsprechenden Bearbeitungswerkzeugen und Daten in einer Aufgabenliste dem zuständigen Mitarbeiter dargeboten werden können (Hässig/Arnold 1996:103 u. 106).

Des Weiteren sollte das System für Modellierungsaufgaben über „komfortable Editoren“ verfügen, „welche die Eingabe und die Bearbeitung der Modellelemente unterstützen“ und auf einer Beschreibungs- und Programmiersprache beruhen, die sowohl in der Gestaltungs- als auch in der Einsatzphase zur Anwendung kommt (Hässig/Arnold 1996:106f.). Letztendlich sollte ein Workflow-Management-System über Simulations- und Animationsfunktionen verfügen, so dass mit diesen Methoden „das Prozessverhalten im Zeitablauf studiert und analysiert werden kann“ (Hässig/Arnold 1996:106f.).

Für den Aufgabenbereich der „Analyse der Workflow-Prozess-Varianten“ empfehlen Hässig und Arnold ergänzend zu den vom System bereitgestellten Methoden einer dynamischen Analyse eine statische Analyse mittels Audits und Reviews. „Ein Audit ist eine Aktivität, bei der sowohl die Angemessenheit und Einhaltung vorgegebener Vorgehensweisen, Anweisungen und Standards als auch deren Wirksamkeit und Sinnhaftigkeit geprüft werden“ (Hässig/Arnold 1996:107 u. 114 in Anlehnung an Wallmüller 1990:144). „Ein Review ist ein mehr oder weniger formal geplanter und strukturierter Analyse- und Bewertungsprozess, in dem Projektergebnisse einem Team von Gutachtern präsentiert und von diesen kommentiert und genehmigt werden“ (Hässig/Arnold 1996:107 u. 114 in Anlehnung an Wallmüller 1990:146).

Angrenzend zu diesen Analysemethoden befürworten die Autoren „beispielsweise die Nutzwertanalyse oder eine einfache Argumentenbilanz“ als „nützliche Hilfen“ zur Bewertung von Workflow-Prozess-Varianten (Hässig/Arnold 1996:107).

g) Prozessualer Aspekt

Die Aufgabenbereiche des Workflow-Managements verorten die Autoren in Bezug auf die Gestaltungsphase in einem „zyklischen Problemlösungsprozess“ und im Kontext der Einsatzphase in einem „kontinuierlichen Verbesserungsprozess“, der in der Gesamtheit die Phasen eines Problemlösungsprozesses gemäß der oben gegebenen Definition abbildet (Hässig/Arnold 1996:105, vgl. auch Abbildung 2-7).

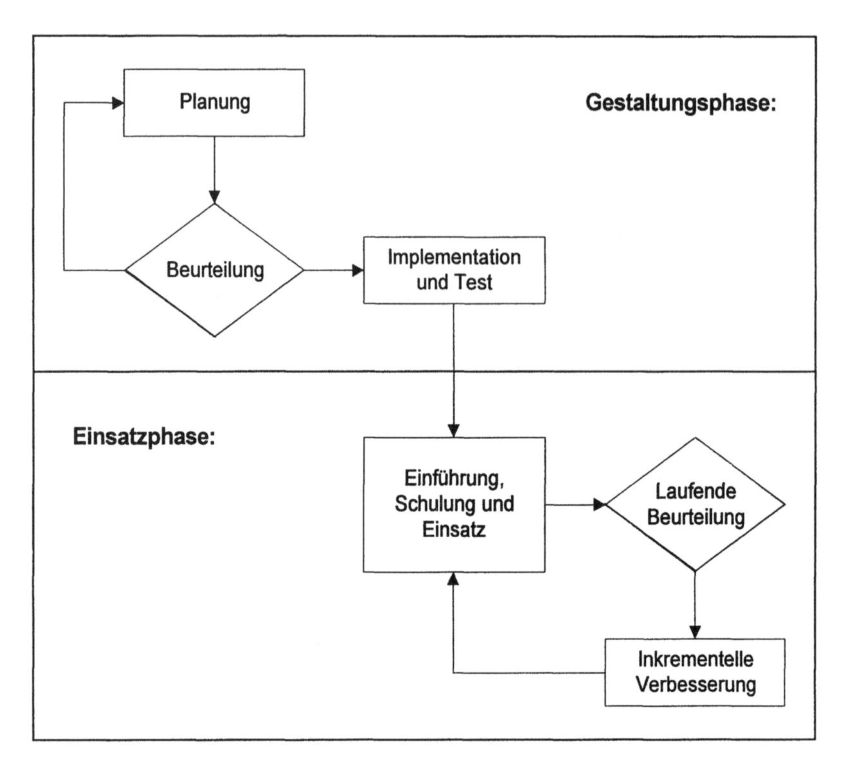

Abbildung 2-7: Workflow-Management als Problemlösungsprozess (nach Hässig/Arnold 1996:105)

Die prozessuale Betrachtungsweise des Workflow-Managements weiterverfolgend, „können zwei Arten von Informationsflüssen unterschieden werden: Datenflüsse (Dokument und Sachinformationen) und Kontrollflüsse (Auslöser, Trigger, Aufträge, Steuerinformationen)" (Hässig/Arnold 1996:10). Diese Informationsflüsse können verschiedenen Interaktionsformen zugeordnet werden, so dass Workflow-Management auf der Einsatzebene auch allgemein als ein System von Interaktionsformen zwischen Menschen und Computer verstanden werden kann (Hässig/Arnold 1996:108, vgl. auch Abbildung 2-8).

h) Explizite Praxisorientierung

Hässig und Arnold (1996:112) betonen in ihrem Beitrag, dass „beim Workflow-Management [...] vor allem die erleichterten Kontrollmöglichkeiten der Mitarbeiter zu beachten" sind, „welche durch die vollständige Transparenz bezüglich

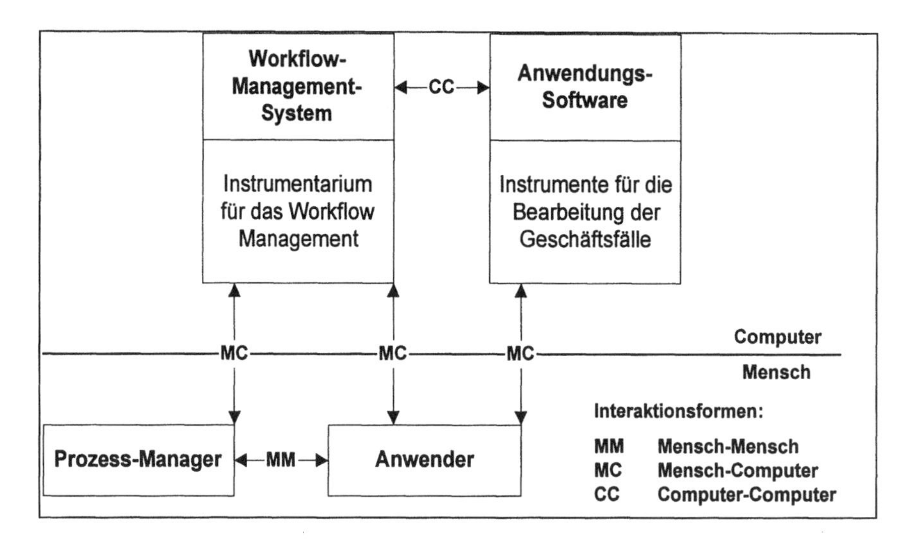

Abbildung 2-8: Interaktionsformen des Workflow-Managements (nach Hässig/Arnold 1996:108)

sämtlicher Aktivitäten ermöglicht werden [...] und aus der Sicht der Mitarbeiter [...] eher negativ zu werten" sind. Weiterhin kann Workflow-Management auf der Ebene der Anwender zu „eintönigeren Abläufen führen, die beispielsweise durch Maßnahmen wie Job Rotation, Job Enlargement usw. zu lösen sind" (Hässig/Arnold 1996:112). Um den genannten Problemfeldern, aber auch technischen Problemen frühzeitig entgegenwirken zu können sowie um „Erfahrungen für die weitere Verbreitung der computergestützten Informationslogistik im Unternehmen" gewinnen zu können, „ist es sinnvoll, Workflow-Lösungen zuerst einmal [...] in einem kleinen, unkritischen Pilotprojekt zu implementieren und auszutesten" (Hässig/Arnold 1996:107f.).

i) Interpretationen und Schlussfolgerungen

Durch den Einsatz von Workflow-Management ergeben sich zahlreiche positive Effekte, die Hässig und Arnold (1996:111 in Anlehnung an Reinwald 1993:39f.) insbesondere aus „organisatorischer Sicht" zusammenfassen als Vorteile in Bezug auf:

- eine Systematisierung und Standardisierung von arbeitsteiligen Aufgaben (Durch die Systemunterstützung wird eine Systematisierung und einheitliche Behandlung von Abläufen durchgesetzt.),

- eindeutig geregelte Beziehungen zwischen den Bearbeitungsstellen (Klar definierte und dokumentierte Abläufe führen zu eindeutigeren Beziehungen zwischen den in einen Prozess eingebundenen Personen.),
- eine Entlastung der Anwender von Routineaufgaben (Aufwendiges Suchen von Daten und Programmen entfällt, Dokumente sowie Meldungen werden automatisch weitergeleitet und Listen über unerledigte Aufgaben werden laufend geführt und angepasst.),
- Flexibilität der gesamten Ablauforganisation (Elektronisch abgelegte ablauforganisatorische Regelungen können jederzeit und schnell geändert werden.),
- Transparenz und Koordination (Die Systemunterstützung verbessert die Übersicht und Koordination zwischen den am Prozess beteiligten Arbeitskräften.),
- Wiederverwendung von Abläufen (Definierte Ablaufschemata können bei Bedarf wiederverwendet werden, so dass sich eine Zeitersparnis bei organisatorischen Arbeiten ergibt.),
- Motivation (Moderne Werkzeuge sind motivationsfördernd, weil deren Beherrschung die betreffenden Arbeitkräfte aufwertet.).

Trotz dieser Nutzenpotentiale kommen Hässig und Arnold (1996:113) zu dem Ergebnis, dass die Beurteilung von Workflow-Management-Werkzeugen in Bezug auf den Nutzen noch wenig erforscht ist und dass brauchbare Instrumente zur Bewertung der Leistung und Funktionen von Workflow-Management-Systemen fehlen. Die Autoren schließen sich letzten Endes der Meinung von Damschik und Häntschel an, die darlegen, dass „die in der Literatur berichteten Auswirkungen zu ökonomisch bedeutsamen Kriterien (z.B. Produktivität) [...] häufig spekulativer Art“ sind und das „soweit es sich um weniger spekulative bis seriöse Aussagen handelt“, diese „durch Analogieschlüsse gewonnen“ wurden und „sich nicht oder nur schwer nachvollziehen“ lassen (Hässig/Arnold 1996:114 in Anlehnung an Damschik/Häntschel 1995:19).

2.2.7 Workflow-Management nach Gehring und Gadatsch

a) Grundlegende Orientierung

Forschungstätigkeiten im Bereich des Workflow-Managements mit einer Konzentration auf die Entwicklung von Methoden zur Gestaltung von Geschäftsprozessen verorten Gehring und Gadatsch (1999b:1 u. Gadatsch 1999:1) in der Wirtschaftsinformatik und mit einer Konzentration auf die technische Gestaltung von Workflow-Management-Systemen in der Informatik.

Workflow-Management ist ein eigenständiger Forschungsbereich (Workflow-Forschung), dessen Zweck die operative Umsetzung der von der strategischen Unternehmensplanung, insbesondere des Prozess-Managements sowie des Business Reengineerings, vorgegebenen Geschäftsprozessziele ist (Gehring/Gadatsch 1999a:1, 1999b:1 u. Gadatsch 1999:2).

Historisch betrachtet stellt Workflow-Management zum einen eine „Weiterentwicklung der Bemühungen um die Büroautomation der 70er Jahre dar" und kann zum anderen „auch als Übertragung der CIM-Konzepte (Computer Integrated Manufactoring) vom Fertigungsbereich auf den kaufmännisch-administrativen Bereich betrachtet werden" (Gadatsch 1999:2).

b) Zentrale Kategorien

Workflow-Management umfasst nach Gehring und Gadatsch (1999b:2) die Bereitstellung von Methoden und Werkzeugen zur computergestützten Analyse, Planung, Simulation, Steuerung und Überwachung von Arbeitsabläufen. Um den hier zugrunde gelegten Begriff „Arbeitsablauf" näher zu differenzieren und um die zentralen Objekte des Workflow-Managements detailliert zu charakterisieren, unterscheiden die Autoren die aufeinander aufbauenden zentralen Begriffe „Geschäftsprozess" und „Workflow" (Gehring/Gadatsch 1999a:3, Gehring/Gadatsch 1999a:4, Gadatsch 1999:18 u. Gadatsch 1999:24).

Gehring und Gadatsch definieren einen Geschäftsprozess als eine zielgerichtete, zeitlich-logische Abfolge von Aufgaben, die arbeitsteilig von mehreren Organisationseinheiten unter Nutzung von Informations- und Kommunikationstechnologien ausgeführt werden kann. Ein Geschäftsprozess dient der Erstellung von Leistungen entsprechend den vorgegebenen, aus der Unternehmensstrategie abgeleiteten Prozesszielen und kann formal auf unterschiedlichen Detaillierungsebenen und aus mehreren Sichten beschrieben werden. Ein maximaler Detaillierungsgrad einer solchen Beschreibung ist erreicht, wenn die ausgewiesenen Aufgaben je in einem Zug von einem Mitarbeiter ohne Wechsel des Arbeitsplatzes ausgeführt werden können.

Ein Workflow-Typ ist hingegen ein formal beschriebener, ganz oder teilweise automatisierter Geschäftsprozess. Ein derartiges Geschäftsprozessschema beinhaltet zeitliche, fachliche und ressourcenbezogene Spezifikationen, die für eine automatische Steuerung des Arbeitsablaufes auf der operativen Ebene erforderlich sind. Die hierbei anzustoßenden (teil-)automatisierten Arbeitsschritte sind zur Ausführung durch Mitarbeiter oder durch Anwendungsprogramme vorgesehen. Als Workflow-Instanz wird die konkrete Ausführung des Workflows bezeichnet.

Gehring und Gadatsch (1999a:1f., vgl. auch Gadatsch 1999:29ff.) fassen Workflow-Management als ein Konzept auf, welches in einem engen Bezug zum Business Reengineering beziehungsweise zum Prozess-Management steht. Eine klare Trennung zwischen diesen beiden Begriffen nehmen die Autoren nicht vor (sie werden daher im Folgenden als synonym betrachtet). Vielmehr stellen die Autoren heraus, in welcher Form sich die Zielsetzungen und Aufgabenschwerpunkte des Prozess-Managements und des Workflow-Managements wechselseitig bedingen.

Das Prozess-Management verfolgt als strategisch ausgerichtetes Gestaltungskonzept die Zielsetzung, Geschäftsprozesse inhaltlich zu gestalten und somit zur Unterstützung und Umsetzung gegebener strategischer Unternehmensziele beizutragen (Gehring/Gadatsch 1999a:4f. u. Gadatsch 1999:31). Aufgabenschwerpunkte des Prozess-Managements liegen in den Bereichen der Neugestaltung und Optimierung der Geschäftsprozesse hinsichtlich der Erreichung der Geschäftsstrategieziele (Gehring/Gadatsch 1999a:4f. u. Gadatsch 1999:31).

Workflow-Management gilt als ein operativ ausgerichtetes Umsetzungskonzept des Prozess-Managements, das die Zielsetzung beinhaltet, Geschäftsprozessziele umzusetzen, indem Geschäftsprozesse bei der operativen Ausführung unterstützt werden (Gehring/Gadatsch 1999a:4f. u. Gadatsch 1999:31). Die teil- oder vollautomatisierte Umsetzung von Geschäftsprozessen im Rahmen der Geschäftsstrategieziele bilden hierbei die Aufgabenschwerpunkte (Gehring/Gadatsch 1999a:4f. u. Gadatsch 1999:31).

Ziele des Workflow-Managements können als Unterziele zur Erreichung der Prozess-Management-Ziele betrachtet werden (Gadatsch 1999:32). Im Einzelnen können nachstehende Ziele dem Workflow-Management zugeordnet werden (Gadatsch 1999:33f):

- Workflow-Management als Enabler für Business Reengineering:
  Workflow-Management stellt eine Unterstützungsfunktion für die operative Umsetzung von Reengineering-Maßnahmen bereit.
- Verbesserung der Kundenzufriedenheit:
  Workflow-Management soll eine beschleunigte Auskunftsfähigkeit gegenüber dem Kunden ermöglichen, indem Angaben über den aktuellen Bearbeitungsstatus und die verbleibende Zeitdauer bis zur Erledigung eines Geschäftsprozesses angeboten werden.
- Verbesserung der Prozessqualität und permanente Qualitätssicherung:
  Workflow-Management soll durch den kontinuierlichen Abgleich der Ergebnisse von ausgeführten Geschäftsprozessen mit den Sollergebnissen der Mo-

dellierung eine festgesetzte Leistungsqualität und eine Minderung von Prozessfehlern gegenüber den Kunden sicherstellen.

- Verbesserung der Geschäftsprozesstransparenz:
  Workflow-Management stellt Informationen bezüglich geplanter und in der Ausführung befindlicher Prozesse in Hinblick auf Kapazitätsauslastungen, verfügbare Ressourcen, Unterbrechungen und Überschreitungen von Grenzwerten bereit.
- Verkürzung der Geschäftsprozessdurchlaufzeiten:
  Die Reduktion der Geschäftsprozessdurchlaufzeiten ist als wesentliches Ziel des Workflow-Managements anzusehen. Dies kann insbesondere durch die computerunterstützte Ausführung der Prozesse erfolgen, so dass vor allem Warte- und Liegezeiten der zu bearbeitenden Informationsobjekte vermieden werden können.
- Reduktion von Geschäftsprozesskosten:
  Workflow-Management liefert eine Informationsbasis für die Bewertung einzelner Geschäftsprozesskosten. Die Reduktion der Kosten kann über die oben angesprochene Minimierung der Durchlaufzeiten erreicht werden oder durch eine Erhöhung der Produktivität und Auslastung der verfügbaren Ressourcen.
- Permanente Anpassung an organisatorische Änderungen:
  Unter der Voraussetzung, dass Geschäftsprozesse wechselnden Kundenanforderungen unterliegen, soll Workflow-Management die kontinuierliche Anpassung von organisatorischen Änderungen der Geschäftsprozesse durch anpassungsfähige Workflow-Modelle flexibel unterstützen.
- Automatisierung der Geschäftsprozesssteuerung und Integration heterogener Informationsverarbeitungstechnologien:
  Die (teil-)automatisierte und prozessorientierte Ausrichtung betrieblicher Informationssysteme gilt als ein wichtiges informationstechnisches Ziel des Workflow-Managements. Workflow-Management integriert unter einer einheitlichen Benutzeroberfläche logisch zusammengehörige Anwenderfunktionen, die von einzelnen und eventuell verschiedenartigen Informationsverarbeitungssystemen bereitgestellt werden.

d) Funktionaler Aspekt

Workflow-Management umfasst die drei fundamentalen Aufgabengruppen Workflow-Modellierung, Workflow-Ausführung und Prozess-Monitoring (Gehring/Gadatsch 1999a:1 u. Gadatsch 1999:29ff.).

Die Workflow-Modellierung steht in engem Zusammenhang zur Geschäftsprozessmodellierung. Bei der Workflow-Modellierung wird auf bestehende Geschäftsprozessmodelle zurückgegriffen. Diese Modelle werden um Spezifikationen (Konkretisierung von Arbeitsschritten hinsichtlich der Arbeitsverfahren sowie personeller und technologischer Ressourcen) erweitert, so dass die modellierten Workflows einer automatisierten Prozessausführung unter der Kontrolle eines Workflow-Systems genügen (Gehring/Gadatsch 1999a:2, 4).

„Die Erzeugung von Prozessobjekten" und der „Durchlauf von Prozessobjekten entlang der vorgesehenen Bearbeitungsstationen unter der Kontrolle eines Workflow-Management-Systems" zeichnet die Workflow-Ausführung aus (Gehring/Gadatsch 1999a:2).

Das „Prozess-Monitoring dient der laufenden Überwachung des Prozessverhaltens" sowie einer „Gegenüberstellung von Prozess-Führungsgrößen und entsprechenden Prozess-Ist-Größen" und „liefert Informationen darüber, ob ein Prozess bereits richtig eingestellt ist oder ob korrigierende Eingriffe vorzunehmen sind" (Gehring/Gadatsch 1999a:2).

e) Institutioneller Aspekt

Explizit benennen Gehring und Gadatsch (1999a:4) als Träger des betrieblichen Workflow-Managements lediglich „ausführende Mitarbeiter", im Verständnis eines „menschlichen Aufgabenträgers", für die Durchführung einzelner Arbeitsschritte im Aufgabengebiet der Workflow-Ausführung.

Implizit ist dem Beitrag zumindest ergänzend zu entnehmen, dass allgemein Aufgaben des Workflow-Managements Aufgabenträgern der operativen Ebene einer Unternehmung zukommen (Gehring/Gadatsch 1999a:1, 4f. u. Gadatsch 1999:31).

f) Instrumenteller Aspekt

Ein Workflow-Management-System ist ein informationsverarbeitendes Softwaresystem, das Funktionen zur Modellierung, Simulation, Ausführung, Überwachung (Monitoring) und Analyse von Geschäftsprozessen, die in Form von Prozessbeschreibungen auf dem Detaillierungsgrad von Workflows (Workflow-Modell) vorliegen, bereitstellt und bei der Ausführung von Geschäftsprozessen auf Applikationen zurückgreift, die unter der Kontrolle des Workflow-Systems ausgeführt werden (Gehring/Gadatsch 1999b:4 u. Gadatsch 1999:39).

Gemäß der oben gegebenen Definition zu Workflow-Systemen bestimmen Gehring und Gadatsch (1999b:8f. u. Gadatsch 1999:44ff.) Anforderungen an die Systeme in drei Gruppen von Funktionen:

- Modellierung und Simulation von Workflows
  Im Rahmen der Spezifikation von Workflow-Modellen ist zu beachten, dass Workflow-Systeme den Einsatz von Personen und Anwendungsprogrammen koordinieren. Daher ist neben der Modellierung der Ablauforganisation auch die Modellierung der Aufbauorganisation und die Einbindung von Anwendungen und Daten notwendig. Funktionalitäten zur formalen Überprüfung der „Lauffähigkeit“ und der Effizienz der einzelnen Workflow-Typen ergänzen diese Funktionsgruppe.
- Instanzierung und Ausführung von Workflows
  Die Instanzierung beziehungsweise tatsächliche Ausführung von Workflows erfordert zunächst eine Rollenauflösung, das heißt, für jeden Teilschritt werden geeignete und verfügbare Bearbeiter und Anwendungen unter der Berücksichtigung von Restriktionen hinsichtlich der Anwesenheit von Mitarbeitern und Verfügbarkeit von Anwendungen ermittelt. Über eine „Worklist“ werden personelle Aktivitätsträger durch das Workflow-System über auszuführende Aufgaben informiert. Identifiziert das System mehr als einen geeigneten Bearbeiter für eine Aufgabe, so erfolgt eine Synchronisation der möglichen Aktivitätsträger beziehungsweise eine Auswahl eines Bearbeiters. Maschinelle Aktivitätsträger (Anwendungsprogramme) werden durch das Workflow-System automatisch und gegebenenfalls parametrisiert gestartet. Das Workflow-System erzeugt während der Ausführung von Workflows Daten, die in Form von Protokolldateien Basisinformationen für eine nachfolgende Analyse abgeschlossener Workflows liefern.
- Monitoring laufender Vorgänge und nachträgliche Analyse
  Durch Funktionalitäten, die das Monitoring laufender Vorgänge ermöglichen, überwacht das Workflow-System Terminvorgaben (z.B. Start- und Ende-Termine einzelner Vorgänge). Falls eine mangelnde Verfügbarkeit von Aktivitätsträgern vorliegt (Krankheit eines Mitarbeiters oder Ausfall eines Anwendungsprogramms) und somit ein Workflow „blockiert“ wird, wählt das System alternative Aktivitätsträger aus.
  Objekte der nachträglichen Prozessanalyse sind Bearbeitungszeiten, Durchlaufzeiten und Prozesskosten. Protokollierte Ist-Daten werden in diesem Zusammenhang vom System mit vorgegebenen Soll-Daten verglichen. Werden Schwellenwerte überschritten, veranlasst das Workflow-System geeignete Maßnahmen, z.B. in der Ausgestaltung von Benachrichtigungen an Vorgesetzte.

g) Prozessualer Aspekt

Prozessual betrachtet verstehen Gehring und Gadatsch (1999a:7f. u. Gadatsch 1999:172ff.) Workflow-Management als ein Kreislaufmodell, das drei verbundene Teilzyklen in sich vereint (vgl. für eine Übersicht Abbildung 2-9):

1) Die strategisch orientierte Gestaltung von Geschäftsprozessen
   Nach einer Erhebung und Modellierung des Ist-Geschäftsprozesses erfolgt eine Geschäftsprozessanalyse im Hinblick auf die Geschäftsstrategie und entsprechende Geschäftsprozessziele. Unter der Berücksichtigung von Zielvorgaben erfolgt eine Restrukturierung der Prozesse und eventuell eine Anpassung der Geschäftsstrategie selbst. Als Ergebnis liefert dieser Teilzyklus die fachlich-konzeptionelle Gestaltung eines Geschäftsprozessmodells.
2) Die organisatorisch DV-technische Umsetzung von Workflows
   Geschäftsprozessmodelle werden nun bezogen auf den Detaillierungsgrad der operativen Workflow-Ebene als Workflow-Typen definiert. Die Simulation sowie die Analyse der Workflow-Typen sind weitere Aufgaben im Rahmen dieses sich eventuell wiederholenden Teilzyklus.
3) Ausführung und Überwachung der Workflow-Instanzen
   Die Ausführung und das Monitoring von Workflows sind grundlegende Aufgaben des dritten Teilzyklus auf operativer Ebene. Werden Abweichungen der Prozessergebnisse von den Soll-Vorgaben identifiziert, so erfolgt eine Rückkopplung auf den ersten und/oder zweiten Teilzyklus. Geringfügige Abweichungen bedingen einen Einstieg in den zweiten Zyklus, das heißt eine inkrementelle Optimierung der Workflow-Typen, größere Abweichungen von den Soll-Vorgaben lassen auf ein Geschäftsprozessmodellierungsdefizit schließen und können einen Einstieg in den ersten Teilzyklus erfordern.

Den Ausführungen von Gehring und Gadatsch sind keine Inhalte bezüglich der zuvor konkretisierten Analysedimensionen „Interpretationen und Schlussfolgerungen" und „Explizite Praxisorientierung" zu entnehmen, so dass an dieser Stelle die Analyse des Beitrags beendet wird.

2.2.8 Kritische Würdigung und Verdichtung der Ergebnisse

Im wissenschaftlichen Schrifttum (vgl. z.B. Drumm 1992:375, Chmielewicz 1994:146f., Steinle 1995:742 u. Hentze et al. 1997:69f.) gelten Konzepte allgemein als instrumenteller Ersatz und als Ausgangspunkt für theoriegestützte und/oder empirisch orientierte Ansätze. Ein Konzept (lat. conceptus) ist ein erster Entwurf, eine Rohfassung eines Textes, ein Plan, ein Einfall oder eine bestimmte Auffassung zu einem Sachgebiet. Konzepte erheben in der Regel einen

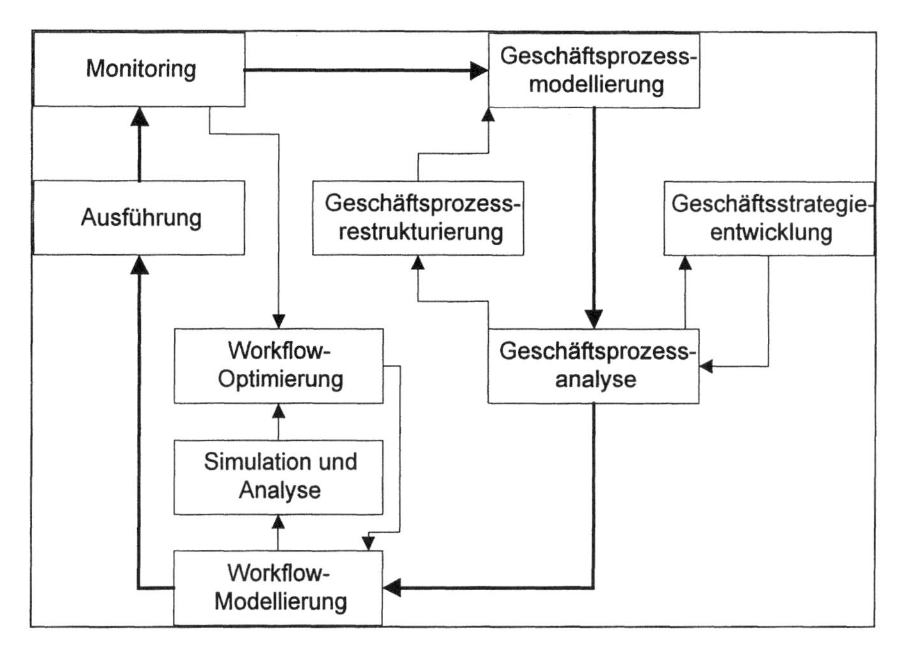

Abbildung 2-9: Workflow-Life-Cycle-Modell (nach Gehring/Gadatsch 1999a:8 u. Gadatsch 1999:173)

breiten Geltungsanspruch. Sie gelten als Entwürfe oder auch Denkmodelle, die keiner empirischen Überprüfung zugänglich sein können, aber dennoch plausibel erscheinen. Konzepte umfassen formulierte und operationale Soll-Vorstellungen zur Realisierung eines bestimmten Sachverhalts.

Unter Beachtung der gegebenen Selektionskriterien zeigt die Präsentation der einzelnen Beiträge auf, dass keine geschlossene Theorie zum Workflow-Management in der Literatur angeboten wird. Ebenso wird von den Autoren nicht auf bestehende Theorien zurückgegriffen. Vielmehr werden mehr oder minder eigenständige Konzepte offeriert, die auf keiner gemeinsamen Problemstellung und Zielsetzung beruhen. Des Weiteren werden unterschiedliche Terminologien zum Workflow-Management vorgeschlagen, obgleich sowohl aus nationaler (vgl. DIN 1996) als auch internationaler Herkunft (vgl. Lawrence 1997) terminologische Normierungsbemühungen vorliegen. Jablonski et al. (1997:23) sprechen in diesem Zusammenhang von einem „kreativen Begriffswirrwarr", der an dieser Stelle bestätigt und durch den Ausdruck „Kosmos von Ideen" ergänzt werden kann.

Es mag daher der Schluss gefolgert werden, dass Workflow-Management aktuell als ein offenes Konzept und ebenso offenes Forschungsgebiet verstanden wird, das zahlreichen Entwicklungsströmungen unterliegt. Hierin liegt auch eine mögliche Begründung dafür, dass die vorgestellten Beiträge zum Workflow-Management keinen homogenen Ursprung und ebenso keine grundlegende Forschungstradition darbieten.

Unter Koordination wird allgemein die Abstimmung der arbeitsteiligen Aufgabenerfüllung verstanden (Bea et al. 1999:264). Die Abstimmung der durch die Arbeitsteilung gebildeten interdependenten Aufgaben erfolgt mittels bestimmter Koordinationsinstrumente, die in Instrumente der Fremdkoordination und in Instrumente der Selbstkoordination unterteilt werden können (Kieser et al. 1992:103, 117 u. Bea et al. 1999:264ff., Hentze et al. 2000:160ff.). Selbstkoordination meint eine Abstimmung, die durch die Instrumente Selbstabstimmung (gegenseitige Abstimmung der Mitarbeiter), Märkte (Preismechanismen), Unternehmenskultur (Standardisierung von Denk- und Verhaltensweisen) oder Professionalisierung (Standardisierung von Qualifikationen) vorgegeben wird. Fremdkoordination bedeutet, dass die Abstimmung von „außen“ durch die Instrumente persönliche Weisung, Programme (Regelungen zu Arbeitsprozessen) oder Pläne (Ergebnisvorgaben) erfolgt.

Es lässt sich herausstellen, dass Workflow-Systeme originär Koordinationsaufgaben zwischen Mitarbeitern und Anwendungsprogrammen arrangieren. Somit können die Systeme den technokratischen Koordinationsinstrumenten (hierzu zählen Pläne und Programme, vgl. auch Bea et al. 1999:266) im Anwendungsbereich der Fremdkoordination zugeordnet werden. Dieser Gedankengang erschließt zusätzlich die elementare Aufgabe beziehungsweise Problemstellung des Workflow-Managements. Es kann konstatiert werden, dass dem Workflow-Management als zentrale Problemstellung die Koordination operativer Geschäftsprozesse zu Eigen ist.

Es zeigt sich im Kern der jeweiligen Konzepte, besonders in den Analysedimensionen „Funktionaler Aspekt“ und „Prozessualer Aspekt“, dass in Bezug auf die Struktur der Ausarbeitung sich die Autoren grundlegend an dem in der Literatur anerkannten und verbreiteten Verständnis zu den Aufgaben des Managements sowie am Managementprozess selbst orientieren (vgl. z.B. aus dem Bereich Management-Literatur: Staehle 1999:538, aus dem Bereich Grundlagen der Betriebswirtschaftslehre: Eichhorn 2000:297, aus dem Bereich Systemanalyse und IT-Einsatzplanung: Lockemann et al. 1983:200). Essenziell betrachtet können daher Workflow-Management und die Funktionalität von Workflow-Systemen auf die Aufgabengruppen Planung, Steuerung und Überwachung von operativen Geschäftsprozessen reduziert werden. Unter prozessualer Perspektive ergibt sich ein Modell zwischen den Aufgaben Planung und Steuerung, das sich durch die Rückkopplung (feedback) von der Überwachung zur Planung zu einem Kreislauf beziehungsweise Regelkreis schließt.

Hinsichtlich der betrachteten Analysedimension „Institutioneller Aspekt" zeigen die Beiträge fragmentarische Lösungen auf, die eine Zweiteilung der Aufgabenträger des Workflow-Managements in Akteure und Process-Owner vorsieht. Akteure des Workflow-Managements sind demnach Mitarbeiter, denen im Rahmen der Workflow-Planung Aufgaben zugeordnet werden, welche sie dann im Verlauf der Workflow-Steuerung zu bearbeiten haben. Es wird somit eine Mitarbeitergruppe spezifiziert, die auf operativer und administrativer Ebene definierte Aufgaben ausführt. Zu der Gruppe der Process-Owner sind dagegen solche Mitarbeiter zu zählen, die dispositive Aufgaben der Workflow-Planung, -Steuerung und Überwachung wahrnehmen.

Die Einführung von neuen Software-Systemen kann zu Akzeptanzproblemen auf der betroffenen Mitarbeiterebene führen. Hier liegen mögliche dysfunktionale Potentiale des Workflow-Managements. Aus den angeführten Beiträgen lässt sich extrahieren, dass der rechtliche Bereich der betrieblichen Mitbestimmung und des Datenschutzes bei der Einführung von Workflow-Systemen besonders zu beachten ist. Es wird empfohlen, den Problembereich durch Pilotprojekte, welche zunächst nur einen ausgewählten Anteil betroffener Geschäftsprozesse berücksichtigen, abzuhandeln. Der eigentliche rechtliche Kontext in Form von Gesetzen und sonstigen rechtlichen Normen wird nicht betrachtet, ebenso wenig werden einhergehende rechtliche Regulativa aufgezeigt.

2.3 Synopse empirischer Beiträge

2.3.1 Beitragsauswahl

Die Zusammenfassung der konstruktiven Beiträge zum Workflow-Management und die im ersten Kapitel dieser Arbeit vorgestellten vermeintlichen Leistungspotentiale der Systeme dokumentieren Auswirkungen von Workflow-Anwendungen zu verschiedenartigen Kriterien (z.B. Produktivität als ökonomisches Kriterium). Diese Aussagen sind insgesamt spekulativer Art und stützen sich weder auf eine theoretische Fundierung noch auf empirische Untersuchungen. Ziel dieses Abschnitts ist es daher, empirische Beiträge zur genannten Themenstellung hinsichtlich der erbrachten Forschungsergebnisse zunächst vorzustellen. Im Anschluss daran werden diese Ergebnisse subsumiert und interpretiert.

Empirische Untersuchungen über Workflow-Management-Systeme werden in der Literatur zu einer geringen Anzahl angeboten. Eine Literaturanalyse ergibt als Ergebnis zum einen zwei Laborstudien des Instituts für Wirtschaftsinformatik an der Universität Linz (Heinrich et al. 1995 u. Damschik et al. 1995) zum anderen Anwenderbefragungen des Marktforschungsunternehmens IDC (IDC 1994 u. Götzer 1996) sowie des Beratungsunternehmens Dr. Götzer GmbH (Götzer 1995 u. 1996). Da es sich bei der Laborstudie von Damschik et al. um eine Evaluierung von am Markt verfügbaren Workflow-Systemen handelt, welche sich mit der Bewertung alternativer Produkte auseinandersetzt, wird diese Untersuchung nicht betrachtet.

2.3.2 Laborstudie von Heinrich et al.

Am Institut für Wirtschaftsinformatik der Universität Linz wurde durch Laborstudien der Einsatz eines Workflow-Management-Systems hinsichtlich der Bewertungskriterien beziehungsweise der Formalziele Produktivität, Flexibilität und Sicherheit untersucht (Heinrich et al. 1995:105). Das Untersuchungsdesign der Studie baut auf zwei Vorgangstypen auf (Heinrich et al. 1995:106):

- Typ A – Der Vorgangstyp ist gekennzeichnet durch hohe Komplexität, niedrige Planbarkeit, unbestimmten Informationsbedarf, wechselnde, nicht festgelegte Kooperationspartner sowie offene Lösungswege.
- Typ B – Der Vorgangstyp ist gekennzeichnet durch geringe Komplexität, hohe Planbarkeit, definierten Informationsbedarf, gleichbleibenden Kooperationspartner sowie festgelegten Lösungsweg.

Die Autoren definieren zum einen die Komplexität eines Vorgangs durch die Anzahl und Art der zu verrichtenden Aufgaben sowie durch die Art der Beziehungen zwischen den Aufgabenträgern und zum anderen die Strukturiertheit eines Vorgangs als Ausdruck dafür, inwieweit die Bearbeitung eines Vorgangs durch Objekte, Rang, Phasen, Verrichtungen und Sachmittel vorbestimmt ist (Heinrich et al. 1995:106).

Die getroffene Festlegung der oben genannten Vorgangstypen basiert auf der Annahme, dass Vorgänge mit geringer Strukturiertheit und Komplexität sowie mit hoher Strukturiertheit und Komplexität in der Realität kaum anzutreffen sind und daher für die Unterstützung durch Workflow-Systeme ohne praktische Bedeutung sind (Heinrich et al. 1995:106).

Folgende Hypothesen wurden in der Studie untersucht (Heinrich et al. 1995:108ff.):

Hypothese 1: Bei der Verwendung eines Workflow-Management-Systems ist die Produktivität der Vorgangsbearbeitung höher als bei der Verwendung eines klassischen Mediums zur Vorgangsbearbeitung.

Hypothese 2: Bei der Verwendung eines Workflow-Management-Systems ist die Produktivität umso höher, je strukturierter und je weniger komplex der Vorgang ist. Die Produktivitätssteigerung ist daher bei Verwendung eines Workflow-Management-Systems bei Vorgangstyp B höher als bei Vorgangstyp A.

Hypothese 3: Die Verwendung eines Workflow-Management-Systems beeinflusst die Flexibilität der Vorgangsbearbeitung. Die Verwendung eines Workflow-Management-Systems vereinfacht die Änderbarkeit, verbessert die Anpassungsfähigkeit und vereinfacht die Erweiterbarkeit der Vorgangsbearbeitung.

Hypothese 4: Die Verwendung eines Workflow-Management-Systems beeinflusst die Sicherheit der Vorgangsbearbeitung. Die Verwendung eines Workflow-Management-Systems erhöht die Verfügbarkeit, verbessert die Integrität und verbessert die Vertraulichkeit der Vorgangsbearbeitung.

Als Ergebnisse der Studie können folgende Resultate festgehalten werden (Heinrich et al. 1995:108ff.):

- zu Hypothese 1 (Produktivität): Die getroffene Annahme wurde für den Vorgangstyp A nicht bestätigt und für den Vorgangstyp B bestätigt.
- zu Hypothese 2 (Produktivität): Die getroffene Annahme wurde bestätigt.
- zu Hypothese 3 (Flexibilität): Die getroffene Annahme wurde bestätigt.
- zu Hypothese 4 (Sicherheit): Die getroffenen Annahmen wurden nur zu dem Aspekt Vertraulichkeit bestätigt.

2.3.3 Anwenderbefragung des Marktforschungsunternehmens IDC

Im Rahmen einer Studie des Marktforschungsunternehmens IDC wurden 65 Unternehmen mit Hilfe von Interviews untersucht (IDC 1994). Gegenstand der Untersuchung war die Einführung eines Workflow-Management-Systems und hier insbesondere die Betrachtung von Geschäftsprozessen nach einem Reengineering. Abbildung 2-10 zeigt eine Zusammenfassung der erzielten Ergebnisse hinsichtlich der betrachteten Produktivitätskriterien.

Im Detail liefert die Befragung weitere Ergebnisse. Die in Abbildung 2-11 dargestellten Prozessdurchlaufzeiten (Summe über Transport-, Liege- und Bearbeitungszeit) zeigen auf, welche Zeiten vor der Einführung des Workflow-Systems („Ist-Zustand") vorlagen, welche Zeiten durch eine Reorganisation der Geschäftsprozesse erreicht wurden („Organisatorische Lösung") und welche Zeiten mit dem Einsatz des Workflow-Management-Systems realisiert werden konnten („Technische Lösung"). Die Zeile „Insgesamt" gibt Zeiten an, die sich

Produktivitätskriterium	**Einsatz WfMS**	**Einsatz WfMS nach einem Prozeßredesign**
	Reduktion um:	**Reduktion um:**
Durchlaufzeiten	bis zu 20%	bis zu 90%
Bearbeitungszeiten	bis zu 25%	bis zu 60%
Personalkapazitäten	bis zu 10%	bis zu 40%
Suchzeiten	bis zu 50%	bis zu 90%
Kundenrückfragen	bis zu 20%	bis zu 75%

Abbildung 2-10: Teilergebnisse der IDC-Studie: Produktivitätskriterien (nach Götzer 1996:66)

aufgrund sowohl einer organisatorischen als auch einer technischen Lösung ermitteln ließen.

Alternativen	**Transportzeit (in Tagen)**	**Liegezeit (in Tagen)**	**Bearbeitungszeit (in Stunden)**	**Durchlaufzeit (in Tagen)**
Ist-Zustand	1,5	22,8	2,4	24,6
Org. Lösung	0,9	13,3	1,7	14,4
Techn. Lösung	0,8	12,1	2,0	13,1
Insgesamt	0,3	11,1	1,4	11,6

Abbildung 2-11: Teilergebnisse der IDC-Studie: Prozessdurchlaufzeiten (nach Götzer 1996:66)

2.3.4 Anwenderbefragung von Götzer

Götzer hat in Zusammenarbeit mit der Zeitschrift „Computerwoche“ 30 Unternehmen hinsichtlich der Nutzenpotentiale eingesetzter Workflow-Management-Systeme befragt (Götzer 1995 u. 1996). Hinsichtlich der quantifizierbaren Größe Kostenreduktion durch den Systemeinsatz ergab sich im Ergebnis ein Durchschnittswert von etwa 18 Prozent, und in Einzelfällen wurden bis zu 60 Prozent erreicht (Götzer 1996:68). Bezogen auf die Geschäftsprozessdurchlaufzeiten wurde eine durchschnittliche Reduktion um 39 Prozent erzielt und mit 80 Prozent ein bester Wert angegeben (Götzer 1996:68).

Des Weiteren wurden im Kontext der Untersuchung Ziele, Zielprioritäten und Zielerreichungsgrade abgefragt, die in Verbindung mit der Workflow-

System-Einführung von den Unternehmen verfolgt wurden (vgl. Abbildung 2-12).

Ziele	Zielpriorität (von 1=sehr hoch bis 5=unwichtig)	Ziel wurde **voll erreicht**	Ziel wurde **zum Teil erreicht**	Ziel wurde **nicht erreicht**
Kostenreduktion	2	35%	47%	18%
Beschleunigung der Prozesse	1,6	55%	39%	6%
Höhere Transparenz der Prozesse	2,4	50%	39%	11%
Bessere Integration der Prozesse	2,2	44%	50%	6%
Besserer Zugriff auf Informationen	2,2	67%	33%	0%
Höhere Sicherheit der Prozesse	2,9	35%	47%	18%
Sicherstellung eines ordnungs-gemäßen Prozessablaufs	2,7	39%	50%	11%

Abbildung 2-12: Ziele, Zielprioritäten und Zielerreichungsgrade bei der Einführung von Workflow-Systemen (nach Götzer 1996:67)

Darüber hinaus stellt die Studie fest, dass insgesamt 30 Prozent der befragten Unternehmen mit der Systemeinführung „sehr zufrieden" und 50 Prozent „zufrieden" sind sowie 15 Prozent den Systemeinsatz als „noch akzeptabel" betrachten und 5 Prozent „unzufrieden" sind (Götzer 1996:68).

2.3.5 Zusammenfassung und Interpretation der Ergebnisse

Die Studien zeigen deutlich auf, dass Workflow-Management-Systeme zweifelsfrei keine allmächtigen Werkzeuge sind und dass sich nicht alle Formen von Geschäftsprozessen sinnvoll unterstützen lassen.

Betrachtet man zunächst den möglichen Einsatzbereich der Systeme, so ergeben sich aufgrund der Laborstudie von Heinrich et al. (1995) maßgebliche Einschränkungen. Diese Restriktionen können mit Hilfe der von Picot und Rohrbach (1995) entwickelten Systematisierung von Eignungsbereichen für den Einsatz von Workflow-Systemen näher betrachtet werden. Die Autoren unterscheiden zunächst drei Aufgabentypen, wie sie in Abbildung 2-13 dargestellt sind.

Routineaufgabe	Sachbezogene Aufgabe	Einzelfallaufgabe
• niedrige Komplexität • hohe Planbarkeit • Informationsbedarf bestimmt • Kommunikations-intensität niedrig • gleichbleibende, fest-gelegte Kooperations-partner • sehr viele Hilfsmittel • Lösungsweg fest-gelegt • sehr hohe Dokumen-tenorientiertheit	• mittlere Komplexität • mittlere Planbarkeit • Informationsbedarf problemabhängig (un-)bestimmt • Kommunikations-intensität unter-schiedlich • wechselnde, festge-legte Kooperations-partner • viele Hilfsmittel • Lösungsweg gere-gelt bis offen • mittlere Dokumen-tenorientiertheit	• hohe Komplexität • niedrige Planbarkeit • Informationsbedarf unbestimmt • Kommunikations-intensität sehr hoch • wechselnde, nicht festgelegte Koope-rationspartner • wenige Hilfsmittel • Lösungsweg offen • niedrige Dokumen-tenorientiertheit

Abbildung 2-13: Aufgabentypen zur Systematisierung von Eignungsbereichen für den Einsatz von Workflow-Systemen (nach Picot et al. 1995:32)

Des Weiteren können Geschäftsprozesse in drei Typen unterschieden werden (Picot et al. 1995:31):

Eine eindeutige Struktur mit standardisierten Abläufen, intensiver Arbeitsteilung und geringer Verflechtung mit weiteren Prozessen präzisiert den planbaren Routineprozess. Der Regelprozess mit noch überschaubarer Struktur und Komplexität zeigt durch individuelle Eingriffe der Mitarbeiter eine sich stetig verändernde Form, welche besonders auch den einmaligen Prozess mit wechselnden Kommunikationspartnern auszeichnet.

Eine Gegenüberstellung der Aufgabentypen und Prozesstypen erbringt die von Picot und Rohrbach getroffene Systematisierung möglicher Eignungsbereiche für Workflow-Systeme (vgl. Abbildung 2-14).

Überträgt man nun die von Heinrich et al. getroffenen Annahmen und ermittelten Ergebnisse in obiges Schema, so muss festgestellt werden, dass lediglich Routineprozesse mit einem hohen Anteil an Routineaufgaben den Einsatz von Workflow-Systemen rechtfertigen. In diesem Bereich kann durch einen Systemeinsatz eine maßgebliche Verringerung einzelner Prozessdurchlaufzeiten erreicht werden. Bei den übrigen Bereichen ist eher von einem Anstieg der Zeiten auszugehen.

Eingeschränkt auf den vorab genannten Bereich von Geschäftsprozesstypen kann den zuvor dargestellten Untersuchungen des Weiteren entnommen werden, dass die Applikation von Workflow-Systemen eine Geschäftsprozessoptimie-

Aufgaben-typen im Prozess / Prozess-typen	Einzelfall-aufgabe	Sachbezogene Aufgabe	Routine-aufgabe
Einmaliger Prozess			
Regel-prozess			
Routine-prozess			

Abbildung 2-14: Workflow-Management-Systeme: Systematisierung möglicher Eignungsbereiche (verändert nach Picot et al. 1995:32)

rung ist, bei welcher vornehmlich Rationalisierungspotentiale ausgeschöpft werden, die sich insgesamt unter ökonomischer Betrachtungsweise positiv auf eine Kostenreduktion auswirken. Besonders interessant erscheint hier der Aspekt, dass diese Ergebnisse ohne eine Prozessumgestaltung erreicht werden können, aber die Durchführung solcher Veränderungsmaßnahmen weitaus bessere Ergebnisse erwarten lässt. Unter der Voraussetzung, dass die Anzahl von Kundenrückfragen (IDC), die Durchlaufzeiten (Heinrich et al., IDC u. Götzer), die Sicherstellung eines ordnungsgemäßen Geschäftsprozessablaufs (Heinrich et al. u. Götzer) und die kurzfristige Anpassung der Vorgangsbearbeitung (nach Heinrich et al. Flexibilität) als Kenngrößen für eine Geschäftsprozessqualität angesehen werden können, ist auch unter Beachtung eines solchen Qualitätsaspekts der Workflow-Einsatz positiv zu bewerten.

2.4 Synthese der Teilergebnisse und weitere Vorgehensweise

Die aus der Literatur selektierten konstruktiven Beiträge bieten Workflow-Management als ein offenes Konzept an und schaffen aufgrund der dargebotenen konzeptionellen Form einen weitgefassten und komplexen inhaltlichen Bezugsrahmen.

Ein Ziel dieser Ausarbeitung ist die Entwicklung eines theoriegestützten Ansatzes, der eine Beschreibungs- und Analysefunktion für das Workflow-Management bereitstellt. Aufgrund dieser Anforderungen genügt das facettenreiche Angebot der konstruktiven Beiträge nicht den Ansprüchen der vorliegenden Arbeit, und es kann daher kein Beitrag für die weitere Ausarbeitung adaptiert werden. Es gilt daher zunächst einen solchen Ansatz zu konzipieren, bevor die Problemstellung der Personalwirtschaft betrachtet werden kann.

Die empirischen Beiträge zeigen die Restriktion auf, dass nur Routineprozesse den Einsatz von Workflow-Systemen rechtfertigen. Die Applikation von Workflow-Systemen ist daher im Folgenden eingeschränkt auf diesen Geschäftsprozesstyp zu betrachten.

Ebenso kann festgehalten werden, dass die zentrale Problemstellung des Workflow-Managements die Koordination operativer Geschäftsprozesse ist. Mit Hilfe der Be-griffspaare Effizienz und Effektivität kann die generelle Aufgabenstellung und Zielsetzung des Workflow-Managements weiter spezifiziert werden (vgl. für die Kernidee den konstruktiven Beitrag von Heilmann). Oftmals werden die Begriffe in der Literatur synonym verwandt. Die Diskussion um die Begriffsexplikation wird an dieser Stelle nicht aufgegriffen (vgl. hierzu z.B. Fessmann 1980:25ff., Gaitanides 1983:34ff. u. Scholz 1992:533ff.). Vielmehr schließt sich der Verfasser dem Standpunkt von Eichhorn (2000:140f.) an, wonach Effizienz im Besonderen die Wirkungskraft einer Handlungsweise bzw. die Leistungsfähigkeit des Mitteleinsatzes bezeichnet und Effektivität im Besonderen auf die Zielerreichung abstellt. Hier soll daher unter Effizienz die Erreichung eines Zieles und auch die Lösung einer Aufgabe mit möglichst geringem Aufwand verstanden werden. Die Effektivität hingegen ermöglicht Aussagen über das Verhältnis von Ist- und Soll-Zustand und ob mit einem bestimmten Output auch tatsächlich der gewünschte Nutzen erreicht wird.

Workflow-Management zielt im Kontext der Koordination auf Effizienz ab. Dies bedeutet, dass die Aufgabenbereiche der Planung, Steuerung und Überwachung von Geschäftsprozessen unter der Restriktion der Minimierung von Prozessdurchlaufzeiten zu betrachten sind. Effektivität wird durch das Workflow-Management nicht beachtet. Die Berücksichtigung der Effektivität von Geschäftsprozessen ist eine dem Workflow-Management vorgelagerte Aufgabenstellung, die in den Bereich Geschäftsprozess-Management fällt. Das heißt, das zentrale Objekt Geschäftsprozess wird in seiner Grundstruktur aus der Perspektive des Workflow-Managements als gegeben angenommen. Generelle Überlegungen, ob zum Beispiel ein Geschäftsprozess ein Outsourcing oder eine grundlegende Reorganisation erfahren soll, sind nicht Gegenstand des Workflow-Managements.

Obwohl kein Beitrag für den nachstehenden Aufbau eines Instrumentariums, das eine systematische und analytische Durchdringung des Workflow-Managements ermöglichen soll, übernommen wird, werden dessen ungeachtet Teilergebnisse aus der Synopse der konstruktiven Beiträge einbezogen. Im Einzelnen ist in diesem Zusammenhang festzuhalten, dass Workflow-Management reduziert auf folgende Zentralaspekte hinsichtlich der getroffenen Analysedimensionen betrachtet werden kann:

- effiziente (teil-)automatisierte Koordination operativer Geschäftsprozesse (Basisannahme und Zielsetzung);
- Aufgabengruppen: Planung, Steuerung und Überwachung operativer Geschäftsprozesse (funktionaler Aspekt);
- Mitarbeiter werden differenziert in Akteure und Geschäftsprozesseigner betrachtet (institutioneller Aspekt);
- Workflow-Management-Systeme sind technokratische Koordinationsinstrumente der Fremdkoordination und bieten ein Funktionsangebot beziehungsweise Methoden zur Unterstützung der Planungs-, Steuerungs- und Überwachungsaufgaben an (instrumenteller Aspekt);
- Workflow-Management ist ein typischer Management-Prozess, das heißt, die Planungsaufgaben erhalten durch die Überwachungsaufgaben eine Rückkopplung (Prozessualer Aspekt).

Diese Zentralaspekte werden in den folgenden Kapiteln aufgegriffen und weiter ausführt. Sie dienen insbesondere als Grundlage und Rahmen für die Entwicklung eines Workflow-Management-Ansatzes in dem sich anschließenden Kapitel.

3 Entwicklung eines Workflow-Management-Ansatzes unter Berücksichtigung einer theoretischen Implikation

3.1 Theorieangebot und Theorieauswahl

Der Auswahl einer adäquaten Theorie ist ein Suchvorgang voranzustellen. Betrachtet man zunächst das Angebot des betriebswirtschaftlichen Schrifttums zur zuvor ausgewählten Koordinationsproblematik, ist ein Mangel festzustellen, der deutlich macht, dass „es bisher keine geschlossene Theorie der Koordination gibt" (Brockhoff et al. 1993:400). Rühli (1992:1165) führt in diesem Zusammenhang an: „In der betriebswirtschaftlichen Literatur fehlt eine eigenständige Theorie des koordinierten Handelns weitgehend. Indessen wird die Koordinationsproblematik immer wieder im Zusammenhang mit anderen Themenkreisen angesprochen. Im Vordergrund steht dabei die Organisationslehre [...]." Dieser Gedankengang schränkt den Suchraum auf Theorien der Organisationslehre, die in Verbindung mit dem Einsatz von Informationstechnik und insbesondere Workflow-Systemen stehen, ein. Der Literaturbefund zu Theorien, die einen allgemeinen Bezug zum IT-Einsatz herstellen, zeigt auf, dass in diesem Gebiet die Nennung und Verwendung der Theorien „Property-Rights-Theorie" (nach Alchian 1961 u. Demsetz 1967), „Agency-Theorie" (nach Jensen et al. 1976 u. Pratt et al. 1985) und „Transaktionskostentheorie" (nach Coase 1937 u. Willamson 1983) aus dem Gebiet der „Neuen Institutionsökonomik" dominieren (vgl. für eine Übersicht z.B. Voß et al. 2001:43ff. u. Picot et al. 2001:38ff.). Organisationstheorien, die in einem direkten Bezug zum Workflow-Management genannt werden, sind in der Literatur nicht zu finden.

Einen weiteren Suchraum bildet das Schriftgut zum Workflow-Management. Hier ergibt der Literaturbefund die Akzentuierung der „Sprechakttheorie" (nach Searle 1975) und der „Coordination Theory" (nach Malone 1988; vgl. insgesamt Teufel et al. 1995:186, Jablonski 1995b:14f., Jablonski et al. 1997:81 u. Lehmann 1999:98ff.).

Es stellt sich nun das Problem der Selektion einer geeigneten Theorie. Als naheliegendes Kriterium für die Auswahl einer qualifizierten Theorie werden hier die Merkmale der Relevanz und Eignung zur Zielsetzung der vorliegenden Arbeit angewendet. Es gilt daher, zunächst den Anwendungsbereich der einzelnen Theorien festzulegen.

Der Anwendungsbezug von Theorien der Neuen Institutionsökonomik liegt bei ökonomisch- und gestaltungsorientierten Beiträgen zur Entwicklung und

Anwendung von Informationstechnik. Im Fokus des Interesses steht eine Ausgestaltung des IT-Einsatzes unter Wirtschaftlichkeitsaspekten, speziell die Verringerung von (Transaktions-)Kosten (Voß et al. 2001:43). Eine tragende Rolle spielt dabei die Annahme, dass eine Unternehmung als Netzwerk von Verträgen zwischen Einzelpersonen charakterisiert wird und eine Reduktion von Koordinationskosten zur Anbahnung, Durchsetzung und Kontrolle von Verträgen durch einen IT-Einsatz unter definierten Umständen realisiert werden kann (vgl. exemplarisch Picot et al. 1996).

Die Sprechakttheorie ist grundlegend ein Ansatz, der sprachliche Äußerungen als Handlungen beziehungsweise Sprechakte rekonstruiert und systematisch darstellt, was Menschen tun, wenn sie sprechen. Für Searle (1975:307) ist damit der Sprechakt die Grundeinheit der Kommunikation und wesentlich für das Verständnis von Kommunikation. Im Kontext der Workflow-Management-Forschung dient die Sprechakttheorie als Grundlage der Methoden- und Verfahrenserstellung, das heißt dem Entwurf von Beschreibungssprachen zur Modellierung von Workflows (Teufel et al. 1995:190 u. Jablonski et al. 1997:82). Es wird davon ausgegangen, dass die Koordination von Aufgaben erst durch Sprache ermöglicht wird. Sprache wird in diesem Zusammenhang nicht nur im Sinn der Kommunikation als Übermittlung von Informationen von einem Sender zum Empfänger, sondern auch als eine Ausprägung sozialen Handelns verstanden.

Die Coordination Theory „ist ein neutraler Ausgangspunkt für das Erarbeiten der konstituierenden Artefakte von Workflow-Management" (Jablonski 1995b:14, ähnlich bei Jablonski et al. 1997:81 u. Lehmann 1999:98ff.). Sie soll „die Einordnung verschiedener Disziplinen ermöglichen" (Teufel et al. 1995:186) und beschreibt „die wesentlichen Aspekte, die im Rahmen der Koordination [...] wichtig sind" (Jablonski 1995b:14). Der Urheber der Theorie gibt in diesem Kontext an: „[...] the study of coordination draws upon a variety of different disciplines including computer science, organisation theory, management science, economics, and psychology. Work in this new area will include developing a body of scientific theory, [...] about how the activities of separate actors can be coordinated. One important use for coordination theory will be in developing and using computer and communication systems to help people coordinate their activities in new ways" (Malone 1988:1).

In Kapitel 1 wird betont, dass ein Ziel der vorliegenden Arbeit die Entwicklung eines theoriegestützten Workflow-Management-Ansatzes ist, wobei die theoretische Impl-ikation zunächst der geordneten Beschreibung und Festsetzung des Workflow-Managements dienen soll. Im weiteren Verlauf der Arbeit unterstützt der zu konzipierende Ansatz als analytisches Instrument für die geordnete Deskription von Anwendungsgebieten des Workflow-Managements in der betrieblichen Personalwirtschaft. Des Weiteren wird betont, dass ökonomische Betrachtungen nur beiläufig Berücksichtigung finden und der Aspekt der Entwicklung von Workflow-Technik gänzlich ausgeblendet wird. Aufgrund der getroffenen Anforderungen, ist die Coordination Theory ein geeignetes Instrument für die weitere Vorgehensweise. Es wird hier somit auch einer impliziten Forderung der Workflow-Literatur nachgegangen, welche zwar die Coordination Theory als essentielle Grundlage des Workflow-Managements favorisiert, aber sich dennoch nur auf die Nennung und Empfehlung beschränkt und nicht die Theorie appliziert.

3.2 Ausgewählte Grundlagen der Coordination Theory

Unter der Leitung von Thomas W. Malone arbeiten seit den Achtzigerjahren Wissenschaftler des US-amerikanischen „Massachusetts Institute of Technology“ (kurz: MIT) an einer Koordinationstheorie, die sie als Coordination Theory bezeichnen. Wie schon zuvor erwähnt wurde, gilt diese Theorie als ein interdisziplinärer Ansatz. Das Ziel der Theorie ist, ein generell verbessertes Verständnis für Koordinationsprozesse verschiedener Disziplinen zu entwickeln und aus dieser Erkenntnis heraus diese Koordinationsprozesse wirkungsvoll analysieren und unterstützen zu können (Malone 1988:1, Malone et al. 1991:1ff. u. Malone et al. 1992:1ff.). Infolgedessen steht im Vordergrund des Interesses, ein Instrumentarium zur Verfügung zu stellen, mit dessen Hilfe Koordinationsprobleme und Koordinationsmechanismen beschrieben und eventuell auch verglichen werden können.

Obwohl mit der Coordination Theory ein interdisziplinärer Ansatz verfolgt wird, kommt der Beachtung und Betrachtung von Informationstechnik ein hohes Maß an Bedeutung zu. Malone (1988:1 u.15f.) betont in diesem Zusammenhang, dass Informationstechnik, speziell „coordination technology“, in Form eines Verbunds von Software, Rechnern und Netzwerken „neue Wege“ der Koordination ermöglicht. Als Begründung für diesen instrumentellen Schwerpunkt der Theorie, welcher im Folgenden ausschließlich betrachtet wird, werden sowohl die verbreitete Verfügbarkeit vernetzter Rechnersysteme als auch sinkende Kosten sowie eine erhöhte Leistungsfähigkeit der Informationstechnik angegeben (Malone et al. 1992:1f.). Grundannahme der Coordination Theory ist, dass die Nutzung von Informationstechnik verschiedene Auswirkungen auf Koordinationskosten hat (Malone et al. 1992:20 verstehen Koordination prinzipiell als eine Aktivität, die Kosten verursacht). In diesem Kontext können generell drei Effekte unterschieden werden (Malone 1988:11ff. u. Malone et al.1992:20ff):

1) Effekt erster Ordnung
Menschliche Koordination(-stätigkeiten) wird (werden) durch den Einsatz von Informationstechnik substituiert und damit Koordinationskosten reduziert. Die Automation von bestehenden Abläufen und Strukturen steht hierbei im Vordergrund.
2) Effekt zweiter Ordnung
Die Kenntnis über die positiven Auswirkungen der Automation führt zu einer steigenden Nutzung der Informationstechnik, so dass der Bedarf an Koordination steigt. Dieser Effekt kann unter Umständen den Effekt erster Ordnung überlagern.
3) Effekt dritter Ordnung
Die Nutzung von Informationstechnik führt aufgrund neuer Verwendungsmöglichkeiten zu einer Umsetzung von koordinationsintensiveren Abläufen und Strukturen, die zuvor in Unkenntnis des Substitutionseffektes als zu „teuer" angesehen wurden. Eine teilweise Kompensation des Substitutionseffektes kann auch hier die Folge sein.

Malone et al. (1992:4) definieren Koordination in einem weiten Sinne als „managing dependencies between activities". Darüber hinaus bestimmen vier wesentliche Komponenten die Koordination: „[...] there must be one or more actors, performing some activities which are directed toward some ends. [...] activities are directed as goals. [...] and the activities are not independent" (Malone et al. 1991:10). Malone et al. (1991:10) gehen davon aus, dass die Komponenten Ziele, Aktivitäten, Akteure und Interdependenzen ausreichen, um Koordinationsvorgänge und Koordinationsmechanismen beschreiben und analysieren zu können (vgl. hierzu auch Abbildung 3-1).

Komponenten der Koordination	Zugeordneter Koordinationsprozess
Ziele	Ziele identifizieren (Zielauswahl)
Aktivitäten	Ziele zu Aktivitäten zuordnen (Zieldekomposition)
Akteure	Aktivitäten den Akteuren zuordnen (Aufgabenzuordnung)
Interdependenzen	Interdependenzen handhaben

Abbildung 3-1: Komponenten der Koordination und zugeordnete Koordinationsprozesse (nach Malone et al. 1991:10)

Des Weiteren kann mit Hilfe dieser Bestandteile der Begriff Koordinationsbedarf festgelegt werden, der dann entsteht, wenn Handlungsträger (Akteure) interdependente Aktivitäten zielbezogen ausführen. Malone et al. (1991:10) geben diesbezüglich an: „[...] it does not make sense to refer to a system as being coordinated if there arc no activities performed or if the activities are completely independent. Furthermore, activities can only be coordinated with respect to some goals [...].“

Abhängigkeiten entstehen bei der Durchführung von Aufgaben (Aktivitäten), indem Ressourcen verwendet oder neue Ressourcen generiert beziehungsweise produziert oder erzeugt werden (Malone et al. 1992:5ff.). Forschungsbemühungen im Rahmen der Coordination Theory konzentrieren sich im Wesentlichen auf die Analyse und Klassifizierung von diesen Interdependenzen. Durch eine Klassifizierung von generischen Abhängigkeiten (Taxonomie von Interdependenzen) gibt die Coordination Theory einen Ansatz vor, der es erlaubt, Koordinationsmechanismen zu beschreiben und zu benennen, die zur Bewältigung der Interdependenzen eingesetzt werden können. Folgende Interdependenzen können unterschieden werden (Malone et al. 1991:14ff., Malone et al. 1992:7ff., Malone et al. 1993:8f. u. Crowston 1994):

a) Interdependenzen zwischen einer Aufgabe und Ressourcen

Eine Aufgabe benötigt Ressourcen:
Betrachtet man eine Aufgabe, die zur Durchführung Ressourcen benötigt, so ist zunächst festzulegen, welche Ressourcen erforderlich sind (Bestimmung des Ressourcenbedarfs). In einem zweiten Schritt gilt es festzulegen, welche Ressourcen verfügbar sind (Bestimmung des Ressourcenangebots). Mit der Selektion von Ressourcen aus dem Ressourcenangebot wird nun definiert, welche Ressourcen explizit für die Ausführung der Aufgabe zu verwenden sind (Ressourcenauswahl). In einem letzten Schritt werden gemäß der Ressourcenauswahl dem korrespondierenden Akteur Ressourcen zugewiesen (Ressourcenzuordnung).
Eine Aufgabe produziert Ressourcen:
Bei dieser Interdependenz handelt es sich um eine Beziehung, die eigentlich zwischen einem Ziel und Ressourcen besteht. Es handelt sich um die Dekomposition des Ziels einer Aufgabe in Unterziele und anschließend in Teilaufgaben. Dementsprechend handelt es sich um eine Planungsaufgabe, die ein Ergebnis produziert. Die Verteilung der Aufgaben an verschiedenartige Ressourcen benötigt nach erfolgreicher Produktion der Teilergebnisse eine nachfolgende Zusammenführung zu einer Einheit.

b) Interdependenzen zwischen mehreren Aufgaben und Ressourcen

Die unter Punkt a) angegebenen Interdependenzen stellen eine vereinfachte Sichtweise auf die Problematik von Abhängigkeiten dar. Obligat erscheint weiterführend die Betrachtung von Interdependenzen zwischen mehreren Aufgaben und Ressourcen (Abbildung 3-2 zeigt hierzu eine Übersicht).

Ressourceninterdependenz:

In diesem Fall sind zwei (oder mehr) Aufgaben voneinander unabhängig und benötigen die gleiche Ressource. Hierbei sind zwei Eigenschaften der Ressource zu beachten:

Zum einen gilt es festzulegen, wie viele Aufgaben simultan die Ressource nutzen können (Crowston 1994:10 bezeichnet diese Eigenschaft einer Ressource als „shareability"). Zum anderen gilt es zu prüfen, wie häufig eine Ressource über die Zeit von einer Aufgabe in Anspruch genommen werden kann (Crowston 1994:11 bezeichnet diese Eigenschaft einer Ressource als „reusability").

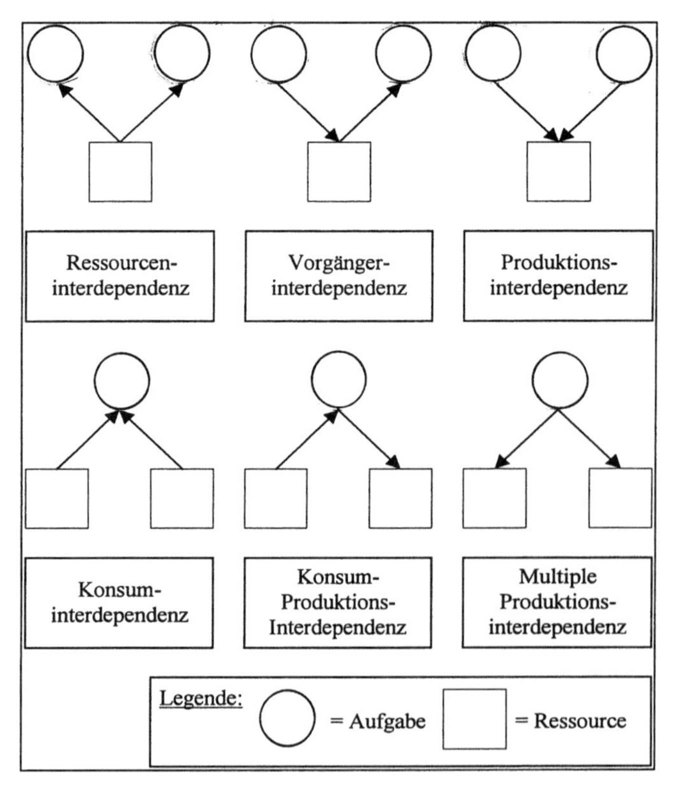

Abbildung 3-2: Interdependenzen zwischen Aufgaben und Ressourcen (verändert nach Crowston 1994:10)

Vorgängerinterdependenz:
Wenn eine Ressource, als Output einer Aufgabe, einer nachfolgenden Aufgabe als Input dient, dann liegt eine Vorgängerinterdependenz vor. Von Bedeutung ist in diesem Fall, dass der Output den tatsächlichen Anforderungen an den Input entspricht, und dass die Übergabe der Ressource von einer Aufgabe zur nächsten Aufgabe gewährleistet ist.
Produktionsinterdependenz:
Eine Produktionsinterdependenz wird dadurch bestimmt, dass zwei (oder mehr) Aufgaben die gleiche Ressource (Output) produzieren. Dieser Fall kann in zwei Ausprägungen vorliegen. Zum einen kann die generierte Ressource identisch sein und zum anderen kann von der jeweiligen Aufgabe nur ein spezifischer Bestandteil der Ressource produziert werden.
Konsuminterdependenz
In diesem Zusammenhang werden Ressourcen als Input für eine Aufgabe aufgefasst. Der Konsum einer Aufgabe von multiplen Ressourcen bestimmt diese Abhängigkeit. Charakteristisch für die Konsuminterdependenz ist die tatsächliche Verfügbarkeit des Ressourcenbedarfs. Wenn die benötigten Ressourcen ebenso von anderen Aufgaben in Anspruch genommen werden können, erfordert diese Situation eine Synchronisation der Ressourcenzuteilung.
Konsum-Produktions-Interdependenz
Eine Aufgabe kann sowohl eine Ressource als Input benötigen als auch eine Ressource produzieren.
Multiple Produktionsinterdependenz
Bei dieser Interdependenz produziert eine Aufgabe mehrere Ressourcen.

c) Interdependenzen zwischen Aufgaben oder Ressourcen

Die vorangestellte Taxonomie von Interdependenzen zielt primär auf Abhängigkeiten zwischen Aufgaben und Ressourcen ab. Erwartungsgemäß existieren auch Interdependenzen zwischen Aufgaben oder Ressourcen. Diese Fälle können jeweils als Hierarchien behandelt werden.

Aufgaben werden durch eine Dekomposition in Teilaufgaben gegliedert. Ressourcen (Objekte) werden in Teilressourcen (Teilobjekte) getrennt. Abbildung 3-3 zeigt als einfaches Beispiel für eine solche Hierarchie eine mehrstufige Aufgabendekomposition mit einhergehender Spezialisierung in alternative Aufgaben.

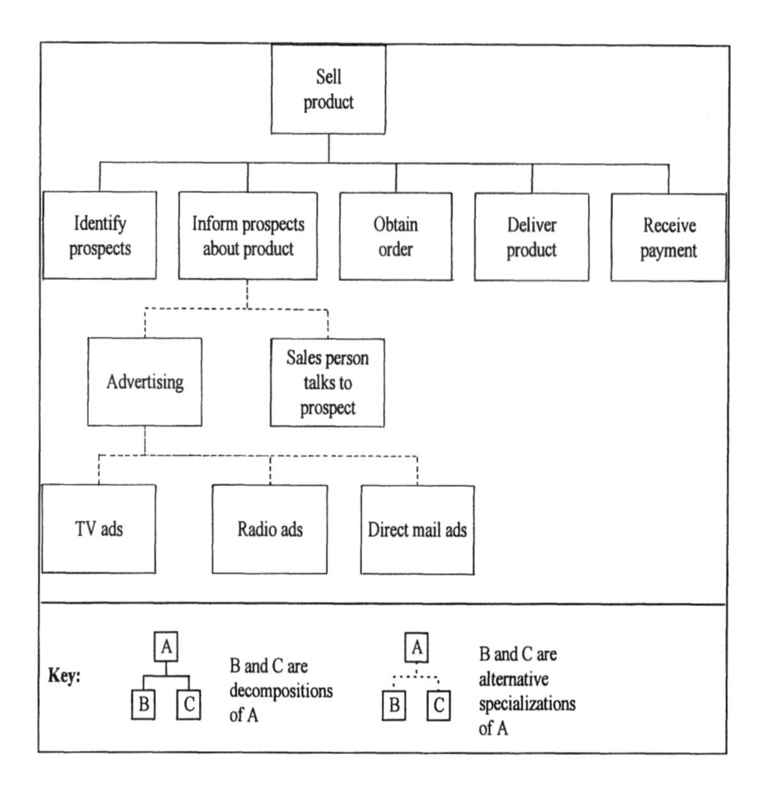

Abbildung 3-3: Beispiel zu einer Aufgabenhierarchie (nach Malone et al. 1993:6)

3.3 Workflow-Management unter Einbeziehung der Coordination Theory

3.3.1 Zentrale Begriffe und Wesen des Workflow-Managements

Workflow-Management bezeichnet die durch Workflow-Management-System (oder kurz Workflow-System) teilautomatisiert unterstützte Planung, Steuerung und Überwachung operativer Geschäftsprozesse (vgl. Kapitel 2.2.8 u. 2.4). Ein Workflow-System zählt zu der Gruppe „coordination technology" (vgl. Kapitel 3.2) und ist ein IT-System (vgl. Kapitel 1.5.1), mit dessen Funktionsangebot menschliche Koordinationstätigkeiten durch (teil-)automatisierte Vorgänge substituiert werden können.

Durch die Integration der Bedeutungsvarianten des Begriffs Management kann Workflow-Management funktional in Hinblick auf die Aufgaben, institutionell unter Beachtung der Aufgabenträger, instrumentell mit Berücksichtigung der verwendeten Methoden und Verfahren sowie prozessual unter dem Fokus des Zusammenwirkens der zuvor genannten Aspekte betrachtet werden (vgl. Kapitel 2.2.1 u. 2.2.8).

Ausgangspunkt des Workflow-Managements sind operative Geschäftsprozesse (vgl. hierzu die in Kapitel 1.5.6 u. 1.5.7 aufgeführten Geschäftsprozessdefinitionen). Ein operativer Geschäftsprozess wird in diesem Zusammenhang als Workflow bezeichnet. Operativ meint hier, dass die durch den Workflow definierten Aufgaben von solcher Granularität sind, dass sie sogenannten Akteuren in der Struktur von Einzelschrittaufgaben (Elementaraufgaben) zur Verrichtung zugewiesen werden können. Das Attribut operativ schränkt den Rang der Aufgaben in Bezug auf ihre organisatorisch-hierarchische Einbindung in die Gesamtaufgabe des Unternehmens nicht ein, das heißt, Einzelschrittaufgaben können dispositiver und administrativer Natur sein (z.B. Entscheidungs- und Ausführungsaufgaben). Eine Aufgabe selbst ist die Festlegung eines Sachziels. Sie beschreibt die Verpflichtung zur Durchführung einer Handlung (Aktivität) und beinhaltet eine Soll-Leistung, die durch den Einsatz von Akteuren zu erfüllen ist.

Akteure sind humane und im Verständnis der Informationstechnik maschinelle Aufgabenträger. Ein bekannter humaner Akteur ist eine Person, die in einem vertragsrechtlichen Verhältnis zur Unternehmung steht (z.B. Mitarbeiter oder Kunde). Zu der Gruppe der unbekannten humanen Akteure gehören Personen, die eine solche Eigenschaft nicht aufzeigen (z.B. Bewerber oder potentieller Kunde). Maschinelle Akteure sind IT-Systeme, zu denen zum Beispiel unternehmensinterne IT-Anwendungen, aber auch IT-Anwendungen von Zulieferern und Kunden sowie IT-Dienstleistern zählen, auf deren Funktionsangebot ein Workflow-System über ein Netzwerk zugreifen kann.

Akteure werden hinsichtlich einer möglichen Aufgabenzuordnung in sogenannten Rollen gruppiert. Eine Rolle beschreibt eine Menge an spezifischen funktionalen Eigenschaften eines Akteurs. Generell können einem Akteur mehrere Rollen zugeordnet sein. Rollen für humane Akteure fassen Kenntnisse, Fähigkeiten, Qualifikationen und Kompetenzen zusammen. Beispiele für derartige Rollen sind „Linienvorgesetzter", „Personalsachbearbeiter für den Bereich Auszubildende", „Angebotsbearbeiter" und „Abteilungsleiter". Rollen maschineller Akteure spezifizieren Funktionsangebote (z.B. „EMail", „Datensicherung", „Archivierung" und „Ausdruck").

Die Betrachtung der Akteurherkunft ermöglicht eine weitere Unterscheidung von Workflows. Der Terminus interner Workflow bezeichnet einen Geschäftsprozess, an dem ausschließlich unternehmensinterne Akteure beteiligt sind. Ein externer Workflow schließt unternehmensexterne Akteure mit ein.

Workflows sind informationsverarbeitende Prozesse. Informationen (vgl. die in Kapitel 1.5.1 aufgeführte Definition) und Akteure sind die wesentlichen Ressourcen des Workflow-Managements. Ein Workflow wird formal durch einen Workflow-Typ beschrieben. Ein solches Modell eines operativen Geschäftsprozesses expliziert Interdependenzen zwischen Aufgaben und Ressourcen. Der Form nach ist eine mögliche rekursive Struktur zu beachten, das heißt, eine Aufgabe kann auch ein Workflow-Typ (Sub-Workflow-Typ) sein.

Mit dem Begriff Workflow-Instanz wird ein Workflow bezeichnet, der de facto ausgeführt wird. Aufgaben, welche sich im Rahmen der Instanzierung eines Workflow-Typs in der Verrichtung befinden, sind Aktivitäten.

3.3.2 Funktionaler Aspekt

3.3.2.1 Planungsaufgaben

Der Begriff Planen umschreibt allgemein Aufgaben, deren Ziel es ist, eine bestimmte Ordnung zu entwerfen, nach der sich bestimmte Vorgänge vollziehen sollen (Hentze et al. 1993:18f. u. Adam 1996:3ff.). Im Allgemeinen wird die Planungsaufgabe des Workflow-Managements vorrangig durch die Antizipation möglicher Koordinationsprobleme, die während der Instanzierung von Workflows auftreten können, definiert. Um diesen Zweck erreichen zu können, muss diese Funktion des Workflow-Managements in Teilaufgaben dekomponiert werden.

Zu der Gruppe der Planungsaufgaben zählt zunächst die Aufgabe der Auswahl von workflow-geeigneten Geschäftsprozessen. Diese Auswahl kann optional auf einem übergeordneten Geschäftsprozessmodell beruhen, welches Geschäftsprozesse auf einem höheren Abstraktionsniveau beschreibt. Ebenso können Qualitätssicherungsmaßnahmen zum Beispiel konform der DIN EN ISO 9000ff. oder Anleitungen zu Arbeitsabläufen, die in Organisationshandbüchern, Stellenbeschreibungen und Qualitätshandbüchern dokumentiert sind und rechtliche Vorgaben in Form von Gesetzen und Verordnungen, Vorlagen bieten. Workflow-Management setzt operative Geschäftsprozesse voraus, die nach der von Picot et al. (1952:32) getroffenen Geschäftsprozess-Systematisierung Routineprozesse sind (vgl. Kapitel 2.3.4). Interdependenzen dienen als entscheidendes Merkmal für eine derartige Klassifizierung eines Geschäftsprozesses. Die in Kapitel 3.2 aufgeführten Interdependenzen lassen sich in drei Interdependenztypen aufteilen:

- Aufgaben-Aufgaben-Interdependenz
  Einzelschrittaufgaben eines Workflows stehen in einem zeitlich-logischen Zusammenhang. Dieser Interdependenztyp beschreibt daher Ausprägungen von Interdependenzen, die darauf abzielen, in welcher Reihenfolge (seriell oder parallel) einzelne Aufgabe zu bearbeiten sind. Des Weiteren wird durch diesen Typus festgelegt, ob Aufgaben alternativ, optional und/oder bedingt iterativ ausgeführt werden müssen.
- Aufgaben-Ressourcen-Interdependenz
  Aufgaben erfordern Ressourcen. Ressourcenbedarfe beziehungsweise Ressourcenzuordnungen zum Beispiel in Form von spezifizierten Akteuren und Informationen prägen diesen Interdependenztyp aus.
- Ressourcen-Ressourcen-Interdependenz
  Ressourcen, besonders IT-Systeme, zeichnen sich durch die Problemstellungen der Kompatibilität und Interoperabilität aus. Der genannte Komplex zielt vornehmlich auf den geregelten Datenaustausch durch definierte Dienste (z.B. Kommunikationsprotokolle und Datenformate) zwischen den Systemen ab, um Medienbrüche zu vermeiden und beschreibt grundlegend Fähigkeiten von IT-Systemen, mit anderen Ressourcen über Schnittstellen zu interagieren. Desgleichen umfasst der Typus Interdependenzen zwischen humanen Ressourcen in Bezug auf Kompetenzen, das heißt, mit welchen formalen Rechten und Befugnissen ein Akteur in Hinblick auf eine Aufgabenerfüllung gegenüber anderen Akteuren ausgestattet ist.

Routineprozesse werden durch eine geringe Dynamik in der Variabilität ihrer zugeordneten Interdependenzen charakterisiert. Diese Eigenschaft einer über die Zeit relativ gleichbleibenden Interdependenzstruktur (dieser Charakter kann auch als Reproduzierbarkeit bezeichnet werden) und eine hohe Wiederholungshäufigkeit der assoziierten Workflow-Instanzen legen die Auswahlkriterien für den analytischen Aufgabenbereich der Selektion fest. Eine erfolgreiche Auswahl setzt daher einen möglichst vollständigen Informationsstand hinsichtlich der genannten Geschäftsprozessmerkmale voraus.

Ein ergänzendes Auswahlkriterium bilden Geschäftsprozesszeiten. Die Durchlaufzeit eines Workflows wird durch die Zeitspanne von der Instanzierung bis zum erfolgreichen Abschluss festgehalten und setzt sich aus den Komponenten Bearbeitungszeit (Verrichtungszeit einer Elementaraufgabe), Transportzeit (Übermittlungszeit bzw. Verteilzeit von benötigten Informationen zu nachfolgenden Aufgaben) und Wartezeit (durch den Aufgabenablauf bedingte Unterbrechungen, die z.B. aufgrund von Kapazitätsengpässen entstehen) summarisch zusammen. Die Reduzierung von Durchlaufzeiten ist ein entscheidendes Ziel des Workflow-Managements. Es erscheint daher sinnvoll, Geschäftsprozesse mit geringen Durchlaufzeiten, welche bereits ohne die Applikation eines Workflow-

Systems erzielt werden, gänzlich auszuschließen und Prozesse mit einem hohen relativen Anteil der Transportzeit an der Durchlaufzeit zu inkludieren.

Workflow-Modelle schreiben detailliert den Arbeitsablauf von Aufgaben und die Ressourcenverwendung fest. Bei der Selektion von Geschäftsprozessen können daher auch Aufgabenbereiche mit einbezogen werden, die gegenwärtig durch hohe Fehlerquoten charakterisiert sind. Kriterien sind in diesem Zusammenhang der Informationsfluss im Hinblick auf eine vollständige und zeitgerechte Übermittlung von Informationen und generell die Informationsqualität. Die angebotene bzw. transferierte Information muss dem eigentlichen Bedarf entsprechen.

Die explizite Definition von Workflow-Typen durch sogenannte Workflow-Modelle ist die nun folgende Planungsaufgabe. Die Modellierungsaufgabe kann durch eine nicht zwingend notwendige Reorganisation und Optimierung der selektierten Prozesse komplettiert werden. Ein Workflow-Modell spezifiziert und visualisiert die Gesamtheit an Interdependenzen eines operativen Geschäftsprozesses mit Hilfe einer Modellierungssprache. Voraussetzung für die Erstellung von Workflow-Modellen ist die Abbildung der vorhandenen Ressourceninfrastruktur, unterschieden in maschinelle und humane Akteure und korrespondierende Rollen.

Die fehlerfreie und vollständige Definition der abgebildeten Geschäftsprozesse ist eine zwingende Voraussetzung für weitere Aufgaben des Workflow-Managements. Daher legt eine Qualitätskontrolle den letzten Aufgabenbereich der Planungsaufgaben fest und impliziert analytische Tätigkeiten, die auf eine Überprüfung der Funktionalität der Workflow-Modelle ausgerichtet sind.

3.3.2.2 Steuerungsaufgaben

Steuerung kann universell im Sinne der Realisierung der Planung verstanden werden (vgl. z.B. Eichhorn 2000:289). Im Kontext des Workflow-Managements konzentriert sich der Aufgabenbereich Steuerung auf die Instanzierung von Workflows konform ihrer Definitionen.

Workflow-Typen bilden modellinhärent wechselseitige Koordinationsbedarfe zwischen Aufgaben und Ressourcen in Form von Interdependenzen ab, die es zu handhaben gilt. Während der tatsächlichen Ausführung von Workflows sind durch das Workflow-Management vornehmlich je Workflow-Instanz Aufgaben, die benötigten Akteure und sonstige Ressourcen zu bestimmen und zuzuordnen.

Hinsichtlich der Allokation von Ressourcen zu Aufgaben ist die Ressourcenverfügbarkeit und eventuell eine gleichverteilte Ressourcenauslastung (besonders bei humanen Akteuren) zu beachten.

Treten Ausnahmesituationen auf (eine Ressource ist aufgrund eines Programmabsturzes, eines Hardwareausfalls, einer Krankheit oder Kapazitätsüberlastung nicht verfügbar), so kommt dem Workflow-Management die Aufgabe zu, Ressourcen neu zuzuordnen oder den Workflow abzubrechen und zu einem späteren Zeitpunkt eventuell erneut zu instanzieren. Die Neuzuordnung von Ressourcen kann durch Stellvertreterregelungen vorab definiert werden. Die Funktion des Workflow-Abbruchs muss eine Konsistenz aller einbezogenen Daten gewährleisten.

Beinhaltet die Workflow-Modellierung auch Zeitangaben (z.B. wann ein Workflow oder eine Aufgabe gestartet beziehungsweise begonnen werden soll), so kommt dem Workflow-Management die Aufgabe zu, auch Termindefinitionen umzusetzen, das heißt insbesondere Workflows konform der Vorgaben fristgerecht (einmalig, mehrmalig oder periodisch) zu instanzieren.

Akteure werden durch adäquate Informationen zur Aufgabenverrichtung aufgefordert. Menschliche Akteure werden in diesem Zusammenhang durch Nachrichten informiert, die darüber Auskunft geben, welche Arbeitsschritte mit welchen Ressourcen durchzuführen sind. IT-Systeme respektive Anwendungsprogramme werden durch geeignete Parameter aufgerufen.

Die Synchronisation der Interdependenzen und die Behandlung der Ausnahmesituationen erfordert eine umfangreiche Datenerhebung in Form von Protokolldaten, die sich insbesondere über Workflow-Instanzen und deren Komponenten (Aufgaben und Ressourcen) erstreckt. Gegenstand der Erhebung können Zustands- und Ereignisdaten sein, die durch einen zeitlichen Bezug ergänzt werden. Mögliche Ereignisdaten für Workflow-Instanzen und Aufgaben sind zum Beispiel „gestartet“, „beendet“ und „abgebrochen“. Zustandsdaten bringen beispielsweise zum Ausdruck, dass sich eine Workflow-Instanz oder eine Aufgabe in der Bearbeitung befindet, dass eine Ressource (nicht) verfügbar ist beziehungsweise eine Kapazitätsgrenze (nicht) überschritten wurde.

3.3.2.3 Überwachungsaufgaben

Die Planungsaufgabe des Workflow-Managements kann als Festlegung des Soll-Ablaufs und die Steuerungsaufgabe als Ist-Ablauf von Workflows verstanden werden. Unter diesen Umständen stellt die Überwachung allgemein betrachtet den Soll-Ist-Vergleich zwischen Workflow-Modellierung und Workflow-Instanzierung dar (gedanklich angelehnt an Eichhorns [2000:298] Auffassung zum Managementprozess).

Die informatorischen Grundlagen der Überwachungsaufgaben sind zum einen Workflow-Modelle, welche durch die Planungsaufgaben und zum anderen Protokolldaten, welche durch die Steuerungsaufgaben bereitgestellt werden.

Überwachungsaufgaben des Workflow-Managements können hinsichtlich ihres zeitlichen Bezugs zur Instanzierung eines Workflows in vorherige (ex ante), mitschreitende (parallele) und nachträgliche (ex post) Aufgaben unterschieden werden.

Zu der ersten Aufgabengruppe zählen Überwachungsaufgaben, welche die gesamte Ressourceninfrastruktur betreffen. Objekte der Beobachtung sind aktuelle Zustandsinformationen aller Ressourcen im Hinblick auf deren Verfügbarkeit und Auslastung. Mitschreitende Überwachungsaufgaben verfolgen das Ziel, auftretende Fehler im Arbeitsablauf festzustellen (z.B. Abbruch einer Workflow-Instanz, Terminüberschreitung und extrem hohe Wartezeiten). Die ex post Aufgaben sind schließlich der eigentliche Soll-Ist-Vergleich. Einzelne Protokolldaten und eine Verdichtung der Protokolldaten durch Kennzahlen geben Auskunft darüber, ob die mit der Modellierung verfolgten Zielsetzungen (z.B. Vorgaben zu Terminen, Durchlaufzeiten, Ressourcenauslastung, Fehlerquoten) eingehalten wurden.

Informationen aus den Überwachungstätigkeiten geben der Planung Hinweise und Indikatoren in positiver und negativer Ausprägung und schließen die Aufgabengruppen Planung, Steuerung und Überwachung zu einem Kreislaufsystem zusammen. Eine positive Rückmeldung zeigt auf, dass sich die Applikation der Workflow-Anwendung bewährt. Negative Informationen zeigen einen Handlungsbedarf auf, der abhängig vom zeitlichen Bezug der Überwachungsaufgaben in Handlungsbedarfe ohne zeitlichen Verzug und in Handlungsbedarfe mit zeitlichem Verzug unterschieden werden kann. Zu der ersten Gruppe zählen Anomalien, welche durch ex ante und mitschreitende Überwachungstätigkeiten ermittelt werden und den laufenden Betrieb des Workflow-Systems gefährden. Derartige Missstände werden unmittelbar von der Planung aufgegriffen und behoben. Zu der zweiten Gruppe zählen Abweichungen, welche durch die nachträgliche Überwachung analysiert werden und mit einer zeitlichen Verzögerung in die Planung einfließen.

Der Zusammenschluss der Überwachungs- und Planungsaufgaben kann kompakt als eine unmittelbare und mittelbare Sicherungs- und Optimierungsfunktion des Workflow-Managements bezeichnet werden.

3.3.3 Institutioneller Aspekt

3.3.3.1 Workflow-Owner

Die Verantwortlichkeiten für einen Workflow liegen, betrachtet man die durch den Workflow definierten Teilaufgaben und Ressourcen, verteilt innerhalb des

Unternehmens. Bei externen Workflows geht die Streuung der Verantwortung sogar über Unternehmensgrenzen hinweg. Durch Workflow-Owner, welchen eine Menge an Workflows zugeordnet wird, können Verantwortlichkeiten gebündelt werden. Ein Workflow-Owner kann ein Mitarbeiter oder eine Mitarbeitergruppe sein. Lässt sich der Aufgabenbereich eines Workflows ausschließlich einer Organisationseinheit (z.B. Abteilung, Unterabteilung oder Gruppe) zuordnen, so sollte der Workflow-Owner, begründet durch die fachlichen Kenntnisse, dieser Organisationseinheit angehören. Bei externen Workflows erscheint der einbezogene Aufgabenschwerpunkt als ein adäquates Selektionskriterium. Gleiches gilt für Workflows, deren Aufgaben mehr als eine Organisationseinheit betreffen.

Die Stellung eines Workflow-Owners sollte dauerhaft ausgerichtet und in der Unternehmenshierarchie mit angemessenen Kompetenzen ausgestattet sein. Unter diesen Voraussetzungen kann der betroffene Workflow-Typ über die Zeit im Ablauf stabil gehalten und eventuell an neue Gegebenheiten angepasst und optimiert werden.

Einem Workflow-Owner kommen im Aufgabenkomplex der Planung, Steuerung und Überwachung dispositive Aufgaben zu. Er bestimmt die Ausgestaltung des Workflow-Typs, wertet Ablaufinformationen aus und zeigt erforderliche Veränderungen auf. Die Modellierung von Workflow-Typen kann ebenfalls seinem Aufgabenbereich zugeordnet werden. Es ist aber auch denkbar, dass Mitglieder anderer Organisationseinheiten (z.B. IT-Abteilung, Organisationsabteilung) oder Mitarbeiter eines externen IT-Dienstleisters die Modellierung durchführen.

3.3.3.1 Humane Akteure

Operativ an der Ausführung beteiligte Mitarbeiter sind im primären Verständnis des Workflow-Managements Ressourcen in der Ausgestaltung von Akteuren. Sie können aber auch, als ausgewählte Vertreter der Akteure, Mitglieder eines Workflow-Teams sein, das sich zudem aus Workflow-Ownern rekrutiert. Ein derart ausgestaltetes Team kann einen entscheidenden Beitrag zur Sicherungs- und Optimierungsfunktion des Workflow-Managements beitragen, indem mögliche Veränderungen aufgezeigt werden, die die Problemstellung betreffen, welche während der systemgestützten Ausführung von Arbeitsschritten aus Perspektive der Akteure auftreten.

Die gegebene Definition zu Akteuren schließt Personen außerhalb der Unternehmungsgrenzen mit ein. Durch die Einbindung externer (humaner) Akteure öffnet sich das Workflow-Management den Bereichen des E-Business (externe Workflows). In Anlehnung an Ising (2001:5f.) wird hier untern dem Begriff E-

Business die elektronische Unterstützung von Geschäftsprozessen in Unternehmungen unter Einbeziehung von Geschäftspartnern, Kunden und Mitarbeitern verstanden (ähnlich bei z.B. Schwickert et al. 1999:4). Externe humane Akteure agieren in zwei Bereichen des E-Business. Dies sind Geschäftsprozesse der Gruppe „Business-to-Business“ (kurz: B2B), welche wechselseitige wirtschaftliche Beziehungen zwischen Unternehmungen betreffen und Geschäftsprozesse der Gruppe „Business-to-Consumer“ (kurz: B2C), welche wirtschaftliche Beziehungen zwischen Unternehmungen und Kunden betreffen (vgl. für die Abgrenzung der Teilsegmente des E-Business z.B. Schwickert et al. 1999:5 u. Ising 2001:5ff.). Das Teilsegment Business-to-Employee (kurz: B2E) beschreibt letztendlich aus der Perspektive des Workflow-Managements Geschäftsprozesse, an denen ausschließlich interne humane Akteure (Mitarbeiter) partizipieren (interne Workflows).

3.3.4 Instrumenteller Aspekt

3.3.4.1 Restriktionen

Aufgaben des Workflow-Managements können durch eine Vielzahl an Methoden, Verfahrens- und Vorgehensweisen unterstützt beziehungsweise umgesetzt werden. Derartige Instrumente sind Hilfsmittel der Aufgabenträger des Workflow-Managements. Durch den instrumentellen Einsatz wird im Allgemeinen das Ziel verfolgt, den Aufgabenträgern eine bestmögliche Aufgabenerfüllung zu ermöglichen.

Wie die Analyse der konstruktiven Beiträge zum Workflow-Management aufgezeigt hat, wird in der Literatur eine hohe Quantität an Instrumenten vorgeschlagen, die keiner allgemeingültigen Klassifikation unterliegt. Es lässt sich aber zumindest herausstellen, dass Workflow-Systeme den instrumentellen Kern des Workflow-Managements abbilden.

Eine eingehende Abhandlung aller möglichen Instrumente ist aufgrund der Quantität nicht möglich und erscheint auch als wenig sinnvoll. Es wird hier vielmehr das Ziel verfolgt, in einer ähnlich kompakten Weise, wie auch obenstehend der institutionelle und funktionale Aspekt erörtert werden, wichtige ausgewählte Instrumente überblicksartig vorzustellen. Hinweise auf Spezialliteratur komplettieren dabei die Ausführungen.

Als naheliegende Vorgehensweise bietet es sich an, zunächst einzelne Instrumente, den Aufgabengruppen des Workflow-Managements zugeordnet, darzustellen, und anschließend anhand einer idealtypischen System-Architektur aufzuzeigen, welche Anforderungen an ein Workflow-System zu stellen sind.

3.3.4.2 Planungsinstrumente

a) Instrumente der Ist-Analyse

Den Einstieg in die Planungsaufgaben Selektion, Modellierung und Qualitätskontrolle bildet eine Ist-Analyse, deren Untersuchungsobjekte insbesondere Interdependenzstrukturen (vgl. die in Kapitel 3.3.2.1 aufgeführten Interdependenztypen) sowie Wiederholungshäufigkeiten, Durchlaufzeiten und Fehlerquoten von Geschäftsprozessen sind.

Im Schrifttum der Wirtschaftsinformatik werden zur Durchführung von Ist-Analysen Erhebungsmethoden praxisorientiert vorgestellt, die im gegebenen Sachverhalt angewendet werden können (zur Vertiefung dieser Techniken, die eine Vielzahl an Varianten aufweisen, kann auf Quellen des Schriftguts der empirischen Sozialforschung zurückgegriffen werden, vgl. z.B. Mayring 1996 u. Atteslander 2000).

Erhebungsmethoden der Ist-Analyse können in die Klassen (Lockemann et al. 1983:117ff., Walter 1989:23ff. u. Voß et al. 2001:138ff.):

- Dokumentenanalyse,
- Befragung,
- Beobachtung und
- Schätzung

differenziert werden.

Die Dokumentenanalyse ist besonders am Anfang der Untersuchung zu empfehlen, da diese Methode Mitarbeiter und Arbeitsabläufe des betroffenen Workflow-Anwendungsgebiets nicht direkt einbindet. Es sollte auf eine gezielte Auswahl von Unterlagen, ein gezieltes und kritisches Lesen und eine Bezogenheit zum aktuellen Stand geachtet werden. Typische Dokumente der Analyse sind beispielsweise Organisationspläne, Stellen- und Aufgabenbeschreibungen, Qualitätssicherungshandbücher, rechtliche Verordnungen und Gesetze sowie dem Workflow-Management über-geordnete Geschäftsprozessbeschreibungen und –modelle. Ressourcen-Ressourcen-Interdependenzen maschineller Akteure können beispielsweise mit Hilfe von System- und Benutzerhandbüchern und unternehmungseigenen IT-Dokumentationen bestimmt werden.

Ziel der Befragung ist es, von den Befragten Informationen über Tatbestände in Form von Interviews, Besprechungen, Diskussionen oder Fragebögen in Erfahrung zu bringen. Es wird generell empfohlen, Erhebungsmethoden zu kombinieren. Die Befragung von Personen ist eine Methode, um Ergebnisse der Dokumentenanalyse zu ergänzen. Des Weiteren können mit Hilfe dieser Technik Prozessdurchlaufzeiten, Wiederholungshäufigkeiten und Fehlerquantitäten abgefragt werden. Die Gruppe der Befragten rekrutiert sich primär aus (künftigen) humanen Akteuren und (künftigen) Workflow-Ownern, aber auch aus Mitarbeitern des IT- und Organisationsbereichs. Bei der Durchführung von Befragungen sollte besonders darauf geachtet werden, dass klare und begrenzte Fragen gestellt werden, die quantifizierbare Antworten erlauben.

Die Beobachtung dient dazu, die Ergebnisse der Dokumentenanalyse und Befragung zu vervollständigen und zu verifizieren. Bei der Beobachtung wird insbesondere der Arbeitsablauf dokumentiert, so dass besonders Durchlaufzeiten und Fehlerquantitäten erfasst werden können. Die Beobachtungsaufgabe kann grundsätzlich von Personen durchgeführt werden, die im Arbeitsablauf mitwirken (teilnehmende Beobachtung) oder den Ablauf distanziert, das heißt nicht in die Tätigkeiten involviert, betrachten.

Die Schätzung kann angewendet werden, wenn eine Beobachtung nicht möglich ist oder als zu aufwendig betrachtet wird. Aufgabenträger dieser Methode sind Personen, die ein gutes Verständnis der betroffenen Zusammenhänge haben. Untersuchungsobjekte der Schätzungen entsprechen denen der Befragung und Beobachtung.

b) Instrumente der Selektion

Durch eine Auswahl nach definierten Merkmalen werden Geschäftsprozesse für das Workflow-Management identifiziert und/oder ausgeschlossen. Eine Aufstellung möglicher Kriterien dient der Erstellung einer Prozessprioritätenliste beziehungsweise einer Prozessrangreihenfolge (vgl. für die hier angenommenen Auswahlkriterien Kap. 3.3.2.1). Für das Workflow-Management existieren mehrere Methoden, mit deren Unterstützung Prozesse nach definierten Kriterienkatalogen in eine Rangfolge gebracht werden können. Im Folgenden wird auf die Selektionsmethoden:

- Auswahlliste,
- Prozessportfolio und
- ABC-Analyse

weiter eingegangen.

Auswahllisten führen alle zu berücksichtigenden Prozessmerkmale auf und werden für jeden in Frage kommenden Geschäftsprozess als „Checkliste“ erstellt. Die Anzahl der Nennungen der Merkmalsausprägungen bildet die Prozessreihenfolge aus und ermöglicht die Auswahl von Prozessen, die das größte Anwendungs- und Verbesserungspotential erwarten lassen (vgl. z.B. Lamla 1995:96).

Die Portfoliomethode bietet ein Referenzsystem an, das in Gestalt einer Matrix über die strategische Position einzelner Geschäftsfelder der Unternehmung beziehungsweise einzelner Produktgruppen oder Produkte eines strategischen

Geschäftsfeldes in anschaulicher Form informiert (Hentze et al. 1993:206f.). Betrachtet man operative Geschäftsprozesse als Geschäftsfelder, so kann ein Prozessportfolio gebildet werden, indem die Achsen der Matrix mit Merkmalen beschriftet und Prozesse mit ihren Merkmalsausprägungen positioniert werden (vgl. z.B. Witt 1991:113, Schuh et al. 1995:65 u. Becker et al. 1995:439f.).

Ein geeignetes Verfahren für die Klassifizierung von operativen Geschäftsprozessen im Sinne einer Auswahl und Prioritätensetzung ist des Weiteren die ABC-Analyse (vgl. allgemein zur ABC-Analyse: Blohm et al. 1987:215ff., Hentze et al. 1993:107 u. Eichhorn 2000:266). Sie systematisiert Geschäftsprozesse nach ihrem Anteil einer Merkmalsausprägung über den Gesamtumfang der Ausprägungen der betrachteten Geschäftsprozesse. Durch die ABC-Analyse wird die Gewichtung eines Kriteriums oder der Zusammenfassung verschiedener Kriterien verdeutlicht. Prozesse werden in Abhängigkeit vom Gesamtwert aller Merkmalsausprägungen in drei Gruppen (Gruppe A mit einem Anteil von ca. 65%, Gruppe B mit einem Anteil von ca. 20% und Gruppe C mit einem Anteil von ca. 15%) aufgeteilt. Die Gruppenzuordnung bestimmt die Prioritätensetzung, so dass Prozessen der Gruppe A höchste Bedeutung und Prozessen der Gruppe B eine untergeordnete Bedeutung beigemessen wird. Geschäftsprozesse der Gruppe C können gänzlich vernachlässigt werden.

c) Instrumente der Modellierung

Modelle sind allgemein betrachtet Rekonstruktionen der Wirklichkeit. Sie zeigen das Zusammenwirken von Faktoren auf, von denen der Beobachter annimmt, dass die vereinfachte und die Komplexität der Realität einschränkende Darstellung ein Phänomen ausreichend beschreibt und erklärt. Modelle sind Hilfsmittel zur Erklärung und Gestaltung realer Systeme, mit deren Unterstützung Erkenntnisse über Zusammenhänge und Sachverhalte aufgrund der Ähnlichkeit zwischen dem realen System und dem Modell gewonnen werden (Adam 1996:60).

Im Kontext des Workflow-Managements erfüllen Modelle die Aufgabe der Abbildung der vorhandenen Ressourceninfrastruktur und die Aufgabe der Spezifikation von Workflow-Typen und deren Interdependenzstruktur. Für eine derartige Beschreibung von betrieblichen Abläufen existiert in der Literatur eine unüberschaubare Quantität an Modellierungskonzepten für z.B. Büroabläufe, Fertigungsabläufe, Software-Entwicklungsprozesse und verfahrenstechnische Prozesse, die Oberweis (1996:34) in formular- und flussorientierte Modellierungssprachen differenziert. Die erste Klasse orientiert sich primär an Abläufen, welche als Folge von Aktivitäten, die mit Bürodokumenten durchgeführt werden, gegeben sind. Flussorientierte Sprachen stellen die Flüsse von Objekten und Mitteilungen zwischen Aufgaben beziehungsweise Personen in den Vordergrund. Oberweis (1996:35ff.) führt zu den formularorientierten Sprachen fünf und zu den flussorientierten Sprachen sechzehn eigenständige Modellierungskonzepte auf (ähnliche Aufstellungen von einer Vielzahl an Modellierungskonzepten finden sich auch z.B. bei Teufel et al. 1995:198ff., Raufer 1996:25ff. und Bußler 1997:326ff.). Es ist daher an dieser Stelle nicht zweckmäßig, einzelne Modellierungskonzepte zu diskutieren. Es ist vielmehr opportun, Anforderungen an Modellierungssprachen zu formulieren, die im Kontext des Workflow-Managements von genereller Bedeutung sind.

Unter der Bezeichnung „Grundsätze ordnungsgemäßer Modellierung" haben Becker et al. (1995) einen sichten- und methodenneutralen Rahmen für bedarfsgerechte Ge-staltungsempfehlungen entwickelt, der auch als Maßstab für Workflow-Modellierungsmethoden adaptiert werden kann (vgl. für einen weiteren, aber inhaltlich äquivalenten Anforderungskatalog mit den Kriterien Ausdrucksmächtigkeit, Formalisierungsgrad, Visualisierungsmöglichkeiten, Entwicklungsunterstützung sowie Analysier- und Validierbarkeit Oberweis 1996:31ff.). Folgende Prinzipien bilden den Anforderungsrahmen ab:

- Grundsatz der Richtigkeit
  Der Grundsatz der Richtigkeit ist durch eine syntaktische und eine semantische Dimension bestimmt (Becker et al. 1995:437f.). Ein Modell ist syntaktisch richtig, wenn es vollständig und widerspruchsfrei gegenüber dem zugrunde gelegten Metamodell ist. Das bedeutet, dass die verwendeten Workflow-Objekte (Aufgaben, Ressourcen u. Interdependenzen) und Notationsregeln durch einen Metamodell vorgegeben werden. Die semantische Korrektheit richtet sich an der Struktur- und Verhaltenstreue des Modells gegenüber dem abgebildeten Realitätsausschnitt (Ressourceninfrastruktur u. operative Geschäftsprozesse) aus und spezifiziert die einwandfreie und tatsächlich intendierte Abbildungsfunktion eines Modells.
- Grundsatz der Relevanz
  Durch den Grundsatz der Relevanz wird die Forderung vertreten, die mit der Modellierung verbundenen Ziele zu explizieren. Nach Becker et al. (1995:438) sind die in einem Modell enthaltenen Elemente und Beziehungen genau dann relevant, wenn der Nutzeneffekt der Modellverwendung sinkt, falls das Modell weniger Informationen anbietet. Der Grundsatz der Relevanz wird zum einen durch die Ausprägung „Gegenstand der Modellierung" und zum anderen durch die Ausprägung „Abstraktionsniveau" abgegrenzt. Zweck der Workflow-Modellierung ist grundsätzlich, ein Modell bereitzustellen, das alle Aufgaben des Workflow-Managements umfassend informatorisch unterstützt. Bezogen auf das Abstraktionsniveau muss das Modell beispielsweise Geschäftsprozesse auf einem sehr niedrigen Abstraktionsni-

veau darstellen (vgl. z.B. das Stichwort Einzelschrittaufgabe in Kapitel 3.3.1).

- Grundsatz der Wirtschaftlichkeit
  Die Relevanz bestimmt den inhaltlichen Umfang der Modellierung, dem durch die Beachtung des Prinzips der Wirtschaftlichkeit, als generelle betriebswirtschaftliche Forderung, eine obere Grenze in Bezug auf die Modellierungsintensität gesetzt wird (Becker et al. 1995:438).
- Grundsatz der Klarheit
  Der Grundsatz der Klarheit bestimmt die nicht überschneidungsfreien Aspekte der Strukturiertheit, Übersichtlichkeit und Lesbarkeit eines Modells und definiert adressatenindividuell unter anderem die graphische Anordnung einzelner Objekte sowie die notwendige Anschaulichkeit eines Modells (Becker et al. 1995:438f.).
- Grundsatz der Vergleichbarkeit
  Das Prinzip der Vergleichbarkeit wird gleichermaßen in eine syntaktische sowie eine semantische Vergleichbarkeit unterschieden (Becker et al. 1995:439). Die syntaktische Dimension fordert die Kompatibilität von mit unterschiedlichen Methoden erstellten Modellen ein, aus der sich konsequent die Forderung nach einem einheitlichen Metamodell ergibt. Für einen Modellabgleich in der Ausgestaltung von zum Beispiel einem Soll-Ist-Vergleich postuliert die Semantik eine inhaltliche Vergleichbarkeit.
- Grundsatz des systematischen Aufbaus
  Modellierungen erfolgen in getrennten Sichten (z.B. bei der Abbildung von Aufgaben-Aufgaben-, Aufgaben-Ressourcen- u. Ressourcen-Ressourcen-Interdepen-denzen). Der Grundsatz des systematischen Aufbaus greift diesen Sachverhalt heraus und fordert sowohl eine auf einem sichtenübergreifenden Metamodell basierende Informationssystem-Architektur ein, die einen geordneten Rahmen für die Beschreibungssichten bildet, als auch eine konsistente Verwendung einzelner Objekte in verschiedenartigen Sichten ein (Becker et al. 1995:439).

d) Instrumente der Qualitätskontrolle

Simulation bezeichnet im Schriftgut der Informatik allgemein die Nachbildung von Vorgängen auf einer Rechenanlage zur Analyse von Modellen mit Hilfe von Simulationsexperimenten (vgl. z.B. Langendörfer 1992:157).

Die Synopse der konstruktiven Beiträge zum Workflow-Management zeigt auf, dass im Kontext der Qualitätssicherung von Workflow-Modellen, die hier chronologisch betrachtet als letzte Teilaufgabe der Aufgabengruppe Planung verstanden wird, mehrheitlich das Instrument der Simulation vorgeschlagen wird.

Für das Workflow-Management ist die Simulation ein Mittel zur syntaktischen und semantischen Validierung von Workflow-Typen (Oberweis 1996:66, 210f. u. Amberg 1999:248ff.). In diesem Zusammenhang zielt die Simulation auf eine Überprüfung der Vollständigkeit und der Fehlerfreiheit ab. Sind in die Modellierung auch Zeitangaben eingebunden, können ebenso Durchlaufzeiten überprüft werden. Des Weiteren kann das Verhalten von Workflow-Instanzen in Ausnahmesituationen analysiert und Schnittstellen zu Akteuren sowie Auslastungen von Ressourcen überprüft werden. Zur Durchführung eines Simulationsexperiments muss der zu untersuchende Workflow-Typ um Variablen und Konstanten ergänzt werden, die während der simulierten Instanzierung mit konkreten Werten belegt werden. Um die Reaktion eines Workflow-Typs in Bezug auf die oben genannten Ziele analysieren zu können, sind eine angemessene Anzahl an Instanzierungen und eine Variation des Wertevorrats unerlässlich (vgl. weiterführend insbesondere Amberg 1999:249ff., der umfangreich und operationalisiert Workflow-Simulationsexperimente diskutiert).

3.3.4.3 Steuerungsinstrumente

Die Instanzierung, die einhergehende Interpretation der Interdependenzschemata von Workflow-Typen sowie die Handhabung von Koordinationsbedarfen und Ausnahmesituationen erfordert unterstützende Instrumente. Workflow-Instanzen konkurrieren miteinander um die Nutzung von Ressourcen. Es ergeben sich hierbei zahlreiche Problemstellungen (Stichworte: Prozessverwaltung, Interprozesskommunikation, Prozesssynchronisation, zirkuläre Wartesituation, Ablaufterminierung u. Kapazitätsplanung), zu denen in der Literatur umfangreich Lösungen in Form von Algorithmen angeboten werden. Es ist offensichtlich, dass zur Steuerung von Workflows äquivalente Verfahren eingesetzt werden können, wie sie auch bei Betriebssystemen und verteilten Systemen zur Prozesssteuerung Anwendung finden (vgl. für einzelne Algorithmen aus dem Bereich Betriebssysteme z.B. Tanenbaum 1990 u. für Verfahren aus dem Bereich verteilte Systeme z.B. Langendörfer et al. 1994). Gleiches gilt für Problemstellungen zur Terminierung von Workflows und zur Kapazitätssteuerung von Akteuren. Hierzu finden sich, als Ergänzung zu Veröffentlichungen der Informatik, im Schriftgut der Produktionswirtschaftslehre, insbesondere im Bereich der Produktionsplanung und -steuerung (vgl. z.B. Zäpfel 1982 u. Glaser et al. 1992) sowie in Veröffentlichungen zum Operations Research (vgl. z.B. Dinkelbach 1992, Müller-Merbach 1992 u. Zimmermann 1999), umfangreiche instrumentelle Angebote.

Dem Aufgabenbereich der Workflow-Steuerung kommt des Weiteren die Funktion zu, Daten bereitzustellen, die zum einen die informatorische Grundlage von Steuerungsaufgaben und zum anderen auch die Grundlage der Überwachungsaufgaben sind. Dieser Aspekt der Datenerhebung und ihre instrumentelle Unterstützung wird hier aufgegriffen und fortgeführt.

Nach Langendörfer (1992:51) ist ein Monitor ein Messgerät, das zur Beobachtung und Überwachung operierender IT-Systeme eingesetzt werden kann. Funktionen eines Monitors lassen sich durch die Aufgaben der einzelnen Komponenten eines Monitors nach Gerken (1988:80ff.) und Langendörfer (1992:51ff.) beschreiben:

- Dem Sensor kommt die Aufgabe zu, an entsprechenden Messstellen Daten abzugreifen.
- Ein Selektor wird als Filter verstanden, der nur Daten des Sensors weiterleitet, welche für die gestellte Messaufgabe von Interesse sind.
- Der Kollektor verdichtet die vom Selektor gelieferten Daten (z.B. durch kontinuierliche Addition oder Mittelwertbildung).
- In der Ausführungsschicht werden Daten des Kollektors in eine leicht lesbare Form für die Ausgabe transformiert.
- Um Daten für spätere Auswertungen vorzuhalten, werden Kollektordaten in der Speicherschicht abgespeichert.
- Der auf diesem Weg gewonnene Datenbestand kann in der Auswertungsschicht mit Hilfe statistischer Verfahren ausgewertet und weiter verdichtet werden.

Mit Hilfe von Monitoren können ereignisunabhängige und ereignisabhängige Daten gewonnen werden (Langendörfer (1992:53). Ereignisunabhängige Datenerfassung bedeutet, dass zufällig, nach festen Regeln oder nach bestimmten Zeitintervallen Daten erhoben werden. Ereignisabhängige Datenerfassung beschreibt eine Erhebung, die nur bei vorher festgelegten Ereignissen durchgeführt wird.

Monitore ermitteln und registrieren Messwerte mittels zweier Methoden (vgl. Langendörfer 1992:54ff.). Bei der Ereigniszählung werden zu messende Ereignisse gezählt, so dass Werte für Ereignishäufigkeiten gewonnen werden. Durch die Zeiterfassung lässt sich die Auslastung bestimmter Systemkomponenten bestimmen, indem Zeitintervalle summiert werden, in denen die Komponente aktiv ist.

Für das Workflow-Management ist die Monitor-Technik von hoher Bedeutung. Mittels dieser Technik kann zunächst die Ressourceninfrastruktur im Hinblick auf die Verfügbarkeit einzelner Ressourcen (z.B. Mitarbeiter, Software-, Hardwaresysteme, Peripheriegeräte u. Netzwerke) überwacht und protokolliert werden. Im Fall der Nichtverfügbarkeit einer Ressource kann, sofern eine gleichwertige beziehungsweise redundante Ressource verfügbar ist, aufgrund des Rollenkonzeptes bei der Instanzierung eines Workflows auf die Alternative zurückgegriffen werden. Des Weiteren liefern Monitore Daten über die Kapazitätsauslastung einzelner Ressourcen und stellen somit Daten bereit, die zum Beispiel eine gleichverteilte Belastung der humanen Akteure ermöglichen. Letztendlich kann durch ein Monitoring von Workflow-Instanzen protokolliert werden, wann und in welcher Quantität Instanzen sowie Einzelschrittaufgaben gestartet und beendet oder abgebrochen wurden.

3.3.4.4 Überwachungsinstrumente

Kennzahlen sind Maßgrößen, die in Entscheidungssituationen auf konzentrierte Weise Informationsfunktionen erfüllen. Durch Kennzahlen wird eine Datenmenge verdichtet und dokumentiert, so dass der fokussierte Sachverhalt im Zeitablauf verfolgt werden kann. Sie tragen dazu bei, über einen bestimmten Aufgabenbereich der Unternehmung schnell und präzise zu informieren (Weber 1988:73).

Mit Hilfe von Kennzahlen können Ziele und Aufgaben des Workflow-Managements operationalisiert werden. Auf diese Weise wird für Überwachungsaufgaben ein Standard geschaffen. Ein Workflow-Management-Kennzahlensystem ist eine geordnete, auf einheitliche Sachverhalte ausgerichtete Gesamtheit workflow-relevanter Kennzahlen unterschiedlicher Komplexität. Die informatorische Grundlage bilden hierbei Monitoring-Daten, die zu Kennzahlen für die Aspekte Zeit und Qualität verdichtet werden können.

Die Minimierung von Durchlaufzeiten ist maßgebliches Ziel des Workflow-Managements. Daten des Monitoring können in diesem Zusammenhang zu einem einfachen hierarchischen Kennzahlensystem zusammengefasst werden, das Mittelwerte von Zeitmessungen je Workflow-Typ abhängig von der Anzahl an Instanzierungen zur Verfügung stellt (vgl. Abbildung 3-4 u. Kapitel 3.3.2.1).

Absolute Kennzahlen in Bezug auf die Anzahl der Instanzierungen und Verrichtung von korrespondierenden Einzelschrittaufgaben können das oben aufgeführte System sinnvoll ergänzen.

Der Aspekt Qualität eines Workflow-Typs kann in einer äquivalenten hierarchischen Form durch Mittelwertbildung in Bezug auf die Anzahl der Instanzierungen erfasst werden (vgl. Abbildung 3-5). Beinhaltet die Workflow-Modellierung Terminvorgaben, so ist die relative Anzahl von Terminüberschreitungen ein Merkmal der Auswertung. Des Weiteren können Rückfragen, die aufgrund von fehlerhaften oder unvollständigen Informationen verursacht werden und Workflow-Abbrüche, deren Ursache z.B. Hard- oder Softwarefehler sind, berücksichtigt werden.

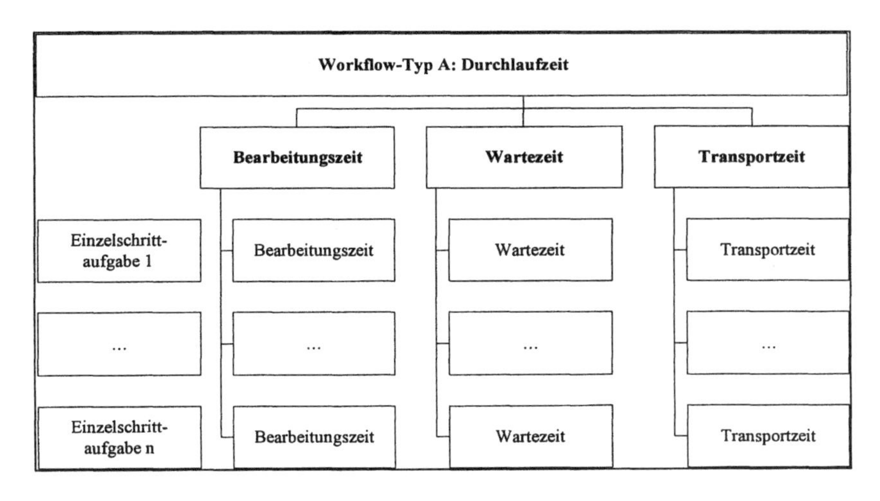

Abbildung 3-4: Zeitbezogene Kennzahlen je Workflow-Typ

Auch hier können absolute Kennzahlen in Bezug auf die Anzahl der einzelnen Teilaspekte das Kennzahlensystem zweckmäßig ergänzen.

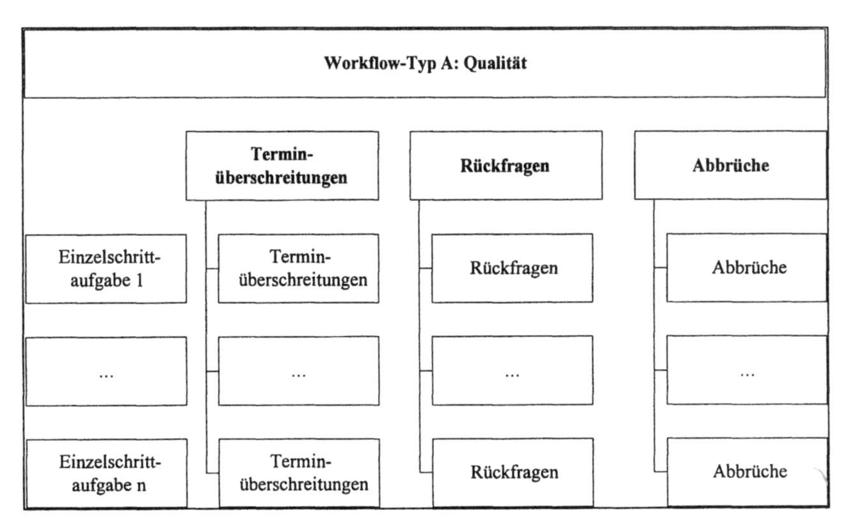

Abbildung 3-5: Qualitätsbezogene Kennzahlen je Workflow-Typ

Die hier berücksichtigten Merkmale Zeit und Qualität eines Workflow-Typs sind Maßgrößen für originäre Aufgaben des Workflow-Managements, die den Aspekt Kosten nicht berücksichtigen. Werden Workflow-Management-Systeme in der betrieblichen Anwendung auch als Instrument der Prozesskostenrechnung eingesetzt, so kann der Aspekt Kostenerfassung (z.B. Personalkosten u. IT-Kosten) mit in das Kennzahlensystem einbezogen werden. Über einen Zeitraum kumulierte und absolute Kennzahlen von Bearbeitungszeiten einzelner humaner und maschineller Akteure bilden hierbei die Datengrundlage, welche durch Verrechnungssätze (Löhne, Gehälter u. IT-Kosten) ergänzt werden kann (vgl. hierzu umfassend z.B. Scholz et al. 1994:76ff., Fries et al. 1994 u. Raufer 1997:57ff.).

3.3.4.5 Workflow-Management-Systeme

Seit Anfang der 90er Jahre werden Workflow-Systeme in der Literatur und Praxis mit großem Interesse diskutiert. Eine Vielzahl solcher Applikationen ist bereits am Markt verfügbar. Aufgrund divergenter Produkte mit jeweils herstellerspezifischen Eigenschaften und Funktionalitäten (proprietäre Systeme) wurde 1993 die Workflow Management Coalition (die sich aus über 200 Organisationen wie zum Beispiel Hard-, Softwarehersteller und Instituten rekrutiert) mit der Zielsetzung gegründet, die Verbreitung von Workflow-Management-Systemen zu fördern, indem Standards für die Systeme entwickelt und etabliert werden (Stark 1997:21f.).

Ein Workflow-Management-System unterstützt im Idealfall alle Aufgaben des Workflow-Managements. Im Verständnis der Workflow Management Coalition ist es ein System, „[...] that completely defines, manages and executes workflows through the execution of software whose order of execution is driven by a computer representation of the workflow logic“ (Hollingsworth 1997:244).

Ein Projekt des Gremiums ist die Entwicklung eines Referenzmodells, das an dieser Stelle exemplarisch für ein Workflow-Management-System vorgestellt wird. Das von der Workflow Management Coalition entwickelte Rahmenmodell betrachtet ein Workflow-System unabhängig von seiner technischen Realisierung und gliedert das System in fünf Komponenten, die über Schnittstellen interagieren (vgl. Abbildung 3-6 u. Hollingsworth 1997:260ff.).

Die modular aufgebaute Rahmenarchitektur des Referenzmodells erlaubt im Kontext der vorliegenden Arbeit eine Strukturierung und Darlegung funktionaler Anforderungen an Workflow-Systeme:

- Workflow-Definitionswerkzeuge
  Diese Komponente enthält im Kern zwei Modellierungsfunktionen. Zum einen muss das System umfangreiche Funktionen bereitstellen, welche die Abbildung von Ressourcen-Ressourcen-Interdependenzen ermöglichen. Dies

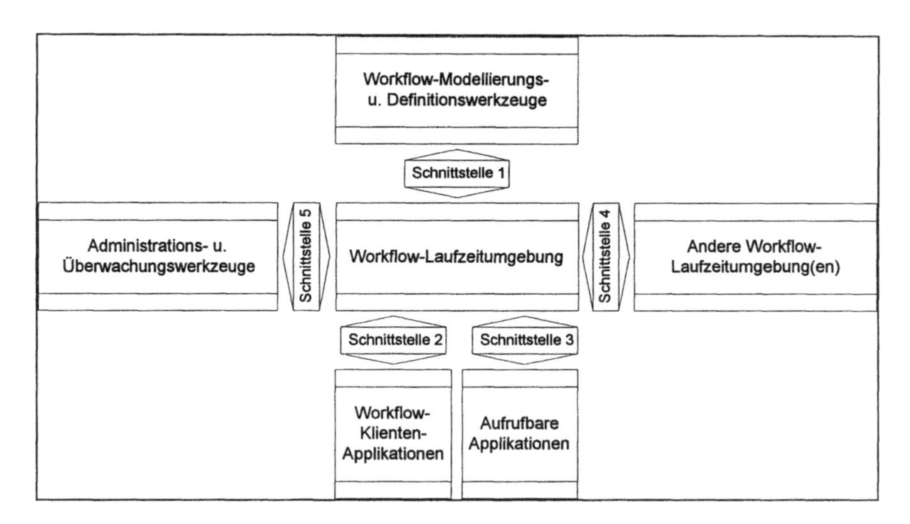

Abbildung 3-6: Workflow-Management-System – Referenzmodell der Workflow Management Coalition (verändert nach Hollingsworth 1997:260)

sind explizit eine Teilkomponente zur Modellierung von Interdependenzen zwischen humanen Akteuren (Aufbauorganisation) und eine Teilkomponente zur Modellierung einer IT-Infrastruktur. Zum anderen muss das Workflow-System die Abbildung von Aufgaben-Aufgaben- und Aufgaben-Ressourcen-Interdependenzen in Form von Workflow-Typen unterstützen. Die Funktionalität der Simulation ist ebenso in die Komponente der Definitionswerkzeuge als Instrument der Qualitätskontrolle zu integrieren. Ein instrumentelles Angebot zur Analyse und Selektion von Geschäftsprozessen im Anwendungsbezug auf deren Eignung für das Workflow-Management kann diese Komponente eines Workflow-Systems sinnvoll ergänzen, so dass im Ganzen alle Instrumente der Aufgabengruppe der Planung in der Komponente Workflow-Definitionswerkzeuge integriert sind.

- Workflow-Laufzeitumgebung
  Die mittels der oben genannten Komponente modellierten Workflow-Typen interpretiert die Laufzeitumgebung (Schnittstelle 1). Workflow-Instanzen werden durch die Laufzeitumgebung gestartet, generiert, verwaltet und ausgeführt. Während der Ausführung einer Instanz (sequentielle Abarbeitung der definierten Aufgaben) konfrontiert das Laufzeitsystem Akteure mit der Durchführung von Aktivitäten (Schnittstellen 2 u. 3). Über den aktuellen Zustand einer Instanz, zum Beispiel über die gerade in der Durchführung befindliche(n) Aktivität(en), stellt die Komponente Daten bereit (Schnittstelle

5). Die Anbindung weiterer Workflow-Management-Systeme an das gesamte System wird durch Schnittstelle 4 realisiert. Die Komponente Workflow-Laufzeitumgebung vereint insgesamt den instrumentellen Aspekt der Aufgabengruppe Steuerung des Workflow-Managements.

- Workflow-Klienten-Applikationen und Aufrufbare Applikationen
  Diese Komponente ist die Schnittstelle des Systems zu Akteuren. Humane Akteure werden mit Hilfe der Klient-Applikationen zur Durchführung einzelner Arbeitsschritte aufgefordert (Schnittstelle 2). Die Präsentation der Aufgaben und der zur Verrichtung benötigten Ressourcen erfolgt durch eine Arbeitsliste am Bildschirm. Der Beginn und Abschluss vorgegebener Tätigkeiten und eventuell aufgetretene Fehler werden der Laufzeitumgebung signalisiert. Die Gruppe der aufrufbaren Applikationen bilden maschinelle Akteure, welche direkt von der Laufzeitumgebung aufgerufen werden (Schnittstelle 3). Auch hier werden Statusinformationen über den Fortgang einzelner Tätigkeiten der Laufzeitumgebung angezeigt.
- Administrations- und Überwachungswerkzeuge
  Die Überwachung und Auswertung in der Ausführung befindlicher beziehungsweise ausgeführter Workflows ermöglichen Administrations- und Überwachungswerkzeuge. Diese Komponente eines Workflow-Systems bildet den ins-trumentellen Aspekt der Aufgabengruppe Überwachung ab. Kernfunktionen sind hier insbesondere die Bereitstellung von Monitordaten und Kennzahlen, welche über die Schnittstelle 5 aus den Verwaltungsdaten der Komponente Workflow-Laufzeitumgebung isoliert werden.

3.3.5 Prozessualer Aspekt

Workflow-Management ist ein typischer Management-Prozess, das heißt, die Planungsaufgaben erhalten durch die Überwachungsaufgaben eine Rückkopplung. Um diese Rückkopplung näher darzustellen, kann das Workflow-Management unter prozessualer Perspektive als Regelkreis betrachtet werden. Regelung bezeichnet im Allgemeinen einen Vorgang in einem System, bei dem eine oder mehrere Größen fortlaufend von einer Messeinrichtung erfasst und durch Vergleich ihrer jeweiligen Ist-Werte mit Soll-Werten bestimmter vorgegebener Führungsgrößen diesen Werten angeglichen werden (Schmidt 1993:50). Der hierzu nötige Wirkungsablauf vollzieht sich in einem geschlossenen, als Regelkreis bezeichneten Wirkungskreis (vgl. Abbildung 3-7).

Einzelne Workflow-Instanzen sowie die Ressourceninfrastruktur bilden die Regelstrecke des Regelkreises ab. Störgrößen in der Form von zum Beispiel nicht verfügbaren Ressourcen oder Fehlern in der Workflow-Modellierung wir-

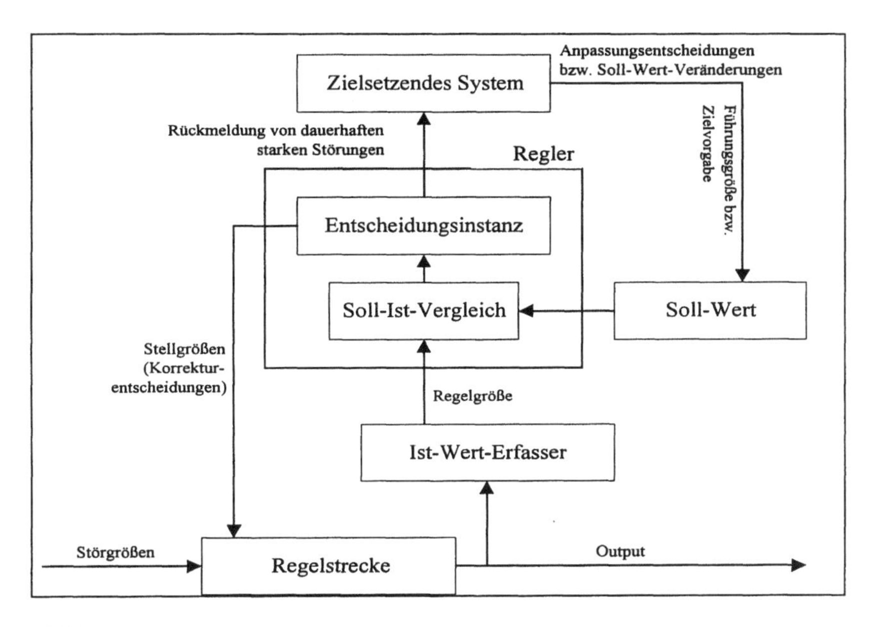

Abbildung 3-7: Regelkreis (verändert nach Huch 1992:18)

ken auf die Regelstrecke ein und gefährden unter Umständen den wohl koordinierten Geschäftsprozessablauf. Durch die Technik des Monitoring werden kontinuierlich Geschäftsprozessrealisierungskontrollen beziehungsweise -ablaufkontrollen durch das Workflow-System durchgeführt (Ist-Wert-Erfasser). Monitordaten werden zum Teil zu Workflow-Kennzahlen verdichtet. Unveränderte Monitordaten und Workflow-Kennzahlen sind Impulsgeber für die Identifikation von Problemen (Regelgrößen). Als Regler agieren sowohl das Workflow-Management-System als auch Workflow-Owner. Beide Einheiten teilen sich die Aufgaben des Vergleichs sowie der Entscheidung und nehmen hierbei Bezug auf Workflow-Modelle und das Modell der Ressourceninfrastruktur als Referenzgrößen. Korrekturentscheidungen als reaktive Maßnahmen intervenieren unmittelbar im aktuellen Geschäftsprozessgeschehen. Korrekturentscheidungen, die insbesondere aufgrund nicht verfügbarer Ressourcen notwendig sind (Ressourcenausfall oder Kapazitätsüberlastung), trifft das Workflow-System selbstständig und bestimmt durch das Rollenprinzip Ressourcen, auf welche alternativ im Workflow-Ablauf zurückgegriffen werden kann. Workflow-Owner leiten unmittelbar Gegenmaßnahmen zur Korrektur von Abweichungen ein, die insbesondere Störungen in der Ressourceninfrastruktur betreffen (z.B. Systemausfälle) und nicht durch das Workflow-System behoben werden können. Anpassungsentscheidungen betreffen das dem Workflow-Management zugrunde liegende Modell und fließen in die Planungsaufgaben des Workflow-Managements ein. Sie haben als proaktive Maßnahmen keinen Einfluss auf das aktuelle Prozessgeschehen. Sie sind vielmehr Änderungen, die den künftigen Ablauf einzelner Workflows festsetzen. Workflow-Owner vergleichen vorgegebene Soll-Werte (z.B. Zeit- und Terminvorgaben), bestimmen Abweichungen und geben Modellveränderungen beziehungsweise Modellanpassungen vor, die besonders einzelne Workflow-Typen und die Modellierung der Ressourceninfrastruktur betreffen. Anpassungsentscheidungen adressieren direkt die Planungsfunktion des Workflow-Managements (zielsetzendes System) und schließen somit auch diesen Teilbereich des Regelkreises ab.

3.4 Weitere Vorgehensweise

Die Coordination Theory stellt eine kompakte Ordnung zur Analyse von Komponenten der Koordination und zugeordnete Koordinationsprozesse unter besonderer Berücksichtigung von generischen Interdependenzen zur Verfügung (Kapitel 3.2). Diese Sichtweise zur Beschreibung von Koordinationsmechanismen ermöglicht eine aggregierte Konstituierung des Workflow-Managements unter einer funktionalen, institutionellen, instrumentellen und prozessualen Perspektive (Kapitel 3.3.1 bis 3.3.5). Entscheidend für die weitere Vorgehensweise zur Analyse des funktionalen Anwendungspotentials des Workflow-Managements in der betrieblichen Personalwirtschaft ist zunächst, dass Workflow-Management operative Geschäftsprozesse voraussetzt, die durch eine über die Zeit relativ gleichbleibende Interdependenzstruktur gekennzeichnet sind. Diese Struktur kann durch die drei Interdependenztypen „Aufgaben-Aufgaben", „Aufgaben-Ressourcen" und „Ressourcen-Ressourcen" analysiert werden (vgl. Kapitel 3.3.2.1). Die in Kapitel 1 auf der Grundlage der angegebenen Definition zum Begriff personalwirtschaftlicher Geschäftsprozess vorab festgelegte modellhafte Betrachtung der Personalwirtschaft kann nun weiterführend mittels der gegebenen Interdependenztypen differenziert und einer Analyse operativ zugänglich gemacht werden. Die Analyse entlang personalwirtschaftlicher Funktionen, welche allgemein den Transformations-, Verkettungs- und Zielaspekt personalwirtschaftlicher Geschäftsprozesse berücksichtigt, erfolgt spezifiziert auf den Interdependenztyp „Aufgaben-Aufgaben", um insbesondere personalwirtschaftliche Routineaufgaben zu isolieren (Kapitel 4.1.1). Die Analyse entlang personalwirtschaftlicher Konfigurati-onen, welche allgemein den Personalaspekt personalwirtschaftlicher Geschäftsprozesse einbezieht, erfolgt spezifiziert auf die Interdependenztypen „Aufgaben-Ressourcen" und „Ressourcen-Ressourcen" (Kapitel

4.1.2). Als Ressource werden hier ausschließlich humane personalwirtschaftliche Akteure betrachtet. Des Weiteren wird an dieser Stelle der institutionelle Aspekt möglicher personalwirtschaftlicher Workflow-Owner aufgegriffen. Zur Analyse des dysfunktionalen Anwendungspotentials des Workflow-Managements wird in Kapitel 4.2 der Sachverhalt aufgegriffen, dass der zuvor entwickelte Workflow-Ansatz Mitarbeiter zweckbetont als humane Ressourcen auffasst. Aufgrund der gegebenen sachlich-nüchternen Betrachtung der Mitarbeiter kann es zu Spannungen und Konflikten kommen, die näher zu analysieren sind. Des Weiteren werden in diesem Kapitel rechtliche Handlungsweisen herausgestellt, die eine Handhabung eines derartig möglichen Spannungsfeldes zwischen betrieblichen Interessengruppen aufzeigen. Die Betrachtung maschineller personalwirtschaftlicher Akteure unter Berücksichtigung der Interdependenztypen „Aufgaben-Ressourcen" und „Ressourcen-Ressourcen" erfolgt in Kapitel 5. Hier wird insbesondere dargelegt, welche personalwirtschaftlichen Aufgaben durch IT-Systeme (teil-)automatisiert verrichtet werden können und wie Workflow-Systeme in die personalwirtschaftliche IT-Infrastruktur integriert werden können.

4 Analyse des Anwendungspotentials von Workflow-Management in der betrieblichen Personalwirtschaft

4.1 Funktionale Potentiale

Funktionale Potentiale sind Bereiche der betrieblichen Personalwirtschaft, die der Möglichkeit nach durch die Applikation des Workflow-Managements in ihrer Aufgabenbewältigung unterstützt beziehungsweise (teil-)automatisiert koordiniert werden können. Gegenstand des folgenden Abschnitts ist die Betrachtung der Personalwirtschaft in den zwei Dimensionen „personalwirtschaftliche Funktionen" und „personalwirtschaftliche Konfigurationen" gemäß den Vorgaben des zuvor entwickelten Workflow-Management-Ansatzes.

Die Systematisierung der personalwirtschaftlichen Analyseobjekte ist nicht frei von Überlagerungen. Zum einen zeigen die einzelnen personalwirtschaftlichen Funktionen wechselseitige Abhängigkeiten auf, zum anderen bestehen Abhängigkeiten zwischen den beiden gewählten Analysedimensionen, die jeweils eine redundanzfreie Potentialanalyse erschweren.

Die Betrachtung der personalwirtschaftlichen Funktionen zielt primär auf Aufgabengebiete ab, die durch Workflow-Typen repräsentiert werden können. Personalwirtschaftliche Aufgaben und Aufgabenträger sind aber in diesem Kontext nur bedingt voneinander isoliert zu betrachten. Daher wird in Kapitel 4.1.1 (Dimension: Personalwirtschaftliche Funktionen) zunächst eine simplifizierte Trägerschaft personalwirtschaftlicher Aufgaben unterstellt, die Hentze und Kammel (2001:4) als „duale Trägerschaft der Erfüllung personalwirtschaftlicher Funktionen" bezeichnen. Unter dem Gesichtspunkt der Dualität wird hierbei von einer Aufgabenteilung ausgegangen, die zum einen den betrieblichen Personalbereich (Personalabteilung) und zum anderen Mitarbeiter aus der Linie mit Personalkompetenz (Führungskräfte u. Vorgesetzte) als grundlegende Aufgabenträger bestimmt. In Kapitel 4.1.2 (Dimension: Personalwirtschaftliche Konfigurationen) wird die zunächst getroffene Vereinfachung durch eine weiterführende vertiefende Betrachtung der Trägerschaft aufgehoben.

4.1.1 *Dimension: Personalwirtschaftliche Funktionen*

4.1.1.1 *Vorbemerkungen und Überblick*

In diesem Abschnitt wird die in Kapitel 1.5.4 (Personalwirtschaftliche Funktionen) gegebene Systematisierung von personalwirtschaftlichen Funktionen aufgegriffen. Die ausgewählte Gliederung von personalwirtschaftlichen Aufgaben ermöglicht die Abbildung nahezu beliebiger Inhalte. Infolgedessen werden jeweils vor der eigentlichen Analyse die einzelnen Aufgabengebiete im Verständnis der vorliegenden Arbeit kompakt beschrieben. Diese Vorgehensweise ermöglicht darüber hinaus die Ausführung der in Kapitel 1.5.5 (Ziele der Personalwirtschaft) motivierten Spezifikation personalwirtschaftlicher Sachziele.

Abhängigkeiten zwischen einzelnen personalwirtschaftlichen Funktionen ergeben sich insbesondere aufgrund ihrer informatorischen Vernetzung. Die originären Funktionen werden durch die aus der betrieblichen Informationswirtschaft herausgelöste und abgegrenzte Funktion der Personalinformationswirtschaft ergänzt und überlagert (Scholz 2000:129ff. u. Hentze/Kammel 2001:8). Das sich darstellende Netz von Informationsflüssen in Form von Aufgaben-Informationen-Interdependenzen (als eine Ausprägung des Interdependenztyps Aufgaben-Ressourcen) zwischen Aufgabengruppen verschiedener personalwirtschaftlicher Funktionen kann bildhaft als (fast) vollständig vermaschter Graph beschrieben werden. Es ergeben sich folglich auch multidimensionale Aufgaben-Aufgaben-Interdependenzen.

Die hier verfolgte Lösung der beschriebenen Komplexitätsproblematik besteht darin, die existente Vielschichtigkeit zu vereinfachen und personalwirtschaftliche Funktionen wechselseitig insofern isoliert zu betrachten, als dass ausschließlich Interdependenzen dargelegt werden, die zwischen den Funktionen (als geschlossene Einheit) in Form von informatorischen Input-Output-Beziehungen bestehen.

Personalwirtschaftliche Aufgabengebiete werden in der Literatur durch eine immense Anzahl an Verfahren und Methoden beschrieben. Eine konsistente Betrachtung der Gesamtheit der in der Literatur aufgeführten Ausführungen und Empfehlungen hinsichtlich einer Unterstützung durch das Workflow-Management ist aufgrund der gegebenen Komplexität nicht möglich. Es ist vielmehr sinnvoll, auch an dieser Stelle der Arbeit die vorhandene Komplexität zu reduzieren. Als Auswahlkriterien für personalwirtschaftliche Maßnahmen dienen in diesem Zusammenhang zwei grundlegende Eigenschaften von Maßnahmen. Es wird zum einen eine fest definierte Struktur im Ablauf der Teilaufgaben gefordert, zum anderen gilt das Kriterium einer universellen Anwendbarkeit, so dass

Verfahren und Methoden für personalwirtschaftliche Spezialprobleme nicht betrachtet werden.

4.1.1.2 Personalbedarfsermittlung

4.1.1.2.1 Begriff und Grundlagen

Das Sachziel der Personalbedarfsermittlung besteht in der Bestimmung der personellen Kapazitäten, die zur Sicherstellung der Erfüllung der betrieblichen Funktionen erforderlich sind (Jung 1995:107 u. Hentze/Kammel 2001:189). Diese Intention muss sowohl auf die Ziele des Arbeitgebers (z.B. Personalabbau u. Vermeidung von Personalengpässen) als auch auf die Ziele der Arbeitnehmer (z.B. Beschäftigungssicherung) ausgerichtet sein.

Die zur Durchführung von betrieblich erforderlichen Arbeitsaufgaben benötigten Personalkapazitäten umfassen den Personalbedarf (Jung 1995:107). Als eine zukunftsorientierte Informationsgröße, nach der sich personalwirtschaftliche Entscheidungen ausrichten, ist der Personalbedarf umfassend im Hinblick auf die Aspekte Anzahl (quantitative Dimension), Qualifikation (qualitative Dimension), Zeitpunkt und Dauer (zeitliche Dimension) sowie Ort (lokale Dimension) zu bestimmen (Berthel 1997:153ff. u. Ridder 1999:129ff.).

Der quantitative Personalbedarf beschreibt eine Anzahl von Personen, die zur Erfüllung von notwendigen Aufgaben gebraucht wird.

Zur Erfüllung einzelner betrieblicher Aufgaben ist eine bestimmte Qualifikation der Mitarbeiter erforderlich, die mindestens dem Grad der Anforderungen der betreffenden Aufgabe entsprechen muss. Diese Problemstellung berücksichtigt der qualitative Personalbedarf beziehungsweise die qualitative Bedarfsplanung, welche Qualifikationen von Personen einbezieht.

Personalbedarfsangaben gelten als unvollständig, wenn sie nicht auch Angaben zu Zeitpunkt und Dauer des Bedarfs sowie örtliche Bedarfsangaben zu einer Arbeitsstätte (bzw. einem Arbeitsplatz), an der die Mitarbeiter zum Einsatz kommen, enthalten (Hentze/Kammel 2001:189).

In Abhängigkeit vom Planungszeitraum werden kurzfristige, mittelfristige und langfristige Personalbedarfsplanung beziehungsweise Personalbedarfe differenziert (Jung 1995:113 u. RKW 1996:80).

Bei der kurzfristigen Bedarfsplanung mit einem Planungshorizont von bis zu einem Jahr kann ein Anteil der in die Planung eingehenden Größen (z.B. tarifliche Arbeitszeit u. Produktprogramm) als konstant angesehen werden. Die Bedarfsermittlung hängt nur von wenigen Variablen ab (z.B. Arbeitsanfall), und die in die Planung eingehenden Informationen gelten als relativ sicher und vollständig. Auch die qualitative Seite wird durch die Anforderungen an die jeweiligen Stellen mit einbezogen.

Einflussgrößen, wie zum Beispiel technische und organisatorische Veränderungen in der Produktion und Verwaltung, tarifliche Vereinbarungen sowie Arbeits- und Sozialgesetzgebung kommen bei der mittelfristigen Planung zum Tragen. Die Planung erstreckt sich in der Regel über einen Planungshorizont von drei bis zu fünf Jahren. Qualitative Veränderungen können nur grob berücksichtigt werden, und die in den Planungsprozess einfließenden Informationen sind unsicher und unvollständig.

Das Gleiche gilt für die langfristige Planung, die als eine Grobplanung des künftigen Personalbedarfs anzusehen ist, bei welcher oft nur der Zeitraum, der für die Personalbeschaffung bis hin zur vollwertigen Einsatzfähigkeit der Mitarbeiter notwendig ist, Planungsgegenstand ist.

Bevor auf eine workflow-gestützte Personalbedarfsplanung eingegangen werden kann, sind zunächst grundlegende Personalbedarfsarten aufzuführen. Unabhängig von dem Verfahren, das zur Bedarfsermittlung angewendet wird, orientiert sich die Personalbedarfsermittlung an folgenden (Berechnungs-) Schritten (Kropp 1997:621; vgl. weiterführend z.B. Jung 1995:111ff., Kropp 1997:619ff. u. Hentze/Kammel 2001:193ff.):

(1) Ermittlung des Brutto-Personalbedarfs (künftiger Personalbedarf),
(2) Ermittlung des künftigen Personalbestands;
(3) Die Differenz von (1) und (2) bestimmt den ungedeckten Personalbedarf beziehungsweise den Personalüberhang (Netto-Personalbedarf).

Des Weiteren wird hier aus Gründen der inhaltlichen Transparenz eine gedankliche Zweiteilung zur Analyse der Workflow-Anwendungspotentiale in eine qualitative und quantitative Planung des Personalbedarfs vorgenommen, obwohl die oben genannten Dimensionen der Personalbedarfsplanung in der Praxis nicht zu trennen sind (struktural ähnlich z.B. bei Jung 1995:108 u. Hentze/Kammel 2001:189).

4.1.1.2.2 Aspekte der Planung des quantitativen Personalbedarfs

Abhängig von den jeweils vorliegenden betrieblichen Voraussetzungen, insbesondere von den zur Verfügung stehenden Informationen, können zahlreiche Methoden zur Bestimmung des quantitativen Personalbedarfs herangezogen werden. Einen Überblick über praktisch anwendbare Methoden, deren Bezugsgrößen und Eignung gibt Abbildung 4-1.

Methode	Bezugsgrößen	Umrechnungsmethoden	Eignung
Schätzverfahren	– Unbestimmt • Erfahrungen, Vorhaben und Maßnahmen andere Unternehmenspläne u.a.	– Schätzung – systematische Schätzung – Expertenbefragung – Delphi-Methode	Geeignet für kleinere und mittlere Betriebe zur kurz- und mittelfristigen Bedarfsermittlung
Globale Bedarfsprognosen	– Entwicklung bestimmter Größen in der Vergangenheit wie • Beschäftigtenzahl • Umsatz u.a. – Ermittelte oder vermutete Zusammenhänge zwischen Größen in Form von Kennzahlen	– Trendextrapolation – Trendanalogie – Regressionsrechnung – Korrelationsrechnung	Geeignet für Mittel- und Großbetriebe mit kontinuierlicher Absatz- und Produktionsentwicklung zur mittel- und langfristigen Planung
Kennzahlenmethode	– Z.B. Entwicklung der Arbeitsproduktivität bzw. anderer Kennzahlen	– Trendextrapolation – Trendanalogie – Regressionsrechnung – Inner- und außerbetriebliche Quervergleiche	Gut geeignet für Betriebe aller Größenklassen zur Ermittlung des Personalbedarfs für bestimmte Betriebsteile oder Gruppen von Arbeitsplätzen
Verfahren der Personal-bemessung	– Zeitbedarf pro Arbeitseinheit – Arbeitseinheit	– Schätzungen – Arbeitsanalysen – Zeitmessungen – Tätigkeitsvergleiche – Inner- und außerbetriebliche Quervergleiche	Für Betriebe geeignet, in denen im Rahmen der Arbeitsvorbereitung REFA bzw. MTM angewendet wird
Stellenplanmethode	– Gegenwärtige und künftige Organisationsstruktur	– Stellenbeschreibung – Arbeitsvorgänge	Für alle Betriebe geeignet zur kurz- und mittelfristigen Planung, wenn organisatorische Voraussetzungen erfüllt sind
Besondere Analyse des Reservebedarfs	– Effektive und nominale Arbeitszeit	– Analyse von Fehlzeiten – Fluktuation – Prognose der tariflichen Arbeitszeit	Für alle Betriebe kurz-, mittel- und langfristig geeignet

Abbildung 4-1: Verfahren zur Bestimmung des quantitativen Personalbedarfs (nach RKW 1996:90)

Die Stellenplanmethode gilt als universelles und etabliertes Verfahren der Personalbedarfsermittlung, das sowohl für alle Betriebsarten als auch für die kurz- und mittelfristige Planung eingesetzt werden kann (RKW 1996:102ff., Kropp 1997:632 u. Berthel 1997:155ff.). Aus dieser Argumentation heraus wird nachfolgend die Stellenplanmethode weiterführend beschrieben und ihre Umsetzung im Kontext des Workflow-Managements als Workflow-Typ vorgestellt.

Voraussetzung für die Anwendung der Stellenplanmethode sind zahlreiche informatorische Objekte. Es sind insbesondere regelmäßig detaillierte Organisationspläne, Stellenpläne, Stellenbeschreibungen und Stellenbesetzungspläne für alle Hierarchieebenen und Organisationsbereiche aufzustellen, zu überprüfen und fortzuentwickeln. Der Organisationsplan, auch Organigramm genannt, zeigt die Struktur größerer Organisationseinheiten (z.B. Hauptabteilungen, Unterabteilungen, Gruppen) und ihre hierarchische Einordnung.

Die Stelle, als kleinste organisatorische Einheit, wird als das Arbeitsgebiet einer unbenannten Person bezeichnet, der bestimmte Aufgaben übertragen werden. Durch Stellenbeschreibungen werden Stellen spezifiziert. Die Stellenbeschreibung umfasst nach Hentze und Kammel (2001:227ff.) die drei Teilbereiche Instanzenbild (Organisationsprofil), Aufgabenbild (Aufgabenprofil) und Leistungsbild (Anforderungsprofil).

Stellenbeschreibungen werden nach unterschiedlichen Gesichtspunkten unter Einbeziehung von Organisationsplänen zu Stellenplänen zusammengefasst. Die Zusammenfassung kann zum Beispiel nach der instanziellen Einordnung (hierarchische Stellengefüge) oder dem Gehaltsbereich (Stellenbewertungsplan) erfolgen.

Die Zuordnung einzelner Mitarbeiter (Stelleninhaber) zu Stellen dokumentiert der Stellenbesetzungsplan.

Der workflow-gestützte Ablauf der Stellenplanmethode kann sich in vier grundlegenden sequentiell abzuarbeitenden Aufgabenbereichen vollziehen, die einen idealtypischen Workflow-Typ der Planung des quantitativen Personalbedarfs darstellen:

(1) Überprüfen beziehungsweise Aufstellen gegenwärtiger Organisations-, Stellen- und Stellenbesetzungspläne:
    Aufgabenträger der Personalabteilung werden aufgefordert, für einen definierten Organisationsbereich, bezogen auf den aktuellen Zeitpunkt, einen Stellenplan und einen Stellenbesetzungsplan aufzustellen beziehungsweise bestehende Pläne an die gegenwärtige betriebliche Situation anzupassen. Die erstellten und/oder veränderten Stellenpläne weisen den Brutto-Personalbedarf zum aktuellen Zeitpunkt aus. Stellenbesetzungspläne dokumentieren den gegenwärtigen Personalbestand.

(2) Zusammentragen von Informationen über künftige Organisations- und Stellenpläne:
Führungskräfte und insbesondere Linienvorgesetzte werden aufgefordert, unter Berücksichtigung aller geplanten personalwirksamen Vorhaben, Maßnahmen und Ziele die quantitativen Veränderungen der Stellen in ihrem Bereich abzuschätzen und zu dokumentieren.
(3) Aufstellen des künftigen Organisations- und Stellenplans:
Personalplaner ermitteln auf der Grundlage der vorab gegebenen Informationen künftige Organisations- und Stellenpläne, so dass insgesamt der zukünftige Brutto-Personalbedarf bestimmt ist.
(4) Aufstellen des künftigen Stellenbesetzungsplans:
Mit Hilfe der Prognosen zur Entwicklung des Personalbestands erstellen Aufgabenträger des Personalbereichs Stellenbesetzungspläne, aus denen die quantitativen Nettobedarfe der folgenden Periode abgeleitet werden können (s.o.).

Der gegebene Workflow-Prototyp zeigt eine einfache Aufgabenspezifikation und elementare Aufgaben- und Informationsinterdependenz auf. In der betrieblichen Anwendung eines derartigen Workflows sind einzelne Aufgabenbereiche und Informationsobjekte situativ zu detaillieren.

Zum einen ist die Granularität der Aufgabenschritte zu verfeinern und zum anderen können einzelne Aufgabengruppen, spezifiziert nach Organisationseinheiten, im Ablauf parallelisiert werden. Neben der Parallelisierung ist auch eine Aufteilung des Workflows in Teilprozesse für einzelne Organisationseinheiten denkbar, so dass durch eine Workflow-Unterstützung differenzierte Personalbedarfe je Organisationseinheit zeitlich unabhängig ermittelt werden können. Ebenso kann der gegebene Ablauf in zwei voneinander sequentiell abhängige Workflow-Typen der quantitativen Personalbestands- und der quantitativen Personalbedarfsbestimmung gegliedert werden, so dass voneinander unabhängig zunächst gegenwärtige Pläne und darauf zukunftsbezogene Pläne erstellt werden.

Um eine Kontrolle der im Personalbereich erzielten Ergebnisse in der Linie zu ermöglichen, sind gegebenenfalls die Aufgabenschritte (2) bis (4) iterativ auszuführen.

Letztendlich ist festzuhalten, unter welchen zeitlichen Bedingungen der Workflow instanziert werden soll. Es ist denkbar, dass allein unter der Kontrolle des Workflow-Systems die Personalbedarfsplanung angestoßen wird. In diesem Zusammenhang wird festgelegt, zu welchen Zeitpunkt (z.B. Monats-, Quartals- o. Jahresende) die Instanzierung des Workflows periodisch im Verständnis einer kurz- und mittelfristigen Planung erfolgen soll. Alternativ kann der Workflow manuell gestartet werden oder es kommt eine Kombination beider Varianten der Workflow-Auslösung zum Einsatz.

4.1.1.2.3 Aspekte der Planung des qualitativen Personalbedarfs

Methoden zur Bestimmung des qualitativen Personalbedarfs liegen in der Literatur zahlreich vor. Ein Überblick zu Ermittlungsmethoden liegt mit Abbildung 4-2 vor.

Methode	Kurzbeschreibung
Gesprächsmethode	Gespräche geben im gemeinsamen Informationsaustausch zwischen Personalplaner und Mitarbeiter Aufschluss über Anforderungen einzelner Arbeitsaufgaben sowie die Möglichkeit, Wünsche der Mitarbeiter in die Planung zu integrieren. Arbeitsanalysen und Personalbeurteilungen unterstützen die Gespräche hinsichtlich der Datengrundlage.
Fragebogenmethode	Mit Hilfe von Fragebogen adressiert an Vorgesetzte und Mitarbeiter ermitteln Personalplaner die Bildungserfordernisse.
Indikatorenmethode	Auffällige Indikatoren wie z.B. Anforderungen neuer Arbeitsverfahren, Qualitätsmängel, Arbeitsunzufriedenheit, Fluktuation und Unfälle können einen Qualifikationsbedarf indizieren.
Berufsgruppenmethode	Die Bedarfsermittlung greift auf Berufsbezeichnungen der Stellen und Stelleninhaber zurück. Aufgrund der Schulbildung, Berufserfahrung und der bisherigen Tätigkeiten wird auf eine Qualifikation geschlossen, die mit den Anforderungen einer Stelle in Verbindung gebracht wird.
Einzelanforderungs-methode	Der Qualifikationsbedarf bemisst sich an Einzelanforderungen einer Arbeitsanalyse. Daraus setzt sich ein Soll-Profil einer Stelle nach physischen und psychischen Qualifikationsmerkmalen zusammen. Durch ein Bewertungsschema werden Anforderungen konkretisiert. Dem Soll-Profil einer Stelle kann ein Ist-Profil eines Stelleninhabers gegenübergestellt werden. Der Vergleich zeigt Qualitätsüber- bzw. –unterdeckungen auf.

Abbildung 4-2: Ermittlungsmethoden des qualitativen Personalbedarfs (nach Kropp 1997:633f.)

Die Einzelanforderungsmethode (in der Literatur auch als Profilvergleichsmethode bezeichnet) knüpft unmittelbar an die oben beschriebene Stellenplanmethode hinsichtlich der verwendeten Informationsobjekte an und kann ebenfalls als universell einsetzbares Verfahren bezeichnet werden. Daher kann diese Methode im Folgenden als Workflow-Prototyp charakterisiert werden.

Grundlegende Informationsobjekte der Profilvergleichsmethode sind Aufgaben-, Anforderungs- und Qualifikationsprofile.

Ein Aufgabenprofil spezifiziert die mit einer Stelle verbundenen Tätigkeiten und Aufgaben hinsichtlich fachlicher, physischer, psychischer und sozialer Kriterien. Aus dem Aufgabenprofil einer Stelle wird ein korrespondierendes Anforderungsprofil abgeleitet.

Anforderungsprofile dokumentieren Fähigkeiten von potentiellen Stelleninhabern, die zur Sicherstellung der Erfüllung der im Aufgabenprofil festgehaltenen Aufgaben erforderlich sind. Anforderungsprofile enthalten infolgedessen Anforderungshöhen einzelner Anforderungsarten, welche zum einen Teil quantitativ messbar sind (fachliche Kompetenzen z.B. in Form von Schul- und Berufsabschlüssen) und zum anderen Teil nur in qualitativen Abstufungen (z.B. Flexibilität, Kundenorientierung, planvolles Denken als Beispiele für nicht fachliche Kompetenzen) angegeben werden können.

Qualifikationsprofile dokumentieren Fähigkeiten von Mitarbeitern beziehungsweise von Stelleninhabern. Die zur Erstellung von Anforderungsprofilen verwendeten Anforderungsarten sind in diesem Kontext Qualifikationsarten mit entsprechenden Ausprägungen. Hieraus wird ersichtlich, dass Anforderungs- und Qualifikationsprofile auf einem gemeinsamen Katalog von Merkmalen und Merkmalsausprägungen beruhen.

Die Profilvergleichsmethode zeigt vier Aufgabenbereiche in ihrer sequentiellen Ablaufstruktur auf, die durch einen Workflow-Typ abgebildet werden können (vgl. allgemein z.B. Bühner 1995:138f. u. Jung 1995:234f.):

(1) Überprüfen beziehungsweise Aufstellen von Aufgabenprofilen:
Die durch die quantitative Personalbedarfsplanung ermittelten Stellenpläne (s.o.) werden durch Aufgabenprofile spezifiziert, und/oder es werden bestehende Aufgabenprofile überprüft und gegebenenfalls vervollständigt. Eine derartige Vorgehensweise weist, unter Berücksichtigung des aktuellen und künftigen Stellenplans, Aufgabenprofile der aktuellen und zukünftigen Periode aus.

(2) Überprüfen beziehungsweise Aufstellen von Anforderungsprofilen:
Aus den Aufgabenprofilen werden gegenwärtige und zukunftsbezogene Anforderungsprofile von Stellen abgeleitet und überprüft.

(3) Überprüfen beziehungsweise Aufstellen von Qualifikationsprofilen:
Auf der Grundlage von Stellenbesetzungsplänen (s.o.) werden in diesem Aufgabenbereich Qualifikationsprofile für einzelne Stelleninhaber erstellt und gegebenenfalls aktualisiert.

(4) Durchführung von Profilvergleichen:
Der Vergleich von Anforderungsprofilen der aktuellen Periode mit den Qualifikationsprofilen der Stelleninhaber weist den aktuellen quantitativen

Personalbedarf aus. Die Gegenüberstellung von Anforderungsprofilen der künftigen Perioden mit den Fähigkeitsprofilen der Stelleninhaber zeigt den voraussehbaren quantitativen Personalbedarf auf.

Der aufgeführte Workflow-Typ zeigt hinsichtlich der Aufgabenspezifikation und Beschreibung der Aufgabeninterdependenz einen Aufbau auf, der im Rahmen einer betrieblichen Verwendung - durch die jeweilige Situation bedingt - zu spezifizieren ist.

Die gegebene Aufgabensequenz unterstellt als Aufgabenträger idealtypisch Mitarbeiter des Personalbereichs. Es ist aber auch vorstellbar, dass im Gebiet der qualitativen Personalbedarfsplanung die duale Trägerschaft personalwirtschaftlicher Aufgaben berücksichtigt wird, indem (Teil-)Ergebnisse der Planung mit personalwirtschaftlichen Aufgabenträgern aus der Linie abgestimmt werden. Des Weiteren kann sich die Detaillierung an Workflow-Typen der quantitativen Personalplanung orientieren (s.o.). Demnach können die Aufgabengruppen, nach Organisationseinheiten differenziert, im Ablauf parallelisiert werden oder es erfolgt eine Aufteilung des Workflows in Teilprozesse für einzelne Organisationseinheiten. Durch eine Aufspaltung des gegebenen Ablaufs in zwei voneinander sequentiell abhängige Workflow-Typen ist auch für die qualitative Personalplanung die Erfassung des qualitativen Bestands und die Bestimmung des qualitativen Personalbedarfs möglich.

Wird die letztgenannte Alternative im Rahmen einer betrieblichen Umsetzung sowohl für die quantitative als auch qualitative Bedarfsplanung gewählt, bietet sich die Option an, die Personalbedarfsermittlung in zwei workflowgestützte Bereiche zu trennen, so dass die vorab getroffene Unterscheidung der Personalbedarfsplanung hinsichtlich quantitativer und qualitativer Aspekte aufgehoben ist. Explizit ergibt sich folgender sequentieller Aufgabenkomplex, der gemäß den oben gegebenen Informationsobjekten, Ablaufszenarien, Parallelisierungs-, Differenzierungs- und Instanzierungsoptionen workflow-gestützt koordiniert werden kann:

- Personalbestandsanalyse:
  - Erfassung des quantitativen Personalbestands und
  - Erfassung des qualitativen Personalbestands.
- Personalbedarfsanalyse
  - Bestimmung des quantitativen Personalbedarfs und
  - Bestimmung des qualitativen Personalbedarfs.

4.1.1.3 *Personalbeschaffung*

4.1.1.3.1 *Begriff und Grundlagen*

Personal zur Beseitigung einer personellen Unterdeckung bereitzustellen, ist das Sachziel der Personalbeschaffung (Jung 1995:128 u. Ridder 1999:152). Der Beschaffungsprozess orientiert sich, analog der Personalbedarfsermittlung, an den Dimensionen Anzahl (quantitative Dimension), Qualifikation (qualitative Dimension), Zeitpunkt und Dauer (zeitliche Dimension) sowie Ort (lokale Dimension). Unterstützt durch die Planungsergebnisse der Personalbedarfsermittlung ist es die Aufgabe der Personalbeschaffung, die Gewinnung des erforderlichen Personals nach Anzahl und Qualifikation so vorzubereiten und durchzuführen, dass sich zu einem bestimmten Zeitpunkt beziehungsweise für einen bestimmten Zeitraum Personalbestand und Personalbedarf decken (Hentze/Kammel 2001:241ff.). Die Personalbedarfsdeckung konzentriert sich auf den innerbetrieblichen und außerbetrieblichen Arbeitsmarkt. Beide Märkte können nach räumlichen Merkmalen und Zielgruppen unterschieden werden. Eine solche Aufgliederung liegt mit Abbildung 4-3 vor.

<table>
<tr><th colspan="5">Personalbeschaffungsmärkte</th></tr>
<tr><td colspan="3">Innerbetrieblicher Arbeitsmarkt</td><td colspan="2">Außerbetrieblicher Arbeitsmarkt</td></tr>
<tr><td>Einzelner Betrieb</td><td>Andere Bereiche der Unternehmung</td><td>Gesamte Unternehmung bzw. Konzern</td><td>Inland (regional u. überregional)</td><td>Ausland (innerhalb u. außerhalb der EU)</td></tr>
<tr><td colspan="3">• Beschäftigung innerhalb des bisherigen Tätigkeitsfeldes
• Beschäftigung außerhalb des bisherigen Tätigkeitsfeldes</td><td colspan="2">• Arbeitssuchende, die in das Berufsleben eintreten (z.B. Absolventen) bzw. wieder eintreten (z.B. nach Erziehungsurlaub, Bundeswehr, Zivildienst)
• Arbeitslose (über Arbeitsamt, Anzeigen usw.)
• Aktiv Stellungssuchende, d.h. Personen, die sich verändern wollen (Arbeitsamt, Selbstinserenten)
• Passiv Stellungssuchende, d.h. Arbeitnehmer, die erst durch Werbemaßnahmen angesprochen werden</td></tr>
</table>

Abbildung 4-3: Personalbeschaffungsmärkte und Personalzielgruppen (verändert nach RKW 1996:116)

Der eigentliche Personalbeschaffungsprozess kann in die folgenden Phasen differenziert werden (Jung 1995:128ff., Kropp 1997:235ff., Ridder 1999:152ff. u. Hentze/Kammel 2001:243ff.):

- Gewinnung und Analyse personalbeschaffungsrelevanter Informationen,
- Ermittlung und Bestimmung von Beschaffungsarten und -wegen,
- Personalauswahl und
- Personalbindung.

Die Gliederung des allgemeinen Geschäftsprozesses der Personalbeschaffung gibt eine Segmentierung für die nachstehende Analyse der Workflow-Anwendungspotentiale vor, die sich an den vier aufgeführten Teilprozessen orientiert.

4.1.1.3.2 Aspekte der Gewinnung und Analyse personalbeschaffungsrelevanter Informationen

Die Gewinnung und Analyse von personalbeschaffungsrelevanten Informationen ist Voraussetzung für einen ordnungsgemäßen Ablauf des gesamten Prozesses der Personalbschaffung. Diese Rahmenbedingungen werden im Wesentlichen durch Ergebnisse der Personalbedarfsermittlung bestimmt, die in den Beschaffungsprozess einfließen. In der personalwirtschaftlichen Literatur wird ergänzend die Etablierung einer betrieblichen Arbeitsmarktforschung empfohlen, um die Gegebenheiten auf dem Arbeitsmarkt aus betrieblicher Perspektive, hinsichtlich einer Analyse des Potentials kontinuierlich durchzuführen, so dass bei entsprechendem Bedarf die Beschaffungsaktivitäten zeitgerecht und zielorientiert eingeleitet werden können (vgl. z.B. Ridder 1999:156ff., Scholz 2000:392ff. u. Hentze/Kammel 2001:245ff.). Die betriebliche Arbeitsmarktforschung stellt ein komplexes Aufgabengebiet dar, das sich durch eine Differenzierung des Arbeitsmarktes in eine Analyse des innerbetrieblichen und außerbetrieblichen Arbeitsmarktes aufteilen lässt. Hilfsmittel für die Gewinnung von Daten über den außerbetrieblichen Arbeitsmarkt sind nach Scholz (2000:392):

- eigene Urdatenerhebung,
- Verwertung von Informationen der Arbeitsämter,
- Gewinnung von Informationen von Ausbildungsinstitutionen,
- Schätzungen von Industrie- und Handelskammern,
- Verwendung von Strukturanalysen der Bundesanstalt für Arbeit,
- Analysen von Stellenanzeigen und
- Erfahrungswerte.

Zur Analyse des innerbetrieblichen Arbeitsmarktes sind nach Hentze und Kammel (2001:254) für die betriebliche Arbeitsmarktforschung insbesondere:

- die Arbeitszufriedenheit und -unzufriedenheit,
- die Fluktuation,
- Fehlzeiten,
- die Entwicklung der Beschäftigten,
- der Altersaufbau der Mitarbeiter,
- die Feststellung des vorhandenen und entwicklungsfähigen Beschaffungspotentials und
- die Analyse des Selbstimages (Vorstellung der Mitarbeiter vom Betrieb) relevant.

Das Aufgabengebiet der Arbeitsmarktforschung stellt einen Tätigkeitsbereich dar, der, wie die obigen Ausführungen zeigten, durch eine Vielzahl an beteiligten (inner- und außerbetrieblichen) Personen und durch eine hohe Anzahl an (zunächst) unstrukturierten Daten gekennzeichnet ist. Darüber hinaus kann die Arbeitsmarktforschung als kontinuierlicher Vorgang bezeichnet werden, der weder einen definierten Anfang noch ein definiertes Ende aufzeigt. Aus dieser Argumentation heraus kann gefolgert werden, dass der Aufgabenkomplex eine hohe Dynamik in der Variabilität der zugeordneten Aufgaben aufweist beziehungsweise stetigen Veränderungen unterworfen ist, die eine Workflow-Unterstützung generell ungeeignet erscheinen lassen.

4.1.1.3.3 Aspekte der Ermittlung und Bestimmung von Beschaffungsarten und -wegen

Als grundlegende Aufgaben dieses Teilprozesses der Personalbeschaffung sind zum einen festzulegen, in welcher Art und auf welchem Weg ein Personalbedarf zu erfüllen ist, und zum anderen sind die ausgewählten Maßnahmen durchzuführen.

Bevor dieser Aufgabenkomplex in Hinblick auf eine Workflow-Unterstützung untersucht werden kann, sind zunächst die zur Verfügung stehenden Instrumente zu beschreiben, die Hentze und Kammel (2001:261ff.) in Beschaffungsarten und Beschaffungswege trennen.

Arten der Personalbeschaffung werden analog zur Differenzierung der Personalbeschaffungsmärkte in interne und externe Beschaffungsarten unterschieden. Zu den Alternativen der internen Beschaffungsarten zählen zum einen Instrumente, die keine Änderung bestehender Arbeitsverhältnisse beinhalten (Mehrarbeit, Urlaubsverschiebung und die Erhöhung des Qualifikationsniveaus von Mitarbeitern) und zum anderen Instrumente, die mit einer Änderung bestehender Arbeitsverhältnisse verbunden sind (z.B. Versetzung, Umschulung, Übernahme von Auszubildenden und die Umwandlung von Teilzeit- in Vollzeitverträge; vgl. insgesamt RKW 1996:123ff. u. Hentze/Kammel 2001:261ff.). Zu den externen Beschaffungsarten wird der Abschluss neuer Arbeitsverträge und die Hinzuziehung von Fremdarbeitnehmern auf der Grundlage von Werk-, Dienstleistungs-, Werklieferungs- und Personalleasingverträgen gezählt (RKW 1996:126ff. u. Hentze/Kammel 2001:261ff.)

Zu den internen Beschaffungswegen zählen die innerbetriebliche Stellenausschreibung und die Werbung durch Vorgesetzte und Mitarbeiter (Kropp 197:246). Wege der externen Beschaffung zeigt Abbildung 4-4 im Überblick.

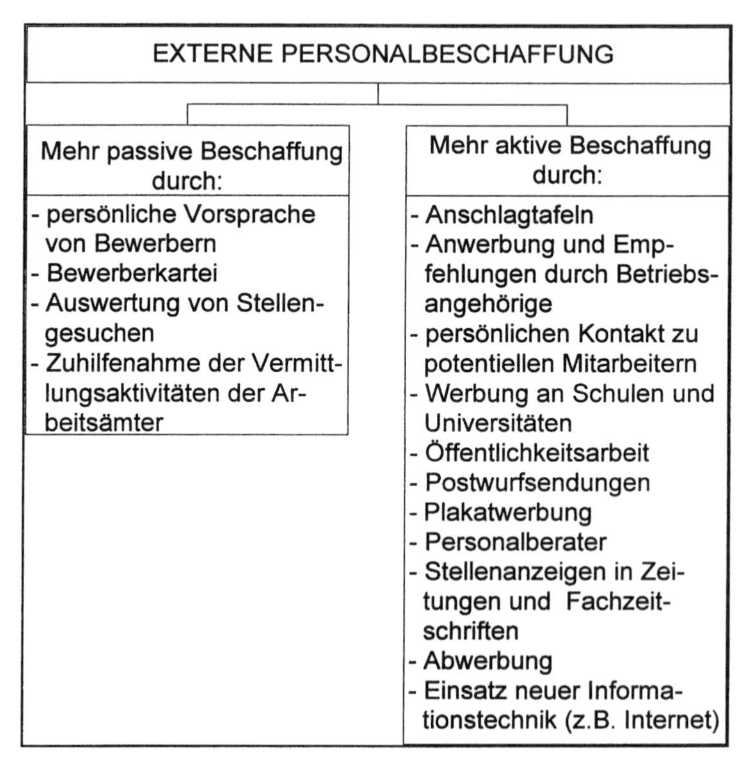

Abbildung 4-4: Wege externer Personalbeschaffung (verändert nach Hentze/Kammel 2001:268)

Die Ermittlung und Bestimmung von Beschaffungsarten ist ein komplexer Entscheidungsprozess. Heinecke (192:166) führt in diesem Zusammenhang an, dass die „Entscheidungsfindung für den zu wählenden Beschaffungsmarkt, -weg und –zeitpunkt [...] ein subjektiver, vom Entscheider und dessen Wissen und Intentionen abhängiger Prozess“ ist, „der sich nicht in einen objektiven Rahmen einbinden lässt“. Workflow-Anwendungen setzen Routinevorgänge voraus, die insbesondere durch ihre Reproduzierbarkeit gekennzeichnet sind. Es ist offensichtlich, dass der genannte Entscheidungsprozess diesen Anforderungen nicht genügt, so dass hier eine Workflow-Applikation auszuschließen ist.

Arten der internen Personalbeschaffung mit einer einhergehenden Änderung bestehender Arbeitsverhältnisse sowie alle Maßnahmen der externen Personalbeschaffung beruhen auf dem Abschluss oder der Veränderung von Verträgen, so dass die Durchführung dieses Aufgabenbereichs explizit dem Teilprozess Personalbindung der Personalbeschaffung zugeordnet werden kann (vgl. Kapitel „Aspekte der Personalbindung“). Interne Arten der Personalbeschaffung, insbesondere die Erhöhung des Qualifikationsniveaus von Mitarbeitern (z.B. durch Fortbildung), werden in dieser Arbeit im Kapitel „Personalerhaltung und Leistungsstimulation“ behandelt, so dass an dieser Stelle ausschließlich die Workflow-Unterstützung für Personalbeschaffungswege aufgezeigt wird, die im Folgendem als Maßnahmen der Personalbeschaffung bezeichnet werden.

Die Durchführung einzelner Beschaffungsmaßnahmen zeigt einen gegensätzlichen Charakter zum oben beschriebenen Entscheidungsprozess auf. Maßnahmen der Personalbeschaffung können als standardisierbare und reproduzierbare Aufgabengebiete bezeichnet werden, die allgemein auf einer Bekanntmachung von Personalbedarfen durch einen Publikationsträger beruhen. Ein idealtypischer Ablauf einer Bekanntmachung kann durch folgende Aufgabenschritte beschrieben werden:

(1) Formulierung des Publikationstextes:
Die im Rahmen der Personalbedarfsermittlung und der vorgelagerten Aufgaben der Personalbeschaffung ermittelten Informationen und insbesondere Angaben über das Unternehmen (z.B. Name u. Branche), über die vakante(n) Stelle(n) (z.B. Aufgabenbeschreibung u. Verantwortungsumfang) und ihre Anforderungsmerkmale (z.B. Berufsbezeichnung u. Kenntnisse) sowie Angaben über betriebliche Leistungen (z.B. Gehaltshöhe u. Sozialleistungen) und die erwarteten Bewerbungsunterlagen (z.B. Lebenslauf u. Zeugnisse) werden durch den Personalbereich in einem Text fixiert, der auf einem standardisierten Mustertext beruhen kann.

(2) Kontrolle der Publikationstextes:
Mitarbeiter, besonders Linienvorgesetzte, die an Aufgaben der Personalbedarfsermittlung partizipiert haben, überprüfen den Text hinsichtlich der angegebenen Informationen. Identifizierte Unstimmigkeiten führen zu einem Rücksprung zur Aufgabengruppe (1).

(3) Übermittlung und Publikation:
Ergänzt durch Angaben zum Publikationstermin und zur Publikationsdauer wird der Text durch den Personalbereich dem Publikationsträger übersandt.

Der oben gegebene Ablauf kann als ein grobes Muster verstanden werden, wie einzelne Maßnahmen der Personalbeschaffung workflow-gestützt koordiniert werden können. Für eine betriebliche Umsetzung ist der Ablauf situativ zu ergänzen und zu verfeinern. Hinweise aus dem Personalbereich über die Frequenz der Inanspruchnahme von Maßnahmen dienen zunächst der Auswahl einzelner Maßnahmen für eine Workflow-Unterstützung. Es bietet sich an, vor allem wenn in den Ablauf auch Aufgaben integriert werden, die eine Kostenanfrage und Kostenverrechnung beinhalten, Workflow-Typen differenziert nach den einzelnen internen und externen Personalbeschaffungsmaßnahmen zu modellieren, um unter anderem Aspekte der inner- und außerbetrieblichen Leistungsverrechnung zu berücksichtigen. Maßnahmen durch individuelle Workflow-Typen abzubilden, ist des Weiteren aufgrund divergenter Formen der Veröffentlichung erforderlich. Anforderungen an den Informationsbedarf und die schriftliche Fixierung der Publikation (z.B. Layout und Informationsgehalt einer internen oder externen Stellenanzeige, vgl. exemplarisch Jung 1995:141ff.) sowie die Form der Übermittlung (z.B. postalisch, via Email oder fernmündlich) ergeben in der betrieblichen Umsetzung einer workflow-gestützten Maßnahme unter Umständen verschiedenartige Abläufe und anzuwendende Instrumente, die eine spezifische Ablaufmodellierung erfordern.

4.1.1.3.4 Aspekte der Personalauswahl

Die Personalauswahl ist vornehmlich eine Eignungsprüfung von Bewerbern in Hinblick auf spezifizierte Anforderungen einer Stelle (Ridder 1999:160). Ziel der Personalauswahl ist, diejenigen Bewerber auszusuchen, welche die Anforderungen der zu besetzenden Stellen bestmöglich erfüllen (Hentze/Kammel 2001:277). Grundlegende Aufgabe ist in diesem Zusammenhang die Feststellung des Eignungspotentials der Bewerber.

Bei der Auswahl interner Bewerber ist die Personalbeurteilung von entscheidender Bedeutung, bei welcher Persönlichkeit und/oder Leistungsergebnis des Kandidaten beurteilt werden. Bei der Auswahl externer Bewerber kommt es darauf an, in kurzer Zeit durch Anwendung geeigneter Methoden möglichst zuverlässige Informationen über ihre Eignung zu bekommen.

Die Grundstruktur des Prozesses der Bewerberauswahl kann universell durch nachstehende Phasen beschrieben werden (verändert nach Jung 1995:147ff.):

(1) Festlegung von Anforderungen und Beurteilungskriterien:
Voraussetzung für die Auswahl von Bewerbern ist die Kenntnis der Anforderungen an eine vakante Stelle. Hilfsmittel zur expliziten Bestimmung von Anforderungen sind Ergebnisse der qualitativen Personalbedarfsplanung (Aufgaben- und Anforderungsprofile). Des Weiteren fließen Kenntnisse über

die Struktur und Arbeitsweise (z.B. Verfahrensrichtlinien) der jeweiligen Organisationseinheit in die Festlegung der Anforderung mit ein. Abhängig von den spezifizierten Anforderungen und der in den folgenden Phasen verwendeten Auswahlmethoden sind Kriterien zu definieren, mit deren Hilfe Mindestanforderungen an einen Bewerber ermittelt werden können.

(2) Erste Vorauswahl:
Es wird zunächst eine grobe Vorauswahl von Bewerbern getroffen. Bei unternehmungsinternen Bewerbern basiert die Auswahl auf betriebsinternen Informationen (z.B. Personalakte). Bei unternehmungsexternen Bewerbern erfolgt die Vorauswahl in der Regel aufgrund schriftlicher Bewerbungsunterlagen. Ziel dieser Phase ist, diejenigen Bewerber zu selektieren, die aufgrund der getroffenen Anforderungen und infolge ihres Angebots beziehungsweise Potentials in eine engere Wahl gelangen können.

(3) Zweite Vorauswahl:
Durch die Anwendung von weiteren Auswahlmethoden werden aus Perspektive der Unternehmung persönliche Eindrücke und weiterführende Informationen zu den Bewerbern ermittelt. Hinzu kommt eine Überprüfung der schriftlichen Unterlagen. Bewerbern wird die Möglichkeit eingeräumt, sich ein genaueres Bild über die Unternehmung, das angebotene Arbeitsgebiet und Entwicklungsmöglichkeiten zu machen. Ziel dieser Phase ist die Bestimmung von Bewerben, deren Eigenschaften und Fähigkeiten weitgehend mit den Anforderungen der vakanten Stelle übereinstimmen.

(4) Auswahlentscheidung:
Die Auswahlentscheidung beruht auf einer Auswertung der vorab gesammelten Bewerberinformationen nach Fähigkeits- und Kenntnismerkmalen. Diese Merkmale werden mit den Anforderungen der zu besetzenden Stelle verglichen. Ausgewählt wird letztendlich der Bewerber, der die Merkmale der Anforderungen am besten erfüllt.

Der vorgestellte Prozess zur Bewerberauswahl ist in der betrieblichen Anwendung komplex. Er enthält Aufgaben, die nur teilweise durch eine hohe Wiederholungshäufigkeit und Reproduzierbarkeit gekennzeichnet sind. So ist die Festlegung von Anforderungen und Beurteilungskriterien ein Aufgabengebiet, das sowohl unabhängig als auch abhängig von einer speziellen Vakanz ist. Standardisierte Personalfragebögen, Beurteilungsgrundsätze und Auswahlrichtlinien werden in der Regel unabhängig von einzelnen Auswahlprozessen erstellt und aktualisiert. Sie können im individuellen Auswahlprozess als gegeben angesehen werden und werden lediglich im Einzelfall um stellenspezifische Vorgaben ergänzt. Die im Verlauf der Auswahl anzuwendenden Auswahlmethoden haben universellen Charakter. Allgemein in der Literatur empfohlene und in der Praxis etablierte Auswahlmethoden sind insbesondere Auswertungen von Bewerbungsunterlagen, Assessment-Center, Vorstellungsgespräche, medizinische Untersuchungen und graphologische Gutachten (Jung 1995:147ff., Kropp 1997:248ff., Ridder 1999:160ff. u. Hentze/Kammel 2001:298ff.). Betrachtet man aber einen stellenspezifischen Auswahlprozess in Hinblick auf die anzuwendenden Auswahlmethoden, so kann festgehalten werden, dass zunächst eine Entscheidung zu treffen ist, welche Methoden zur Anwendung kommen.

Um die oben angegebene Grundstruktur des Prozesses zur Bewerberauswahl durch einen Workflow abzubilden, stellt sich zunächst die Frage, welche Methode den Entscheidungsprozess grundlegend unterstützen kann. In diesem Zusammenhang und unter Berücksichtigung der im Kapitel „Personalbedarfsermittlung“ gewählten Profilvergleichsmethode ist eine zweistufige Profilvergleichsmethode als geeignetes Instrument auszuwählen (vgl. allgemein zu dieser Vorgehensweise RKW 1996:143f.). Diese Lösung gibt einen universellen Ablauf vor, in den einzelne Auswahlmethoden integriert werden können. Für eine Workflow-Lösung der Bewerberauswahl ergibt sich der Sachverhalt, dass die Profilvergleichsmethode als Workflow-Typ und eingebundene Auswahlmethoden als Sub-Workflow-Typen betrachtet werden können. Aus Gründen der Übersicht wird hier zunächst der umschriebene Sachverhalt ohne Berücksichtigung einzelner Sub-Workflows näher erläutert. Es wird davon ausgegangen, dass allgemeine Beurteilungskriterien, insbesondere ein Qualifikationskatalog und Bewertungsskalen (vgl. hierzu auch Abschnitt „Aspekte der Planung des qualitativen Personalbedarfs“) und die Bewerbungen in schriftlicher Form vorliegen.

Der workflow-gestützte Ablauf der Personalauswahl zu einer vakanten Stelle kann sich in den folgenden sequentiell abzuarbeitenden Aufgabenbereichen vollziehen (verändert nach RKW 1996:144):

(1) Überprüfung und Ergänzung des Anforderungsprofils:
Das durch die qualitative Personalbedarfsplanung ermittelte Anforderungsprofil wird gegebenenfalls um Spezifika der Organisationseinheit ergänzt (z.B. besondere Verfahrenrichtlinien).

(2) Bestätigung der Bewerbung:
Allen Bewerbern wird schriftlich der Eingang der Bewerbung bestätigt. Das standardisierte Bestätigungsschreiben kann bei externen Bewerbern gegebenenfalls um Geschäftsberichte und Unternehmungsdarstellungen (z.B. Prospekte) ergänzt werden.

(3) Erste Vorauswahl der Bewerber:
Die Durchsicht der eingegangenen Bewerbungen ermöglicht die Erstellung eines ersten Qualifikationsprofils für externe Bewerber. Bei internen Bewerbern kann das vorhandene Profil gegebenenfalls ergänzt werden. Die erstellten Profile werden mit dem Anforderungsprofil der vakanten Stelle vergli-

chen, so dass eine Vorauswahl der Bewerber in die Klassen „wahrscheinlich geeignet", „bedingt geeignet" und „nicht geeignet" getroffen werden kann. Bewerber, die als nicht geeignet identifiziert werden, erhalten ein standardisiertes Schreiben in Form einer Absage. Bei Bewerbern, die den Status „bedingt geeignet" erhalten, ist zu prüfen, ob sie für andere vakante Stellen geeignet sind. Sie werden auch aus dem Auswahlprozess ausgeschlossen, wobei ihre Daten anderen Auswahlprozessen zur Verfügung gestellt werden. Bewerber, die als „wahrscheinlich geeignet" beurteilt werden, sind zu weiteren Auswahlmaßnahmen schriftlich einzuladen.

(4) Durchführung weiterer Auswahlverfahren:
Mit Hilfe weiterer Auswahlverfahren werden die Qualifikationen und Fähigkeiten der Bewerber detaillierter bestimmt.

(5) Zweite Vorauswahl der Bewerber:
Auf der Grundlage von Informationen aus Schritt (4) werden detaillierte Qualifikationsprofile zu den einzelnen Bewerbern erstellt. Durch einen Vergleich mit dem gegebenen Anforderungsprofil der Stelle kann eine Auswahl der geeignetsten Bewerber getroffen werden. Bewerber, die als ungeeignet qualifiziert werden, erhalten eine schriftliche Absage. Die übrigen Bewerber werden in eine Rangreihe nach dem Ausmaß der Übereinstimmung mit dem Anforderungsprofil eingeordnet.

(6) Entscheidung über Einstellung:
Für den Rangersten wird eine Stellenbesetzung und ein Vertragsabschluss geplant. Er erhält eine schriftliche Zusage. In dieser letzten Phase der Auswahl ist es sinnvoll, den übrigen Bewerbern zunächst nicht abzusagen. Erst wenn der gewählte Kandidat zugesagt hat, sollten die übrigen Kandidaten eine schriftliche Absage erhalten. Diese Vorgehensweise ermöglicht im Fall der Absage des Rangersten den Rückgriff auf weitere potentielle Kandidaten.

Das gegebene Schema eines Workflow-Typs zur Personalauswahl zeigt hinsichtlich der Aufgaben und Interdependenz einen Aufbau auf, der im Rahmen einer betrieblichen Verwendung weiter zu spezifizieren ist.

Um zunächst die Komplexität des Ablaufs zu vereinfachen, kann der Workflow-Typ in die Workflows „interne Personalauswahl" und „externe Personalauswahl" differenziert werden, so dass die Auswahlprozesse für unternehmensinterne und für unternehmensexterne Bewerber unterschiedlich modelliert werden können. Vakante Stellen erfordern des Weiteren, zum Beispiel abhängig von ihrer Bedeutung in der Unternehmenshierarchie, die Anwendung divergenter Auswahlmaßnahmen. Daher bietet es sich an, Worklfow-Typen gegliedert nach Klassifizierungen von Stellen (z.B. Auszubildende, Angestellte, leitende Angestellte und Führungskräfte) zur Koordination von Auswahlprozessen zur Verfügung zu stellen.

Das gegebene Ablaufschema sieht als Aufgabenträger idealtypisch Mitarbeiter des Personalbereichs vor. Es erscheint aber auch sinnvoll, dass besonders der Aufgabenbereich „Entscheidung über Einstellung“ mit personalwirtschaftlichen Aufgabenträgern aus der Linie (z.B. künftiger Linienvorgesetzter des Bewerbers) abgestimmt wird.

Das Aufgabengebiet „Durchführung weiterer Auswahlverfahren“ stellt in der gegebenen Systematik ein Aufgabengebiet dar, das, wie oben schon erwähnt wurde, durch Sub-Workflows zu ergänzen ist. Auswahlverfahren, wie z.B. Assessment-Center, Vorstellungsgespräche und medizinische Untersuchungen können in ihrer Durchführung beziehungsweise in ihrem Ablauf nicht durch Workflows unterstützt werden, da im Verlauf der Maßnahmen die beteiligten Personen direkt miteinander, im Verständnis einer „Face-to-Face“-Kommunikation, interagieren. Das Workflow-Anwendungspotential ist daher in der (organisatorischen) Vorbereitung und Nachbereitung der Maßnahmen zu sehen, die durch folgende universelle Aufgabenschritte beschrieben werden können:

(1) Vorbereitung:
Mitarbeiter (z.B. Linienvorgesetzte) und/oder Externe (z.B. Mediziner und Gutachter), die an der Durchführung der Auswahlmethode beteiligt sind, werden durch den Personalbereich über die anstehende Auswahlmaßnahme informiert. Sie erhalten die für die Maßnahme benötigten Informationen zu den Bewerbern und den Termin zur Durchführung der Maßnahme.

(2) Einladung des Bewerbers:
Bewerber werden zu der geplanten Maßnahme schriftlich mit Hilfe von standardisierten Texten eingeladen.

(3) Übermittlung der Ergebnisse an den Personalbereich:
Die mit der Durchführung der Auswahlmaßnahme beauftragten Personen übermitteln die ermittelten Ergebnisse an der Personalbereich.

(4) Nachbereitung:
Auswahlverfahren können Kostenerstattung für Bewerber und/oder Externe erfordern. Zweck der Nachbereitung ist daher die Erstattung von angefallenen Kosten (wie z.B. Reisekosten und Honorare).

Das gegebene Ablaufschema ist als ein Sub-Workflow-Prototyp aufzufassen, der im Rahmen einer betrieblichen Verwendung anzupassen ist. Abhängig von der jeweiligen Auswahlmaßnahme sind unter Umständen weitere Aufgabengebiete, wie z.B. eine Raumreservierung und eine Terminabsprache zwischen dem Personalbereich, anderen beteiligten Personen und den Bewerbern einzufügen. Ergeben sich für die einzelnen Auswahlmaßnahmen unterschiedliche Abläufe und informatorische Objekte, so bietet es sich an, jede Maßnahme (z.B. Assessment-Center, Vorstellungsgespräche, medizinische Untersuchungen) durch einen eigenen Sub-Workflow-Typ abzubilden. Des Weiteren können in der betrieblichen Anwendung Kombinationen von Auswahlmaßnahmen zur Anwendung kommen. Diesem Sachverhalt kann durch zwei Vorgehensweisen begegnet werden. Der oben aufgeführte Workflow-Typ zur Personalauswahl kann im Aufgabenbereich „Durchführung weiterer Auswahlverfahren" entweder durch eine serielle Anordnung von einzelnen Sub-Workflows ergänzt werden, oder es werden Verknüpfungen von Auswahlmaßnahmen als eigenständige Sub-Workflow-Typen modelliert und integriert.

4.1.1.3.5 Aspekte der Personalbindung

Ein Arbeitsverhältnis beruht in der Regel auf einem privatrechtlichen Vertrag, für dessen Ausgestaltung prinzipiell keine Formvorschriften gelten. Es gilt jedoch seit 1995 das Nachweisgesetz, wonach der Arbeitgeber verpflichtet ist, die wesentlichen Vertragsbedingungen schriftlich niederzulegen (Oechsler 2000:263). Wichtige Aspekte sind dabei die Arbeitsleistung und -zeit, Vollmachten, Vergütung, sonstige Leistungen des Arbeitgebers, Eintrittstermin, Probezeit, Kündigungsbestimmungen und Urlaubsregelung. Die Personalbindung erfolgt durch eine Änderung bestehender Arbeitsverträge (interner Mitarbeiter) und durch den Abschluss neuer Verträge (externe Person, Personalleasing bzw. Fremdarbeitnehmer; vgl. insgesamt Hentze/Kammel 2001:262). Eine besondere Form des Personalzugangs bilden Arbeitsverhältnisse, die aufgrund von Wehr-, Zivildienst, Wehrübungen, Mutterschutz und Erziehungsurlaub für einen gewissen Zeitraum ruhten (vgl. insbesondere Wehrpflicht-, Kriegsverweigerungs-, Zivildienst-, Bundeserziehungsgeldgesetz).

Sowohl die Änderung als auch der Abschluss neuer Arbeitsverträge sind als Aufgabenbereiche aufzufassen, die eine geringe Dynamik in der Variabilität der zugeordneten Aufgaben beinhalten und infolgedessen workflow-gestützt koordiniert werden können. Der Abschluss beziehungsweise die Änderung eines Arbeitsvertrags kann durch folgende Aufgabensequenz universell beschrieben werden:

(1) Vertragsentwurf beziehungsweise -änderung:
Die im Rahmen der Personalauswahl verhandelten Vertragsbedingungen und insbesondere Angaben aus dem Aufgabenprofil (vgl. Kapitel Personalbedarfsermittlung) der vakanten Stelle werden durch den Personalbereich in einem Arbeitsvertrag fixiert, der auf einem standardisierten Mustervertrag beruhen kann.

(2) Vertragskontrolle:
Mitarbeiter, die am Personalauswahlprozess partizipierten, überprüfen den Arbeitsvertrag hinsichtlich zugesagter und ausgeschlossener Vereinbarungen

zwischen dem künftigen Mitarbeiter und der Unternehmung. Identifizierte Unstimmigkeiten führen zu einem Rücksprung zur Aufgabengruppe (1).

(3) Benachrichtigung der zeichnenden Parteien:
Zeichnungsberechtigte Mitarbeiter seitens der Unternehmung und der Bewerber werden über die Fertigstellung des Vertrags informiert und zu einem Zeichnungstermin gebeten.

(4) Vertragszeichnung:
Durch die Zeichnung beider Parteien erhält der Arbeitsvertrag seine Gültigkeit. Vor der Zeichnung hat der künftige Mitarbeiter Einsicht in das Schriftstück und kann gegebenenfalls Korrekturen fordern, so dass im Prozessablauf ein Sprung zu Schritt (1) erfolgt.

(5) Erfassung beziehungsweise Änderung von Personalstammdaten:
Daten, die während der Personalauswahl hinsichtlich der Qualifikation des Kandidaten aufgenommen wurden, werden zu einem Qualifikationsprofil zusammengefasst. Des Weiteren werden Vertragsbestandteile und insbesondere Angaben zur Renten-, Sozial-, Kranken-, Pflegeversicherung und steuerlich relevante Angaben in den Personalstammdaten (Personalakte) abgelegt. Arbeitsverträge dokumentieren Forderungen und Ansprüche des Arbeitgebers und Arbeitsnehmers, die zum Teil über die Vertragszeit hinausgehen (z.B. Schweigepflichten u. Ansprüche auf Zahlungen aus Pensionskassen). Des Weiteren dokumentiert der Vertrag im Rechtsstreit die geschlossenen Vereinbarungen. Aus den genannten Gründen ist ein Arbeitsvertrag über den Zeitraum zu archivieren, in welchem Ansprüche beider Parteien geltend gemacht werden können (Bolten et al. 1999).

(6) Benachrichtigung über den Vertragsabschluss:
Am Auswahlprozess beteiligte Mitarbeiter, insbesondere der künftige Vorgesetzte und Führungskräfte, die im Rahmen der Personalbedarfsermittlung Personalbedarfe signalisiert haben, werden über den Vertragsabschluss und den Zeitpunkt des Arbeitsbeginns des neuen Mitarbeiters informiert.

Der gegebene Workflow-Typ zeigt eine elementare Aufgabenfolge auf, die für eine betriebliche Anwendung des Workflow-Typs situativ zu detaillieren ist. Abhängig von der Vertragsart (z.B. Arbeits-, Dienstleistungs- o. Werkvertrag), von der Vertragsbefristung (unbefristeter o. befristeter Vertrag), von der Art des Anstellungsverhältnisses (z.B. tariflich o. außertariflich Angestellter, Auszubildender o. Praktikant) können unter Umständen einzelne Workflow-Typen definiert werden. Die gegebene Granularität der einzelnen Aufgabenbereiche kann insbesondere im Hinblick auf die „Benachrichtigung der zeichnenden Parteien" und die „Vertragszeichnung" spezifiziert werden. Es kann festgelegt werden, in welcher Form (z.B. schriftlich via klassischer Post oder durch Email o. [fern-] mündliche Benachrichtigung) die zeichnenden Parteien informiert werden. Die

Vertragszeichnung kann räumlich und zeitlich getrennt erfolgen, so dass der Vertrag dem Bewerber über den postalischen Weg zugesandt wird. Des Weiteren kann die gegebene serielle Ablaufstruktur ab dem Aufgabenbereich (4) parallelisiert werden und unter Umständen durch zusätzliche Aufgaben ergänzt werden. In diesem Zusammenhang ist die Abwicklung sonstiger Einstellungsformalitäten (z.B. Zeichnung von Betriebsvereinbarungen, Dienstwagenübergabe, Ausstellung und Übergabe eines Werksausweises) zu nennen. Weist der geschlossene Vertrag eine Probezeit (Zeitraum der Eingewöhnung und Erprobung des Mitarbeiters) auf, so ist diese zu überwachen. Die Probezeit stellt einen definierten Zeitraum dar, in welchem dem Arbeitgeber die Möglichkeit gegeben ist, das Arbeitsverhältnis sehr kurzfristig aufzulösen (Halbach et al. 1994:66 u. Bürgerliches Gesetzbuch § 622). Um diese Option im Kontext des Workflow-Managements wahrnehmen zu können, ist in den betroffenen Workflow-Typ ein Aufgabenschritt einzufügen, der vor dem Ablauf der vereinbarten Probezeit den Personalbereich und/oder Vorgesetzte über das anstehende Ende der Erprobung eines Mitarbeiters informiert.

4.1.1.4 Personalentwicklung

4.1.1.4.1 Begriff und Grundlagen

Das Sachziel der Personalentwicklung ist, Betriebsangehörigen aller hierarchischen Stufen Qualifikationen zu vermitteln, die für die Bewältigung der gegenwärtigen und zukünftigen Anforderungen und Tätigkeiten notwendig sind (Jung 1995:244 u. Hentze/Kammel 2001:339). Die individuelle Qualifizierung der Mitarbeiter erfolgt dabei auch im Hinblick auf die Verfolgung betrieblicher und individueller Ziele (Hentze/Kammel 2001:339). Scholz (2000:506) gibt in diesem Zusammenhang exemplarisch die Zielsetzungen Kundenorientierung, mehr Flexibilität, höhere Wirtschaftlichkeit, schnellere Innovation, höhere Qualifikation, offene Kommunikation, Abbau von Statusdenken, raschere Reaktionszeit, kürzere Entscheidungswege und Verringerung von Fehlzeiten an.

Der sich aus den Entwicklungszielen ergebende Aufgabenkomplex der Personalentwicklung wird in der personalwirtschaftlichen Literatur verschiedenartig strukturiert (vgl. z.B. Jung 1995:244ff., RKW 1996:277ff., Kropp 1997:262ff., Ridder 1999:205ff. u. Scholz 2000:505ff.). Prozessual betrachtet ist aber eine Grundstruktur zu identifizieren, wonach der Ablauf der Personalentwicklung in folgende Teilaufgaben gegliedert werden kann (ähnlich bei z.B. Ridder 1999:208 u. Scholz 2000:506):

- Bestimmung von Qualifikationsdefiziten,
- Ermittlung von Entwicklungspotentialen,

- Festlegung des Entwicklungsvolumens, der Adressaten und Auswahl von Entwicklungsmaßnahmen,
- Durchführung von Entwicklungsmaßnahmen und
- Kontrolle der Personalentwicklung.

Die gegebene Struktur gibt eine Gliederung für die nachstehende Analyse der Workflow-Anwendungspotentiale vor, die sich an den oben aufgeführten Teilprozessen orientiert.

4.1.1.4.2 Aspekte der Bestimmung von Qualifikationsdefiziten

Die Bestimmung von Fähigkeits- und Bildungsdefiziten eines Mitarbeiters ist der Vergleich zwischen den Anforderungen einer Stelle und seinen Qualifikationen. Für den Vergleich benötigte Informationen und Maßnahmen sowie eine mögliche Unterstützung durch Workflows werden insbesondere in Kapitel „Aspekte der Planung des qualitativen Personalbedarfs" betrachtet. Es zeigt sich in diesem Zusammenhang eine enge Verflechtung zwischen den personalwirtschaftlichen Funktionen Personalbedarfsermittlung und Personalentwicklung.

Heinecke (1992:188) weist diesbezüglich ergänzend darauf hin, dass im Aufgabengebiet der Personalentwicklung zusätzlich individuell von den Mitarbeitern geäußerte Bildungsbedürfnisse aufgegriffen werden sollten. Es stellt sich daher an dieser Stelle die Frage, wie mitarbeiterbezogene Bildungsbedürfnisse workflow-gestützt erfasst und in den Prozess der Personalentwicklung integriert werden können.

Zu dieser Problemstellung sind zwei Lösungen denkbar. Zum einen können durch den Personalbereich und/oder durch Vorgesetzte individuelle Bildungsbedürfnisse bei einzelnen Mitarbeitern nachgefragt werden, zum anderen können Mitarbeiter Bildungsbedürfnisse direkt gegenüber den Vorgesetzten beziehungsweise dem Personalbereich aufzeigen.

Die erstgenannte Vorgehensweise kann durch einen Workflow koordiniert werden, der Mitarbeiter des Personalbereichs auffordert, Defizite für einen bestimmten organisatorischen Bereich (z.B. Abteilungen oder Gruppen) oder Mitarbeiterkreis (z.B. leitende Angestellte) abzufragen. Diese Aufforderung kann gegebenenfalls an Vorgesetzte oder direkt an die Mitarbeiter herangetragen werden. Ein derartiger Workflow kann automatisch periodisch (z.B. monatlich) durch das Workflow-System oder manuell durch einen Mitarbeiter des Personalbereichs instanziert werden. Zur Abfrage von Bildungsbedürfnissen können in den Workflow standardisierte Fragebögen integriert sein, so dass eine vereinheitlichte Informationsgewinnung erfolgen kann.

Die andere Alternative verlagert die Workflow-Instanzierung auf die Ebene der Mitarbeiter. Der einzelne Mitarbeiter startet einen Workflow, mit dessen

Unterstützung sein individueller Bildungsbedarf standardisiert abgefragt und automatisch an den Personalbereich weitergeleitet wird.

Unabhängig von der gewählten Alternative zur Erfassung der individuell vom Mitarbeiter geäußerten Bildungsbedürfnisse, fließen die erzielten Ergebnisse zur Vervollständigung der durch die Personalbedarfsplanung ermittelten Qualifikations- beziehungsweise Bildungsdefizite in die weiteren Teilprozesse der Personalentwicklung ein.

4.1.1.4.3 Aspekte der Ermittlung von Entwicklungspotentialen

Das in der Unternehmung existente Entwicklungspotential von Mitarbeitern determiniert, welche Fähigkeiten bei welchen Mitarbeitern durch welche Maßnahmen gefördert werden können. Es stellt sich in diesem Kontext primär die Problemstellung des Erkennens von Fähigkeitspotentialen einzelner Mitarbeiter.

Als anerkannte und universell anwendbare Methoden werden hierzu in der Literatur insbesondere das „Mitarbeiterberatungs- und Fördergespräch" und das Assessment-Center genannt (vgl. z.B. RKW 1996:294ff.).

Das Instrument Assessment-Center lässt sich sowohl für die Auswahl von Bewerbern als auch für die Analyse von Potentialen und Entwicklungsmöglichkeiten einsetzen (Jeserich 1981:36 u. RKW 1996:300). Gleiches gilt für das persönlich geführte Gespräch, das sowohl zum Zweck der Personalauswahl als auch im Rahmen der Analyse von Entwicklungsmöglichkeiten anwendbar ist (RKW 1996:294). In Bezug auf eine Workflow-Unterstützung zur Ermittlung von Entwicklungspotentialen ergibt sich insgesamt ein Sachverhalt, der äquivalent zum Teilprozess „Personalauswahl" der personalwirtschaftlichen Funktion Personalbeschaffung ist, so dass die genannten Instrumente in den Phasen der Vor- und Nachbereitung der einzelnen Maßnahmen sinnvoll durch Workflow-Typen koordiniert werden können (vgl. besonders Kapitel „Aspekte der Personalauswahl"). Als Muster für eine Workflow-Unterstützung der Ermittlung von Entwicklungspotentialen können daher folgende universelle Aufgabenschritte angegeben werden:

(1) Vorbereitung:
  Linienvorgesetzte und/oder Externe (z.B. Beobachter und Gutachter), die an der Durchführung der Methode beteiligt sind, werden durch den Personalbereich über die anstehende Maßnahme zur Potentialanalyse informiert. Sie erhalten die für die Maßnahme benötigten Informationen zu den Mitarbeitern und den Termin zur Durchführung der Maßnahme.

(2) Einladung des Mitarbeiters:
  Mitarbeiter werden zu der geplanten Maßnahme schriftlich mit Hilfe von standardisierten Texten eingeladen.

(3) Übermittlung der Ergebnisse an den Personalbereich:
Die mit der Durchführung der Potentialanalyse beauftragten Personen übermitteln die festgestellten Ergebnisse an den Personalbereich.

(4) Nachbereitung:
Verfahren zur Bestimmung von Fähigkeitspotentialen können Kostenerstattung insbesondere für Externe erfordern. Zweck der Nachbereitung ist daher die Erstattung von angefallenen Kosten (wie z.B. Honorare und Reisekosten).

Das Aufgabenschema ist ein Workflow-Prototyp, der für eine betriebliche Anwendung zu spezifizieren ist. Begründet durch die jeweilige Maßnahme sind gegebenenfalls weitere Aufgabengebiete, wie zum Beispiel eine Raumreservierung und eine Terminabsprache zwischen dem Personalbereich, anderen beteiligten Personen und den Mitarbeitern zu integrieren. Ergeben sich für die einzelnen Maßnahmen unterschiedliche Abläufe und informatorische Objekte, so bietet es sich an, jede Maßnahme (Assessment-Center u. Fördergespräch) durch einen eigenständigen Workflow-Typ abzubilden.

Weiterführende Hinweise für eine explizite organisatorische Ausgestaltung der Maßnahmen lassen sich für Assessment-Center zum Beispiel bei Jeserich (1981:35ff.) und Jung (1995:748) finden. Ausführliche praxisorientierte Hinweise zum Fördergespräch stellt beispielsweise das Rationalisierungs-Kuratorium der Deutschen Wirtschaft zur Verfügung (vgl. RKW 1996:294ff.).

4.1.1.4.4 Aspekte der Festlegung des Entwicklungsvolumens und der Adressaten sowie der Auswahl von Entwicklungsmaßnahmen

Ermittelte Entwicklungspotentiale sind nicht dem Entwicklungsvolumen gleichzusetzen, da Unternehmungen dem ökonomischen Prinzip unterliegen und somit nicht immer das gesamte Entwicklungspotential ausschöpfen werden (Scholz 2000:509). Demzufolge ist das Entwicklungsvolumen nicht nur von Qualifikationsdefiziten und Entwicklungspotentialen abhängig, sondern auch von den zur Personalentwicklung zur Verfügung stehenden Ressourcen, der strategischen Entwicklungsplanung sowie individuellen Entwicklungszielen (Scholz 2000:509). Weiterhin ist die Festlegung des Entwicklungsvolumens im Zusammenhang mit der entsprechenden Zielgruppe (Entwicklungsadressaten) zu sehen, die nach Drumm et al. (1988:170f.) durch folgende Abgrenzungskriterien bestimmt werden kann:

- Prinzip der Chancengleichheit (d.h. ohne Berücksichtigung der Leistungspotentiale und Fähigkeitslücken von Mitarbeitern),
- Prinzip der Privilegierung (d.h., die Personalentwicklung wird auf bestimmte Beschäftigungsgruppen, wie z.B. Führungskräfte, beschränkt),

- Individualprinzip (d.h., es werden die individuellen Mitarbeiterwünsche berücksichtigt),
- Prinzip der Begabtenförderung (d.h., die Personalentwicklung wird auf Mitarbeiter mit einem hohen Entwicklungspotential beschränkt) und
- Engpassprinzip (d.h., Mitarbeiter, deren Nichtförderung die höchsten Opportunitätskosten verursacht, besitzen eine höhere Priorität).

Vor der Auswahl einer anzuwendenden Entwicklungsmaßnahmen wird zunächst - unabhängig vom Inhalt der Maßnahme - festgelegt, wie die Maßnahme umzusetzen ist. In Bezug auf den Arbeitsplatz sind folgende Alternativen zur Durchführung von Personalentwicklungsmaßnahmen zu differenzieren (Conradi 1983:25 u Scholz 2000:510ff.):

(1) „Training into the job" (d.h. Maßnahmen zur Hinführung zu einer neuen Tätigkeit, wie z.B. Trainee Programm),
(2) „Training on the job" (d.h. Maßnahmen am Arbeitsplatz, wie z.B. Stellvertreterregelungen),
(3) „Training near the job" (d.h. Maßnahmen als arbeitsplatznahes Training, wie z.B. Qualitätszirkel),
(4) „Training along the job" (d.h. Maßnahmen für die Unterstützung einer laufbahnbezogenen Entwicklung, wie z.B. Laufbahnplanung) und
(5) „Training out of the job" (d.h. Maßnahmen für die Ruhestandsvorbereitung, wie z.B. externe Bildungsveranstaltungen).

Da eine ausgereifte Methodik, die zu einer Auswahlentscheidung im Hinblick auf die Adressaten und Entwicklungsverfahren führt und den Konditionen der Praxis Rechnung trägt, nicht existiert (Heinecke 1992:195), wird hier davon ausgegangen, dass die Bestimmung von Entwicklungsverfahren für einzelne Mitarbeiter durch einen Abstimmungsprozess auf der Grundlage eines Entwicklungsplans (vgl. zur inhaltlichen Ausgestaltung eines Entwicklungsplans z.B. Jung 1995:253f.) zwischen dem Personalbereich und dem (Linien-)Vorgesetzten der betroffenen Mitarbeiter abgebildet werden kann. Für ein Workflow-Muster können hierauf Bezug nehmend folgende grundlegende Arbeitsschritte angebeben werden:

(1) Aufstellung eines Entwicklungsplans:
Durch Aufgabenträger des Personalbereichs werden für betroffene Mitarbeiter in einem Entwicklungsplan (z.B. Jahresplan) festgelegt, welche Entwicklungsinhalte durch welche Entwicklungsmaßnahmen an welchen Terminen für welche Zeitdauer durchgeführt werden sollen.
(2) Überprüfung der geplanten Entwicklungsmaßnahmen:
(Linien-)Vorgesetzte überprüfen (unter Umständen in Absprache mit dem betroffenen Mitarbeiter) den erstellten Plan. Ergeben sich in diesem Zusam-

menhang Änderungswünsche, so werden diese dem Personalbereich mitgeteilt, und es erfolgt ein Rücksprung zum Aufgabenbereich (1).

(3) Information der betroffenen Mitarbeiter:
Nachdem sowohl der Personalbereich als auch (Linien-)Vorgesetzte ihre Akzeptanz bekundet haben, werden die geplanten Maßnahmen den betroffenen Mitarbeitern durch den Personalbereich oder den (Linien-)Vorgesetzten angekündigt.

Die beschriebene Vorgehensweise stellt einen Ablauf dar, der in seiner Grundstruktur betrieblichen Erfordernissen anzupassen ist. Entwicklungspläne beziehungsweise Entwicklungsbedarfe und Entwicklungsmaßnahmen können je nach Hierarchiestufen und Fachbereichen differieren (z.B. Führungskräfteschulung, Fachausbildung u. Persönlichkeitsbildung). Des Weiteren können – zum Beispiel abhängig von Mitarbeiterkreisen (z.B. Führungskräfte, Angestellte, Auszubildende) – unterschiedliche Formen von Entwicklungsplänen und verschiedenartige Planungshorizonte erforderlich sein. Auch die Integration des einzelnen Mitarbeiters am Abstimmungsprozess kann begründet durch seine Stellung im Unternehmen unterschiedlich ausgestaltet sein. Diesen Anforderungen kann damit begegnet werden, dass einzelne Workflow-Typen zur Aufstellung von Entwicklungsplänen bereichs- und/oder mitarbeitergruppenspezifisch modelliert und abhängig vom jeweiligen Planungshorizont instanziert werden.

4.1.1.4.5 Aspekte der Durchführung von Entwicklungsmaßnahmen

Entwicklungsmaßnahmen, die von internen und externen Trägern in Form von zum Beispiel Seminaren und Kursen angeboten werden, stellen ein umfangreiches Anwendungsgebiet für ein personalwirtschaftliches Workflow-Management dar.

Routineaufgaben sind in diesem Gebiet zum einen die Organisation von Maßnahmen (wie z.B. Fremdsprachenkurse u. IT-Schulungen), die von internen Trägern (z.B. Aus- und Weiterbildungswesen) angeboten werden. Zum anderen ist der mitarbeiterindividuelle Genehmigungs- und Abwicklungsprozess von extern angebotenen Maßnahmen standardisiert durchführbar.

Das erstgenannte Aufgabengebiet kann durch folgenden Workflow definiert werden:

(1) Vorbereitung:
Mitarbeiter (z.B. interne Trainer) und/oder Externe (z.B. Trainer und Gutachter), die an der Durchführung der Entwicklungsmaßnahme beteiligt sind, werden durch den Personalbereich über die anstehende Maßnahme informiert. Sie erhalten die für die Maßnahme benötigten Informationen zu den Mitarbeitern und den Termin zur Durchführung der Maßnahme.

(2) Einladung der Mitarbeiter:
Mitarbeiter werden zu der geplanten Maßnahme schriftlich mit Hilfe von standardisierten Texten eingeladen.

(3) Nachbereitung:
Entwicklungsmaßnahmen können Kostenerstattung für Mitarbeiter und/oder Externe erfordern. Zweck der Nachbereitung ist daher die Erstattung von angefallenen Kosten (wie z.B. Reise- u. Übernachtungskosten u. Honorare).

Das gegebene Ablaufschema ist als ein Workflow-Prototyp aufzufassen, der im Rahmen einer betrieblichen Verwendung anzupassen ist. Abhängig von der jeweiligen Entwicklungsmaßnahme sind unter Umständen weitere Aufgabengebiete, wie zum Beispiel eine Raumreservierung und eine Terminabsprache zwischen dem Personalbereich, anderen beteiligten Personen und den Teilnehmern zu integrieren. Ergeben sich für die einzelnen Entwicklungsmaßnahmen unterschiedliche Abläufe und informatorische Objekte, so bietet es sich an, jede Maßnahme durch einen eigenständigen Workflow-Typ abzubilden.

Das zweitgenannte Anwendungsgebiet für ein personalwirtschaftliches Workflow-Management im Bereich der Durchführung von Entwicklungsmaßnahmen umfasst Aufgaben, die durchzuführen sind, wenn Entwicklungsmaßnahmen von einem externen Bildungsträger (z.B. Schulungsunternehmen) in Anspruch genommen werden. Geht man davon aus, dass eine extern angebotene Entwicklungsmaßnahme aus der Linie heraus (z.B. durch den Mitarbeiter und/oder den Vorgesetzten) beim Personalbereich zu beantragen ist und dass ein derartiger Antrag durch den Personalbereich geprüft und umgesetzt wird, so kann hierzu folgender Ablauf für einen entsprechenden Workflow-Prototypen festgehalten werden:

(1) Beantragung:
In einem standardisierten Antrag wird durch den Mitarbeiter und/oder seinen Vorgesetzten der Bedarf für eine externe Entwicklungsmaßnahme formuliert.

(2) Prüfung:
Der Antrag wird durch den Personalbereich zunächst einer formalen Kontrolle unterzogen (z.B. Vollständigkeit der Angaben u. Überschreitung von Kostenrichtlinien). Liegen Unzulänglichkeiten vor, so erfolgt unter Angabe der Mängel ein Rücksprung zu Aufgabengruppe (1).

(3) Buchung und Benachrichtigung:
Dem Antrag entsprechend wird die Bildungsmaßnahme beim Anbieter durch den Personalbereich gebucht. Der Antragsteller erhält nach einer Buchungsbestätigung des Anbieters eine Nachricht über die bevorstehende Maßnahme (z.B. Orts- und Terminangaben).

(4) Nachbereitung:
Nach erfolgter Inanspruchnahme der Bildungsmaßnahme werden dem Anbieter entsprechende Gebühren erstattet. Für den Teilnehmer wird gegebenenfalls eine Reisekostenabrechnung durchgeführt.

Der gegebene Ablauf ist für eine betriebliche Verwendung zu detaillieren. Insbesondere können es allgemeine Geschäftsbedingungen von externen Bildungsträgern erfordern, dass Teilnahmegebühren vor Beginn der jeweiligen Maßnahme (Aufgabenschritt 3) zu zahlen sind. Des Weiteren kann der für die Maßnahme vorgesehene Mitarbeiter aus gesundheitlichen oder betrieblichen Gründen unter Umständen die Maßnahme nicht in Anspruch nehmen, so dass in die vorgeschlagene Aufgabensequenz der Bereich Stornierung einzufügen ist. Ebenso können Angebote externer Träger gegebenenfalls ausgebucht sein oder abgesagt werden. Um eine solche Situation in den Vorgang zu integrieren, ist in den Ablauf ein bedingter Rücksprung von Aufgabenbereich (3) zu Aufgabenbereich (1) vorzusehen.

4.1.1.4.6 Aspekt der Kontrolle der Personalentwicklung

Die Personalentwicklungskontrolle beschränkt sich nicht nur auf die Überprüfung, ob die getroffenen Zielsetzungen erreicht wurden. Gegenstand der Kontrolle sind des Weiteren alle Teilprozesse des Personalentwicklungsprozesses. Scholz (2000:511) zeigt diesbezüglich zwei grundlegende Kontrollobjekte auf:

1. Die Kontrolle der prozessualen Vorgehensweise durch eine Prüfung des Ablaufs und der Ergebnisermittlung bei der Festlegung von Qualifikationsdefiziten und Entwicklungspotentialen (prozedurale Kontrolle).
2. Die Bestimmung des Zielerreichungsgrades nach der Durchführung von Personalentwicklungsmaßnahmen in Form eines Vergleichs zwischen den angestrebten Planungsgrößen und der de facto realisierten Minderung des Qualifikationsdefizits (ergebnisorientierte Kontrolle).

Hinsichtlich eines möglichen Anwendungsgebietes für das personalwirtschaftliche Workflow-Management ist der Tätigkeitsbereich der prozeduralen Kontrolle auszuschließen, da es sich hierbei um einen Kontrollvorgang handelt, der den Prozess der Personalentwicklung kontinuierlich begleitet und somit weder die Eigenschaft eines definierten Anfangs noch die Eigenschaft eines definierten Endes aufzeigt.

Die ergebnisorientierte Kontrolle ist dagegen ein Tätigkeitsbereich, dessen Aufgaben durch Workflows koordiniert werden können. Entscheidend ist hierbei die Annahme, dass Maßnahmen der ergebnisorientierten Kontrolle nach der Durchführung von Entwicklungsmaßnahmen mitarbeiterindividuell eingeleitet werden.

Für die Realisierung einer derartigen ex post-Kontrolle sind die Alternativen einer Befragung des Mitarbeiters und einer erneuten Bestimmung von Qualifikationsdefiziten denkbar.

Die durch einen Workflow gesteuerte Befragung eines Mitarbeiters gestaltet sich ähnlich zu dem in Kapitel „Aspekte der Bestimmung von Qualifikationsdefiziten" gegebenen Ablauf zur Abfrage individueller Bildungsbedürfnisse, das heißt, durch einen standardisierten Fragebogen wird der Mitarbeiter aufgefordert, die erworbenen Qualifikationen anzugeben. Die auf diesem Weg erfassten Informationen werden anschließend im Personalbereich ausgewertet (Soll-Ist-Vergleich). Darüber hinaus dienen die gegebenen Informationen der Aktualisierung des Qualifikationsprofils des betroffenen Mitarbeiters. Es ist zu beachten, dass die Instanzierung eines derartigen Workflows zeitnah nach dem Abschluss einer Qualifikationsmaßnahme erfolgen sollte. Um dieser Anforderung gerecht zu werden, kann die Verantwortung für den Start des Workflows dem Mitarbeiter - nach entsprechender Belehrung - oder dem Personalbereich übertragen werden.

Die erneute workflow-gestützte Bestimmung von Qualifikationsdefiziten verläuft äquivalent zur Vorgehensweise der Bestimmung von Qualifikationsdefiziten und der Ermittlung von Entwicklungspotentialen (vgl. Kapitel 4.1.1.4.2 u. 4.1.1.4.3). Auch hier ist im Anschluss durch den Personalbereich ein Soll-Ist-Vergleich durchzuführen und das Qualifikationsprofil des Mitarbeiters zu aktualisieren.

4.1.1.5 Personaleinsatz

4.1.1.5.1 Begriff und Grundlagen

Gegenstand beziehungsweise Aufgabe der personalwirtschaftlichen Funktion Personaleinsatz ist die Zuordnung der in der Unternehmung beschäftigten Mitarbeiter zu den einzelnen Stellen (Jung 1995:180). Das Sachziel des Personaleinsatzes ist die bestmögliche Integration der im Betrieb verfügbaren Mitarbeiter in den betrieblichen Leistungsprozess (RKW 1996:403). Die Mitarbeiter sollen dabei ihrer Eignung und persönlichen Interessen entsprechend eingesetzt werden, um so die Betriebsaufgaben termin-, qualitäts- und mengengerecht unter gleichzeitig optimaler Ausnutzung der Betriebsmittel in der verfügbaren Arbeitszeit durchzuführen (Kropp 1997:451 u. Hentze/Kammel 2001:425). Die Personaleinsatzplanung setzt daher genaue Informationen über (Jung 1995:182ff. u. RKW 1996:420f.):

- die Stellen und deren Anforderungen (insbesondere Organisationspläne, Stellenpläne, Aufgaben- u. Anforderungsprofile),

- die Mitarbeiter und deren Fähigkeiten (insbesondere Qualifikations- u. Interessenprofile),
- die für eine Veränderung relevanten Einflussfaktoren (z.B. Investitions-, Absatz-, Produktions- und Finanzplanung),
- die zu betrachtenden Rahmenbedingungen (z.B. tarifliche Rahmenbedingungen über Arbeitszeiten und Arbeitssicherheit) und
- das Ziel der Einsatzoptimierung (z.B. Kostenreduktion, Steigerung der Produktqualität und Kurzfristigkeit von Lieferungen)

voraus.

Aufgabengebiete des Personaleinsatzes, die sich allgemein mit der Zusammenführung von Mitarbeitern und Stellen befassen, werden nach Scholz (2000:575f.) durch drei Ebenen gegliedert:

- Strategische Ebene:
  Die strategische Ebene dient generell der Leistungsoptimierung, das heißt, es werden grundsätzliche Entscheidungen getroffen, welche sich zum Beispiel auf die Arbeitszeitflexibilisierung, Internationalisierung und Humanisierung beziehen.
- Taktische Ebene:
  Die taktische Ebene befasst sich mit gruppenbezogenen Einsatzprinzipien, das heißt, es werden - ausgehend vom konkreten Einzelfall - abstrahierend Aussagen zur Gestaltung des Arbeitssystems getroffen.
- Operative Ebene:
  Belastung- und Beanspruchungsstrukturen einzelner Arbeitsplätze sowie einzelner Mitarbeiter werden durch die operative Ebene berücksichtigt. Inhalt dieser Ebene ist neben der Ergonomie die Spezifizierung von Arbeitszeitmodellen und die Konkretisierung des Personaleinsatzes.

Sowohl die erste als auch die zweite Ebene beschreiben Aufgaben beziehungsweise Prozesse des Personaleinsatzes, die sich nicht mit den typischen Anforderungen an Routineaufgaben (wie z.B. geringe Dynamik u. hohe Wiederholungshäufigkeit) decken. Im Gegensatz dazu stehen Aufgabenbereiche der operativen Ebene, die reproduzierbare Routineprozesse in Bezug auf wechselseitige Zuordnung von Mitarbeitern und Arbeitsaufgaben beinhalten. Die nachfolgenden Abschnitte zur Darstellung möglicher Workflow-Potentiale im Aufgabenbereich des Personaleinsatzes berücksichtigen daher ausschließlich die operative Ebene. Da Zuordnungen auf operativer Ebene kurz- (Dispositionszeitraum i.d.R. von einigen Tagen oder Wochen) und mittelfristig (i.d.R. Dispositionszeitraum von einigen Monaten oder Jahren) erfolgen (Scholz 2000:643), wird für die Analyse möglicher Workflow-Anwendungsgebiete diese temporale Gliederung der Aufgabengebiete des Personaleinsatzes aufgegriffen.

4.1.1.5.2 Aspekte der kurzfristigen Personaleinsatzplanung

Im Kontext der kurzfristigen Personaleinsatzplanung wird davon ausgegangen, dass eine Stellenstruktur und eine konstante Zuordnung von Mitarbeitern und Stellen vorliegt (Scholz 2000:643). Einzelnen Mitarbeitern, die bereits einer bestimmten Stelle zugeordnet sind, werden entsprechend ihrer Verfügbarkeit, Qualifikation und Interessen Aufgaben zugeordnet. Ergebnisse der Aufgabenzuordnung werden durch Schicht-, Dienst-, Bereitschafts-, Urlaubs- und Vertretungspläne (RKW 1996:457) fixiert.

Schichtarbeit beschreibt den regelmäßigen Wechsel der Arbeitszeiten zwischen einzelnen Schichten, wie zum Beispiel Früh-, Spät- und Nachtschichten (vgl. für Arten von Schichtsystemen z.B. Jung 1995:225). „Ein Schichtplan ist dadurch charakterisiert, dass der in ihm vorgegebenen Schichtenabfolge von den Beschäftigten in der Regel starr gefolgt wird“ (RKW 1996:457). Mitarbeiter durchlaufen meist zyklisch versetzt (z.B. wochenweise) den Schichtplan beziehungsweise einzelne Schichten.

Dienstpläne unterscheiden sich von Schichtplänen dadurch, dass sie laufend neu erstellt werden (z.B. je Monat). Mit Dienstplänen können Fehlzeiten jeglicher Art und kurzfristige Arbeitszeitwünsche von Mitarbeitern berücksichtigt werden, so dass ihre Erstellung aufwendig und abstimmungsintensiv ist (RKW 1996:460).

Bereitschaftspläne regeln den Personaleinsatz in Form von zum Beispiel Rufbereitschaften innerhalb der arbeitsfreien Zeit (RKW 1996:464). Bei der Rufbereitschaftsplanung sind Mitarbeiterwünsche besonders zu beachten, da Arbeitszeiten von Mitarbeitern außerhalb der normalen Arbeitszeit definiert werden.

Urlaubs- und Vertretungspläne berücksichtigen Abwesenheitszeiten jeglicher Art (insbesondere bei Krankheit und Urlaub) und gewährleisten einen möglichst gleichbleibenden und arbeitsanfallgerechten Belastungs- und Auslastungsgrad aller Mitarbeiter (RKW 1996:467). Grundlage der Vertretungsplanung ist die Festlegung der Urlaubswünsche der Mitarbeiter in der Regel am Anfang eines Kalenderjahres, so dass bei der Vertretungsplanung Mitarbeiterwünsche hinsichtlich zu leistender Arbeitszeiten berücksichtigt werden können.

In Abschnitt 4.1.1.4 (Personalentwicklung) wird aufgezeigt, wie Entwicklungspläne für einzelne Mitarbeiter(-gruppen) durch einen workflow-gestützten Abstimmungsprozess zwischen dem Personalbereich, den (Linien-)Vorgesetzten und den betroffenen Mitarbeitern erstellt werden können. Die beschriebenen Aufgabenschritte der Planaufstellung, der Planüberprüfung und Information der betroffenen Mitarbeiter können in gleicher Form für die Erstellung von Plänen im Kontext der Personaleinsatzplanung übernommen werden, so dass prinzipiell für jede Form der oben beschriebenen Pläne ein Workflow-Typ zu implementieren ist. Es ist aber auch durchführbar, den gesamten Aufgabenbereich der kurzfristigen Personalplanung durch einen Workflow-Typ abzubilden, so dass die chronologische Abhängigkeit zwischen den einzelnen Planarten berücksichtigt wird. Dies bedeutet explizit, dass die Planerstellung einer einzelnen Planart durch einen Sub-Workflow koordiniert wird. Urlaubswünsche beziehungsweise Urlaubspläne werden in der Regel am Anfang eines Jahres fixiert (RKW 1996:467). Sie bilden die Grundlage für Vertretungspläne, auf welche die Planung der Bereitschaftsdienste zurückgreift. Die Erstellung von Schicht- beziehungsweise Dienstplänen beendet diesen idealtypischen Verlauf der kurzfristigen Personaleinsatzplanung, der als Workflow-Muster durch folgendes Schema skizziert werden kann:

(1) Sub-Workflow: Urlaubsplanung
- Planaufstellung
- Planüberprüfung
- Information der betroffenen Mitarbeiter

(2) Sub-Workflow: Vertretungsplanung
- [...]

(3) Sub-Workflow: Planung der Bereitschaftsdienste
- [...]

(4) Sub-Workflow: Schicht- bzw. Dienstplanung
- [...]

Der beschriebene Workflow-Prototyp zur kurzfristigen Personaleinsatzplanung weist eine universelle und einfache Aufgabenbeschreibung sowie elementare Aufgaben- und Informationsinterdependenz auf. In der betrieblichen Anwendung eines derartigen Workflows sind einzelne Aufgabenbereiche und Informationsobjekte situativ zu detaillieren.

Um insbesondere Mitarbeiterwünsche bei der jeweiligen Planerstellung zu berücksichtigen, ist die Granularität der Aufgabenschritte (Planaufstellung, Planüberprüfung und Information der betroffenen Mitarbeiter) der einzelnen Sub-Workflows zu verfeinern. Darüber hinaus können bei einzelnen Organisationseinheiten - abhängig von Arbeitszeitmodellen (z.B. bei Gleitzeit) und betrieblichen Arbeitsaufgaben (z.B. bei Verwaltungsaufgaben) - Bereitschaftsdienste und/oder Schichtarbeit nicht erforderlich beziehungsweise implementiert sein, so dass hier die Planungsaufgaben der Schritte (3) und (4) gänzlich entfallen und unter Umständen je Organisationseinheit oder Mitarbeitergruppe ein Workflow-Typ zur kurzfristigen Personaleinsatzplanung zu erstellen ist. Des Weiteren sind Planungsintervalle zu beachten. Geht man davon aus, dass die Urlaubsplanung jährlich erfolgt und die übrigen Pläne wöchentlich oder monatlich erstellt werden, so sind die Schritte (2) bis (4) entsprechend der Planungshorizonte iterativ auszuführen. Letztendlich ist festzuhalten, unter welchen zeitlichen Bedingungen der Workflow instanziert werden soll. Es ist denkbar, dass allein unter der Kontrolle des Workflow-Systems die Personaleinsatzplanung angestoßen wird. In diesem Zusammenhang wird festgelegt, zu welchem Zeitpunkt (z.B. Jahresende) die Instanzierung des Workflows periodisch im Verständnis einer kurzfristigen Planung erfolgen soll. Alternativ kann der Workflow manuell gestartet werden.

4.1.1.5.3 Aspekte der mittelfristigen Personaleinsatzplanung

Die mittelfristige Personalplanung setzt eine vorgegebene Stellenstruktur und einen vorhandenen Personalbestand voraus (Scholz 2000:643). Aufgabe der Personaleinsatzplanung ist hier die Zuordnung von Mitarbeitern zu Stellen entsprechend ihrer Qualifikationen und Interessen sowie unter Berücksichtigung fachlicher und disziplinarischer Unterordnungen.

Zur Realisation der Stellenzuordnung werden in der personalwirtschaftlichen Literatur (vgl. z.B. Jung 1995:228ff., RKW 1996:449ff. u. Hentze/Kammel 2001:475ff.) mathematische und heuristische Verfahren sowie die Profilvergleichsmethode vorgeschlagen.

Mathematische Planungsverfahren versuchen, den Personaleinsatz basierend auf Ansätzen der linearen Programmierung optimal zu lösen (vgl. hiezu umfassend Literatur aus dem Gebiet Operations Research, wie z.B. Müller-Merbach 1992 u. Zimmermann 1999). In diesem Zusammenhang ist eine Zielfunktion zu optimieren, die zum Beispiel aus einem zu maximierenden Produkt aus einer Fähigkeitskennzahl (Nutzwert des Mitarbeiters, ausgedrückt als Ertragsgröße) und einer binären Variablen (Zuordnung oder Nicht-Zuordnung) besteht (Bühner 1994:153).

Zu den heuristischen Verfahren zählen nach Bühner (1994:153) das Rangordnungsverfahren und das Spezialbegabungsverfahren. Das Rangordnungsverfahren verfolgt das Prinzip „Auf jeder Stelle der beste Mitarbeiter", das zu einer optimalen Lösung einer Stellenzuordnung führt, wenn für jede Stelle ein anderer Mitarbeiter den jeweils höchsten Eignungswert vorweist (Jung 1995:233). Das Spezialbegabungsverfahren folgt dem Postulat „Jede Spezialbegabung an den Platz, für den sie am besten geeignet ist", so dass bei diesem Verfahren Mitarbeitern mit speziellen Fähigkeiten Stellen zu geordnet werden, für die sie besonders geeignet erscheinen (Jung 1995:233).

sind.

Für ein personalwirtschaftliches Workflow-Management wurden bereits Informationsobjekte, Anwendungsgebiete und Umsetzungsoptionen der Profilvergleichsmethode in den Kapiteln Personalbedarfsermittlung, -beschaffung und

-entwicklung diskutiert und vorgestellt. Da die Profilvergleichsmethode auch im Aufgabenbereich der Personaleinsatzplanung als universelles und etabliertes Verfahren angesehen werden kann, wird nachfolgend die Methode als Workflow-Prototyp im Kontext der mittelfristigen Personaleinsatzplanung beschrieben.

Grundlegende Informationsobjekte der Profilvergleichsmethode sind Anforderungsprofile zu einzelnen Stellen, Qualifikationsprofile einzelner Mitarbeiter sowie Stellen- und Stellenbesetzungspläne (vgl. hierzu Kapitel „Aspekte der Planung des qualitativen Personalbedarfs"). Durch den Vergleich eines Anforderungsprofils einer Stelle mit dem Qualifikationsprofil eines Mitarbeiters wird auf den Eignungsgrad des Mitarbeiters geschlossen, so dass auf der Grundlage des Vergleichs eine Stellenzuordnung erfolgen kann, die in einem Stellenbesetzungsplan dokumentiert wird.

Der workflow-unterstützte Ablauf der Profilvergleichsmethode kann durch fünf nacheinander abzuarbeitende Aufgabenbereiche dargestellt werden, die einen idealtypischen Workflow-Typ der mittelfristigen Personaleinsatzplanung definieren:

(1) Überprüfung beziehungsweise Aufstellen des gültigen Stellenplans:
Personalplaner ermitteln für einen definierten Organisationsbereich auf der Grundlage von Informationen der Personalbedarfsplanung den gültigen Stellenplan für die zu planende Personaleinsatzperiode.

(2) Überprüfung beziehungsweise Aufstellen von Anforderungsprofilen:
Auf der Grundlage des Stellenplans und Informationen der Personalbedarfsplanung werden Anforderungsprofile zu den einzelnen Stellen erstellt beziehungsweise aktualisiert.

(3) Überprüfung beziehungsweise Aufstellen von Qualifikationsprofilen:
Mit Hilfe von Informationen der Personalbedarfsplanung, -beschaffung und -entwicklung werden Qualifikationsprofile für einzelne Mitarbeiter erstellt und gegebenenfalls aktualisiert.

(4) Aufstellen des gültigen Stellenbesetzungsplans:
Durch einen Profilvergleich zwischen den Anforderungen der Stellen und den Qualifikationen der Mitarbeiter werden Eignungsgrade der Mitarbeiter definiert. Abhängig von den bestimmten Eignungsgraden werden Mitarbeitern Stellen zugewiesen. Diese Zuordnung wird durch einen Stellenbesetzungsplan für die Planungsperiode dokumentiert.

(5) Übermittlung und Kontrolle der Ergebnisse:
Der im Personalbereich aufgestellte Stellenbesetzungsplan wird dem betroffenen Organisationsbereich beziehungsweise den Linienvorgesetzten und Mitarbeitern kommuniziert. Werden hier Unstimmigkeiten identifiziert, so

erfolgt unter Angabe der Änderungswünsche ein Rücksprung zu Aufgabengruppe (4).

Für eine betriebliche Anwendung sind die gegebenen Aufgabensequenzen und Informationsobjekte situativ zu verfeinern. Die Detaillierung der Aufgabenschritte kann sich hierbei an Workflow-Typen der Personalbedarfsplanung, -beschaffung und -entwicklung, bei welchen die Profilvergleichsmethode in einzelne Aufgabenbereiche integriert ist, orientieren. Gleiches gilt für die zu Grunde gelegten Informationsobjekte (wie z.B. die verwendeten Stellenpläne sowie Anforderungs- und Qualifikationsprofile) und für Optionen der zeitlichen Instanzierung verschiedenartiger Workflow-Typen der mittelfristigen Personaleinsatzplanung.

Aufgrund der informatorischen Vernetzung einzelner personalwirtschaftlicher Funktionen, die sich an dieser Stelle besonders hervorhebt, wird deutlich, dass für ein erfolgreiches personalwirtschaftliches Workflow-Management ein Standard für Informationsobjekte zu entwickeln und umzusetzen ist, der einen konsistenten und reibungslosen Informationstransfer zwischen einzelnen personalwirtschaftlichen Funktionen beziehungsweise Aufgabengebieten und Aufgabenträgern ermöglicht.

4.1.1.6 Personalerhaltung und Leistungsstimulation

4.1.1.6.1 Begriff und Grundlagen

Die personalwirtschaftliche Teilfunktion der Personalerhaltung beschreibt Maßnahmen, die der Bindung des vorhandenen Personalbestands an die Unternehmung und der Verhinderung beziehungsweise Minderung von Austrittsentscheidungen dienen (Bisani 1995:261 u. Hentze/Kammel 2002:3). Maßnahmen der Teilfunktion Leistungsstimulation zielen dagegen auf die Sicherstellung der Leistungsabgabe und gegebenenfalls auf eine Steigerung der Leistungen des Personals ab (Bisani 1995:261 u. Hentze/Kammel 2002:3). Demzufolge besteht das Sachziel der Personalerhaltung und Leistungsstimulation zum einen in der Teilnahmemotivation und zum anderen in der Leistungsmotivation und folglich in der Sicherstellung des personellen Leistungspotentials unter Berücksichtigung von Bedürfnissen, Interessen und Erwartungen von Mitarbeitern (Bisani 1995:261ff. u. Hentze/Kammel 2002:3).

Als Gegenwert beziehungsweise Ausgleich für (Leistungs-)Beiträge, die seitens der Unternehmung gegenüber dem Personal gefordert werden, stehen Aufgabenträgern der betrieblichen Personalwirtschaft Anreize zur Verfügung, die Mitarbeitern angeboten werden können. Diese materiellen und immateriellen Anreize dienen dazu, rollenkonformes Verhalten seitens der Mitarbeiter zu aktivieren und/oder sie dafür zu belohnen (Kupsch et al. 1991:814f.). Eine Gliederung und Übersicht von Anreizen liegt mit Abbildung 4-5 vor.

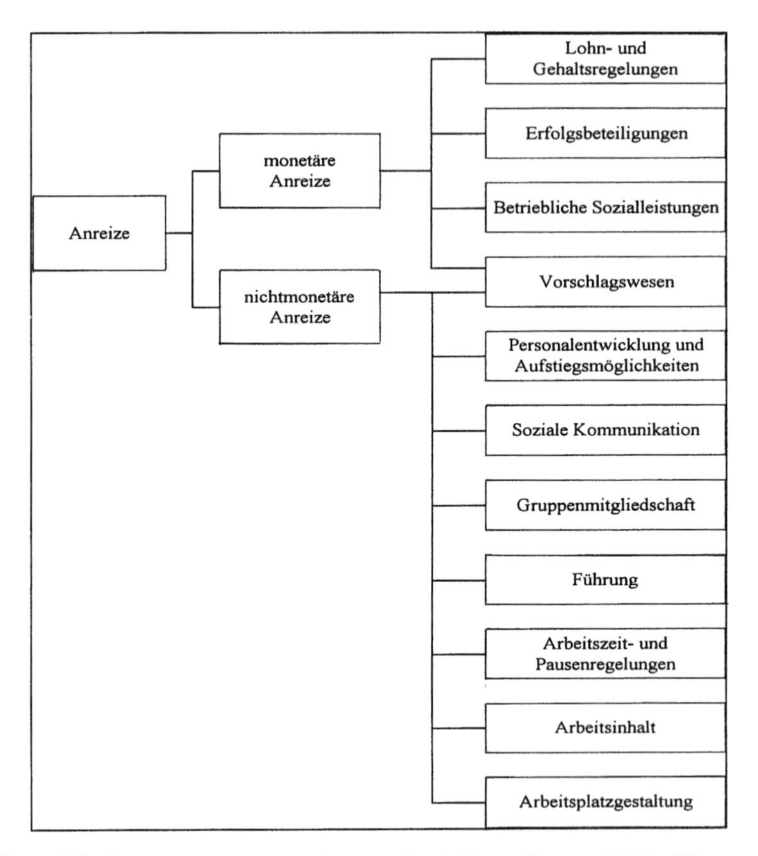

Abbildung 4-5: Systematisierung von Anreizen (nach Hentze/Kammel 2002:62)

Das betriebliche Anreizsystem versucht mit Hilfe der oben aufgeführten Anreize die verschiedenen Bedürfnisse einzelner Mitarbeiter und Mitarbeitergruppen zu befriedigen, so dass sich insgesamt das Anreizsystem im Idealfall als komplexe Struktur bestehend aus einzelnen Instrumenten, wie zum Beispiel Entlohnungs-, Beteiligungs-, Personalführungs- sowie Personalentwicklungskonzepten darstellt.

Die nachfolgenden Abschnitte zur Darstellung möglicher Workflow-Potentiale im Aufgabenbereich der Personalerhaltung und Leistungsstimulation berücksichtigen die gegebene Gliederung der Anreize nur anteilig. Es werden aufgrund von Überschneidungen mit anderen personalwirtschaftlichen Funktionen und aufgrund der Komplexität und Anzahl der verschiedenen Anreize die Bereiche betriebliche Sozialleistungen und betriebliches Vorschlagswesen exemplarisch betrachtet.

4.1.1.6.2 Aspekte betrieblicher Sozialleistungen

Betriebliche Sozialleistungen können allgemein als Arbeitgeberleistungen definiert werden, die Mitarbeitern gewährt werden und über den vereinbarten Lohn beziehungsweise das vereinbarte Gehalt hinausgehen. Die große Anzahl der in Unternehmungen existierenden Sozialleistungen macht es notwendig, diese durch eine geeignete Gliederung überschaubar zu gestalten. Eine in der personalwirtschaftlichen Literatur häufig verwendete Systematisierung trennt die betrieblichen Sozialleistungen in (vgl. z.B. Groth et al. 1993:36 u. Kropp 1997:318):

- gesetzliche (z.B. Arbeitgeberbeiträge zur gesetzlichen Sozialversicherung),
- tarifvertragliche (z.B. Arbeitgeberbeiträge zur betrieblichen Altersversorgung) und
- zusätzliche beziehungsweise „freiwillige" Sozialleistungen (z.B. Weihnachtsgeld).

Gesetzliche und tarifvertragliche Sozialleistungen sowie regelmäßige freiwillige Leistungen sind in der Regel im Aufgabenbereich der Personalabrechnung integriert und werden durch die Lohn- und Gehaltsabrechnung automatisiert gewährt. Zusätzliche unregelmäßige Sozialleistungen bedürfen dagegen unter Umständen einer Beantragung durch den Mitarbeiter oder sind hinsichtlich einer möglichen Gewährung stetig zu überprüfen.

Zu dem letzten Fall zählen Daten, wie zum Beispiel Geburtstage, Jubiläen und Hochzeiten, die im Rahmen der betrieblichen Sozialpolitik als Anlässe angesehen werden, die mit entsprechenden Leistungen, wie zum Beispiel monetären oder sachlichen Zuwendungen sowie mündlichen oder schriftlichen Glückwünschen, Anerkennung finden. Hier liegt ein Anwendungsgebiet für ein personalwirtschaftliches Workflow-Management im Bereich betrieblicher Sozialleistungen.

Um freiwillige Leistungen zeitnah veranlassen und durchführen zu können, bietet es sich an, diesen Bereich durch einen Workflow abzubilden. Als universelle Aufgabensequenz kann hierzu folgender Ablauf definiert werden:

(1) Prüfung auf Anspruch:
Durch ein täglich durchzuführendes und automatisiertes Verfahren wird im Personaldatenbestand geprüft, ob ein Mitarbeiter Anspruch auf eine freiwilli-

ge Sozialleistung erworben hat. Liegt ein solcher Fall vor, so wird für diesen Mitarbeiter Aufgabenschritt (2) durchgeführt.

(2) Information des Vorgesetzten:
Der Vorgesetzte erhält eine Nachricht darüber, dass der Mitarbeiter Anspruch auf eine Sozialleistung erworben hat. Des Weiteren wird dem Vorgesetzten mitgeteilt, um welche Form von Sozialleistung es sich handelt. Gegebenenfalls kann der Vorgesetzte konform der Leistung unmittelbar mit dem Mitarbeiter in Kontakt treten und ihm zum Beispiel zu seinem Jubiläum oder Geburtstag gratulieren.

(3) Durchführung der Leistung:
Abhängig von dem erworbenen Leistungsanspruch werden weitere Maßnahmen durchgeführt, wie z.B. Auszahlung einer Gratifikation.

Das gegebene Ablaufschema ist für eine betriebliche Verwendung weiter zu spezifizieren. Für den ersten Aufgabenbereich ist insbesondere festzulegen, auf welche Ansprüche konform der betrieblichen Sozialpolitik zu prüfen ist. Abhängig von der Komplexität einzelner Sozialleistungen kann es notwendig sein, die nachfolgenden Schritte jeweils als Sub-Workflows zu modellieren, um die Vielschichtigkeit des gesamten Workflows transparent und flexibel zu halten.

Ein weiteres Anwendungsgebiet für ein personalwirtschaftliches Workflow-Management im Bereich betrieblicher Sozialleistungen ist der oben angesprochene Bereich der Beantragung von Leistungen durch den Mitarbeiter. Zu diesen freiwilligen Sozialleistungen zählen zum Beispiel Baufinanzierungen, Werkswohnungen und Umzugshilfen. Auch für dieses Gebiet der Sozialleistung können Aufgaben durch eine universelle Aufgabensequenz als Workflow definiert werden:

(5) Antragstellung:
Der Mitarbeiter stellt basierend auf einem standardisierten Formular einen Antrag auf Gewährung einer bestimmten Sozialleistung.

(6) Antragsprüfung und Information des Mitarbeiters:
Durch den Personalbereich wird der Mitarbeiter zunächst über den Eingang und die Bearbeitung des Antrags informiert. In einem weiteren Schritt wird der Anspruch des Mitarbeiters geprüft. Ist der Antrag unvollständig oder fehlerhaft, erfolgt ein Rücksprung zu Aufgabenschritt (1). Der Mitarbeiter erhält in diesem Zusammenhang Hinweise über vorliegende Unzulänglichkeiten. Liegen keine Unzulänglichkeiten vor, so wird eine Entscheidung darüber getroffen, ob ein Anspruch auf die Leistung besteht. Der Mitarbeiter wird anschließend über die Anerkennung oder Ablehnung des Antrags informiert.

(7) Abwicklung der Sozialleistung:

Wurde im Aufgabenschritt (2) eine positive Entscheidung zur Bewilligung einer Sozialleistung getroffen, so wird die Leistung umgesetzt.

Auch dieses Ablaufschema ist als Prototyp eines Workflows für die Koordination eines Teilaufgabenbereichs der betrieblichen Sozialleistungen aufzufassen, das weiterführend für eine betriebliche Implementierung zu spezifizieren ist. Es ist zum einen insbesondere festzuhalten, wie Anträge auf Sozialleistung ausgestaltet und dem Mitarbeiter zur Verfügung gestellt werden. Zum anderen ist es - abhängig von dem Umfang beziehungsweise Arbeitsaufwand einzelner Sozialleistungen - unter Umständen notwendig, die Abwicklung einzelner Sozialleistungen als Sub-Workflows zu modellieren, um die Komplexität des gesamten Workflow-Typs übersichtlich und anpassungsfähig zu halten.

4.1.1.6.3 Aspekte des betrieblichen Vorschlagswesens

Verbesserungsvorschläge sind freiwillige Beiträge von Mitarbeitern zur Problemlösung, die zu produktiven und wirtschaftlichen Verbesserungen (z.B. Kosteneinsparungen oder effizientere Arbeitsvollzüge) führen sollen (Kropp 1997:212).

Das betriebliche Vorschlagswesen institutionalisiert Anreiz und Bewertung von Verbesserungsvorschlägen und will über die normalen Arbeitsbeiträge hinaus die Mitarbeit der Beschäftigten am Betriebsgeschehen aktivieren beziehungsweise durch finanzielle und nichtfinanzielle Belohnungen wecken (Kropp 1997:212 u. Hentze/Kammel 2002:198f.).

Mitarbeiter partizipieren am Vorschlagswesen durch das Einsenden von Verbesserungsvorschlägen, die sowohl Probleme schildern als auch Problemlösungen enthalten.

Eingereichte Verbesserungsvorschläge werden von den Trägern des betrieblichen Vorschlagswesens bearbeitet. Zu den Aufgaben dieser Trägergruppe zählen neben der Beratung der Einsender die Organisation der fachlichen Beurteilung und gegebenenfalls die Organisation der Realisierung von Verbesserungsvorschlägen sowie die Prämierung (vgl. zur Organisation des betrieblichen Vorschlagwesens z.B. Jung 1995:608).

Nach Hentze und Kammel (2002:201f.) ist es ratsam, allen Beteiligten das Vorschlagswesen transparent zu machen (z.B. durch Richtlinien oder eine Betriebsvereinbarung), so dass insbesondere Mitarbeitern eine Orientierungshilfe gegeben wird, die Voraussetzung für eine erfolgreiche Implementierung der Maßnahme ist.

Aus der Perspektive eines personalwirtschaftlichen Workflow-Managements kann eine derartige Fixierung des Vorschlagswesens als Vorlage für eine Umsetzung der Abläufe durch einen Workflow dienen.

Betrachtet man den Bearbeitungsverlauf eines Verbesserungsvorschlags, so ergeben sich vier Aufgabenbereiche, die einen idealtypischen Workflow-Typ des Vorschlagswesens beschreiben:

(1) Formulierung und Einreichung:
Basierend auf einem standardisierten Fragebogen formuliert der Mitarbeiter seinen Verbesserungsvorschlag in Form einer Problemstellung und eines Lösungsvorschlags.

(2) Formale Überprüfung:
Aufgabenträger des Vorschlagswesens überprüfen den eingereichten Vorschlag hinsichtlich formaler Kriterien (z.B. Vollständigkeit u. Verständlichkeit). Liegen Unstimmigkeiten vor, so erfolgt eine Mitteilung an den Mitarbeiter und ein Rücksprung zum Aufgabenbereich (1). Liegen keine Unzulänglichkeiten vor, so erhält der Mitarbeiter eine Nachricht, dass sein Verbesserungsvorschlag zur Bewertung und Entscheidung angenommen wurde.

(3) Bewertung und Entscheidung:
Eine Prüfungs- und Bewertungskommission überprüft den eingereichten Vorschlag hinsichtlich der Güte und Qualität der möglichen Verbesserung und bestimmt den Umfang des Anwendungsbereichs und die persönliche Leistung des Einreichers. Es wird eine Entscheidung darüber getroffen, ob der Vorschlag betrieblich implementiert werden kann und welche Prämienform dem Einreicher zugesprochen werden soll. Fällt die Entscheidung positiv aus, so organisiert das Gremium die Umsetzung der vorgeschlagenen Maßnahme und veranlasst die entsprechende Prämierung.

(4) Benachrichtigung des Mitarbeiters:
Der Mitarbeiter wird über die Annahme oder Ablehnung seines Verbesserungsvorschlags und gegebenenfalls über die Prämierung informiert.

Der vorgeschlagene Prototyp eines Workflows zur Koordination eines Vorschlagswesens ist für eine betriebliche Anwendung durch die jeweilige Situation bedingt anzupassen und in den einzelnen Aufgabenbereichen zu detaillieren. Maßgebliche Vorgaben sind in diesem Zusammenhang - wie bereits oben erwähnt wurde – Richtlinien oder Betriebsvereinbarungen zur Ausgestaltung und Organisation des Vorschlagswesens.

Der vorgestellte Ablauf unterstellt, dass jeder Vorschlag unmittelbar der Vorschlagswesen-Kommission zur Prüfung vorgelegt wird. Es ist in diesem Zusammenhang ebenso denkbar, dass zunächst, über einen gewissen Zeitraum hinweg, Vorschläge gesammelt werden, die dann periodisch der Kommission zur Bearbeitung vorgelegt werden.

Des Weiteren wird in dem gegebenen Ablauf davon ausgegangen, dass Mitarbeiter den Workflow instanzieren. Greift man die Überlegungen von Jung (1995:608) auf, dass der dauerhafte Erfolg eines Vorschlagswesens von Werbung abhängig ist, so kann die gegebene Aufgabensequenz durch einen Schritt ergänzt werden, der Mitarbeiter zur Einreichung von Verbesserungsvorschlägen direkt auffordert und darüber hinaus über mögliche Formalitäten und Prämien informiert. Bei einer derartigen Ausgestaltung eines workflow-gestützten Vorschlagswesens bietet es sich an, den Workflow periodisch und automatisiert unter Kontrolle des Workflow-Systems zu instanzieren.

4.1.1.7 Personalfreistellung

4.1.1.7.1 Begriff und Grundlagen

Neben der Personalbeschaffung und der Personalentwicklung stellt die Personalfreistellung eine der drei möglichen Personalveränderungsmaßnahmen dar, die bedingt durch eine Abweichung zwischen dem Personalbestand und dem Personalbedarf zu ergreifen sind (Scholz 2000:383). Ergebnisse der Personalbestandsanalyse und Personalbedarfsermittlung bilden daher die Entscheidungsgrundlage der Personalfreistellung.

Personalfreistellung kann als Aufhebung einer Zuordnung Stelle-Stelleninhaber oder auch Aufgabe-Aufgabenträger verstanden werden (Hentze et al. 1999:131). Sowohl in Bezug auf einen konkreten Arbeitsplatz als auch in Bezug auf eine gesamte Unternehmung oder in Bezug auf einen individuellen Arbeitnehmer stellt die Phase der Personalfreistellung, also die Aufhebung der Zuordnung von Aufgabe und Aufgabenträger, den natürlichen Abschluss des jeweiligen Lebenszyklus dar (Hentze et al. 1999:133).

Die Beseitigung einer personellen Überdeckung in quantitativer, qualitativer, zeitlicher und örtlicher Hinsicht (Personalfreistellungsbedarf) legt das Sachziel der Personalfreistellung fest (Hentze/Kammel 2002:291f.).

Ursachen für einen Freistellungsbedarf wirken in der Regel nicht monokausal, sondern beeinflussen sich wechselseitig. Nach Limbach (1987:44ff.) lassen sich exogene und endogene Ursachen unterscheiden. Zu den exogenen Anlässen zählen beispielsweise Veränderungen der Nachfrage- und Angebotssituation auf den Märkten. Endogene Kausalitäten sind zum Beispiel Veränderungen der Organisation selbst, der Technologien sowie der wirtschaftlichen Situation.

Der Abbau von überzähligem Personal durch Personalfreistellungsmaßnahmen unter Berücksichtigung sozialer Gesichtspunkte ist die zentrale Aufgabe der Personalfreistellung, die als Prozess nach Schreiber (1992:53) durch folgende Schritte beschrieben werden kann:

- Identifikation von Freistellungsursachen,
- Determinierung von reaktiven und antizipativen Freistellungsmaßnahmen für die freizustellenden Personen unter Berücksichtigung des betrieblichen Zielsystems,
- Identifikation der extern freizustellenden Personen,
- Definition der Personalentwicklungsmaßnahmen für die verbleibenden Personen,
- Konkretisierung von Durchsetzungsstrategien der Freistellungsplanung und
- Ergebniskontrolle.

Eine Übersicht für mögliche Maßnahmen der Personalfreistellung gibt Abbildung 4-6.

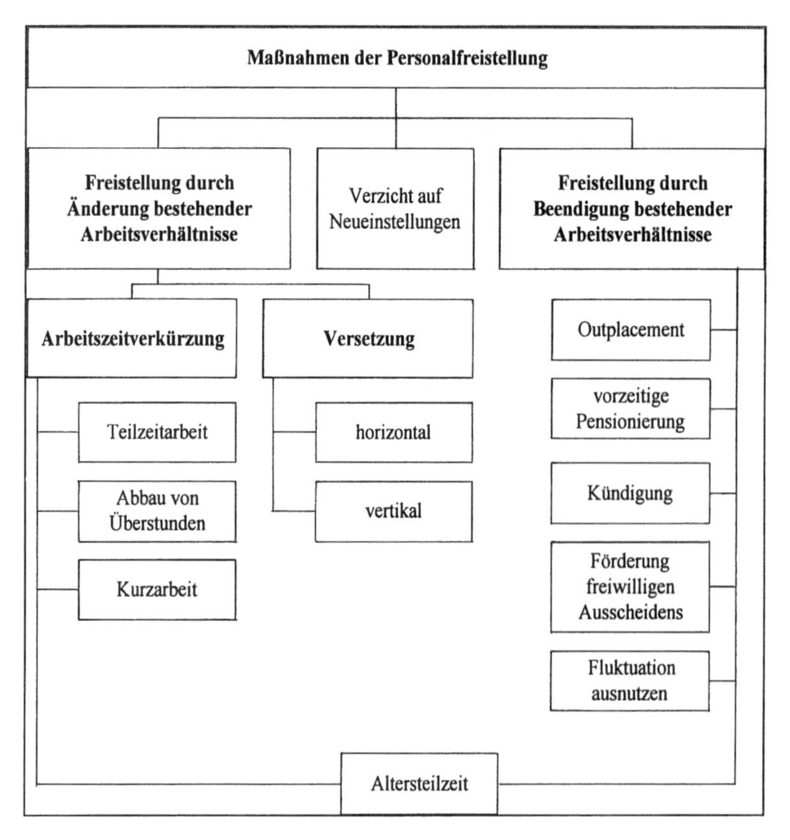

Abbildung 4-6: Maßnahmen der Personalfreistellung (verändert nach Hentze et al. 1999:132)

Neben dem Verzicht auf Neueinstellungen (z.B. durch einen generellen Einstellungsstopp) werden Freistellungsarten danach unterschieden, wie sich das Arbeitsverhältnis aufgrund der Maßnahme verändert (Hentze et al. 1999:131f.):

- Bei der Freistellung durch Änderung eines bestehenden Arbeitsverhältnisses verbleibt der betroffene Mitarbeiter in der Unternehmung.
- Demgegenüber steht die Freistellung durch Beendigung bestehender Arbeitsverhältnisse.

Die hier verfolgte Analyse des Anwendungspotentials der Personalfreistellung für ein personalwirtschaftliches Workflow-Management greift die zuvor gegebene Differenzierung auf und orientiert sich folglich an Maßnahmen, die bestehende Arbeitsverhältnisse verändern oder auflösen.

4.1.1.7.2 Aspekte der Freistellung durch Änderung bestehender Arbeitsverhältnisse

Maßnahmen der Personalfreistellung durch Änderung bestehender Arbeitsverhältnisse zielen primär darauf ab, Arbeitsvolumina verändert zu verteilen, so dass Arbeitsplätze erhalten bleiben. Hierauf Bezug nehmend werden in der Literatur zwei Gruppen von Maßnahmen vorgeschlagen (Hentze et al. 1999:132):

- Maßnahmen der Arbeitszeitverkürzung und
- Maßnahmen zur Versetzung von Mitarbeitern.

a) Maßnahmen der Arbeitszeitverkürzung

Arbeitszeitverkürzungen können durch den Abbau von Überstunden, durch die Einführung von Kurzarbeit und Teilzeitarbeit erreicht werden.

Durch den Abbau von Überstunden kann kurzfristig auf einen geminderten Personalbedarf reagiert werden. Hebt beispielsweise die Unternehmungsleitung eine aktuell gültige Überstundengenehmigung auf, so kann die getroffene Maßnahme mit Hilfe eines Workflows den betroffenen Mitarbeitern kommuniziert werden:

(1) Information der Belegschaft:
Instanziert durch den Personalbereich, werden die betroffenen Belegschaftsgruppen über den Wegfall der Überstundengenehmigung informiert. Inhalt dieser Bekanntmachung sind insbesondere Hinweise auf Fristen, das heißt wann und für welchen Zeitraum die Maßnahme in Kraft tritt.

(2) Bestätigung der Kenntnisnahme:
Der individuell betroffene Mitarbeiter wird aufgefordert, seine Kenntnisnahme zur veränderten Überstundenregelung zu bestätigen (z.B. schriftlich mit Hilfe eines standardisierten Antwortschreibens).

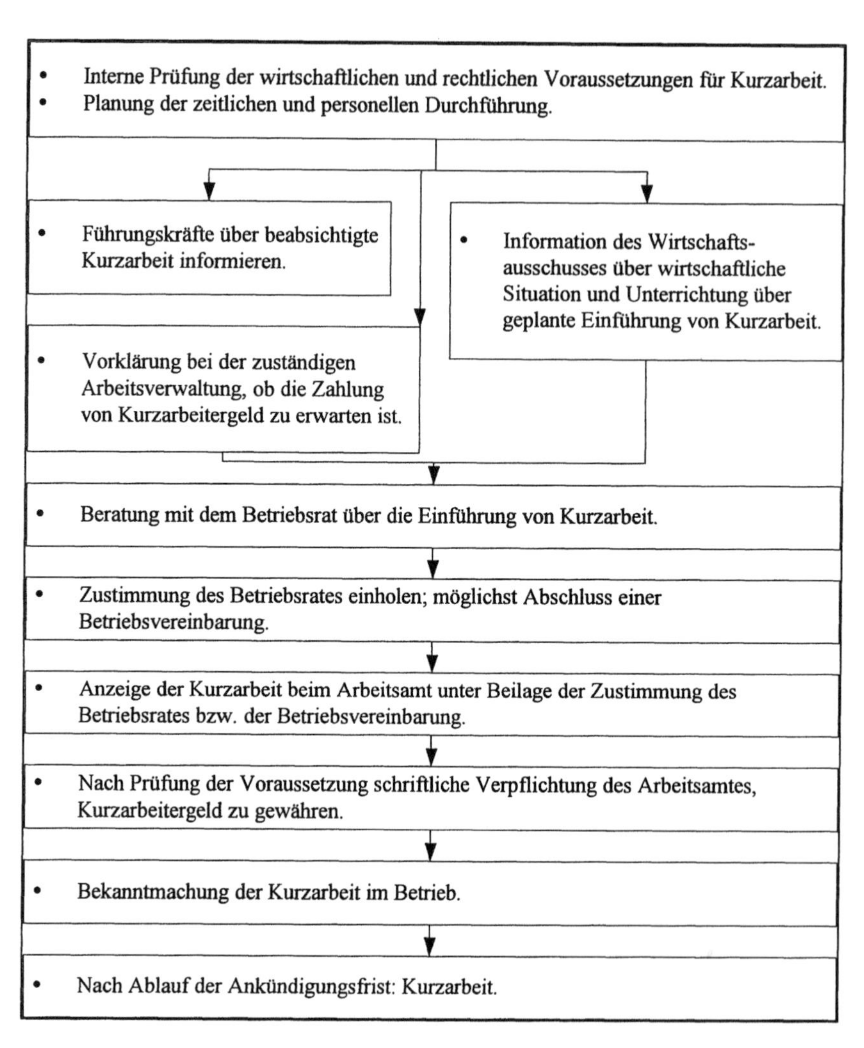

Abbildung 4-7: Ablauf der Planung von Kurzarbeit (verändert nach RKW 1996:219)

(3) Kontrolle:
Der Personalbereich überprüft eingehende Kenntnisnahmen in Bezug auf die Vollständigkeit, das heißt, antwortet ein Mitarbeiter nach einem gegebenen Zeitraum nicht (z.B. wegen Urlaub od. Krankheit), so wird er persönlich erneut zur Bestätigung der Kenntnisnahme aufgefordert (Rücksprung zu Schritt 2).

Ein gleiches Vorgehen kann für die Bekanntgabe und Kenntnisnahme von Kurzarbeit (vorübergehende Verkürzung oder ein Ausfall der regelmäßigen betrieblichen Arbeitszeit für Teile oder die Gesamtheit der Belegschaft [Kropp 1997:330]) durch einen Workflow umgesetzt werden. Der Prozess zur Planung von Kurzarbeit ist aufgrund der rechtlichen Situation komplex (vgl. weiterführend besonders RKW 1996:608f.). Wird durch einen Tarifvertrag oder eine Betriebsvereinbarung die Rechtsgrundlage für die einhergehende Kürzung des Entgelts nicht geregelt, so ist im Allgemeinen die Beantragung und Gewährung von Kurzarbeitergeld (gemäß §§ 63ff. Arbeitsförderungsgesetz [AFG]) sowie die Zustimmung des Betriebsrates (gemäß § 87 Betriebsverfassungsgesetz [BetrVG]) von wesentlicher Bedeutung. Zeigt die Vergangenheit auf, dass in einer Unternehmung Kurzarbeit relativ konzentriert eingesetzt wird, so kann neben der Bekanntgabe auch der Planungsprozess der Kurzarbeit durch einen Workflow koordiniert werden. Die sich ergebenen Aufgabenschritte und entsprechende Interdependenzen zeigt Abbildung 4-7.

Bei Teilzeitarbeit verkürzt sich die Arbeitszeit im Vergleich zur Vollarbeitszeit (Jung 1955:222), so dass durch die Umwandlung von Vollzeit- in Teilzeitstellen die quantitative Personalkapazität ebenfalls unter Erhaltung des bisherigen Personalbestands reduziert werden kann (Hentze et al. 1999:138). Der Ablauf zur Einführung von Teilzeitarbeit kann als ein standardisierter Abstimmungsprozess zwischen dem Personalbereich und einem individuellen Arbeitnehmer aufgefasst werden. Daher bietet es sich an, Aufgaben zur Prüfung auf Optionen der Teilzeitarbeit durch einen Workflow zu koordinieren. Einen konkreten Anhaltspunkt über mögliche Aufgabenschritte und Interdependenzen eines derartigen Workflow-Typs, der für eine betriebliche Anwendung situativ zu ergänzen ist, zeigt Abbildung 4-8.

Als Ergebnis der Verhandlungen sind hier die Alternative der Umsetzung auf Teilzeitarbeit (d.h. die Umwandlung der Stelle des Teilzeitinteressenten in eine Teilzeitstelle), die Versetzung des Teilzeitinteressenten auf eine Teilzeitstelle und die Ablehnung des Wunsches nach Teilzeit gegeben.

b) Maßnahmen zur Versetzung von Mitarbeitern

Wenn in einem anderen Unternehmensbereich (z.B. Standort) ein Personalbedarf besteht, können freizustellende Mitarbeiter dorthin versetzt werden. Die Versetzung von Mitarbeitern stellt somit im Rahmen der Personalfreistellung eine Maßnahme für einen personellen Kapazitätsausgleich dar (Kropp 1997:330) oder sie ist das Ergebnis einer Teilzeitvereinbarung (s.o.).

Bei der Versetzung von Mitarbeitern sind die Varianten der horizontalen Versetzung, das heißt, der betroffene Mitarbeiter verbleibt in der bisherigen

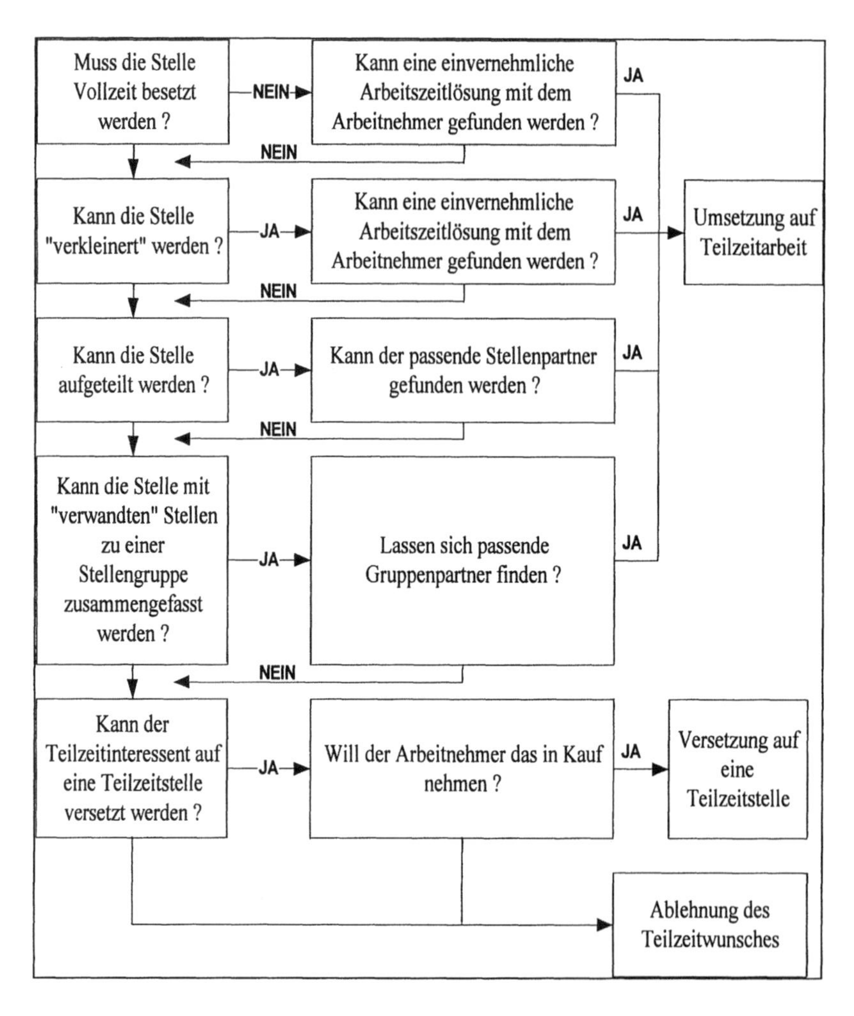

Abbildung 4-8: Ablaufschema zur Prüfung für Teilzeitarbeit (verändert nach Hoff et al. 1988:34)

Hierarchiestufe, und der vertikalen Versetzung, das heißt, der Mitarbeiter steigt in der Unternehmenshierarchie ab oder auf, zu beachten (Jung 1995:132).

Anwendungspotentiale für ein personalwirtschaftliches Workflow-Management liegen hier vornehmlich in der Veränderung beziehungsweise Anpassung von Arbeitsverträgen. Im Kapitel „Aspekte der Personalbindung“ wird dieser Bereich durch einen Workflow-Typ konkretisiert (vgl. Kapitel 4.1.1.3.5).

4.1.1.7.3 Aspekte der Freistellung durch Beendigung bestehender Arbeitsverhältnisse

Maßnahmen der Personalfreistellung durch Beendigung bestehender Arbeitsverhältnisse zielen primär darauf ab, Arbeitsplätze abzubauen beziehungsweise bestehende Arbeitsverhältnisse aufzulösen. Zu diesen Maßnahmen der Personalbestandsminderung, die im Folgenden zunächst kompakt voneinander abgegrenzt werden, zählen im Allgemeinen nach Hentze et al. (1999:132ff.):

- Förderung des freiwilligen Ausscheidens,
- Outplacement,
- vorzeitige Pensionierung,
- Ausnutzung der Fluktuation sowie
- Kündigung.

Im Rahmen der Förderung des freiwilligen Ausscheidens besteht zwischen Arbeitgeber und Arbeitnehmer ein Einvernehmen über die Auflösung des Arbeitsverhältnisses, so dass durch den Abschluss eines Aufhebungsvertrags das Arbeitsverhältnis beendet werden kann (Vertragsfreiheit gemäß § 305 BGB u. Oechsler 2000:299). Outplacement ist eine besondere Ausprägung dieser Art der Personalfreistellung, das in der Regel zur Förderung des freiwilligen Ausscheidens des Mitarbeiters neben der Zahlung einer Abfindung auch Unterstützungsleistungen für die Suche nach einer neuen Beschäftigung umfasst (RKW 1996:270f.).

Die vorzeitige Pensionierung beschreibt eine Freistellungsmaßnahme, bei welcher die betroffenen Mitarbeiter vor dem Erreichen der rentenversicherungsrechtlichen Altersgrenze aus dem Berufsleben austreten (Oechsler 2000:300). Um für die Betroffenen mögliche finanzielle Einbußen (z.B. Rentenminderung) zu begrenzen, werden in der Regel im Rahmen der vorzeitigen Pensionierung Zuschusszahlungen (z.B. Vorruhestandsgeld) vereinbart.

Eine weitere Möglichkeit, den Personalbestand zu mindern, ist der Verzicht auf Neueinstellungen. Bei dieser Vorgehensweise werden vakante Stellen entweder für einen beschränkten Zeitraum oder unwiderruflich nicht erneut besetzt. Auch der Vertragsablauf von zeitlich befristeten Arbeitsverhältnissen und temporär wirkende Personalausfälle (z.B. Ableistung von Wehr- bzw. Zivildienst und Erziehungsurlaub) können zu den Ereignissen gezählt werden, die bei sogenannten Einstellungsstopps zu einer Minderung des Personalbestands führen (Hentze et al. 1999:141).

Die Kündigung als einseitige Willenserklärung des Arbeitgebers oder des Arbeitnehmers, ist letztendlich eine Freistellungsmaßnahme, durch welche ein bestehendes Arbeitsverhältnis für die Zukunft aufgelöst werden kann (Oechsler 2000:213).

Alle genannten Maßnahmen gelten in der personalwirtschaftlichen Praxis als adäquate Maßnahmen der Personalfreistellung. Die häufigste und von ihrer gesetzlichen Regelung her bedeutsamste Art der Beendigung von Arbeitsverhältnissen ist die Kündigung (Falke et al. 1981:959ff. u. Oechsler 2000:301). Daher wird nachfolgend die Kündigung weiterführend beschrieben und ihre Umsetzung im Rahmen des Workflow-Managements als Workflow-Typ vorgestellt.

Das Recht auf Kündigung eines Arbeitsverhältnisses steht grundsätzlich Beschäftigten (Eigenkündigung) und dem Arbeitgeber (Arbeitgeberkündigung) zu. Für Arbeitgeber ist die Kündigung nach dem Kündigungsschutzgesetz an zahlreiche Voraussetzungen geknüpft. Des Weiteren sind im Verlauf einer Kündigung folgende gesetzliche Vorschriften maßgeblich (Halbach et al. 1994:158ff.):

- Bürgerliches Gesetzbuch (§§ 620ff.),
- Betriebsverfassungsgesetz (§§ 102ff.),
- Schwerbehindertengesetz (§§ 15 u. 21),
- Mutterschutzgesetz (§ 9),
- Berufsbildungsgesetz (§ 15) und
- Arbeitsplatzschutzgesetz (§ 2).

Bestehende Tarifverträge und Betriebsvereinbarungen (z.B. darüber, dass die Kündigung einer Schriftform bedarf) sind weitere Regelungen, die bei einer Kündigung zu beachten sind.

Durch vier Aufgabenschritte kann der Ablauf einer Kündigung idealtypisch beschrieben werden:

(1) Einleitung:

Die Eigenkündigung initiiert der Mitarbeiter.

Der Anstoß einer Arbeitgeberkündigung erfolgt in der Regel durch den Personalbereich nach Absprache mit dem Fachbereich beziehungsweise dem Vorgesetzten des betroffenen Mitarbeiters.

(2) Prüfung und Genehmigung:

Bei einer Eigenkündigung legt der Mitarbeiter seinem Vorgesetzten und im Anschluss daran dem Personalbereich die Kündigung vor.

Bei einer ordentlichen oder außerordentlichen Kündigung (als Varianten der Arbeitgeberkündigung, vgl. Hentze et al. 1999:141ff.) werden die aufgeführten Kündigungsgründe, die Rechtslage und Fristen gemäß der relevanten Vorschriften (s.o.) durch den Personalbereich und weitere zuständige Stellen (z.B. Betriebsrat) geprüft.

(3) Abwicklung:

Durch den Personalbereich wird die Kündigung auf der Basis eines standardisierten Schreibens fixiert und dem Mitarbeiter unter Beachtung der gesetzlichen Vorschriften ausgehändigt beziehungsweise zugestellt. Des Weiteren wird der Mitarbeiter schriftlich aufgefordert, sämtliche betrieblichen Unterlagen und sonstige Gegenstände abzugeben. Durch den Personalbereich werden alle notwendigen Unterlagen (z.B. Kindergeldbescheinigung, Lohnsteuerkarte, Mitteilung an Krankenkasse, Arbeitszeugnis) vorbereitet und an die entsprechenden Stellen versendet.

(4) Beendigung des Arbeitsverhältnisses:
Der Kündigungsvorgang endet mit der Ablage aller Dokumente, die sich auf den gekündigten Mitarbeiter beziehen, in der Personalakte. Die Personalakte wird geschlossen und archiviert.

Der gegebene Ablauf kann als ein grobes Muster aufgefasst werden, wie eine Kündigung workflow-gestützt koordiniert werden kann. Im Kontext der betrieblichen Applikation eines derartigen Workflows sind die einzelnen Aufgabenschritte unter Berücksichtigung betrieblicher und rechtlicher Gegebenheiten zu ergänzen und näher zu spezifizieren (z.B. Teilaufgabe Zeugniserstellung).

Aufgrund der gegebenen Differenzen zwischen Eigen- und Arbeitgeberkündigung in Bezug auf die Initiierung des Ablaufs und bezüglich der relevanten rechtlichen Grundlagen bietet es sich an, beide Ausprägungen der Kündigung durch einen eigenständigen Workflow-Typ abzubilden, um zum Beispiel die Anhörung des Betriebsrates im Rahmen einer Arbeitgeberkündigung differenziert modellieren zu können. Aufgaben der Phase „Abwicklung der Kündigung“ haben dann für beide Workflow-Typen universellen Charakter. Es ergibt sich daher die Option, diesen Aufgabenbereich einer Kündigung als Unikat zu modellieren und als elementaren Sub-Workflow in beide Workflow-Typen zu integrieren.

4.1.2 Dimension: Personalwirtschaftliche Konfigurationen

4.1.2.1 Vorbemerkungen und Überblick

Konfigurationen der formalisierten Personalarbeit werden in der Literatur umfangreich vorgeschlagen und diskutiert (vgl. für eine Übersicht z.B. Otto 1978, Hoppe 1993, Metz 1995 u. Scholz 1999). Neben Konfigurationen, die auf eine zentrale oder dezentrale personalwirtschaftliche Organisation abzielen, werden Holding- und Referentenmodelle, die Personalorganisation als virtuelle Personalabteilung und zahlreiche Center-Modelle (z.B. Strategie-, Cost-, Profit-, Wertschöpfungs-, Kultur- u. Intelligenz-Center) unter anderem in der Literatur aufgeführt. Neuberger (1997:155) spricht in diesem Kontext von einem „Lieblingsthema der personalwirtschaftlichen Literatur“ und beschreibt in dieser Weise treffend die enorme Quantität an einzelnen Beiträgen und Konzepten.

Um aus der Menge der zahlreichen Modelle grundlegende Konfigurationen zu identifizieren und auszuwählen und im Anschluss daran einer Analyse zugänglich zu machen, bedarf es zunächst einer ersten chronologischen Ordnung der Organisationsmodelle. Eine derartige Ordnung gewähren Phasenschemata der historischen Entwicklung der Personalwirtschaft, wie sie in der Literatur angeboten werden. Daher wird in diesem Kapitel zunächst auf die historische Entwicklung der Personalarbeit eingegangen. Anschließend werden Konfigurationen in die gegebene Chronologie eingeordnet und als Analyseobjekt ausgewählt.

Die Analyse der selektierten Konfigurationen, welche allgemein den Personalaspekt personalwirtschaftlicher Geschäftsprozesse einbezieht (vgl. Kapitel 1.5.6 u. 1.5.8), erfolgt spezifiziert auf die Interdependenztypen „Aufgabe-Ressource“ und „Ressource-Ressource“ des in Kapitel 3 entwickelten Workflow-Management-Ansatzes. Als Ressource werden hier ausschließlich humane personalwirtschaftliche Akteure betrachtet. Unter Beachtung der Interdependenztypen und des zugrunde gelegten Workflow-Ansatzes gilt es insbesondere folgende Aspekte je Konfiguration herauszustellen:

- Akteure beziehungsweise Akteurgruppen,
- Kompetenzen sowie fachliche und disziplinarische Positionierung einzelner Akteure beziehungsweise verschiedener Akteurgruppen,
- Optionen der Umsetzung des Workflow-Owner-Konzeptes,
- Optionen der Bildung von Workflow-Teams,
- Optionen der Klassenbildung von Workflow-Typen unter Berücksichtigung der gegebenen Organisationsstruktur und
- Optionen der Organisation (Etablierung, Standardisierung und Koordination) eines umfassenden personalwirtschaftlichen Workflow-Managements.

Die inhaltliche Strukturierung der Analyse zu den oben genannten Punkten erfolgt, so weit es das jeweilige Konfigurationsmodell zulässt, anhand einer Teilung des Untersuchungsobjektes in Aspekte der Primärorganisation (Aufbau- und Ablaufregelungen der Konfiguration) und in Aspekte der organisatorischen Integration (Einbindung der Konfiguration in die Unternehmungsorganisation; vgl. insgesamt hierzu die in Kapitel 1.5.6 gegebene Definition zum Begriff personalwirtschaftliche Konfiguration). Des Weiteren wird der eigentlichen Untersuchung eine kompakte Beschreibung des Organisationsmodells vorangestellt, um insbesondere das in dieser Arbeit vertretene Verständnis zu den alternativen Konfigurationen darzulegen.

4.1.2.2 Organisatorische Entwicklung der Personalwirtschaft

Die historische Entwicklung der Organisation der Personalwirtschaft, wird in der personalwirtschaftlichen Literatur mit Hilfe von bestimmten Phasen gegliedert.

In der Literatur etablierte Phasenschemata von Reichert (1988), Spie (1983) und Wunderer (1992) gehen in ihrem Kern auf Friedrichs (1973) zurück (vgl. hierzu auch Wagner 1994a:11ff.). Friedrichs (1973:9ff.; ähnlich bei Reichert 1988 mit den Zeitabschnitten Pionier-, Differenzierungs- und Integrationsphase) grenzt die Entwicklung der Personalarbeit zeitlich gegeneinander in drei Phasen ab:

1) Verwaltungsphase der Personalwirtschaft (bis ca. 1950)

Die Verwaltungsphase ist insbesondere durch einen Arbeitsmarkt ohne nennenswerte und anhaltende Verknappung potentieller Mitarbeiter, einen geringen technischen Fortschritt sowie eine rasche und problemlose Substituierbarkeit der Mitarbeiter bestimmt. Gesetzliche Vorschriften (in arbeits-, sozial- und tarifrechtlicher Hinsicht) regeln Arbeitsverhältnisse mit zahlreichen Freiheitsgraden für Unternehmungen. Die Personalarbeit beschränkt sich auf die Durchführung von Formalitäten, die mit der Einstellung, Beschäftigung und Entlassung verbunden sind. Personalarbeit wird als Nebentätigkeit betrachtet, so dass die Lohnabrechnung in der Buchhaltung, Vertragsabschlüsse in der Rechtsabteilung, Personalauswahl und Mitarbeiterbeurteilung durch die Linienvorgesetzten erfolgen.

2) Anerkennungsphase der Personalwirtschaft (1959 bis ca. 1970)

Bedingt durch Veränderung der Arbeitsmarktlage und die immer stärker werdende Differenzierung der Berufsanforderungen wird die funktionale Bedeutung der Personalwirtschaft akzeptiert. Neben den Grundaufgaben der Beschaffung, Einstellung, Verwaltung und Betreuung der Mitarbeiter sind die Arbeitseinführung, Personalentwicklung und –ausbildung Aufgaben der Personalarbeit. Die Steigerung der Leistungsfähigkeit und -bereitschaft der Mitarbeiter ist maßgebliches Ziel der Personalführung. Durch Funktionsspezialisierungen werden Personalabteilungen zur Verrichtung personalwirtschaftlicher Aufgaben institutionalisiert.

3) Integrationsphase der Personalwirtschaft (ab ca. 1970)

Gegebenheiten, die in der Anerkennungsphase auf die Personalpolitik und die Personalführung einwirken, bestehen weiterhin und nehmen an Einfluss und Gewicht zu. Des Weiteren ist ein neuer Mitarbeitertypus zu berücksichtigen, der einen Drang nach Selbstverwirklichung und Entfaltungsmöglichkeiten entwickelt und eine höhere Qualifikation vorweist. Hieraus folgt, dass ein nicht unwesentlicher Mitarbeiteranteil Einfluss auf das Unternehmensergebnis hat und ein höheres Arbeitsentgelt bezieht. Dies führt wiederum zur Problemstellung der Wirtschaftlichkeit der Personalarbeit und zu einer dominanten Stellung der Mitarbeiter, ihre Bedürfnisse und Interessen durchzusetzen und mitzubestimmen. Grundsätzlich zeigt die Periode auf, dass Mitarbeiter in Unternehmungen an Bedeutung und Einfluss gewinnen und zu einem zentralen Faktor aller Überlegungen werden. Personelle Problemstellungen sind daher mit zahlreichen Aufgaben der Unternehmungsplanung und deren Aufgabenträgern eng verknüpft und integriert. Die Personalfunktion wechselt von der Anerkennung in die Rolle der Integration über.

Spie und Wunderer führen die Darstellung von Friedrich vervollständigend fort und ergänzen jeweils das oben aufgeführte Schema um weitere Phasen chronologisch. Spie (1983:18ff.) bestimmt den Verlauf der organisatorischen Entwicklung der Personalarbeit weiterführend durch die Phasen:

- **Flexibilisierung und Individualisierung (bis ca. 1990)**
  Wesentliche Neuerungen der Personalarbeit sind die Ausgestaltung von Anreizen und die individuelle Personalentwicklung. Die betriebliche Personalwirtschaft versteht sich als beratender und agierender Dienstleister und ist dezentral organisiert.
- **Globalisierung und interkulturelles Management (ab ca. 1990)**
  Durch die Internationalisierung erfährt auch die Personalarbeit eine strategische Funktion. Wesentliche Neuerungen der personalwirtschaftlichen Aufgaben sind die internationale Personalentwicklung sowie gesellschaftliche, ökologische und ethische Managementbildung. In strategischer Hinsicht erfolgt die Personalarbeit zentral und dezentral organisiert in einer beratenden und agierenden Form.

Wunderer (1992:148ff.) stellt den Ausführungen von Spie folgende Phasen gegenüber:

- **Ökonomisierung (bis ca. 1990)**
  Die Anpassung von Organisation und Personal orientiert sich an veränderten Rahmenbedingungen und an Wirtschaftlichkeitsaspekten. Bestimmende Strategien sind hierbei die Dezentralisierung, Generalisierung, Entbürokratisierung und Rationalisierung von Personalaufgaben. Träger der Personalarbeit sind die Geschäftsleitung, das Personalwesen und das Linienmanagement. Hauptfunktionen der Personalwirtschaft sind die Flexibilisierung der Arbeit und der Arbeitskräfte, die Rationalisierung der Arbeitsplätze und die Bewertung des Arbeits- und Entwicklungspotentials. Des Weiteren erfolgt der Aufbau quantitativer und freiwilliger Personalleistungen und eine Konzentration auf die Freisetzungspolitik.

- **Entre- und Intrapreneuring (ab ca. 1990)**
  Mitarbeiter gelten als wichtigste Unternehmensressource. Die Personalarbeit erfolgt unter strategischer und konzeptioneller Perspektive zentral organisiert. Operative Personalaufgaben werden in die Linie delegiert. Ziel der Personalarbeit ist es, den Mitarbeiter als Mitunternehmer zu gewinnen, zu entwickeln und zu erhalten, indem unternehmerisches Handeln auf Mitarbeiterebene gefördert und etabliert wird.

4.1.2.3 Identifikation und Auswahl von Konfigurationen

Die Entwicklung der formalisierten Personalarbeit ist in ihrem Ursprung durch eine dezentrale Organisationsform beschrieben. Dieses traditionelle Modell, welches in die Verwaltungsphase eingeordnet werden kann, sieht keine eigenständige Abteilung zur Erfüllung der Personalaufgaben vor (Wunderer 1992b:201ff.). Statt dessen werden Aufgaben (z.B. Personalbeschaffung, -entlohnung und -versetzung) von den Vorgesetzten in den einzelnen Fachabteilungen verrichtet. Eine derart ausgestaltete Konfiguration kann als obsolet bezeichnet werden und ist für die nachfolgenden Ausführungen irrelevant.

Die Anerkennungs- und Integrationsphase ist dadurch gekennzeichnet, dass die Bewältigung der Aufgaben des Personalwesens aufgrund von gesetzlichen, gesellschaftlichen und politischen Rahmenbedingungen komplizierter, differenzierter und umfangreicher ist. Insbesondere die Novellierung des Betriebsverfassungsgesetzes 1972 und das Mitbestimmungsgesetz von 1976 mit der eingeführten Verpflichtung, in allen Großunternehmen ab 2.000 Beschäftigten ein Vorstandsressort „Personal“ unter der Leitung eines Arbeitsdirektors einzurichten, erfordert eine Personalabteilung, die hauptsächlich Vorgesetzte und Fachabteilungen entlastet (Wagner 1994a:11f.). Getragen durch diese Entwicklung etabliert sich in Unternehmungen die funktional-zentrale Personalabteilung. Dieses Organisationsmodell hat bis heute in der Praxis eine dominante Bedeutung (Wagner 1994a:122ff., Metz 1995:130ff. u. Neuberger 1997:155ff.) und ist daher als Untersuchungsobjekt in die nachstehende Analyse aufzunehmen.

Negative Aspekte der funktional-zentralen Personalabteilung haben bewirkt, dass dem deutschen Personalwesen bei einem internationalen Vergleich in den 90er Jahren das Etikett eingetragen wurde, verrechtlicht, bürokratisch, nicht mitarbeiterorientiert, umständlich, unflexibel und wenig strategisch orientiert zu sein (Wächter 1999:7). Aus dieser Entwicklung heraus und gerade weil vor allem in größeren Unternehmen mit mehreren Betriebsteilen und teilweise regional aufgeteilten Zweigbetrieben sich eine funktional-zentrale Personalabteilung nicht realisieren lässt, etabliert sich zu Beginn der 80er Jahre das Personalreferentensystem (Wächter 1999:7), das in seiner Grundstruktur statt nach Funktionen nach Objekten (Arbeitnehmergruppen) organisiert ist. Das Organisationsprinzip der Objektorientierung, das sich nach dem Schema von Spie in die Phase der Flexibilisierung und Individualisierung einordnen lässt, ist das zweite wesentliche Prinzip der formalisierten Personalarbeit (Metz 1995:130ff. u. Neuberger 1997:155ff.) und daher auch im Kontext des Workflow-Managements relevant.

Problemstellungen der Globalisierung und Differenzierung von Unternehmungen in Konzerne und Tochtergesellschaften begegnet die Personalorganisation nach dem Holdingprinzip (Neuberger 1997:155ff. u. Krüger et al. 1999:199ff.), welches der Phase Globalisierung und interkulturelles Management von Spie zugeordnet werden kann. Das dem Modell inhärente Prinzip der strikten Trennung von operativer und strategischer Personalarbeit, als Ausgestaltung einer (internationalen) dezentralen Organisation, wird hier als drittes grundlegendes Prinzip der formalisierten Personalarbeit angesehen und ist daher auch Gegenstand der folgenden Ausführungen.

Forderungen, die Personalarbeit unmittelbar ergebnis- und erfolgsorientiert zu beurteilen, um ihren Beitrag zum Unternehmenserfolg bewerten zu können und der Anspruch Mitarbeiter als Mitunternehmer zu betrachten (vgl. die Phasen Ökonomisierung sowie Entre- und Intrapreneuring von Wunderer), führt zu einer Ausgestaltung der Personalorganisation durch Center-Konzepte. Die zunächst in der Literatur isoliert betrachteten Leistungs-Center (Cost-, Revenue- und Profit-Center) führt Wunderer zu einem Modell als „Wertschöpfungs-Center" zusammen (vgl. z.B. Wunderer et al. 1999:89). Dieser Zusammenschluss verschiedener Center-Konzepte wird nachstehend im Kontext des Workflow-Managements betrachtet. Auf eine vollständig differenzierte Einzeluntersuchung von Center-Konzepten wird verzichtet, da die Analyse des „Wertschöpfungs-Centers" mögliche Center-Ausprägungen impliziert. Eine Ausnahme bildet lediglich die Ausgestaltung der Personalarbeit als Profit-Center „Personal", das als eine bedeutende Vorstufe des Wertschöpfungs-Centers anzusehen ist und in der Literatur sowohl im Rahmen einer Holding- (s.o.) und Wertschöpfungs-Organisation als auch im Bereich der virtuellen Personalabteilung (s.u.) diskutiert wird.

Die vorgestellte Entwicklung der formalisierten Personalarbeit zeigt die vermehrte Dezentralisierung der Personalaufgaben und eine zunehmende Verlagerung der Personalaufgaben von der Personalabteilung zur Unternehmungsleitung und zu den Linienvorgesetzten und eine damit verbundene abnehmende Bedeutung der Personalabteilung als Hauptaufgabenträger auf. Ein in diesem Zusammenhang bislang nur diskutiertes und nicht praktisch erprobtes Organisationsmodell der Personalwirtschaft ist die virtuelle Personalabteilung (vgl. z.B. Scholz 2001). Diese Form der Personalorganisation, bei welcher die Personalabteilung als Institution vollständig aufgelöst wird, kann als logische Konsequenz aus der bislang beschriebenen organisatorischen Entwicklung beziehungsweise Dezentralisierung der Personalorganisation verstanden werden. Trotz des utopischen Charakters der Konfiguration wird die virtuelle Personalabteilung, um insbesondere der aktuellen Entwicklung der Forschungsbemühungen zur Personalorganisation Rechnung zu tragen, mit in die nachstehende Untersuchung eingebunden.

4.1.2.4 Funktional-zentrale Personalorganisation

4.1.2.4.1 Begriff und Grundlagen

Eine klassische und bis heute in der Praxis vorherrschende Konfiguration der Personalwirtschaft ist die auf dem Prinzip der Verrichtungsorientierung beruhende funktionale Organisation der Personalabteilung. Das Modell beruht auf einer Zerlegung der personalwirtschaftlichen Gesamtaufgabe in Teilaufgaben, die durch die Instanz der Personalleitung und durch spezialisierte Mitarbeiter für die Gesamtunternehmung wahrgenommen werden. Aufgrund dieses zentralistischen Elementes wird sie auch als funktional-zentrale Personalabteilung bezeichnet (Metz 1995:131).

Die Gesamtheit der personalwirtschaftlichen Arbeit erfolgt in einer zentralen Personalabteilung. Entsprechend der funktionalen Gliederung der personalwirtschaftlichen Gesamtaufgabe gliedert sich die Personalabteilung in Stellen und/oder Unterabteilungen für die Personalbedarfsermittlung, -beschaffung, -entwicklung, den Personaleinsatz, die Personalerhaltung und Leistungsstimulation sowie Personalfreistellung, die auf die Bewältigung ihrer jeweiligen Funktion spezialisiert sind (vgl. auch Abbildung 4-9 mit einer Funktionsdifferenzierung nach Bühner 1997:403).

4.1.2.4.2 Aspekte der Primärorganisation

Die Beschränkung auf eine personalwirtschaftliche Teilfunktion erlaubt jedem Personalsachbearbeiter ihre Beherrschung als Experte (Lattmann 1995:267). Im Kontext des Workflow-Managements ist dieser Mitarbeiterkreis als spezialisierte humane Akteure zu betrachten. Die strikte Aufgabentrennung erfordert eine differenzierte Workflow-Modellierung, die in Klassen von Workflow-Typen konform der einzelnen Teilfunktionen erfolgen kann. Hierbei ist insbesondere im Bereich der Workflow-Definitionen darauf zu achten, dass Mitarbeitern und Linienvorgesetzten für jede Personalfunktion eine andere Gruppe von Ansprechpartnern gegenüber steht, so dass personalwirtschaftliche Probleme genau vor-

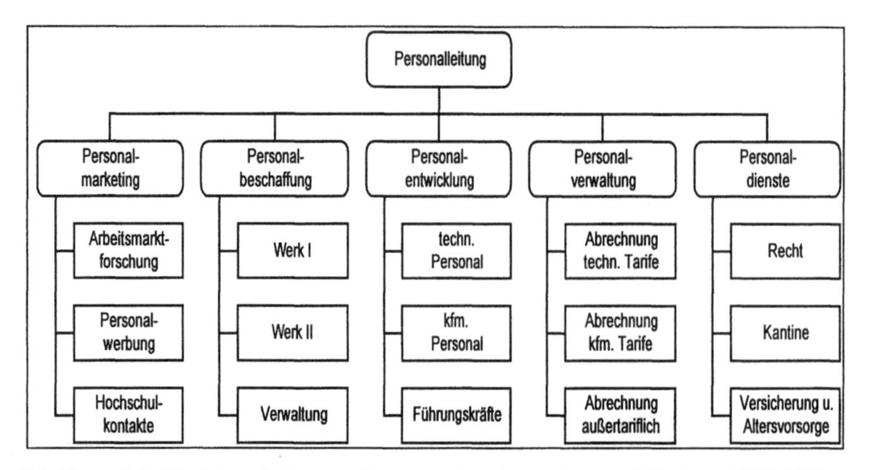

Abbildung 4-9: Funktionale Personalorganisation (verändert nach Bühner 1997:403)

formuliert werden müssen, damit diese entsprechenden Sachbearbeitern zugeordnet werden.

Eine weitere Gruppe humaner Akteure bilden Linienvorgesetzte, welche primär die Personalführungsfunktion im engeren Sinne wahrnehmen (Nienhüser 1999:161). Wie zuvor aufgezeigt wurde, ist dieser Aufgabenkomplex der Personalwirtschaft nur eingeschränkt durch Workflow-Typen abzubilden. Linienvorgesetzte können aber die Personalabteilung unterstützen, indem sie durch Workflows koordiniert zur Bereitstellung und Weitergabe von Informationen aufgefordert werden und im Umkehrschluss über zentral erarbeitete personalwirtschaftliche Konzepte informiert werden.

Die dritte Gruppe an humanen Akteuren rekrutiert sich aus Mitarbeitern der Personalleitung, die einzelnen Personalsachbearbeitern vorstehen. Werden durch Workflows personalwirtschaftliche Entscheidungsprozesse definiert, die in den Zuständigkeitsbereich der Personalleiter fallen, so sind diese Mitarbeiter als Akteure mit Entscheidungskompetenz in den jeweiligen Geschäftsprozess zu integrieren.

Abhängig von der Mitarbeiteranzahl des Personalbereichs ergeben sich für funktional-zentral organisierte Personalabteilungen allgemein zwei Alternativen zur Bestimmung von Workflow-Ownern. Ist der personalwirtschaftliche Mitarbeiterstamm relativ überschaubar (z.B. bei kleinen mittelständischen Betrieben), so kann der Aufgabenbereich der Verantwortung für Workflows der Personalleitung zugesprochen werden. Bei Personalabteilungen, die in zahlreiche (Unter-)Abteilungen und/oder Gruppen gegliedert sind, bietet es sich an, Workflow-

Owner aus dem Mitarbeiterpotential der (Unter-)Abteilungsleiter und/oder Gruppenleiter auszuwählen.

4.1.2.4.3 Aspekte der organisatorischen Integration

Personalleiter tragen die personalwirtschaftliche Gesamtverantwortung und koordinieren die verschiedenen Funktionen im Hinblick auf eine gemeinsame Personalpolitik und gewährleisten eine einheitliche Handhabung aller personalpolitischen Instrumente. Sie sind demnach im Kontext der Einführung und Applikation eines Workflow-Systems als Protagonisten des Workflow-Managements anzusehen. Infolgedessen ist es die Aufgabe der Personalleitung, die organisatorischen Voraussetzungen für das Workflow-Management zu schaffen, indem sie insbesondere personalwirtschaftliche Geschäftsprozesse für die Workflow-Anwendung selektiert und Workflow-Teams sowie Workflow-Owner bestimmt. Hierbei ist die Eingliederung der Personalabteilung in die Unternehmensorganisation von entscheidender Bedeutung. Lattmann (1995:262f.) und Becker et al. (1999:23) geben zur Integration der Personalabteilung und -leitung folgende Varianten an, die in der betrieblichen Praxis zur Anwendung kommen:

1. Die Personalabteilung ist ein eigenständiges, gleichberechtigtes Ressort, wobei der Personalleiter Mitglied der Geschäftsführung beziehungsweise der ersten Führungsstufe ist. Bei dieser Lösung ist die Personalabteilung ein vollwertiger Hauptbereich der Organisation, dessen Aufgabe die Schaffung, Erhaltung und Entwicklung des Humanpotentials der Unternehmensorganisation ist. Der Personalleiter erhält durch die Teilnahme an den Sitzungen der Geschäftsleitung einen unmittelbaren Einblick in die Probleme der gesamten Organisation, zu deren Lösung er beizutragen hat. Ferner kann er die strategische Ausrichtung der Personalarbeit fördern.
2. Die Personalabteilung ist unmittelbar der Geschäftsleitung unterstellt und der Personalleiter auf der zweiten Führungsstufe eingegliedert. Diese Lösung gewährleistet sowohl den unmittelbaren Zugang des Personalleiters zur Führungsspitze als auch die organisationsweite Ausrichtung der Personalfunktion.
3. Eine weitere Lösung ist die Eingliederung der Personalabteilung in einen Stabsbereich. Hierbei werden alle Dienstleistungsbereiche in einem der Organisationsleitung unmittelbar unterstellten Hauptbereich zusammengefasst, der zum Beispiel als „Stabsdienste“ oder „Zentrale Dienste“ bezeichnet werden kann. Auf diese Weise wird die Leitungsspanne der obersten Führungsstufe verkleinert. Neben der Personalabteilung gehören zum Beispiel die Planung, der Rechtsdienst und andere Bereiche, die Leistungen für die Linienstellen erbringen, diesem Stabsbereich an. Der Personalleiter ist auf der drit-

ten Führungsstufe eingegliedert, indem er dem Stabsbereichsleiter unterstellt ist.

4. Die Personalabteilung ist in einen Linienbereich eingegliedert und der Personalleiter befindet sich auf der dritten Führungsstufe. Die Tätigkeit der Personalabteilung ist bei einer solchen Lösung nicht auf die gesamte Organisation ausgerichtet, sondern zwangsläufig durch den Bereich bestimmt, dem sie angehört.

Aus den oben angeführten Integrationsvarianten kann als optimale Verortung des Personalbereichs für ein „wirkungsvolles" Workflow-Management die erste Alternative angesehen werden, da die Personalleitung proportional mit Kompetenzen gegenüber anderen Organisationseinheiten ausgestattet ist. Die übrigen Alternativen zeigen eine zunehmende disproportionale Kompetenzverteilung auf, die einer erfolgreichen Einführung und Applikation eines Workflow-Systems entgegen wirken kann.

4.1.2.5 Personalreferentensystem

4.1.2.5.1 Begriff und Grundlagen

Die fehlende Mitarbeiter- beziehungsweise Kundenorientierung, die zunehmende Bedeutung der Vorgesetzten-Mitarbeiter-Beziehung und der damit verbundene enge Zusammenhang zwischen Führungsfunktion und Personalarbeit sowie die steigende Abhängigkeit zwischen den einzelnen Personalfunktionen führen dazu, dass die funktional-zentrale Organisationsstruktur in der Personalwirtschaft durch ein Referentensystem ergänzt beziehungsweise überlagert wird (Paschen 1988:239 u. vgl. Abbildung 4-10).

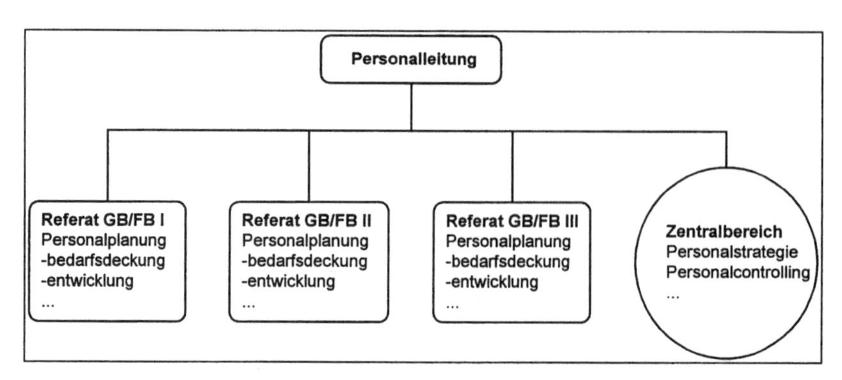

Abbildung 4-10: Organisation eines Referentensystems (nach Becker et al. 1999:220)

Bei dem Referentensystem handelt es sich um eine divisionale Organisationsform, bei der die Aufgabenverteilung nach dem Objektprinzip erfolgt. Als Objekte fungieren vorrangig entweder bestimmte Arbeitnehmergruppen (z.B. Angestellte, Arbeiter u. Führungskräfte) oder einzelne organisatorisch abgegrenzte Einheiten (z.B. Werke u. Geschäftsbereiche). Auf die besonderen Betreuungserfordernisse dieser Objekte und auf die dort anfallenden personalwirtschaftlichen Aufgaben sind sogenannte Personalreferenten funktionsübergreifend spezialisiert. Im Folgenden wird von einem Referentensystem ausgegangen, dessen Objektabgrenzung sich an Geschäftsbereichen orientiert.

4.1.2.5.2 Aspekte der Primärorganisation

Ein Referentensystem setzt sich unter Beachtung einzelner Organisationseinheiten aus Personalreferaten, einer zentralen Personalabteilung und einer Personalleitung zusammen. Mitarbeiter der Referate (Personalreferenten) sind in der Regel fachlich und disziplinarisch der zentralen Personalabteilung (Zentralbereich) unterstellt. Mitarbeiter des Zentralbereichs übernehmen einerseits bereichsübergreifende Aufgaben und andererseits unterstützen sie die Personalreferenten. Die Personalleitung ist verantwortlich für sämtliche bereichsbezogenen Entscheidungen insbesondere in Bezug auf das Referentenmodell, die Infrastrukturleistungen sowie andere Rahmenbedingungen. Ferner übernimmt sie Personalaufgaben auf Unternehmungsebene (z.B. Mitentscheidung bei der Besetzung von Schlüsselpositionen oder Entwicklung und Weitergabe von strategischen Leitlinien). Sie ist aber, ebenso wie der Zentralbereich, auf das bereichsspezifische Wissen der Personalreferenten bei der Entscheidungsfindung angewiesen (Bekker et al. 1999:220).

Zur Bestimmung und weiterführenden Differenzierung von humanen Akteuren wird nachstehend auf die Verteilung von personalwirtschaftlichen Aufgaben zwischen Personalreferenten, Zentralbereich und Geschäftsbereichsleitung näher eingegangen, um die aufbau- und ablauforganisatorischen Regelungen des Referentensystems im Kontext des Workflow-Managements personalwirtschaftlicher Prozesse zu verdeutlichen.

Als bedeutendste Gruppe humaner Akteure sind zunächst Personalreferenten zu nennen, deren Aufgabenbereiche sich grundsätzlich in Berater-, Mitentscheidungs-, Ausführungs- und Dienstleistungsaufgaben differenzieren:

Die Aufgabe des Personalreferenten besteht nach Bühner (1994:424f.) in der Beratung der Geschäftsbereichsleitung in Bezug auf alle im Bereich zu erfüllenden operativen personalwirtschaftlichen Aufgaben (z.B. Personalmarketing, Durchführung der Personalbeschaffung, bedarfsorientierte Personalentwicklung, Unterstützung in Fragen des Personaleinsatzes).“ Zusätzlich unterstützt der Personalreferent als Berater den Bereichsleiter bei der Erfüllung seiner Personalführungsfunktion, die aufgrund größerer Leitungsspannen sowie stärker spezialisierten und hochqualifizierten Mitarbeitern immer anspruchsvoller, intensiver und individualistischer wird (Paschen 1988:239 u. Daul 1990a:92).

Neben der reinen Beratertätigkeit agiert der Personalreferent als Mitentscheider bei individuellen Entgeltfestsetzungen, wenn bereichsübergreifend die Gleichbehandlung sichergestellt werden muss oder wenn Entgelt- oder Arbeitszeitsysteme geändert beziehungsweise neu eingerichtet werden. Das Gleiche gilt bei Einstellungen, Versetzungen, Entlassungen, sobald sie bereichsübergreifend relevant werden oder es sich um Führungsstellen handelt (Daul 1990a:92).

Ein drittes Aufgabenfeld des Personalreferenten liegt in der Ausführung. Hierzu gehört vorrangig die Pflege der Beziehungen zum Betriebsrat und die Koordination der Einbeziehung des Betriebsrates in mitbestimmungsrelevante Personalmaßnahmen (z.B. Personalabbau, Einstellung, Einführung eines neuen Entgelt- oder Zeiterfassungssystems).

Im Rahmen seiner Dienstleistungsfunktion übernimmt der Personalreferent unter anderem folgende Aufgaben für seinen Geschäftsbereich (Bühner 1994:424f. u. Metz 1995:137f.):

- Infrastrukturleistungen, soweit diese nicht zentral wahrgenommen werden (z.B. Lohn- und Gehaltsabrechnungen);
- Personalwirtschaftliche Einzelaufgaben im Geschäftsbereich (z.B. Führen von Mitarbeitergesprächen, Durchführung von Versetzungen und Freisetzungen) und
- Personalcontrolling auf Geschäftsbereichsebene.

Das komplexe Aufgabenfeld der Personalreferenten zeigt nicht nur Perspektiven auf, wie Referenten in den workflow-gestützten Ablauf von Geschäftsprozessen als humane Akteure eingebunden werden können, es gibt des Weiteren eine mögliche Klassifizierung für die Workflow-Modellierung vor, die in Klassen von Workflow-Typen konform der einzelnen Geschäftsbereiche, und hier wiederum differenziert nach den oben genannten Aufgabenbereichen der Personalreferenten, umgesetzt werden kann.

Referenten decken als Aufgabenträger geschäftsbereichsspezifische Problemstellungen ab. Der Aufgabenbereich von speziellen bereichsübergreifenden Problemstellungen wird von Mitarbeitern der zentralen Personalabteilung wahrgenommen. Nach Bühner (1994:424f.) und Metz (1995:137f.) sind dies folgende Aufgaben und Dienstleistungen:

a) Aufgaben

- Formulierung einer Personalstrategie in Abstimmung mit der Unternehmensstrategie;

- bereichsübergreifende personalwirtschaftliche Funktionen (z.B. Führungskräfteentwicklung);
- bereichsübergreifendes Personalcontrolling;
- Förderung und Moderation des Informationsaustausches zwischen den Personalreferenten.

b) Dienstleistungen

- Unterstützung der Personalreferenten in Problemfällen durch das Bereitstellen zusätzlicher Informationen und Know-how;
- bereichsübergreifende Infrastrukturleistungen (z.B. Optimierung von Methoden der Personalplanung u. externe Arbeitsmarktforschung);
- operative Serviceleistungen (z.B. Lohn- und Gehaltsabrechnung oder die Pflege von Personaldaten).

Der aufgeführte Kompetenzbereich der Mitarbeiter der zentralen Personalabteilung veranschaulicht, dass nicht das gesamte Aufgabenspektrum für ein Workflow-Management relevant ist. Ausschließlich das Gebiet der operativen Serviceleistungen ist, wie Kapitel 4.1.1 zeigt, für eine Workflow-Applikation bedeutend.

Werden Mitarbeiter des Zentralbereichs als humane Akteure in ein personalwirtschaftliches Workflow-Management eingebunden, so ist die oben getroffene Klassifizierung von Workflow-Typen eines Personalreferentensystems in diesem Zusammenhang um die Klasse der bereichsübergreifenden Workflow-Typen zu ergänzen.

Die Bereichsleitung ist verantwortlich für sämtliche bereichsbezogenen personal-wirtschaftlichen Entscheidungen. Die Ausübung der Entscheidungsverantwortung entspricht ihrer Personalführungsfunktion, die sich direkt aus der Zusammenarbeit mit den Mitarbeitern und der gemeinsamen Zielverfolgung ergibt. Die Bereichsleitung wird dabei vom Personalreferenten durch dessen personalwirtschaftliches Methoden-Know-how bei der Planung und Umsetzung der Maßnahmen unterstützt. Die Übertragung der Personalverantwortung auf die Linie ist dadurch begründet, dass die Linie einerseits für die personalspezifischen Aspekte ihrer Entscheidungen sensibilisiert wird und andererseits sich bei ihren personalwirtschaftlichen Entscheidungen von ökonomischen Kriterien leiten lässt (Bühner 1994:425). Um eine derartige dezentrale Aufgabenverteilung zwischen Personalreferenten und der Linie durch eine Workflow-Anwendung aufrecht zu erhalten und zu unterstützen, sind Linienvorgesetzte maßgeblich als humane Akteure zu berücksichtigen.

Mit Hilfe der gegebenen Beschreibung von Kompetenzen der einzelnen Akteurgruppen und auf der Grundlage der vorgeschlagenen Klassifizierung von Workflow-Typen kann nun der Fragestellung nachgegangen werden, wie das Prinzip der Workflow-Owner in einem Referentensystem umgesetzt werden kann. Es ist offensichtlich, dass sich das personalwirtschaftliche Fachwissen auf Personalreferenten und den Zentralbereich konzentriert. Hiernach ist zu folgern, dass die Klasse der bereichsbezogenen Workflow-Typen von Personalreferenten und die Klasse der bereichsübergreifenden Workflow-Typen von Mitarbeitern der zentralen Personalabteilung zu betreuen und zu verantworten ist. Der vollständige Ausschluss der Linienvorgesetzten an der Ausgestaltung von workflowgestützten Prozessen widerspricht indessen dem grundlegenden Prinzip des Referentensystems, das der Linie eine Partizipation an der Ausgestaltung personalwirtschaftlicher Aufgaben zugesteht. Um diese Zwangslage aufzulösen, erfordert das Referentensystem die Bildung von Workflow-Teams, in welchen die Linie als gleichberechtigter Partner vertreten ist.

4.1.2.5.3 Aspekte der organisatorischen Integration

Gleichartige Personalfunktionen werden beim Referentensystem objektorientiert auf verschiedene Referate verteilt, während in der zentralen Personalabteilung mit bereichsübergreifender Zuständigkeit diejenigen Funktionen verbleiben, um die Tätigkeit der einzelnen dezentralen Referate zu koordinieren und eine einheitliche Personalpolitik sicherzustellen (Bisani 1983:39).

Diese Gegebenheit erschließt für das personalwirtschaftliche Workflow-Management eine gleichgeartete Verteilung der Aufgaben der Selektion von Geschäftsprozessen für die Workflow-Anwendung und Bestimmung der Workflow-Teams sowie Workflow-Owner, so dass eine diesbezügliche Aufgabenteilung anhand der bereichsbezogenen und bereichsübergreifenden Workflow-Typen erfolgen kann.

Es stellt sich aber zudem die übergeordnete Frage, welcher Organisationsbereich insbesondere die Einführung des Workflow-Managements aufgrund der gegebenen Kompetenzverteilung propagieren beziehungsweise durchsetzen und koordinieren kann. In diesem Zusammenhang rückt die Integration des Referentensystems in die Unternehmungsorganisation in den Vordergrund der Betrachtung.

Nach Becker et al. (1999:220ff.) sind die personalwirtschaftlichen Referate der Geschäftsbereiche und der personalwirtschaftliche Zentralbereich einer zentralen Personalleitung unterstellt, so dass der Personalleitung der oben genannte übergeordnete Aufgabenbereich eines Workflow-Managements zuzuordnen ist. Nach Bühner (1994:426) ist das gesamte Referentensystem der Unternehmungsleitung unterstellt. Bei dieser Konfigurationsalternative ist es die Aufgabe der Unternehmungsleitung, das personalwirtschaftliche Workflow-Management grundlegend zu etablieren.

4.1.2.6 Personalorganisation nach dem Holdingprinzip

4.1.2.6.1 Begriff und Grundlagen

In diesem Abschnitt wird die Personalarbeit in einer Holdingorganisation näher betrachtet, die als Konzern-Strukturmodell in der Praxis zunehmend an Bedeutung gewinnt und zum gegenwärtigen Zeitpunkt bereits bei mehr als der Hälfte der 50 größten deutschen Industriekonzerne implementiert ist (Bühner 1994:426 u. Naumann 1994:1).

Bei einer Holding handelt es sich allgemein um eine dezentrale Form der Geschäftsbereichsorganisation beziehungsweise um eine Weiterentwicklung divisionaler Organisationsformen. Die Geschäftsbereiche bestehen als wirtschaftlich und rechtlich selbständige Tochtergesellschaften, die unter einer einheitlichen Konzernleitung, der sogenannten Holding-Obergesellschaft, zusammengefasst sind. Das Ausmaß der Aufgaben- und Entscheidungsverteilung und das daraus resultierende Führungskonzept im Konzern ergeben verschiedenartige Holdingformen (Naumann 1994:8f. u. Krüger et al. 1999:110f.). Neben den idealtypischen Formen, wie strategische Holding, operative Holding und Finanzholding, sind Zwischen- oder Mischformen möglich. Bei der Finanzholding reduziert sich das Interesse der Holding-Obergesellschaft auf die finanzielle Steuerung. Dazu gehören insbesondere die Beschaffung und Zuteilung finanzieller Ressourcen innerhalb des Konzerns sowie die Kontrolle der Mittelverwendung und der Mittelrückflüsse. Die Obergesellschaft nimmt darüber hinaus keinen weiteren Einfluss auf die Aktivitäten der Tochtergesellschaften. Sowohl strategische als auch sämtliche operativen Aufgaben werden autonom in den Tochtergesellschaften wahrgenommen. Demnach ist bei dieser Holdingform die Personalarbeit vollständig auf die Tochtergesellschaften dezentralisiert. Die Obergesellschaft der Holding beeinflusst lediglich über die Stimmrechte der Beteiligungen die Besetzung der Führungspositionen.

Ein anderes Extrem ist die operative Holding, in der die Obergesellschaft alle Funktionstypen einer Einheitsunternehmung umfasst. Dazu gehören sowohl Personalfunktionen als auch alle Funktionen, die der Leistungserstellung dienen. Somit erbringt die Obergesellschaft neben ihrer Führungs- und Verwaltungsfunktion eigenständige Marktleistungen. Die ebenfalls operativ agierenden Tochtergesellschaften verfügen über eine relativ geringe Autonomie und stehen unter dem dominanten Einfluss der Obergesellschaft. Die Struktur der operativen Holding entspricht der des Stammhauskonzerns. Die Personalarbeit ist bei der operativen Holding zentral in die Obergesellschaft eingegliedert.

Ein wesentliches Kennzeichen der strategischen Holding beziehungsweise der sogenannten Management-Holding ist dagegen die konsequente Trennung strategischer und operativer Aufgaben. Während die Holding-Obergesellschaft die Unternehmensstrategie entwickelt, plant und kontrolliert, also für die strategische Ausrichtung aller Teilbereiche beziehungsweise des Gesamtkonzerns zuständig ist, sind die Tochtergesellschaften für das operative Tagesgeschäft verantwortlich. Durch die eigene Rechtsform verfügen die operativen Unternehmensbereiche über einen hohen Grad an unternehmerischer Autonomie, so dass sie am Markt als mittelständische Gesellschaften auftreten können. In diesem Zusammenhang wird die Management-Holding als ein „big-/small-company hybrid" bezeichnet, welche die Vorteile großer Unternehmen (Kapitalkraft, Marktmacht, Größendegression) mit denen kleiner, mittelständischer Einheiten (Flexibilität, Kooperationsfähigkeit, Marktnähe) vereint (Bühner 1993:12).

Im weiteren Verlauf soll von diesem Holdingtyp ausgegangen werden, da dieser die bevorzugte Organisationsform für diversifizierte Unternehmen in der Praxis und repräsentativ für die derzeitige Entwicklung ist (Krüger et al. 1999:110). Darüber hi-naus erfolgt in der Literatur die Beschreibung der Personalorganisation nach dem Holdingprinzip vornehmlich in Anlehnung an das Management-Holdingmodell.

4.1.2.6.2 Aspekte der Primärorganisation

Im Holdingmodell lassen sich grundsätzlich drei verschiedene Trägergruppen personalwirtschaftlicher Aufgaben isolieren, die auch in Bezug auf ein personalwirtschaftliches Workflow-Management zu betrachten sind. Die erste Gruppe rekrutiert sich aus Mitarbeitern der zentralen Personalabteilung, die in der Holding-Obergesellschaft angesiedelt ist. Die zweite Gruppe wird durch Personalreferenten der einzelnen Tochtergesellschaften bestimmt. Zur dritten personalwirtschaftlichen Trägergruppe zählen Linienvorgesetzten, die neben ihrer Personalführungsfunktion ebenfalls Teilaufgaben der Personalarbeit übernehmen.

Die Personalorganisation nach dem Holdingmodell ist hinsichtlich der Aufbauorganisation und der Aufgabenträger im Ansatz vergleichbar mit dem oben beschriebenen Personalreferentensystem. Durch die strikte Trennung strategischer und operativer Aufgaben gibt es jedoch Unterschiede in der Aufgaben- und Kompetenzverteilung, so dass sich nach Bühner (1991:107f.) der Personalbereich allgemein in einer Management-Holding durch eine verstärkte Zukunftsorientierung, konsequentere Dezentralisierung und erweiterte Entscheidungsverantwortung der Linie von dem Personalreferentensystem abhebt. Diese Unterscheidungsmerkmale gilt es nun im Kontext des Workflow-Managements aufzugreifen, indem die Aufgabenträger sowie die Aufgabenverteilung näher betrachtet werden. Einen allgemeinen Überblick gibt hierzu Abbildung 4-11.

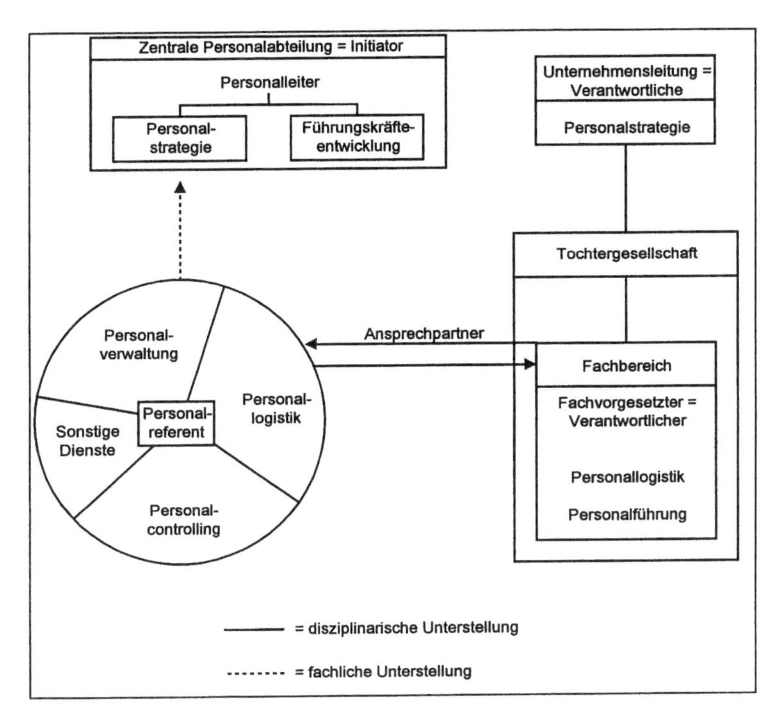

Abbildung 4-11: Aufgabenträger und -verteilung in einer Management-Holding (nach Bühner 1991:108)

a) Aufgaben der zentralen Personalabteilung

Die verstärkte Zukunftsorientierung der Management-Holding-Struktur schlägt sich in der veränderten Aufgabenstellung der zentralen Personalabteilung nieder. Nach Bühner (1991:107f.) agiert die zentrale Personalabteilung als Initiator, der Neuerungsprozesse frühzeitig erkennt und personalwirtschaftliche Aktivitäten in den Tochtergesellschaften anregen muss. Sie beobachtet und analysiert personalwirtschaftliche Rahmendaten außerhalb (Arbeitsmarkt) und innerhalb (Diversifikationsstrategie) des Unternehmens. Dadurch übernimmt sie eine Frühwarnfunktion hinsichtlich gravierender Änderungen der personalwirtschaftlichen Rahmenbedingungen. Durch die Entlastung vom operativen Tagesgeschäft genügt eine kleine, zentrale Mannschaft, die sich darauf konzentrieren kann, eine Personalstrategie in Einklang mit der Unternehmensstrategie zu formulieren und die Rahmenkonzepte und Leitlinien zu entwickeln, die notwendig sind, um die Strategie durch die dezentralen Personalreferenten in den Tochtergesellschaften umsetzen zu lassen. Ergänzend zu Bühner nimmt nach Krüger et al. (1999:117) die zentrale Personalabteilung in der Ma-nagement-Holding verschiedene Rollen mehr oder weniger gleichzeitig wahr: „In der Rolle des „Architekten“ unterstützt die Zentralfunktion die Konzernspitze bei der Bearbeitung und Lösung konzernweiter Themen, die einer zentralen Regelung bedürfen. Der Aufbau und die Pflege einer personalwirtschaftlichen Infrastruktur erfordern von der Personalarbeit die Rolle des „Integrators“, der insbesondere für die Einheitlichkeit des Vorgehens zu sorgen hat und hierfür entsprechende Regelungen und Systeme konzipieren muss. Als „Berater“ dagegen tritt die Zentralfunktion bei bereichsspezifischen Fragestellungen auf und bringt ihre Expertise in entsprechende Projekte der nachgelagerten Einheiten ein. Schließlich hat die Zentralfunktion auch als „Dienstleister“ zu agieren. Dies beinhaltet die Entwicklung und Durchführung standardisierter Unterstützungsaufgaben (Krüger et al. 1999:117f.).

Aus dem Kompetenzbereich der zentralen Personalabteilung lassen sich einem operativen Workflow-Management übergeordnete Aufgaben ableiten. Wird das Ziel verfolgt, in allen Tochtergesellschaften ein standardisiertes personalwirtschaftliches Workflow-Management zu etablieren, so ist es Aufgabe der Personalabteilung, diese Standards in einem groben Rahmen zu definieren und durchzusetzen. Aspekte dieser Regelungen können zum einen Vorgaben umfassen, die festlegen, in welchem Umfang die Personalarbeit in den Tochtergesellschaften durch ein Workflow-Management unterstützt werden soll (Selektion einzelner Personal[teil-]funktionen). Zum anderen kann bestimmt werden, welche organisatorischen Maßnamen in den Tochtergesellschaften umzusetzen sind, damit nach einheitlichen Richtlinien Workflow-Teams gebildet werden, die wiederum einheitlich agieren sollten. Allgemeine Kriterien zur Auswahl von Workflow-Ownern können dabei die Vorgaben sinnvoll ergänzen. Ebenso ist es Aufgabe der zentralen Personalabteilung, ergänzend zu den organisatorischen Regulativa, technische Rahmenbedingungen zu definieren, die insbesondere Standards in Bezug auf die zu verwendende Workflow-Hardware und -Software für die Tochtergesellschaften vorgeben, damit unter anderem einem sogenannten „Wildwuchs“ im Bereich der personalwirtschaftlichen IT-Infrastruktur vorgegriffen werden kann.

Zusammenfassend kann der Aufgabenbereich der zentralen Personalabteilung explizit als Meta-Workflow-Management bezeichnet werden, da zum einen die Aufgabe des Workflow-Protagonisten (Initiator u. Architekt) als auch Berater- und Dienstleistungsaufgaben für ein homogenes Workflow-Management in den Tochtergesellschaften wahrgenommen werden.

b) Aufgaben der dezentralen Personalreferenten

Personalreferenten gelten in einer Holding-Konfiguration, ebenso wie im klassischen Referentensystem, als eine bedeutende Gruppe humaner Akteure. Durch die im Vergleich zum Personalreferentensystem konsequentere Dezentralisierung aller operativen Personalaufgaben erweitert sich das Aufgabenfeld der Personalreferenten in den Tochtergesellschaften maßgeblich, so dass in dieser Konfiguration bereichsübergreifende Workflow-Typen, im Gegensatz zum Referentensystem, entfallen und sich der personalwirtschaftliche Leistungsumfang von Workflow-Typen je Tochtergesellschaft konform der Vorgaben der zentralen Personalabteilung ausrichtet.

c) Aufgaben der Linienvorgesetzten

Die Verantwortung der Linie wird in einer Holding-Konfiguration auf alle personalwirtschaftlichen Entscheidungen ausgedehnt. Die Linienvorgesetzten entscheiden sowohl über die operativen Personalmaßnahmen im Bereich der Personallogistik (Personalbeschaffung, -einsatz, -entwicklung und -freisetzung) und Personalführung als auch über die zukünftig im Konzern zu verfolgende Personalstrategie. Hieraus folgt in logischer Konsequenz, dass neben den Personalreferenten Linienvorgesetzte eine ebenso bedeutende Gruppe humaner Akteure formieren, wie die Personalreferenten selbst. Sie agieren nicht wie im Referentensystem durch eine Unterstützungsfunktion, sondern sind, bezogen auf Workflows, die personalwirtschaftliche Entscheidungen abbilden, mindestens gleichberechtigte Partner, so dass an dieser Stelle der Fragestellung nachzugehen ist, wie in einer Holding-Struktur das Workflow-Owner-Konzept umgesetzt beziehungsweise von der zentralen Personalabteilung vorgegeben werden kann. In diesem Zusammenhang bietet sich eine Differenzierung von zwei Klassen von Workflow-Typen an. Es ist die Klasse von Workflows mit personallogistischem Bezug und die Klasse von Workflow-Typen ohne ein Mitwirken der Linienvorgesetzten als Akteure mit Entscheidungskompetenz zu unterscheiden. Dieser Teilung folgend, kann die letzte Kategorie einzelnen Referenten und die Erstgenannte Linienvorgesetzten als Workflow-Ownern zugewiesen werden.

Abhängig von der Zielsetzung der zentralen Personalabteilung personalwirtschaftliche Kompetenzen organisatorisch zu verorten, ist neben dieser formallogischen Zuteilung auch die vollständige Überantwortungen aller Workflow-Typen auf eine der beiden Akteurgruppen denkbar. Unabhängig von der tatsächlich getroffenen Lösung gilt auch für eine Holding-Konfiguration, dass Workflow-Teams in einer zum Referentensystem vergleichbaren Besetzung je Tochtergesellschaft zu bilden sind, damit eine Partizipation beider Akteurgruppen an der Ausgestaltung von workflow-gestützten Prozessen gewährleistet wird.

4.1.2.6.3 Aspekte der organisatorischen Integration

Die organisatorische Integration der zentralen Personalabteilung in eine Holding zeigt aus der Perspektive des personalwirtschaftlichen Workflow-Managements auf, wie die Aufgabenträger des sogenannten Meta-Workflow-Managements in die gesamte Organisationsstruktur integriert werden können. Wie oben bereits angedeutet wird, sind die zentrale Personalabteilung und andere Zentralbereiche neben der Unternehmensleitung in die Holding-Obergesellschaft integriert. Demgegenüber sind die Personalreferenten dezentral in den Tochtergesellschaften untergebracht. In der Literatur ist vornehmlich diese Grundstruktur der Holding-Organisation beziehungsweise diese Form der Einbindung der formalisierten Personalarbeit in die Management-Holding zu finden. Es existieren darüber hinaus nach Bühner (1993:12) und Krüger et al. (1999:113) weitere Alternativen, die Zentralbereiche und somit auch die zentrale Personalabteilung in die Holdingorganisation einzugliedern, die hier aus Gründen der Vollständigkeit aufzuführen sind.

Bei alleiniger Betrachtung des Verwaltungsapparates des Zentralbereiches beziehungsweise der „Dienstleister"-Rolle der zentralen Personalabteilung besteht eine Alternative darin, die Zentralbereiche als eine rechtlich selbständige Service-Gesellschaft zu gestalten, die nicht in die Obergesellschaft integriert ist und Dienstleistungen sowohl für die Konzernspitze als auch für die Tochtergesellschaften erbringt. Des Weiteren kann die „Berater"-Rolle der zentralen Personalabteilung von einer Personalabteilung in einer der Tochtergesellschaften übernommen werden. Sämtliche Teilbereiche haben bei einer derartigen Konfiguration Zugriff auf das personalwirtschaftliche Wissen einer Tochtergesellschaft, welche für die gesamte Holding Dienstleistungen erbringt.

4.1.2.7 Personalorganisation als Profit-Center

4.1.2.7.1 Begriff und Grundlagen

Unter Profit-Center werden voneinander weitgehend unabhängige, funktional oder divisional organisierte Teilbereiche einer Unternehmung verstanden, auf deren Leitung die Unternehmensführung die Verantwortung für einen zu erzielenden Gewinn delegiert. Voraussetzung dafür ist, dass diese Teilbereiche unmittelbar Einfluss auf Kosten und Erlöse haben und über entsprechende Entscheidungsbefugnisse verfügen (Ackermann 1992:251).

Die Übertragung dieses Gedankens auf die Personalabteilung bedeutet, dass die Leitung der Personalabteilung die unternehmerische Verantwortung für Kosten und Erlöse ihrer Arbeit und damit Ergebnisverantwortung trägt. Mit der Ergebnisverantwortung ist wiederum die Autonomie der Personalabteilung verbunden, die letztendlich zu einer rechtlichen Verselbständigung und Ausgliederung aus dem Unternehmen führen kann. Folglich kann das Profit-Center „Personal" als eine Unternehmung in der Unternehmung angesehen werden, bei dem die an den Personalleiter gestellten Qualifikationsanforderungen Unternehmerniveau erreichen (Schweitzer 1992:2082).

Mit dem Profit-Center-Konzept wird versucht, marktwirtschaftlichen Konkurrenzdruck auszuüben. Die Personalabteilung wird nicht länger alimentiert, sondern muss sich selbst finanzieren und hat deshalb ein Interesse daran, möglichst schlank und kostengünstig zu arbeiten (Neuberger 1997:169). Statt eigene „Lieblingsprojekte" zu verfolgen, muss die Personalabteilung ihre Leistungen an interne als auch externe Kunden gegen Zahlung kosten- und marktorientierter Verrechnungspreise verkaufen (Neuberger 1997:169). Dabei müssen die Produkte der Personalabteilung eng an Kundenanforderungen orientiert, wirtschaftlich erstellt und betriebswirtschaftlich kalkuliert sein, um Absatzchancen zu haben. Da ihre Leistungsfähigkeit einem Vergleich mit externen Anbietern unterliegt, ist die Personalabteilung gezwungen, ihre Leistungen zu bewerten, für sie zu werben und den eigenen Beitrag am Unternehmenserfolg nachprüfbar herauszustellen.

Im Umkehrschluss verfügen die internen Kunden (z.B. Fachbereiche) im Sinne der Marktfreiheit über das Recht, von anderen Anbietern (z.B. Personalberater und Bildungseinrichtungen) personalwirtschaftliche Dienstleistungen extern zu beschaffen, wenn diese hinsichtlich Preis und/oder Qualität vorteilhafter anbieten können. Letztendlich sollen die Dienstleistungen der Personalabteilung und der externen Anbieter nur dann in Anspruch genommen werden, wenn der nachfragende Fachbereich sich dadurch eine Verbesserung der für ihn geltenden Erfolgskriterien verspricht.

4.1.2.7.2 Aspekte der Primärorganisation

In der Literatur ist die organisatorische Gestaltung des Profit-Centers „Personal" nicht eindeutig beschrieben. Einer der Gründe liegt sicherlich darin, dass viele Personalfunktionen sich nicht für die organisatorische Struktur eines Profit-Centers eignen. So sind beispielsweise personalwirtschaftliche Integrationsleistungen, wie die Gestaltung der Unternehmenskultur, nur sehr bedingt ausgliederbar. Es handelt sich vielmehr um langfristig ausgerichtete Personaldienstleistungen. Weiterhin ist die einer Integration zugrunde liegende Einheitlichkeit personalwirtschaftlicher Instrumente und Maßnahmen nicht mehr gewährleistet, wenn die Fachbereiche autonom über die Inanspruchnahme von personalwirtschaftlichen Leistungen entscheiden können, die darüber hinaus noch verschiedenartig ausgestaltet sein können. Ferner stellen andere Aufgaben der Personalabteilung, die der Steuerung und Führung des Gesamtunternehmens dienen, keine verkaufsfähigen Produkte für externe Kunden dar, da es sich bei diesen Produkten entweder um firmenspezifische Einrichtungen und strategische Größen handelt oder diese monetär nicht quantifizierbar sind. Zu diesen nicht „Profit-Center-tauglichen“ Aufgaben gehören nach Bertram (1996:176) insbesondere die Bereiche der Personalplanung, Personalinformationssysteme, Personalcontrolling sowie Personalstrategie und Personalführungssysteme.

Nach Bühner (1994:436) kommen beispielsweise nur Personalfunktionen, wie die Personalwerbung und -auswahl, Personalweiterbildung und -abrechnung aufgrund ihres Marktbezuges für das Profit-Center-Konzept in Frage. Nach Akkermann (1992:252) beschränkt sich die Anwendung Profit-Center-Konzeptes in der Praxis auf den Aus- und Weiterbildungsbereich der Personalwirtschaft.

Die angegebene Diskussion zeigt auf, dass ein personalwirtschaftliches Workflow-Management in einer Profit-Center-Organisation hinsichtlich der Bereitstellung workflow-gestützter Leistungen, wie sie in einer möglichen Gesamtheit in Kapitel 4.1.1 aufgeführt werden, maßgeblichen Restriktionen bezüglich des Leistungsspektrums unterworfen ist.

Aufgrund dieser Problematik erscheint die Anwendung unterschiedlicher Center-Konzepte (Cost-, Revenue- und Profit-Center) auf einzelne personalwirtschaftliche Funktionen als sinnvoll (Bertram 1996:181). Auf diese Lösungsmöglichkeit und ihre Bedeutung für ein personalwirtschaftliches Workflow-Management wird im Kapitel „Personalorganisation als Wertschöpfungs-Center“ näher eingegangen.

Unabhängig von den personalwirtschaftlichen Dienstleistungen, die bereitgestellt und angeboten werden können, ergibt sich für ein Workflow-Management von Personal(teil-)funktionen zunächst in Abgrenzung zu den bisher untersuchten Konfigurationen eine weitere Differenzierung von Akteuren.

Es sind zum einen Akteure zu unterscheiden, die aufgrund der internen Organisation des Profit-Centers zur Verfügung stehen. Ist das Center funktional oder objektorientiert strukturiert, so bilden interne humanen Akteure ein Potential aus, das gemäss der oben angeführten Analysen zur „funktional-zentralen Personalorganisation“ und zum „Referentensystem“ zu unterscheiden ist. Abweichend zu den bisherigen Gliederungen derartiger Akteurgruppen sind Linienvorgesetzte, als Mitglieder des interner Kundenkreises, auszuschließen. Zum anderen bilden Mitarbeiter interner und externer Kunden die Gruppe der externen humanen Akteure.

Diese Differenzierung folgt strikt der Idee des Profit-Centers, zeigt aber für ein Workflow-Management zusätzliche Problemstellungen auf. Profit-Center-Leistungen sind standardisiert, unabhängig davon, ob es sich um einen internen oder externen Kunden handelt. Ebenso sollte bei der Definition und Abwicklung des Leistungsangebots durch Workflows eine einheitliche Integration der externen Akteure erfolgen. Aus technischer Perspektive müssen daher externe humane Akteure über Netzwerkzugänge verfügen, die es ihnen erlauben, sich aktiv an der Verrichtung personalwirtschaftlicher Aufgaben zu beteiligen. Diese Voraussetzung kann aber unter Umständen nur für interne Kunden gegeben sein, so dass in solch einem Fall die Applikation eines Workflow-Systems generell in Frage zu stellen ist. Aus organisatorischer Perspektive stellt die Trennung von internen und externen Akteuren bei der Formierung von Workflow-Teams ein zusätzliches Problem dar. Akteure verschiedener Unternehmen eines spezifischen Workflow-Typs konkurrieren im Team gegebenenfalls um eine für ihre personalwirtschaftliche Aufgabenstellung optimale Ausgestaltung der Workflow-Definition. Dieser Problematik kann durch eine „Aufweichung" der Standardisierung begegnet werden, indem kundenspezifische Workflow-Lösungen implementiert werden, wobei in diesem Zusammenhang die Betreuung der externen Akteure durch kundenindividuelle Workflow-Teams erfolgen sollte, so dass unter Umständen die Mitarbeiter des Profit-Centers mit einer überproportionalen Betreuungsleistung konfrontiert sind.

Weniger problematisch stellt sich die Umsetzung des Workflow-Owner-Konzeptes dar. Aufgrund der Tatsache, dass die personalwirtschaftliche Kompetenz im Profit-Center selbst gegeben ist, können Workflow-Owner aus dem Mitarbeiterstamm des Profit-Centers rekrutiert werden.

4.1.2.7.3 Aspekte der organisatorischen Integration

Bisher wurde die Thematik der Ausgestaltung eines Workflow-Managements für ein personalwirtschaftliches Profit-Center unabhängig von der gesamten Organisationsstruktur einer Unternehmung betrachtet, so dass nun der Fragestellung nachgegangen werden muss, welche Alternativen der Eingliederungen eines Centers in der Literatur vorgeschlagen werden und welche Konsequenzen sich für die Workflow-Applikation aus möglichen Integrationsvarianten ergeben.

Damit im Rahmen des Profit-Center-Konzeptes Personalfunktionen auf dem internen und externen Markt angeboten werden können, sind geeignete organisatorische und rechtliche Rahmenbedingungen erforderlich. Wagner (1999:63) führt in diesem Kontext auf, dass generell eine divisionale beziehungsweise Geschäftsbereichsorganisation die Bildung eines Profit-Centers „Personal" sowohl innerhalb als auch außerhalb der jeweiligen Sparte oder Werke begünstigt.

Schweitzer (1992:2079) und Stockfisch et al. (1982:301) diskutieren in diesem Zusammenhang explizit die Integration eines personalwirtschaftlichen Profit-Centers in eine Geschäftsbereichsorganisation, deren Geschäftsbereiche einheitlich als Profit-Center organisiert sind und darüber hinaus jeweils über eine eigene Personalabteilung verfügen. Wagner (1999:63) behandelt als weitere Integrationsvariante die Einbindung eines personalwirtschaftlichen Profit-Centers in eine Holding-Organisation. Diese beiden Möglichkeiten werden nachstehend näher betrachtet.

Bei einer Geschäftsbereichsorganisation durch Profit-Center stehen einzelne Geschäftsbereiche gleichberechtigt, zumeist in der ersten Leitungsebene direkt unter der Unternehmungsführung, nebeneinander (Schweitzer 1992:2079). Sie regeln ihre Beziehungen wie selbständige Gesellschaften durch Verhandlungen und Quasi-Verträge (Stockfisch et al. 1982:301). Das Profit-Center „Personal" ist gleichberechtigt zu den anderen Profit-Centern in die Unternehmensorganisation eingegliedert. Innerhalb der Geschäftsbereiche übernehmen die Personalreferenten oder Linienvorgesetzten die Verantwortung für die Mitarbeiterplanung, -einstellung und Mitarbeiterentwicklung, das Training am Arbeitsplatz, Versetzungen und die Gehaltsentwicklung. Die Personalreferenten oder Linienvorgesetzten entscheiden zudem darüber, ob personalwirtschaftliche Leistungen (z.B. Personaldatenverwaltung, Lohn- und Gehaltsabrechnung u. Einstellungstests) von dem Profit-Center „Personal" oder von einem externen Anbieter bezogen werden sollen. Es ergibt sich aus der Perspektive eines umfassenden personalwirtschaftlichen Workflow-Managements die Option einer dualen Workflow-Applikation, das heißt, dass neben der zuvor beschriebenen Workflow-Anwendung die Applikation von Workflow-Systemen auch in den Personalabteilungen der übrigen Profit-Center umgesetzt wird. Abhängig von den Organisationsprinzipien der einzelnen Personalabteilungen (funktional o. objektorientiert) ergeben sich in diesen Organisationseinheiten Möglichkeiten des personalwirtschaftlichen Workflow-Managements, die gemäss der oben angeführten Analysen zur „funktional-zentralen Personalorganisation" und zum „Referentensystem" zu unterscheiden sind. Von besonderer Bedeutung ist hier, dass Mitarbeiter sowohl als reine Akteure (Kunden) im Komplex der Workflow-Lösungen des Profit-Centers eingebunden werden als auch in der „eigenen" Organisationseinheit Akteure und eventuell auch Workflow-Owner sein können.

Die zweite Integrationsmöglichkeit besteht darin, das Profit-Center „Personal" in die Tochtergesellschaft einer Holding einzugliedern, so dass letztendlich jede Tochtergesellschaft in der Holding ein eigenes Profit-Center „Personal" vorweist. Die Profit-Center bieten ihre bereichsspezifischen und generellen Personalleistungen zu marktgerechten Preisen sowohl den Fachbereichen in der eigenen Tochtergesellschaft als auch in den anderen Tochtergesellschaften an. Die

Personalabteilungen der einzelnen Tochtergesellschaften konkurrieren demnach miteinander. In der Obergesellschaft der Holding existiert ein Personalressort mit den Aufgaben der fachlichen Koordination und Richtlinienkompetenz, das unter anderem die Grundzüge der strategischen Personalpolitik festlegt. In diesem Zusammenhang kann das im Kapitel „Personalorganisation nach dem Holdingprinzip“ vorgeschlagene Meta-Workflow-Management in der Holding-Obergesellschaft Anwendung finden, damit eine gewisse Grundordnung zwischen den einzelnen Workflow-Leistungen der einzelnen Tochtergesellschaften hergestellt werden kann.

Beide Varianten der Integration eines personalwirtschaftlichen Profit-Centers zeigen auf, dass erst durch Einbindung des Centers in die gesamte Unternehmensstruktur, die zusätzliche personalwirtschaftliche Organisationseinheiten beinhaltet, eine umfassende Personalarbeit gewährleistet wird und ein umfassendes Workflow-Management gemäß der in Kapitel 4.1.1 vorgeschlagenen Anwendungsbereiche möglich wird. Eine dritte Möglichkeit, Profit-Center in die formalisierte Personalarbeit einzugliedern, ist die Personalorganisation als Wertschöpfungs-Center, dessen komplexe Ausgestaltung im nachstehenden Kapitel betrachtet wird.

4.1.2.8 Personalorganisation als Wertschöpfungs-Center

4.1.2.8.1 Begriff und Grundlagen

Die betriebliche Wertschöpfung wird verstanden als die Differenz zwischen den vom betrachteten Betrieb abgegebenen Leistungen (geschaffene Güter und Dienstleistungen) und den vom betrachteten Betrieb übernommenen Leistungen (Vor- bzw. Fremdleistungen) oder positiv als die Eigenleistung des Betriebes (Wunderer 1992:149). In diesem Verständnis kann die Personalabteilung als ein Wertschöpfungs-Center verstanden werden, wenn es ihr gelingt, den Wert ihrer personalwirtschaftlichen Leistungen zu steigern und damit einen Beitrag zum Unternehmenserfolg zu leisten. Zu diesem Zweck sind folgende vier Punkte nach Wunderer et al. (1999:90) konsequent in die Realität umzusetzen:

1. Senkung des Wertverzehrs bei den direkt anfallenden Kosten für Inserate, Assessmentcenter oder Seminare beziehungsweise Vermeidung von Verschwendung durch eine ineffiziente Leistungserstellung. Eine Kostenoptimierung kann zum Beispiel durch Fremdbezug von Leistungen realisiert werden.
2. Optimierung bereichsinterner Erstellungs- und Beratungsprozesse, um finanzielle, zeitliche und personelle Ressourcen zu schonen.

3. Verbesserung der Effektivität der erbrachten Leistungen, indem diese den Anforderungen der Nachfrager gerecht werden und mit den langfristigen strategischen Zielen des Unternehmens übereinstimmen.
4. Innerbetriebliche Verrechnung von Leistungen, die einen Deckungsbeitrag beziehungsweise durch den Verkauf einen direkt monetär quantifizierbaren Ertrag erwirtschaften.

4.1.2.8.2 Aspekte der Hauptdimensionen des Wertschöpfungs-Centers

Da sich der Wertschöpfungsbeitrag der Personalabteilung nicht nur auf eine ökonomische Dimension (Business-Dimension) beschränkt, sondern im Hinblick auf eine hohe Integration der Personalarbeit im Rahmen von Strategie, Struktur und Kultur auch die nichtmonetäre Nutzenstiftung bei den internen Kunden sowie für das Gesamtunternehmen berücksichtigen sollte, empfiehlt sich für das Wertschöpfungs-Center eine duale Struktur mit einer Management- und Service-Dimension sowie einer Business-Dimension (Arx 1995:426).

a) Management- und Service-Dimension

Da zum einen der Wert als eine qualitative und subjektive Messgröße verstanden wird, ist in dieser Hauptdimension die Wertschöpfung ein Ausdruck für den nicht-monetären Nutzen, den die Personalarbeit für ihre internen und externen Bezugsgruppen (Mitarbeiter, Geschäftsleitung, Linienvorgesetzte, Tochtergesellschaften usw.) leisten kann. Die Management- und Servicedimension konzentriert sich demnach auf die Leistungsphilosophie und –kultur der Personalarbeit (Wunderer 1992:150). Während in der Managementdimension die Strategie- und Effektivitätsorientierung im Vordergrund steht, bildet die Qualitäts- und Dienstleistungs-orientierung die Grundlage für die Servicedimension (Wunderer et al. 1999:90f.). Die Strategie- und Effektivitätsorientierung der Personalabteilung beinhaltet zum Beispiel die Analyse der internen Marktsituation, die Planung des Programm- und Dienstleistungsangebotes sowie die Formulierung und Umsetzung geeigneter Personal- und Führungskonzepte, die mit der übergeordneten Unternehmensstrategie konform gehen.

Die Qualitäts- und Dienstleistungsorientierung erfordert von den Mitarbeitern der Personalabteilung eine marketing- und kundenorientierte Denkhaltung sowie ein verändertes Selbstverständnis als spezialisierter interner Anbieter von Serviceleistungen. Der Nutzenbeitrag als interne „Serviceabteilung“ liegt dabei in der Effizienzsteigerung, der Optimierung der Servicequalität sowie in der bedarfsgerechten, innovativen, problemlösungsorientierten Unterstützung der Bezugsgruppen. Als Erfolgsfaktoren der Servicedimension nennen Wunderer et al. (1999:92):

- die Ausrichtung der Denkweise und Handlungsorientierung auf den Markt- und Kundennutzen,
- ein Angebot an nützlichen, qualitativ hochwertigen Dienstleistungen, welche die Ergebnisse der Kunden verbessern,
- das frühzeitige Erkennen von Entwicklungstendenzen und den damit verbundenen Kundenbedürfnissen und
- einen aktiven Beitrag zur Komplexitätsreduktion und Prozessoptimierung.

b) Business-Dimension

Im Bereich der monetären Leistungsmessung und -verrechnung ist die Business-Dimension angesprochen, die sich an den traditionellen Größen des Rechnungswesens wie Kosten, Aufwand, Ertrag, Deckungsbeitrag, Wirtschaftlichkeit und Rentabilität orientiert. Die Orientierung der Business-Dimension besteht darin, eine kostenoptimale Steuerung der internen Leistungsprozesse zu erzielen, Kostensenkungspotentiale auszuschöpfen und ein verursachungsgerechteres und verbessertes Kostenrechnungssystem zu schaffen (Arx 1995:429 u. Wunderer et al. 1999:92). Je nach Möglichkeit und bewusster Entscheidung kann mit der Business-Dimension der Weg vom „Cost"- zum „Revenue"- bis zum klassischen „Profit-Center" verfolgt werden (Wunderer 1992:150).

Unternehmensbereiche, in denen sich Bezugsgrößen nur schwer ermitteln lassen beziehungsweise mehrheitlich Fix- oder Gemeinkosten anfallen, sollten als Cost-Center mit Verrechnung über Umlage auf alle internen Bezugsgruppen geführt werden. Dies sind Dienstleistungsstellen, die weder Verkaufsfunktion noch -kompetenz haben, jedoch verantwortlich für die Effizienz der Leistungserstellung sind. Cost-Center haben somit keinen direkten Kontakt zum Absatzmarkt und erbringen vorwiegend interne und nicht marktfähige Leistungen (z.B. Controlling- und Planungsaufgaben). In der Personalabteilung kommen zahlreiche Aufgaben für den externen Verkauf nicht in Frage, da es sich dabei um die Erfüllung firmenspezifischer und strategischer Leistungen handelt, die der Steuerung und Führung der Gesamtunternehmung dienen. Zu diesen, dem Cost-Center-Konzept zuzuordnenden Aufgaben gehören insbesondere die Personalplanung und Personalinformationssysteme, Personalcontrolling, Personalpolitik sowie die Führungssystem-Entwicklung (Arx 1995:431ff. u. Wunderer et al. 1999:95f.).

Revenue-Center beziehungsweise Service-Center erstellen dagegen prinzipiell marktfähige Leistungen und individuelle, für interne Bezugsgruppen erarbeitete Lösungen. Diese werden ausschließlich auf dem internen Markt, jedoch zu

Marktpreisen oder zu kostendeckenden Verrechnungspreisen abgesetzt. Die internen Kunden werden direkt und verursachergerecht mit den auftragsvariablen Kosten der Leistungserstellung belastet. Das Revenue-Center eignet sich für intern beauftragte Personalcontrolling- oder Marketingleistungen (Arx 1995:431ff. u. Wunderer et al. 1999:95f.).

Verfügt der Personalbereich über Know-how, das auch auf dem externen Markt von Interesse ist, so kann ebenso die Ausgestaltung als ertragsorientiertes Profit-Center in Betracht gezogen werden. Dies hat, wie oben bereits ausgeführt wurde, unter anderem den Vorzug, einerseits die schlagkräftige Form „kleiner selbständiger Unternehmen im Unternehmen" zu nutzen und andererseits die Stellenleitung durch ein hohes Maß an Eigenverantwortung und Entscheidungsbefugnis zu hohen Leistungen und ökonomischem Umgang mit knappen Ressourcen zu motivieren. Aufgrund dieser und weiterer Vorzüge des Profit-Center-Konzepts wird letztendlich angestrebt, die Business-Dimension von einem Cost- oder Revenue-Center zu einem ertragsorientierten Verantwortungsbereich weiterzuentwickeln, der sich durch die zusätzliche Berücksichtigung des qualitativen, nicht-monetären Nutzens für die Bezugsgruppen zu einem Wertschöpfungs-Center erweitert.

Die aufgeführten Charakteristika der Management- und Service-Dimension sowie der Business-Dimension eines Wertschöpfungs-Centers lassen keine Rückschlüsse auf die in Kapitel 4.1.2.1 angegebenen Analysepunkte zu. Sie zeigen aber, abweichend von den hier originär verfolgten Untersuchungsinhalten, auf, dass ein personalwirtschaftliches Workflow-Management insbesondere die Erfolgsfaktoren der Service- und Business-Dimension nachhaltig instrumentell fördern kann.

Die Integration von Workflow-Anwendungen in einem Wertschöpfungs-Center bietet ein Instrumentarium an, das mit Hilfe der in Kapitel 3.3.4.4 aufgeführten qualitätsbezogenen Kennzahlen eine Evaluierung des Qualitätsstandards der Personalarbeit eines Wertschöpfungs-Centers ermöglicht. Eine derartige Betrachtungsweise des Workflow-Managements kommt der Anforderung nach, wonach die Service-Dimension einer nicht-monetären Nutzenbeurteilung unterliegen sollte (Wunderer et al. 1999:91ff.).

Des Weiteren geben Wunderer et al. (1999:99) Maßnahmen zu den Erfolgsfaktoren Komplexitätsreduzierung und Prozessoptimierung der Service-Dimension an, die eine explizite Symmetrie zum Umfang des zuvor aufgeführten Workflow-Ansatzes aufzeigen. In diesem Zusammenhang sind folgende Punkte beachtetenwert, die zum einen der Zielsetzung und zum anderen funktionalen Aspekten des Workflow-Managements entsprechen:

- Prozessdurchlaufzeiten beschleunigen (vgl. besonders Kapitel 2.4 u. 3.3.2.1),

- Teilprozesse automatisieren oder standardisieren (vgl. besonders Kapitel 3.3.1 u. 3.3.2.1),
- Leistungs- und Beratungsprozesse definieren (vgl. besonders Kapitel 3.3.1 u. 3.3.2.1),
- Verknüpfung einzelner Teilprozesse (vgl. besonders Kapitel 3.3.2.1) und
- Ablaufschritte der Prozesse überprüfen (vgl. besonders Kapitel 3.3.2.2 u. 3.3.2.3).

Für eine Umsetzung der Business-Dimension fordern Wunderer et al. (1999:92) unter anderem die Einführung interner Verrechnungspreise sowie eine verursachungsgerechte Kostenzuordnung und -belastung. Workflow-Kennzahlen können, wie in Kapitel 3.3.4.4 aufgezeigt wird, auch als Instrument der Kostenrechnung eingesetzt werden, wenn Bearbeitungszeiten einzelner humaner und maschineller Akteure mit Verrechnungssätzen (z.B. Löhne, Gehälter u. IT-Kosten) multipliziert werden, so dass insgesamt zu diesem „minimalen" Exkurs festgehalten werden kann, dass, eingeschränkt auf die Menge der durch ein Workflow-Management reproduzierbaren Geschäftsprozesse, die Workflow-Applikation als ein bedeutendes Instrument zur Unterstützung eines personalwirtschaftlichen Wertschöpfungs-Centers in den Bereichen der Service- und Business-Dimensionen anzusehen ist.

4.1.2.8.3 Aspekte der Primärorganisation und der Einbindung in die gesamtbetriebliche Organisation

Das Wertschöpfungs-Center „Personal" kann als ein eigenständiger Unternehmensbereich im Gesamtunternehmen gesehen werden, der eine Organisationsstruktur mit folgenden Bereichen aufweist (Arx 1995:426):

- Personalforschung und Personalentwicklung (z.B. Potentialanalysen, Aus-, Weiterbildung u. Meinungsbefragungen),
- Personalmarketing (z.B. Personalgewinnung u. Arbeitsgestaltung),
- Personalerhaltung und Personaleinsatz (z.B. Förderung von Leistungswerten),
- Personalwirtschaft und Managementsysteme (z.B. Planung, Organisation, Controlling u. Informationssysteme).

Da sich nur eine geringe Anzahl an Personalfunktionen für das Profit-Center-Konzept eignet (s.o.), sondern sich eher im budgetorientierten Cost-Center oder im kostenorientierten Revenue-Center verwirklichen lässt, ist das Wertschöpfungs-Center „Personal" durch die Koexistenz mehrerer Center-Konzepte gekennzeichnet (Arx 1995:430). Die Hauptfunktionen der Personalabteilung werden auf die drei Verantwortungsbereiche der Business-Dimension verteilt (Arx 1995:438):

- Die Funktionsbereiche Personalerhaltung und Personaleinsatz sowie Personalwirtschaft und Managementsysteme sind als Cost-Center ausgestaltet, da es sich vorwiegend um unternehmensspezifische und nicht marktfähige Leistungen handelt, die der Steuerung und Führung der Gesamtunternehmung dienen.
- Das Personalmarketing, welches unter anderem die Rekrutierung von Mitarbeitern beinhaltet, kann als Revenue-Center gestaltet werden, da es sich um bereichsspezifische Leistungen handelt, die den internen Kunden zu kostendeckenden Verrechnungspreisen angeboten werden können.
- Demgegenüber können nur die Funktionen Personalforschung und Personalentwicklung auf dem externen Markt bezogen oder angeboten werden, so dass diese für das Profit-Center-Konzept geeignet sind.

Die Gliederung der Hauptfunktionsbereiche in verschienartige Center zeigt auf, wie eine grobe Klassenbildung von Workflow-Typen unter Berücksichtigung der gegebenen Organisationsstruktur, aufgeteilt in die drei Center-Arten und weiter differenziert in die entsprechenden Personalfunktionen, vorgenommen werden kann. Es ergeben sich drei Hauptklassen von Workflows, die bezüglich einer möglichen Umsetzung des Workflow-Owner-Prinzips aufgrund ihrer Zuordnung zu den einzelnen Centern und aufgrund der personalwirtschaftlichen Kompetenz jeweils in der Verantwortung einzelner Center-Mitarbeiter liegen.

Dem Konzept des Wertschöpfungs-Centers sind explizit geringfügige Angaben zu entnehmen, welche Aufgabenträger als humane Akteure für ein Workflow-Management zur Verfügung stehen. Lediglich die von Wunderer (1992:149) vorgeschlagene Distribution der Personalarbeit mit strategischer Ausrichtung auf das Wertschöpfungs-Center und mit operativer Ausrichtung auf den Verantwortungsbereich der Linienvorgesetzten bestimmt die Linienvorgesetzten als Trägergruppe des personalwirtschaftlichen Workflow-Managements in der Funktion als Gruppe humaner Akteure. Es ist aber davon auszugehen, dass die einzelnen Center grundlegend nach dem Profit-Center-Prinzip strukturiert sind, so dass neben den Linienvorgesetzten Center-Mitarbeiter ein zweites Potential an Akteuren darstellen, die entsprechend der im oben stehenden Kapitel zum Profit-Center „Personal“ differenziert werden können (vgl. besonders Kapitel 4.1.2.7.2). Einschränkend ist in diesem Zusammenhang anzumerken, dass Problemstellungen der Integration externer Akteure weder das Cost- noch das Revenue-Center betreffen, da diese ausschließlich workflow-gestützte Dienstleistungen für interne Kunden anbieten.

Die Integration der Akteure in Workflow-Teams kann sich grundlegend an dem Grad der Autonomie des jeweiligen Centers gegenüber den Kunden beziehungsweise an dem Autonomiegrad der internen und externen Kunden gegenüber den Centern ausrichten, die wesentlich die Zusammenarbeit, das heißt insbesondere Freiheitsgrade der Center-Mitarbeiter (Workflow-Owner) bei der Ausgestaltung einzelner Workflow-Typen gegenüber den Kunden, bestimmt. Das Cost- und Revenue-Center verfügt über eine Richtlinienkompetenz gegenüber internen Kunden, und es besteht für das Leistungsangebot eine Abnahmepflicht (Wunderer et al. 1999:98). Beim Profit-Center orientiert sich das Leistungsangebot an der internen und externen Nachfrage und es kommt hinzu, dass interne Kunden Dienstleistungen am externen Markt beziehen können (Wunderer et al. 1999:98). Aufgrund der genannten Kompetenzverteilung, der oben vorgeschlagenen Klassenbildung von Workflow-Typen und der im Kapitel „Personalorganisation als Profit-Center" aufgezeigten Problematik der Zusammenarbeit von internen und externen Akteuren in einem Workflow-Team erscheint eine klar differenzierte Bildung von Workflow-Teams für angebracht. Dies bedeutet, dass sowohl ausgewählte Akteure der Workflows des Cost- als auch des Revenue-Centers in jeweils einem Team zusammenkommen und die Akteure des Profit-Centers in kundenindividuellen Teams betreut werden sollten.

Bisher wurde die Thematik der Ausgestaltung eines Workflow-Managments für ein Wertschöpfungs-Center „Personal" unabhängig davon diskutiert, welche personalwirtschaftlichen Aufgabenträger die vorgeschlagenen und zum Teil center-spezifischen Optionen bezogen auf die gesamte Konfiguration durchsetzen und koordinieren können. In diesem Zusammenhang rückt die Leitung des Wertschöpfungs-Centers und ihre Einbindung in die Unternehmungsorganisation in den Vordergrund der Untersuchung.

Für die oben aufgeführten Hauptfunktionsbereiche ist die Leitung des Wertschöpfungs-Centers „Personal" verantwortlich, deren Aufgabengebiete allgemein in der Erarbeitung, Formulierung und Verabschiedung der gesamten Personalpolitik und –strategie liegen (Arx 1995:426). Dadurch, dass die Personalleitung zudem Mitglied der Geschäftsleitung beziehungsweise der obersten Führungsebene ist, wird eine Abstimmung des strategischen Personalmanagements auf die Gesamtunternehmensstrategie gewährleistet.

Aufgrund der gegebenen Aufgabengebiete der Personalleitung kann diese für ein personalwirtschaftliches Workflow-Management als Protagonist bestimmt werden. Ähnlich wie in der Holding-Konfiguration (s.o.) kann die Personalleitung Aufgabenstellungen eines Meta-Workflow-Managements übernehmen, so dass für alle Hauptfunktionsbereiche beziehungsweise Center des Wertschöpfungs-Centers ein standardisiertes Workflow-Management etabliert werden kann, das einer einheitlichen Grundstruktur, koordiniert durch die Personalleitung, unterliegt. Charakteristisch für den workflow-orientierten Aufgabenkomplex der Personalleitung sind Vorgaben zum Umfang der durch Workflows umzusetzenden personalwirtschaftlichen Dienstleistungen, Kriterien zur Bildung von Workflow-Teams sowie zur Auswahl von Workflow-Ownern und allgemeine technische Restriktionen und Standards in Bezug auf die zu verwendende Workflow-Hard- und Software. Des Weiteren kann die Personalleitung Rahmenrichtlinien festlegen, die bestimmen, wie qualitätsbezogene und kostenbezogene Workflow-Kennzahlen auszugestalten sind, damit ein Standard in Bezug auf Evaluierung der Qualität einer workflow-gestützten Personalarbeit beziehungsweise hinsichtlich der Festlegung interner Verrechnungspreise für workflow-gestützte Dienstleistungen vorliegt.

4.1.2.9 Virtuelle Personalabteilung

4.1.2.9.1 Begriff und Grundlagen

Der über die Zeit zunehmenden Dezentralisierungstendenz personalwirtschaftlicher Aufgaben begegnet Scholz (1995b:398ff., 1996:1080ff., 1997:320ff., 1998:103ff., 1999b:233ff. u. 2001:139ff.) in (fast) letzter Konsequenz mit der Konfiguration der virtuellen Personalabteilung, die prinzipiell eine Auflösung der Personalabteilung als selbstständige Einheit bedeutet und eine Verlagerung der Personalfunktionen auf in der Unternehmung verteilte Mitarbeiter vorsieht, die zusätzlich zu ihren Kernaufgaben personalwirtschaftliche Aufgaben wahrnehmen (Neuberger 1997:156).

Als virtuell wird die Eigenschaft eines Objektes bezeichnet, das nicht real ist, allerdings in seiner Möglichkeit existiert (Scholz 1995b:400). Virtualität spezifiziert ein Objekt über Eigenschaften, die nicht mehr physisch vorhanden, wohl aber in ihrer Funktionalität nutzbar sind (Scholz 1999b:235). Auf Organisationen übertragen bedeutet Virtualität, dass eine virtuelle Organisation ein problemspezifischer flexibler Zusammenschluss von unabhängigen Organisationseinheiten entlang einer Wertschöpfungskette ist, der zwar dem Kunden gegenüber einheitlich auftritt, aber nicht „wirklich“ physisch vorhanden ist (Scholz 1999b:236). Die Virtualisierung kann sowohl in-terorganisational zwischen den Unternehmen als auch intraorganisational innerhalb eines Unternehmens erfolgen (Scholz 2001:142). Letzteres trifft bei der virtuellen Personalabteilung zu.

Für den Virtualisierungsprozess der Personalabteilung wird die herkömmliche Personalabteilung aufgelöst und ihre Mitarbeiter weitgehend auf andere wertschöpfende Einheiten im Unternehmen verteilt, wo sie neben personalwirtschaftlichen Aufgaben auch andere Aufgaben anderer Unternehmensfunktionen langfristig wahrnehmen. Das traditionelle Mitarbeiter-Vorgesetzten-Verhältnis in der Personalabteilung wird zugunsten von Netzverbindungen zwischen neben- und hauptamtlichen Personalexperten aufgelöst (Scholz 1998:106). Die räumliche Verbundenheit der Personalabteilung wird aufgetrennt, und es verteilen sich

Spezialisten für bestimmte Personalaufgaben in der Linie (Neuberger 1997:164). Die Personalabteilung existiert demnach in räumlicher Hinsicht nicht mehr, jedoch ihre Funktionen bleiben erhalten. Im negativen Extremfall kann es dadurch zu einer zergliederten und fraktionierten beziehungsweise entprofessionalisierten und ungesteuerten Personalarbeit kommen (Scholz 2001:146). Um das jedoch zu vermeiden, ist die Erfüllung einiger Zusatzanforderungen notwendig (vgl. für eine kompakte Übersicht besonders Scholz 1998:106f.):

1. Es ist eine sogenannte „integrative Klammer“ zu schaffen, welche die Einheitlichkeit des Auftretens der virtuellen Personalabteilung gegenüber den Kunden wahrt und diese Uniformität aus der Sicht des Kunden auch dann gewährleistet, wenn die personalwirtschaftlichen Mitarbeiter aus unterschiedlichen Unternehmensbereichen und von anderen Unternehmen stammen. In diesem Zusammenhang wird die Forderung nach einer hochentwikkelten, multimedialen Informationstechnologie gestellt, die eine effiziente Zusammenarbeit der Mitarbeiter der virtuellen Personalabteilung auch bei räumlicher Trennung ermöglicht (Scholz 1999b:245). Scholz (1998:106) geht in diesem Zusammenhang davon aus, dass die virtuelle Personalabteilung grundlegend nicht als IT-technisches Problem aufzufassen ist, da die Virtualisierung mittels Netzwerken erfolgt, die auch aus sozialen Strukturen bestehen können. Der IT-Einsatz ermöglicht aber einen schnelleren interaktiven Austausch zwischen den Partnern und eine Bündelung der verteilten Personalkapazitäten zu einem virtuellen Ganzen (Scholz 1999:245).
2. Ein Leitungsnetz aus internen (und externen) Kernkompetenzträgern muss installiert werden, die jeweils für bestimmte personalwirtschaftliche Fachgebiete (z.B. Assessment-Center) Experten sind (Scholz 1998:107). Kernkompetenzträger zu sein, bedeutet nicht unbedingt Ausschließlichkeit. So können Mitglieder der virtuellen Personalabteilung einerseits Personalkernkompetenzträger sein und andererseits in einer der Abteilungen des Unternehmens eine völlig andere, nicht personalwirtschaftliche Aufgabe übernehmen. Dafür müssen sie zusätzlich in zumindest einer betriebswirtschaftlichen Funktion qualifiziert sein.
3. Die virtuelle Personalabteilung basiert auf einem hohen Maß an gegenseitigem Vertrauen beziehungsweise erfordert eine breit angelegte Vertrauenskultur im Unternehmen, die sich nicht nur auf die Personalabteilung bezieht, sondern sich über die Schnittstellen zu anderen Organisationseinheiten auf das gesamte Unternehmen überträgt (Scholz 1998:107).
4. Als letzte Forderung ist der charismatische Personalchef zu nennen, der durch seine Vision („Kundenorientierung und Professionalisierung durch Virtualisierung“) und sein Strategieverständnis das Unternehmen im Hinblick auf die Personalfunktion optimal in den Markt ausrichtet (Scholz 1998:107).

Nach Scholz (1995b:402) weist die Stellenbesetzung einer virtuellen Personalabteilung eine langfristige Konstanz auf. Da die Konfigurationsstruktur dauerhaft in die Unternehmensorganisation integriert ist, kann, in Abgrenzung zu personalwirtschaftlichen Sekundärorganisationen (für personalwirtschaftliche temporäre oder innovative Sonderaufgaben, vgl. Kapitel 1.5.6), die virtuelle Personalabteilung als Primärorganisation bezeichnet werden. Diese Feststellung ist von grundlegender Bedeutung für die Applikation eines personalwirtschaftlichen Workflow-Managments, da Geschäftsprozesse mit der Eigenschaft einer über die Zeit relativ gleichbleibenden Interdependenzstruktur, die insbesondere auch Aufgabenträger beziehungsweise humane Akteure betrifft, das exklusive Anwendungsfeld eines Workflow-Systems definieren (vgl. Kapitel 3.3.2.1).

4.1.2.9.2 Virtualisierung der Personalabteilung als Entscheidungsprozess

Die Virtualisierung der Personalabteilung kann als ein Entscheidungsprozeß verstanden werden, bei dem vorrangig die Frage zu beantworten ist, welche personalwirtschaftlichen Aufgaben jeweils in welchem organisatorischen Rahmen wahrgenommen werden (Scholz 1999b:243f.). Scholz schlägt in diesem Zusammenhang zur Aufgaben- und Aufgabenträgerdifferenzierung einen Entscheidungsbaum vor, dessen Alternativen sukzessive zu prüfen sind (vgl. Abbildung 4-12 für eine Übersicht und insgesamt Scholz 1998:108 u. 1999:244ff.).

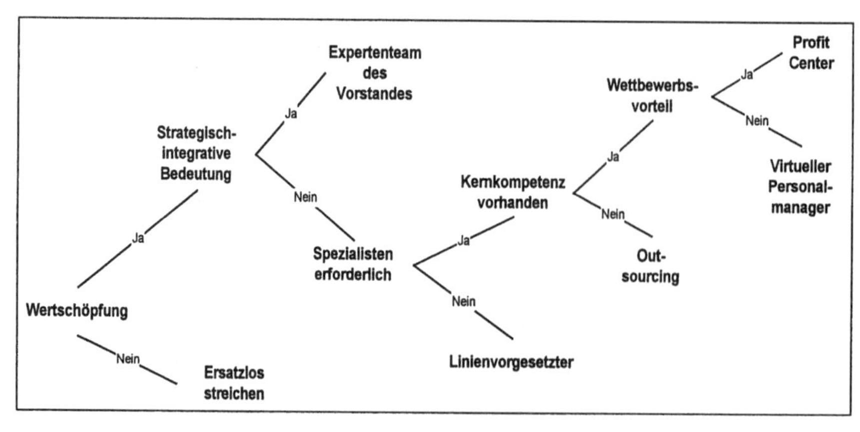

Abbildung 4-12: Entscheidungsbaum zur Virtualisierung der Personalabteilung (nach Scholz 1999b:244)

Zu Beginn ist die Frage der Wertschöpfung einzelner Personalaufgaben zu beantworten. Personalaufgaben, die keinen Wertschöpfungsbeitrag für das Unternehmen erbringen, werden aus dem Aufgabenrepertoire ersatzlos entfernt. Anschließend werden die verbliebenen wertschöpfungsorientierten Personalaufgaben hinsichtlich ihrer strategisch-integrativen Bedeutung beurteilt. Erfüllt eine Aufgabe diese Bedingung, so ist sie dem Aufgabengebiet der obersten Führungsebene zuzuordnen, das durch ein Expertenteam des Vorstands verantwortet wird. Wird die Bedingung durch eine Aufgabe nicht erfüllt, so ist die Frage zu stellen, ob zur Aufgabenverrichtung personalwirtschaftliche Spezialisten erforderlich sind. Trifft dieser Fall nicht zu, so wird diese Aufgabe einem Linienvorgesetzten zugeordnet. Werden Spezialisten zur Aufgabenerfüllung benötigt, so stellt sich die Frage, ob die benötigte Kernkompetenz im Unternehmen vorliegt. Sind im Unternehmen keine adäquaten Spezialisten vorhanden, so ist ein Outsourcing der Aufgabe durchzuführen. Abschließend ist bei vorhandenen Kernkompetenzträgern nach der Relevanz der zu erfüllenden Personalaufgabe für die Wettbewerbsstellung des Unternehmens am Markt zu fragen. Kann die Wettbewerbsposition des Unternehmens durch die Personalaufgabe verbessert oder verteidigt werden, so ist als Lösung ein kosten- und ergebnisverantwortliches Profit-Center empfehlenswert. Hat die Aufgabe dagegen keinen relevanten Einfluss auf die Wettbewerbsposition des Unternehmens, wird sie virtuellen Personalmanagern übertragen.

Die oben angeführten Grundlagen zur virtuellen Personalabteilung, insbesondere die Forderung nach einer „integrativen Klammer" und der aufgezeigte Entscheidungsbaum zur Virtualisierung der Personalabteilung charakterisieren die Konfiguration als eine dezentrale Organisation mit zahlreichen räumlich getrennten Aufgabenträgern, die nach Scholz (1998:107) unter anderem durch den Einsatz von Informations- und Kommunikationstechnologie zu koordinieren ist. Es ist daher an dieser Stelle, abweichend von den hier originär verfolgten Untersuchungsinhalten, zunächst he-rauszustellen, dass Workflow-Systeme Koordinationsaufgaben zwischen Mitarbeitern und Anwendungsprogrammen arrangieren und den technokratischen Koordinationsinstrumenten zuzuordnen sind (vgl. besonders Kapitel 2.2.8). Sie können daher, sofern eine Workflow-Applikation aus organisatorischer Perspektive möglich erscheint, zu den IT-Instrumenten gezählt werden, die Scholz für eine Umsetzung der „integrativen Klammer" einer virtuellen Personalabteilung einfordert (Scholz [1999b:243 u. 2001:152] selbst führt in diesem Zusammenhang lediglich zusammenfassend die TIME-Technologie [Telekommunikation, Informationstechnologie, Medien u. Entertainment] auf).

4.1.2.9.3 Aspekte der Primärorganisation und Einbindung in die gesamtbetriebliche Organisation

Akteure des Workflow-Managments einer virtuellen Personalabteilung können anhand der obigen Netzwerkbeschreibung bestimmt werden. Die virtuelle Personalabteilung ist allgemein betrachtet ein Netzwerk von hauptsächlich nebenamtlich agierenden Personalexperten, das sich über das gesamte Unternehmen und unter Umständen darüber hinaus (Stichwort: Outsourcing) ausbreitet. Diese Feststellung erlaubt zunächst eine grobe Differenzierung von Akteuren in die Gruppen interner und externer Akteure.

Die Gruppe der internen Akteure kann des Weiteren in drei Teilgruppen gegliedert werden. Die erste Gruppe bilden Linienvorgesetzte, denen nach Scholz personalwirtschaftliche Aufgaben übertragen werden können, die keine Spezialisten erfordern. Die zweite Gruppe, die Scholz virtuelle Personalmanager nennt, formiert sich aus zwei verschiedenen Mitarbeiterbereichen. Dies sind zum einen ehemalige Mitarbeiter der aufgelösten Personalabteilung, die neben personalwirtschaftlichen Aufgaben auch Funktionen, die unabhängig von personalwirtschaftlichen Problemstellungen sind, in der Linie übernehmen (z.B. in der Forschung und Entwicklung, Produktion oder im Marketing). Virtuelle Personalmanager können des Weiteren Mitarbeiter sein, die vor der Bildung der virtuellen Personalabteilung ohne Personalaufgaben waren, nun aber, nach erfolgter Qualifizierung, nebenamtlich personalwirtschaftliche Problemstellungen bearbeiten. Die dritte Gruppe bilden schließlich Mitarbeiter eines Profit-Centers, das nach Scholz (1999:245) als „eine feste Abteilung“ die „volle Kosten- und Ergebniskontrolle übernimmt“.

Aus der gegebenen Unterscheidung von Akteurgruppen können nun Optionen der Klassenbildung von Workflow-Typen unter Berücksichtigung der Organisationsstruktur abgeleitet werden. Es sind zum einen die Klasse interner Workflows, an denen ausschließlich interne Akteure partizipieren und zum anderen die Klasse der externen Workflows zu unterscheiden, deren Akteure zusätzlich von externen Unternehmungen stammen, die aufgrund einer Outsourcing-Lösung in personalwirtschaftliche Dienstleistungen der virtuellen Personalarbeit eingebunden sind.

Das personalwirtschaftliche Know-how interner Workflows liegt bei Mitarbeitern des Profit-Centers und bei den virtuellen Personalmanagern. Da Scholz keine expliziten Angaben darüber macht, welche Personalfunktionen von welchen Aufgabenträgern zu übernehmen sind, kann hier aus der Perspektive des Workflow-Managements unter Berücksichtigung des Workflow-Owner-Prinzips lediglich festgehalten werden, dass bei workflow-gestützten Profit-Center-Leistungen, aufgrund der Kunden-Lieferanten-Beziehung, Workflow-Owner aus dem Mitarbeiterstamm des Centers zu rekrutieren sind. Die verbleibenden workflow-gestützten personalwirtschaftlichen Prozesse können einzelnen virtuellen Personalmanagern zugeordnet werden.

Die Verantwortung für externe Workflows kann denjenigen internen Akteuren zugeordnet werden, die bezogen auf den Einzelfall die externe Leistung ausschließlich in Anspruch nehmen. Es kann der Fall auftreten, dass sowohl Linienvorgesetzte als auch virtuelle Personalmanager als Akteure an einem externen Workflow beteiligt sind. Bei einer derartigen Konstellation sollte der Workflow-Typ virtuellen Personalmanagern überantwortet werden, da diese über eine ausgeprägte personalwirtschaftliche Kompetenz im Gegensatz zu den Linienvorgesetzten verfügen (nach Scholz 2001:150 sollte jeder Personalmanager als Mindestqualifikation Grundkenntnisse in allen Personalfunktionen aufweisen).

Optionen der Formierung von Workflow-Teams können sich äquivalent an den Kriterien zur Differenzierung der Workflow-Owner und –Typen orientieren. Darüber hinaus ist in diesem Zusammenhang eine mögliche Workflow-Applikation im Profit-Center zu berücksichtigen (vgl. hierzu besonders Kapitel 4.1.2.7 u. 4.1.2.8). Dies bedeutet, dass mindestens jeweils ein Team für interne und externe Workflow-Typen zu bilden ist. Darüber hinaus sollte die Betreuung externer Akteure beziehungsweise Kunden des Profit-Centers durch kundenindividuelle Workflow-Teams erfolgen.

Die erfolgreiche Implementierung eines Workflow-Managements und insbesondere die Umsetzung der vorgeschlagenen organisatorischen Möglichkeiten wirft letztendlich die Frage auf, welche Organisationseinheit beziehungsweise welche Mitglieder der Netzwerkstruktur einer virtuellen Personalabteilung den einem operativen Workflow-Management übergeordneten Aufgabenkomplex der Etablierung, Standardisierung und Koordination der Workflow-Anwendung übernehmen sollten. Scholz (1998:108 u. 1999b:244, vgl. auch Kapitel 4.1.2.9.2) führt auf, dass im Netzwerk der virtuellen Personalabteilung die Personalleitung, ein Team von Experten, das der Unternehmensleitung angehört, unter anderem strategische und integrative Aufgaben koordiniert und als Moderator im personalwirtschaftlichen Netzwerk agiert. Aufgrund dieser exponierten Stellung kann das genannte Team als alleiniger Träger der Problemstellungen eines Meta-Workflow-Managements identifiziert werden.

4.2 Dysfunktionale Potentiale und rechtliche Regulativa

4.2.1 Vorbemerkungen

Dysfunktionale Potentiale sind Gegebenheiten der betrieblichen Personalwirtschaft, die der Möglichkeit nach die Applikation des Workflow-Managements negativ beeinflussen können. In Kapitel 2 wird aufgezeigt, dass die betrieblich bestehende IT-Infrastruktur und der Kenntnisstand von Mitarbeitern im Umgang mit Workflow-Systemen zu den potentiellen Realisierungshemmnissen zählen. Der Aspekt der Integration von Workflow-Systemen in die personalwirtschaftliche IT-Infrastruktur wird in Kapitel 5 aufgegriffen. Der Aspekt einer adäquaten Qualifikation von Mitarbeitern wird in diesem Abschnitt im übergeordneten Kontext der Akzeptanz von Mitarbeitern gegenüber der Einführung und Nutzung von Workflow-Systemen behandelt.

Die Einführung und Nutzung von neuen IT-Techniken, zu denen Workflow-Management-Systeme zweifelsfrei gezählt werden können, betrifft mehrere Interessengruppen im Betrieb und kann zu Ziel- und Interessenkonflikten zwischen diesen Parteien führen. Insbesondere der zuvor entwickelte Workflow-Ansatz fasst Mitarbeiter zweckbetont als humane Ressourcen auf, die eine bestimmte Arbeitsleistung zu erfüllen haben. Aufgrund der gegebenen sachlich-nüchternen Betrachtung der Mitarbeiter kann es zu Spannungen und Konflikten kommen.

Für die Handhabung eines derartig möglichen Spannungsfeldes zwischen betrieblichen Interessengruppen zeigt die deutsche Gesetzgebung und Rechtsprechung Handlungsweisen auf, die insbesondere eine proaktive Konsensfindung zwischen den Fraktionen ermöglichen können. Des Weiteren werden im juristischen Zusammenhang auch Vorgehensweisen dargeboten, die im Konfliktfall Handlungsoptionen für die einzelnen Interessengruppen bieten und somit andauernde konfliktäre Verhältnisse oder gar Konflikteskalationen möglicherweise vermeiden können.

Ziel dieses Kapitels ist es daher, potentielle Problemfelder beziehungsweise Konfliktpotentiale, die bei der Einführung, Nutzung und Weiterentwicklung von Workflow-Systemen auftreten können, darzulegen und korrespondierende Lösungsmöglichkeiten gemäß dem rechtlichen Umfeld zu entwickeln. Die rechtlichen Regelungen werden dementsprechend im Folgenden als steuerndes Element betrachtet.

Bei der Einführung und Verwendung von Workflow-Management-Systemen treffen die betrieblichen Gruppierungen Unternehmensleitung (Geschäftsleitung), Mitarbeiter (Arbeitnehmer) und Betriebsrat mit ihren Interessen und Zielsetzungen aufeinander, die zunächst näher zu differenzieren sind.

4.2.2 Betriebliche Interessengruppen und assoziierte Ziele und Interessen

4.2.2.1 Unternehmensleitung

Aus der Sicht der Unternehmensleitung kann angenommen werden, dass hier das Hauptinteresse darin liegt, durch die betriebliche Einführung und Expansion eines Workflow-Managements die Rationalisierungspotentiale von Workflow-Manage-ment-Systemen durch die Voll- und Teilautomatisierung von personalwirtschaftlichen (Teil-)Geschäftsprozessen zu nutzen und sonstige Anwendungs- und Nutzenpotentiale, wie sie in Kapitel 4.1 analysiert werden, auszuschöpfen. Es wird demnach für die nachstehenden Betrachtungen unterstellt, dass aus Unternehmersicht ein Sachzwang sowie eine Entschlossenheit zur Systemeinführung bestehen und ein positives Urteil über den Systemnutzen gefällt ist.

4.2.2.2 Mitarbeiter

Workflow-Management kann mit einer organisatorischen Umstrukturierung und Ver-änderung der Arbeitsinhalte und Arbeitsabläufe aus der Perspektive der betroffenen Mitarbeiter verbunden sein. Strukturänderungen und –neugestaltungen lösen häufig auf Mitarbeiterebene Ängste, Unsicherheiten und Widerstände hervor, die Schmidt (1994:118) und Picot et al. (1995:34) wie folgt skizzieren:

- allgemeine Neuerungsfeindlichkeit,
- fehlendes Problembewusstsein,
- Auffassung der Änderung als persönliche Kritik,
- Angst vor Versagen,
- schlechte Erfahrungen mit Reorganisation,
- Angst vor Statusverlust und
- Gefahr des Arbeitsplatzverlustes.

Stahlknecht et al. (1997:523) verstehen unter IT-Akzeptanz, welche selbstverständlich auch Workflow-Management-Systeme betrifft, den Grad der Mitarbeiterbereitschaft von den durch die Informationsverarbeitung gebotenen Nutzungsmöglichkeiten aufgabenbezogen am eigenen Arbeitsplatz Gebrauch zu machen. Stahlknecht et al. (1997:523) sehen die Gründe für eine mögliche mangelnde IT-Akzeptanz zum einen in der verbreiteten Einstellung, organisatorische Veränderungen grundsätzlich erst einmal abzulehnen, zum anderen in der Angst vor negativen Auswirkungen wie zum Beispiel:

- eine stärkere, systembedingte Regelung der Arbeitsabläufe,
- die Zunahme der Arbeitsanforderungen und der Arbeitsbelastung,
- der Verlust des Arbeitsplatzes,
- der Verlust an zwischenmenschlichen Kontakten,

- die Furcht in Hinblick auf die persönliche Freiheiten eingeengt zu werden,
- die Furcht durch den IT-Einsatz verstärkt überwacht zu werden und
- den neuen Anforderungen durch die Informationsverarbeitung nicht gewachsen zu sein.

Des Weiteren erwarten Mitarbeiter einen sensiblen Umgang mit ihren personenbezogenen Daten unter der Wahrung der eigenen Intim- und Privatsphäre, so dass sie insbesondere darauf bedacht sind, dass nur Daten gespeichert werden, die für ein bestehendes Arbeitsverhältnis unerlässlich sind (Heinecke 1994:189). Ein besonders sensitiver Aspekt des Workflow-Managements ist in diesem Zusammenhang die Option, arbeitnehmerbezogene Verhaltens- und Leistungsdaten vor allem bei der Analyse von Workflow-Kennzahlen auszuwerten. Aus der Betrachtungsweise der Mitarbeiter heraus können sich Bedenken entwickeln, die sich auf den „gläsernen Menschen" beziehen und Vorbehalte gegenüber einer sozialen Kontrolle und Optimierungsmöglichkeiten der Personaleinsatz- und Personalfreisetzungsplanung beinhalten.

Finzer (1992:10) führt derartige Vorbehalte auf die sogenannte Multifunktionalität von Daten zurück. Diese Multifunktionalität von Daten bezieht sich auf deren Erkenntniswert, so dass Daten, die anfänglich selbst aus Perspektive der betroffenen Mitarbeiter für einen angemessenen und für sie unter Umständen sogar vorteilhaften Zweck erhoben werden, in einem anderen Zusammenhang nachteilig sein können.

Die aufgezeigte potentielle Abwehrhaltung und das eventuell bestehende Misstrauen auf Ebene der Mitarbeiter gegenüber den durch Workflow-Management-Systeme erfassten Daten, können mittels der Darlegungen von Bellgardt (1990b:19) und Domsch et al. (1991:15), welche die Autoren im Problemkreis der Einführung und Nutzung von Personalinformationssystemen anführen, aufgrund der Vergleichbarkeit der sich ergebenden betrieblichen Situation zusammenfassend begründet werden durch:

- die Sensibilität erhobener Daten durch die Nähe zur Privat- und Intimsphäre der Mitarbeiter,
- die beschränkte Abbildbarkeit persönlicher Verhältnisse durch erhebbare Daten und die dadurch bedingte Reduktion der Arbeitnehmerpersönlichkeit auf IT-gerechte Informationen,
- die aus der Abstraktion entstehenden Interpretationsprobleme, insbesondere durch Kontextverluste und
- den Zwangscharakter der Datenerhebung aufgrund drohender ökonomischer Nachteile.

4.2.2.3 Betriebsrat

Der Betriebsrat, institutionalisiert durch das Betriebsverfassungsgesetz (§ 1 BetrVG), dessen Hauptziele in diesem Zusammenhang die Umsetzung gewerkschaftlicher Leitlinien im Rahmen der mitarbeiterbezogenen Datenverarbeitung und die Wahrung der Arbeitnehmerinteressen sind (§ 2 BetrVG), ist die vermittelnde Instanz zwischen der Unternehmensleitung und den Mitarbeitern, indem er von seinen Mitspracherechten gegenüber der Unternehmensleitung in sozialen, personellen und wirtschaftlichen Angelegenheiten Gebrauch machen kann (§§ 87-113 BetrVG).

Generell gilt der Betriebsrat als die Vertretung der Arbeitnehmer im Betrieb, während die Gewerkschaften Arbeitnehmerinteressen überbetrieblich vertreten. Arbeitgeber und der Betriebsrat, als gewählte Vertretung der Arbeitnehmer (nach § 1 BetrVG kann auf Initiative der Arbeitnehmer in allen Betrieben mit mindestens fünf Arbeitnehmern ein Betriebsrat gewählt werden), haben vertrauensvoll zusammenzuarbeiten (§ 2 BetrVG). Hierbei bestehen die allgemeinen Aufgaben des Betriebsrates im Eintreten für gerechte und angemessene Behandlung der Arbeitnehmer, in der Beseitigung von Meinungsverschiedenheiten zwischen Arbeitgeber und Belegschaft und im Beitragen zu einem reibungslosen Arbeitsablauf (Halbach et al. 1994:385ff.). Aus § 80 BetrVG ergeben sich de facto zur oben beschriebenen Problematik folgende Aufgabenstellungen für den Betriebsrat:

- die Überwachung der Einhaltung und Durchführung der zugunsten der Arbeitnehmer erlassenen Gesetze und Verordnungen,
- die Beantragung von Maßnahmen, die der Belegschaft dienen sowie
- die Entgegennahme von Anregungen der Arbeitnehmer und entsprechende Verhandlungen mit dem Arbeitgeber.

4.2.3 Rechtliches Umfeld

4.2.3.1 Abgrenzung

Sowohl bei der betrieblichen Einführung als auch bei der betrieblichen Nutzung von IT-Systemen sind das Betriebsverfassungsgesetz sowie das Bundesdatenschutzgesetz in der Literatur grundlegend angeführte Normen (vgl. z.B. Mertens et al. 1996:198ff. sowie Stahlknecht et al. 1997:520ff. im Kontext der betrieblichen Datenverarbeitung; Scholz 1994:698ff. sowie Oechsler 2000:211ff. und 217ff. im Kontext der IT-gestützten Personalwirtschaft; Raufer 1997:81ff., Derszteler 2000:192 und Herrmann et al. 2000a und 2000b mit Bezug zur Applikation von Workflow-Management-Systemen), die gleichermaßen von vorrangigem Interesse für das Workflow-Management sind. Sie werden daher nachstehend zunächst gegeneinander begrifflich und inhaltlich in ihrem regulativen Anwendungsbezug abgegrenzt.

Die Vorgehensweise, nachstehend einzelne rechtliche Normen zu charakterisieren, erscheint aufgrund ihrer Offenkundigkeit im Schrifttum zunächst redundant oder gar entbehrlich. Sie wird aber vom Verfasser als notwendig angesehen, da gerade in den Rechtsgebieten (besonders für einen „Nicht-Rechtsgelehrten") interpretative Freiräume bestehen, deren Auslegung zu beschreiben ist. Des Weiteren wird im Verlauf dieses Kapitels explizit auf einzelne Abschnitte der Gesetze Bezug genommen, so dass eine vorangestellte kompakte und kommentierte Darstellung der Normen sinnvoll erscheint.

4.2.3.2 Betriebsverfassungsgesetz

Das Betriebsverfassungsgesetz regelt die Zusammenarbeit zwischen Arbeitgeber, Belegschaft, Betriebsrat, Gewerkschaften und Vereinigungen der Arbeitgeber (§ 2 BetrVG). Die Arbeitnehmervertretung hat Beteiligungsrechte in sozialen, personellen und wirtschaftlichen Angelegenheiten. Das Gesetz gibt aber auch den einzelnen Arbeitnehmern Rechte und schafft auf diese Weise demokratische Verhältnisse in den Betrieben (§§ 74-86 BetrVG). Grundanliegen des Gesetzes ist es, den Betriebsrat und damit die Belegschaft an den betrieblichen Entscheidungen zu beteiligen.

Die Beteiligungsrechte des Betriebsrates sind unterschiedlich weitgehend. Von der Mitbestimmung wird definitionsgemäß erst dann gesprochen, wenn eine Stellungnahme des Betriebsrats auf die Wirksamkeit einer Maßnahme des Arbeitgebers Einfluss hat oder wenn die Arbeitnehmervertretung auch gegen den Willen des Arbeitgebers eine Maßnahme durchsetzen kann. Das Gesetz verwendet den Begriff der Mitbestimmung, wenn bei Meinungsverschiedenheiten zwischen Arbeitgebern und Betriebsrat eine dritte Stelle verbindlich entscheidet. Dies ist bei sozialen Angelegenheiten die Einigungsstelle sowie bei den personellen Angelegenheiten teils die Einigungsstelle und teils das Arbeitsgericht.

Alle übrigen Beteiligungsrechte sind Mitwirkungsrechte (vgl. für eine zusammenfassende Übersicht über die Gesamtheit an Beteiligungsrechten des Betriebsrates Abbildung 4-13).

Liegen Unstimmigkeiten zwischen Arbeitgeber und Betriebsrat vor, kann die oben angesprochene Einigungsstelle (vgl. hierzu insbesondere Pünnel et al. 1997, Hase et al. 1998, Weber et al. 1999 und § 76 BetrVG) gebildet und aktiv werden. Sie wird dann im sogenannten Einigungsstellenverfahren tätig, wenn beide Seiten es beantragen oder mit ihrem Tätigwerden einverstanden sind. In solchen Fällen ersetzt der Spruch der Einigungsstelle das Übereinkommen

I) Mitwirkungsrechte
• **Recht auf Information** (Es besteht grundsätzlich in nahezu allen betrieblichen Angelegenheiten, die für den Betriebsrat von Interesse sein können, insbesondere zur Personalplanung - § 92, Stellenausschreibung - § 93, Einstellung, Versetzung, Ein-/Umgruppierung - § 99, zu wirtschaftlichen Angelegenheiten - § 106 und Betriebsänderungen - § 111.) • **Recht auf Anhörung** (Dabei ist dem Betriebsrat eine Überlegungsfrist einzuräumen und Gelegenheit zu geben, Stellung zu nehmen; insbesondere zu Kündigungen - §102.) • **Recht auf Beratung** (Es besteht insbesondere zur Personalplanung - § 92, Berufsbildung - §§ 96, 97 und zu Betriebsänderungen - § 111.) • **Recht auf Einsicht** (Es besteht insbesondere zur Personalplanung - § 92 und zu Bewerbungsunterlagen - §99.)
II) Mitbestimmungsrechte
• **Widerspruchsrechte** (Sie bestehen in bestimmten im Gesetz aufgeführten Fällen, insbesondere zu personellen Einzelmaßnahmen - §§ 99, 102 und zur Abberufung eines betrieblichen Ausbilders - § 98.) • **Zustimmungs- oder Vetorechte** (In diesem Fall hat der Arbeitgeber die Initiative. Angelegenheiten, die er durchführen will, bedürfen aber der Zustimmung des Betriebsrats; insbesondere zu sozialen Angelegenheiten - § 87, Personalfragebogen und Beurteilungsrichtlinien § 94 sowie zu Auswahlrichtlinien - § 95.) • **Initiativerechte** (Der Betriebsrat kann hier bei Angelegenheiten, die der Mitbestimmung unterliegen, selbst Maßnahmen fordern. Mitbestimmung ist in diesem Fall als Mitgestaltung aufgrund eigener Initiative zu verstehen, insbesondere zu Stellenausschreibungen - § 93, Auswahlrichtlinien - § 95, zur Berufsbildung - § 98, zu Sozialplänen bei Betriebsänderungen - § 112 und sozialen Angelegenheiten - § 87.).

Abbildung 4-13: Übersicht zu Beteiligungsrechte des Betriebsrates nach dem Betriebsverfassungsgesetz (verändert nach Scholz 2000:177)

zwischen Arbeitgeber und Betriebsrat, wenn beide Parteien sich dem Spruch vorab unterworfen oder ihn nachträglich anerkannt haben. Des Weiteren wird die Einigungsstelle bei Nichteinigungen aktiv, wenn im Gesetz bei bestimmten Mitbestimmungsrechten ihre Entscheidung gefordert ist. Die Einigungsstelle ist paritätisch von der Arbeitgeber- und der Betriebsratsseite her zusammengesetzt. Deren Vorsitzender, auf dessen Person sich beide Seiten einigen müssen, hat unparteiisch zu sein. Daher wird häufig ein Arbeitsrichter gewählt. Die Einigungsstelle fasst ihre Beschlüsse nach mündlicher Beratung mit Stimmenmehrheit. Bei der Beschlussfassung hat sich der Vorsitzende zunächst der Stimme zu enthalten. Kommt eine Stimmenmehrheit nicht zustande, so nimmt der Vorsitzende nach weiterer Beratung an der erneuten Beschlussfassung teil.

4.2.3.3 Bundesdatenschutzgesetz

4.2.3.3.1 Grundlagen

Datenschutz bezeichnet die Gesamtheit der gesetzlichen und betrieblichen Maßnahmen zum Schutz der Rechte von Personen vor Verletzung der Vertraulichkeit und der Sicherheit des Informationshaushaltes (vgl. z.B. Hansen 1996:457). Das Bundesdatenschutzgesetz (BDSG) gilt als Zusammenfassung der Grundnormen des Schutzes personenbezogener Daten in einem Gesetz. Mit dem BDSG verfolgt der Gesetzgeber das Ziel, den Einzelnen davor zu schützen, dass er durch den Umgang mit seinen personenbezogenen Daten in seinem Persönlichkeitsrecht beeinträchtigt wird (§ 1 BDSG). Das BDSG schützt personenbezogene Daten, Daten über persönliche oder sachliche Verhältnisse einer Person, in Form von Dateien und sonstigen Sammlungen gleichartigen Aufbaus, die nach bestimmten Merkmalen geordnet, umgeordnet und ausgewertet werden können und unter anderem für nicht öffentliche Stellen - soweit sie die Daten in oder aus Dateien geschäftsmäßig oder für berufliche oder gewerbliche Zwecke verarbeiten oder nutzen - erhoben, verarbeitet und genutzt werden (§§ 1-3 BDSG). Bezogen auf den Personaldatenschutz erhält der Mitarbeiter durch das BDSG Rechte und Pflichten (vgl. grundlegend § 6 BDSG). Das Unternehmen hat technische und organisatorische Maßnahmen zu treffen, um die Ausführung der Vorschriften des Gesetzes zu gewährleisten und des Weiteren unter Umständen einen Datenschutzbeauftragten zu bestellen.

4.2.3.3.2 Rechte und Pflichten der Mitarbeiter

Mitarbeiter, im Gesetzestext als Betroffene bezeichnet, haben das Recht auf:

- Benachrichtigung
  Werden erstmals personenbezogene Daten gespeichert oder übermittelt, so ist der Betroffene von der Speicherung und der Art der Daten zu benachrichtigen (§ 33 BDSG);
- Auskunft
  Der Betroffene kann Auskunft verlangen über die zu seiner Person gespeicherten Daten, auch soweit sie sich auf Herkunft und Empfänger beziehen, den Zweck der Speicherung und Personen und Stellen, an die seine Daten regelmäßig übermittelt werden, wenn seine Daten automatisiert verarbeitet werden (§ 34 BDSG);
- Berichtigung
  Personenbezogene Daten sind zu berichtigen, wenn sie unrichtig sind (§ 35 BDSG);

- Löschung
  Personenbezogene Daten sind zu löschen, wenn ihre Speicherung unzulässig ist, es sich um Daten über gesundheitliche Verhältnisse, strafbare Handlungen, Ordnungswidrigkeiten sowie religiöse oder politische Anschauungen handelt und ihre Richtigkeit von der speichernden Stelle nicht bewiesen werden kann, sie für eigene Zwecke verarbeitet werden, sobald ihre Kenntnis für die Erfüllung des Zweckes der Speicherung nicht mehr erforderlich ist, oder sie geschäftsmäßig zum Zwecke der Übermittlung verarbeitet werden und eine Prüfung am Ende des fünften Kalenderjahres nach ihrer erstmaligen Speicherung ergibt, dass eine längerwährende Speicherung nicht erforderlich ist (§ 35 BDSG);
- Sperrung
  An die Stelle einer Löschung tritt eine Sperrung, soweit einer Löschung gesetzliche, satzungsmäßige oder vertragliche Aufbewahrungsfristen entgegenstehen, Grund zu der Annahme besteht, dass durch eine Löschung schutzwürdige Interessen des Betroffenen beeinträchtigt würden, oder eine Löschung wegen der besonderen Art der Speicherung nicht oder nur mit unverhältnismäßig hohem Aufwand möglich ist (§ 35 BDSG). Personenbezogene Daten sind ferner zu sperren, soweit ihre Richtigkeit vom Betroffenen bestritten wird und sich weder die Richtigkeit noch die Unrichtigkeit feststellen lässt (§35 BDSG).

Im Gegenzug ist es, zur Wahrung des Datengeheimnisses, den bei der Datenverarbeitung beschäftigten Mitarbeitern untersagt, personenbezogene Daten unbefugt zu verarbeiten oder zu nutzen (§ 5 BDSG). Diese Pflicht besteht auch nach der Beendigung der Tätigkeit.

4.2.3.3.3 Pflichten der Unternehmung

Unternehmen, die selbst oder im Auftrag personenbezogene Daten verarbeiten, haben die technischen und organisatorischen Maßnahmen zu treffen, die erforderlich sind, um die Ausführung der Vorschriften des BDSG, insbesondere die in der Anlage zu diesem Gesetz genannten Anforderungen, zu gewährleisten (§ 9 BDSG). Beschäftigt ein Unternehmen mindestens fünf Arbeitnehmer ständig mit personenbezogener Datenverarbeitung oder werden personenbezogene Daten auf andere Weise verarbeitet und damit mindestens zwanzig Arbeitnehmer ständig beschäftigt, so ist ein Beauftragter für den Datenschutz zu bestellen (§ 36 BDSG), welcher die Ausführung des BDSG sowie anderer Vorschriften über den Datenschutz sicherzustellen hat (§ 37 BDSG). Das Unternehmen ist unter anderem verpflichtet, den Beauftragten über Vorhaben der automatisierten Verarbeitung personenbezogener Daten rechtzeitig zu unterrichten und ihm eine Beschreibung über (§ 37 BDSG):

- eingesetzte Datenverarbeitungsanlagen,
- Bezeichnung und Art der Dateien,
- Art der gespeicherten Daten,
- Geschäftszwecke, zu deren Erfüllung die Kenntnis dieser Daten erforderlich ist,
- deren regelmäßige Empfänger und
- zugriffsberechtigte Personengruppen oder Personen, die allein zugriffsberechtigt sind,

zur Verfügung zu stellen.

4.2.4 Analyse des rechtlichen Situationszusammenhangs

4.2.4.1 Bundesdatenschutzgesetz

Werden arbeitnehmerbezogene Daten gespeichert oder verarbeitet, ist zunächst das Bundesdatenschutzgesetz zu betrachten, wenn bei der Nutzung bzw. Auswertung der Daten mittels automatisierter Verfahren der Bezug zu einem Mitarbeiter hergestellt werden kann, auch wenn dies nur indirekt geschieht (Geis 1992:10, AWV 1993a, AWV 1993b, Raufer 1997:81). Das BDSG stellt somit primär Anforderungen an die eigentliche Applikation, den sogenannten Wirkbetrieb von Workflow-Systemen, die aber auch bei der Systemeinführung, besonders bei der Systemplanung und im Verlauf des Einführungsprojekts, zu beachten sind.

Es sind Zulässigkeitsvoraussetzungen für die Verarbeitung, die Rechte der Mitarbeiter, die Kontrollrechte sowie die sich aus dem BDSG ergebenden Anforderungen an den Datenschutz zu berücksichtigen, indem entsprechende organisatorische Maßnahmen getroffen werden (z.B. strenger Zugriffsschutz auf personenbezogene Daten unter der Verwendung von Kennwortverfahren, Kennkarten und Chiffrierungsprogrammen, Trennung von Vorgangsdaten und personenbezogenen Daten sowie die Anonymisierung von Daten, so dass ein Bezug zum Mitarbeiter nicht hergestellt werden kann). Sind derartige Vorkehrungen getroffen, so kann die mit der Applikation von Workflow-Management-Systemen verbundene Verarbeitung mitarbeiterbezogener Daten im Sinn des BDSG zulässig sein (Raufer 1987:81, Derszteler 2000:193).

Explizit geben die sogenannten „10 Gebote des Datenschutzes“ in der Anlage zu § 9 BDSG eine Übersicht über Kontrollmaßnahmen, welche die Ausführung der Vorschriften des Gesetzes auch im Rahmen des Workflow-Managements gewährleisten können (vgl. Abbildung 4-14).

Werden personenbezogene Daten automatisiert verarbeitet, sind Maßnahmen zu treffen, die je nach der Art der zu schützenden personenbezogenen Daten geeignet sind,

1. Unbefugten den Zugang zu Datenverarbeitungsanlagen, mit denen personenbezogene Daten verarbeitet werden, zu verwehren (**Zugangskontrolle**),
2. zu verhindern, dass Datenträger unbefugt gelesen, kopiert, verändert oder entfernt werden können (**Datenträgerkontrolle**),
3. die unbefugte Eingabe in den Speicher sowie die unbefugte Kenntnisnahme, Veränderung oder Löschung gespeicherter personenbezogener Daten zu verhindern (**Speicherkontrolle**),
4. zu verhindern, dass Datenverarbeitungssysteme mit Hilfe von Einrichtungen zur Datenübertragung von Unbefugten genutzt werden können (**Benutzerkontrolle**),
5. zu gewährleisten, dass die zur Benutzung eines Datenverarbeitungssystems Berechtigten ausschließlich auf die ihrer Zugriffsberechtigung unterliegenden Daten zugreifen können (**Zugriffskontrolle**),
6. zu gewährleisten, dass überprüft und festgestellt werden kann, an welche Stellen personenbezogene Daten durch Einrichtungen zur Datenübertragung übermittelt werden können (**Übermittlungskontrolle**),
7. zu gewährleisten, dass nachträglich überprüft und festgestellt werden kann, welche personenbezogenen Daten zu welcher Zeit von wem in Datenverarbeitungssysteme eingegeben worden sind (**Eingabekontrolle**),
8. zu gewährleisten, dass personenbezogene Daten, die im Auftrag verarbeitet werden, nur entsprechend den Weisungen des Auftraggebers verarbeitet werden können (**Auftragskontrolle**),
9. zu verhindern, dass bei der Übertragung personenbezogener Datenträger die Daten unbefugt gelesen, kopiert, verändert oder gelöscht werden können (**Transportkontrolle**),
10. die innerbehördliche oder innerbetriebliche Organisation so zu gestalten, dass sie den besonderen Anforderungen des Datenschutzes gerecht wird (**Organisationskontrolle**).

Abbildung 4-14: Datenschutzmaßnahmen (nach der Anlage zu § 9 Satz 1 BDSG)

4.2.4.2 Betriebsverfassungsgesetz

In das Zentrum einer ganzheitlich rechtlich zu führenden Diskussion über die Einführung und Verwendung von Workflow-Management-Systemen ist das Betriebsverfassungsgesetz zu positionieren und an dieser Stelle vornehmlich die Beteiligungsrechte des Betriebsrates, welche letztendlich die Mitbestimmungsansprüche der Mitarbeiter im Unternehmen repräsentieren.

Betrachtet man zunächst die Einführungsphase eines Workflow-Systems, so ergeben sich nach § 90 BetrVG Mitwirkungsrechte und nach § 91 BetrVG Mitbestimmungsrechte des Betriebsrats, da durch den Einsatz von Workflow-Management-Systemen die Gestaltung von Arbeitsplätzen, Arbeitsabläufen und Arbeitsumgebungen betroffen sind. Dem Betriebsrat kommen gemäß § 90 BetrVG Unterrichtungs- und Beratungsrechte im Kontext der Einsatzplanung des Workflow-Systems zu, und gemäß § 91 BetrVG kann der Betriebsrat fordern, wenn die Systemnutzung offensichtlich (insbesondere nach Meinung des Betriebsrates) den gesicherten arbeitswissenschaftlichen Erkenntnissen über die menschengerechte Gestaltung der Arbeit widerspricht, dass angemessene Maßnahmen zur Abwendung, Milderung oder zum Ausgleich der Belastung zu treffen sind. Kommt es zu keinem Konsens zwischen Unternehmensleitung und Betriebsrat entscheidet die Einigungsstelle und ersetzt die Einigung zwischen Arbeitgeber und Betriebsrat (vgl. § 91 BetrVG). Aus § 111 BetrVG ergibt sich ein weiteres mögliches Mitwirkungsrecht, das unmittelbar gemäß § 112 BetrVG in ein Mitbestimmungsrecht des Betriebsrates mündet, wenn aufgrund der zu erwartenden Rationalisierungspotentiale des Workflow-Systems insbesondere eine Personalabbauplanung einhergeht. Nach § 111 BetrVG hat die Unternehmensleitung den Betriebsrat über geplante Betriebsänderungen, die wesentlichen Nachteile für die Belegschaft oder erhebliche Teile der Belegschaft zur Folge haben können, rechtzeitig und umfassend zu unterrichten und die geplanten Betriebsänderungen mit dem Betriebsrat zu beraten. Im Fall der oben angesprochenen Personalabbauplanung haben Unternehmensleitung und Betriebsrat einen Interessenausgleich über die Betriebsänderung in Form eines Sozialplans zu entwickeln, wobei hier im konfliktiven Fall wieder der Spruch der Einigungsstelle die Einigung zwischen Arbeitgeber und Betriebsrat ersetzt (§ 112 BetrVG). In der Einführungsphase und während des produktiven Betriebs eines Workflow-Management-Systems sind eventuell Mitarbeiter durch Schulungsmaßnahmen zur Arbeit mit dem System oder zum allgemeinen organisatorischen Konzept des Workflow-Managements fortzubilden. Solche Maßnahmen unterliegen nach § 92 BetrVG im Kontext der Personalplanung und nach den §§ 96-98 BetrVG im Umfeld der Berufsbildung Mitwirkungsrechten des Betriebsrates. Der Betriebsrat hat hier ein Mitwirkungsrecht, das sich sowohl auf die Durchführung der Maßnahmen als auch auf die Auswahl des Teilnehmerkreises bezieht.

Betrachtet man nun die Nutzungsphase eines Workflow-Systems und an dieser Stelle besonders die oben angesprochene Analyse von Workflow-Kennzahlen und die Überwachung von Workflow-Instanzen, steht § 87 BetrVG im Zentrum der Diskussion, wonach dem Betriebsrat ein Mitbestimmungsrecht bei der „Einführung und Anwendung von technischen Einrichtungen, die dazu bestimmt sind, das Verhalten oder die Leistung der Arbeitnehmer zu überwachen", zukommt. Es ist zu beachten, dass dieses Recht nach der Rechtsprechung bereits dann einsetzt, wenn eine technische Einrichtung zur Leistungs- und Verhaltenkontrolle auch nur geeignet ist. Der Wille, sie in diesem Sinn auch einzusetzen, muss nicht nachgewiesen werden (vgl. Bundesarbeitsgericht vom 06.12. 1983 und 14.09. 1984, Bundesverwaltungsgericht vom 16.12. 1987, Raufer 1997:82, Derszteler 2000:194 und Herrmann et al. 2000a:25). Darüber hinaus ist nach einem weiteren Urteil des Bundesarbeitsgerichts dieses Recht nicht nur für die Verarbeitung von Daten einzelner Arbeitnehmer gültig, sondern hat auch dann Geltung, wenn Leistungs- und Verhaltensdaten einer Gruppe von Arbeitnehmern zwar nicht individuell zurechenbar sind, aber „der von der technischen Einrichtung ausgehende Überwachungsdruck auf die Gruppe auch auf den einzelnen Arbeitnehmer durchschlägt" (Bundesarbeitsgericht vom 18.02. 1986 und Raufer 1997:82).

Zusätzlich gewährt das Betriebsverfassungsgesetz dem einzelnen Arbeitnehmer ein individuelles Beschwerderecht, wenn sich dieser persönlich von Maßnahmen des Workflow-Managements benachteiligt oder ungerecht behandelt oder in sonstiger Weise beeinträchtigt fühlt (§ 84 BetrVG). Der Arbeitgeber hat dann den Arbeitnehmer über die Behandlung der Beschwerde zu benachrichtigen und, soweit er die Beschwerde für berechtigt erachtet, ihr abzuhelfen. Des Weiteren hat der Arbeitnehmer die Option, die Behandlung einer Beschwerde durch den Betriebsrat, falls dieser den Einspruch für berechtigt erachtet, abwickeln zu lassen (§ 85 BetrVG). Bestehen zwischen Betriebsrat und Arbeitgeber Meinungsverschiedenheiten über die Berechtigung der Beschwerde, so kann der Betriebsrat die Einigungsstelle anrufen. Der Spruch der Einigungsstelle ersetzt die Einigung zwischen Arbeitgeber und Betriebsrat.

4.2.4.3 Zusammenfassung der Ergebnisse

Es wurde aufgezeigt, dass sich bei der Einführung und Nutzung eines Workflow-Management-Systems vielfältige Interessen und einhergehende rechtliche Zusammenhänge ergeben können. Abbildung 4-15 fasst die rechtliche Sachlage in Form eines Zwischenergebnisses mit einer Beschränkung auf die wichtigsten Normen zusammen.

Die gegebene Gliederung zeigt eine simplifizierte Darstellung in die Phasen der Einführung und Nutzung eines Workflow-Systems. Es ist anzumerken, dass die getroffene Einordnung der Mitbestimmungs- und Mitwirkungsrechte denkbare Überschneidungen nicht zeigt, diese aber dennoch prinzipiell möglich sind. So kann beispielsweise nach einer erfolgreichen Einführung eines Workflow-Systems der betriebliche Anwendungsbereich des Systems mit einhergehenden

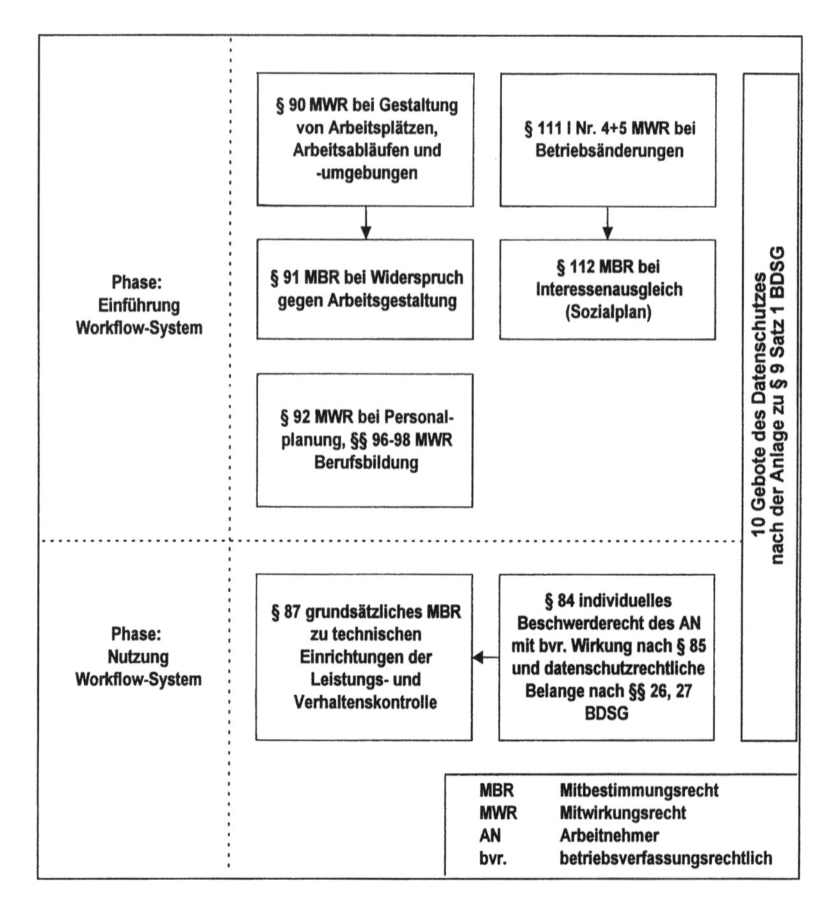

Abbildung 4-15: Grundlegende rechtliche Normen im Kontext des Workflow-Managements (vgl. gleichartig mit Bezug auf Personalinformationssysteme Oechsler 2000:212 und mit Bezug auf personalwirtschaftliche Expertensysteme Heinecke 1992:298)

organisatorischen Änderungen erweitert oder dies zumindest geplant werden. Eine solche Änderung oder Neukonfiguration kommt aber rechtlich gesehen einer Einführung im Sinne der getroffenen Phasengliederung gleich (vgl. hierzu auch Derszteler 2000:192).

4.2.5 Ablaufalternativen von Konfliktfällen

Aufgrund der beschriebenen möglichen betrieblichen Interessenlage und der analysierten rechtlichen Situation ergeben sich alternative Abläufe und Regelungen bei der Einführung eines Workflow-Management-Systems, die es nun in Hinblick auf mögliche rechtliche Handlungsoptionen zu betrachten gilt.

Grundlegend kann der Betriebsrat eine Einführung eines Workflow-Management-Systems aufgrund seines Mitbestimmungsrechtes gemäß § 87 nicht verhindern oder ablehnen, da die formale Entscheidungsbefugnis über eine Systemeinführung nach der Grundanlage des Betriebsverfassungsgesetzes beim Arbeitgeber liegt.

Der Verfasser orientiert sich hier und im Folgenden argumentativ an den Ausführungen von Löwisch et al. (1985:93f.), Zöllner (1986:6) und Oechsler (2000:213), welche im Kontext des Arbeitsrechts die gleiche Problematik mit Bezug auf die Einführung von Personalinformationssystemen untersucht haben. Aufgrund der kongruenten rechtlichen Situation erscheint diese Vorgehensweise angebracht.

Dem Betriebsrat verbleibt in der Bedeutung der Schutzfunktion des § 87 BetrVG die Möglichkeit, Veränderungen durchzusetzen, die den Interessen der Mitarbeiter gerecht werden. Der Betriebsrat kann Vereinbarungen erreichen, die der Gefahrenabwehr dienen, so dass die mit dem Workflow-System verbundenen Kritikpunkte in Bezug auf den Persönlichkeitsschutz abgewendet werden. Für den Arbeitgeber und den Betriebsrat sieht das Betriebsverfassungsgesetz nach § 77 für die Durchführung derartiger gemeinsamer Beschlüsse die Betriebsvereinbarungen als opportunes Korrektiv zur Erwirkung sachbezogener Lösungen vor, in welche auch der einzelne Arbeitnehmer seine Individualrechte einbringen kann.

Wenn nun zwischen Arbeitgeber und Betriebsrat zumindest eine Einigung darüber besteht, dass eine Betriebsvereinbarung abgeschlossen werden soll, aber Unstimmigkeiten über deren Inhalt herrschen, so kann gemäß der §§ 76 und 87 BetrVG ein Einigungsstellenverfahren anberaumt werden, in dessen Verlauf der Spruch der Einigungsstelle einen Konsens zwischen den Parteien herbeiführen kann. Wird das Ergebnis des Einigungsstellenverfahrens von einer Partei nicht akzeptiert, so kann unter Umständen das Arbeitsgericht gemäß der §§ 2a und 80 des Arbeitsgerichtsgesetzes und letztendlich gemäß Artikel 93 I Nr. 4a des Grundgesetzes das Bundesverfassungsgericht angerufen werden.

Sollte der Betriebsrat anstreben, gänzlich die Systemeinführung zu unterbinden, oder bestreitet der Arbeitergeber das Mitbestimmungsrecht des Betriebrates, so folgt ebenso ein Einigungsstellenverfahren mit einem möglichen weiter verlaufenden Rechtsstreit vor den oben genannten Gerichten.

Die sich aus der beschriebenen Situation heraus ergebenden rechtlichen Ablaufalternativen für die Einführung eines Workflow-Management-Systems zeigt Abbildung 4-16 in einer Zusammenfassung.

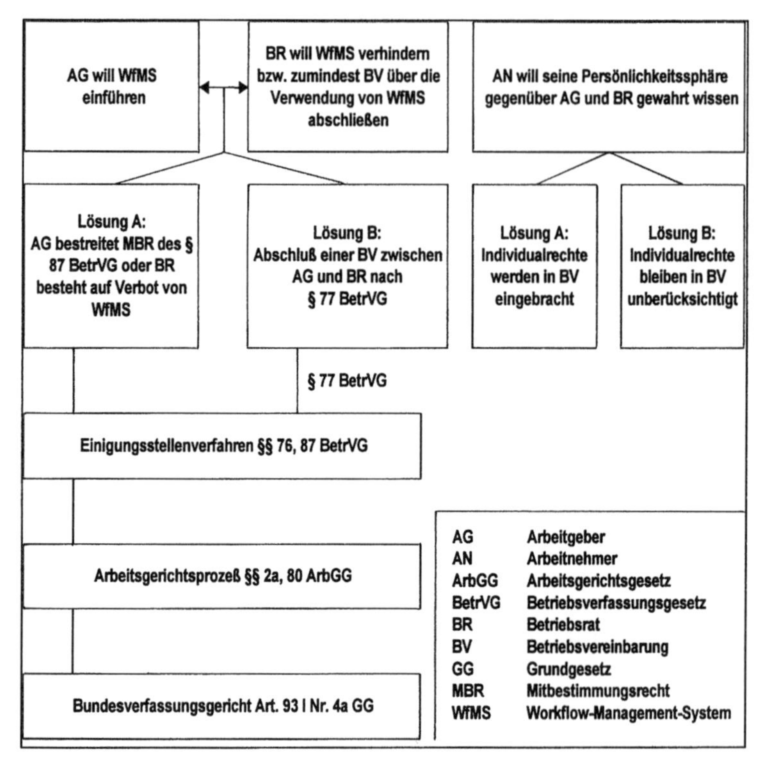

Abbildung 4-16: Rechtliche Vorgangsalternativen im Kontext der Einführung eines Workflow-Management-Systems (verändert nach Oechsler 2000:215)

4.2.6 Betriebsvereinbarung

4.2.6.1 Grundlagen

Wie die obigen Ausführungen zeigen, kann sich insgesamt eine ähnliche Situation für Workflow-Systeme entwickeln, wie schon die Einführung von Personalinformationssystemen in den 80er Jahren in den Unternehmen widerstreitende Interessen ausgelöst hat. Im Endeffekt führte seinerzeit die Sachlage dazu, dass kaum ein Personalinformationssystem ohne Konflikte zwischen Arbeitgebern und Mitarbeitern und Betriebsräten eingeführt werden konnte. Belegen lässt sich die damalige Entwicklung durch einen enormen Anstieg an Einigungsstellenverfahren und an Verfahren vor den Arbeitsgerichten (vgl. weiterführend Oechsler et al. 1986:720ff. und Oechsler 2000:209ff.). Es kann vermutet werden, dass in der Diskussion über den Verwendungszweck von Workflow-Systemen sich eine ähnliche Konstellation wiederholt oder gar verstärkt entwickelt, da Workflow-Systeme systeminhärent Funkti-onen zur möglichen Leistungsüberwachung von Mitarbeitern bereitstellen, welche weit über die Anwendungsfunktionen von Personalinformationssystemen hinausreichen können. Aus dieser Erfahrung heraus wird in der Literatur das Instrument der Betriebsvereinbarung, als betrieblicher Kollektivvertrag, der zwischen Betriebsrat und Unternehmensleitung geschlossen wird und als klarste Form der Einigung zwischen den Parteien gilt, besonders betont und kann demnach als wichtigstes proaktives rechtliches Regelungselement in Verbindung mit der Einführung eines Workflow-Management-Systems angesehen werden (vgl. allgemein § 77 BetrVG, Halbach et al. 1994:380 und mit Bezug zum Workflow-Management Raufer 1997:82, Wohlgemut 1992:281ff. sowie Hermann et al. 2000b). Daher ist nun der Frage nachzugehen, welche möglichen Bereiche mit Hilfe einer Betriebsvereinbarung im Kontext einer Systemeinführung und –nutzung gestaltet werden können.

Die Betriebsvereinbarung ist generell schriftlich abzufassen, von beiden Seiten zu unterzeichnen und im Betrieb an geeigneter Stelle öffentlich zugänglich zu machen (Halbach et al. 1994:380). Eine Betriebsvereinbarung zu Workflow-Management-Systemen kann additiv zu einer bestehenden allgemeinen (Rahmen-)Be-triebsvereinbarung über die Einführung, den Einsatz und die Weiterentwicklung von IT-Systemen geschlossen werden, sofern eine solche vorliegt. Inhaltlicher Gegenstand einer Betriebsvereinbarung ist grundlegend die Feststellung, welche Daten mit welchen Methoden zu welchem Zweck wie verarbeitet werden können und auf welchem Weg eine derartige Informationsverarbeitung sozialverträglich erreicht werden kann. Oechsler (2000:215ff., ähnlich auch bei Heinecke 1994:192f.) hat diesbezüglich mögliche Regelungspunkte, basierend auf der Auswertung abgeschlossener Betriebsvereinbarungen zu Personalinformationssystemen, zusammengetragen und systematisiert. Diese Ergebnisse werden nachstehend aufgegriffen und durch Entwürfe zu Betriebsvereinbarungen sowie durch abgeschlossene Vereinbarungen, welche im World Wide Web zu der Themenstellung über die Einführung und Anwendung von IT-gestützten Systemen publiziert werden (vgl. Abbildung 4-17), ergänzt und auf Workflow-Management-Systeme übertragen.

Adresse (URL):	Informationsanbieter:
http://www.arbeitsrecht4free.de	UB MEDIA AG
http://www.betriebsrat.com	W.A.F. Institut für Betriebsräte-Fortbildung
http://www.igmetall.de	IG Metall
http://home.nikocity.de/schmengler/hbv/index.html	Gewerkschaft Handel, Banken und Versicherungen
http://www.tse-hamburg.de	Gesellschaft für Technologieberatung und Systementwicklung mbH

Abbildung 4-17: Quellen im World Wide Web zu Betriebsvereinbarungen über die Einführung und Anwendung von IT-gestützten Systemen (Stand: Januar 2001)

Im Einzelnen ergibt sich, unter besonderer Beachtung der vorab diskutierten Interessenlage und einhergehenden rechtlichen Situation, die in Abbildung 4-18 dargestellte chronologische Struktur zu einer möglichen Betriebsvereinbarung über die Einführung und Nutzung von Workflow-Systemen, deren wichtigste inhaltliche Aspekte in den folgenden Abschnitten zusammengefasst und vorgestellt werden.

- Eingangsbestimmungen
- Bestimmungen zur Datenverarbeitung
- Bestimmungen zur Leistungs- und Verhaltenskontrolle
- Bestimmungen zur Qualifikation und Weiterbeschäftigung von Mitarbeitern
- Bestimmungen zu Rechten des Betriebsrats und der Mitarbeiter
- Schlussbestimmungen

Abbildung 4-18: Grundstruktur einer Betriebsvereinbarung zur Einführung und Applikation von Workflow-Management-Systemen

4.2.6.2 Eingangsbestimmungen

Der einleitende Bereich beinhaltet zunächst eine allgemeine Zielsetzung, in welcher unter anderem festgelegt werden kann, dass die Betriebsvereinbarung der Sicherung der Persönlichkeitsrechte der Mitarbeiter dient, dass jegliche automatisierte Verarbeitung von Daten nur im Rahmen der jeweiligen Zweckbestimmung und der gesetzlichen Normen zulässig ist und dass den Mitarbeitern aufgrund des Systemeinsatzes keine Nachteile (z.B. Kündigung, Herabgruppierung) entstehen dürfen. Es kann weiterführend bestimmt werden, auf welchem rechtlichen Hintergrund die Übereinkunft aufbaut (z.B. Bundesdatenschutzgesetz, Betriebsverfassungsgesetz, wie oben aufgeführt, aber auch ergänzende Regelungen der Gesundheits- und Arbeitsschutzbestimmungen, wie z.B. die Bildschirmarbeitsverordnung, vgl. hierzu Scholz 2000:649). Begriffsbestimmungen konform der rechtlichen Normen und Definitionen zum Workflow-Management legen die für beide Seiten verbindliche Terminologie der Abmachung fest, welche sowohl durch die Definition von personenbezogenen Verhaltensdaten (Daten, die Aufschluss über das vom Willen eines bestimmten oder bestimmbaren Arbeitnehmers getragene Verhalten im Rahmen des Arbeitsverhältnisses geben) als auch personenbezogenen Leistungsdaten (Daten, die Aufschluss über die Arbeitsleistung eines bestimmten oder bestimmbaren Arbeitnehmers im Vergleich zu anderen Arbeitnehmern oder im zeitlichen Vergleich der Leistung desselben Arbeitnehmers geben) zu ergänzen ist (vgl. Bestimmungen zur Leistungs- und Verhaltenskontrolle). Durch den sogenannten Geltungsbereich kann, den einführenden Abschnitt der Betriebsvereinbarung abschließend, zum einen der sachliche Geltungsbereich, das heißt, die Einführung und der Verwendungszweck des Workflow-Systems, festgelegt werden, zum anderen wird durch den persönlichen und räumlichen Geltungsbereich festgehalten, welche Mitarbeiter und welche Betriebsteile des Unternehmens die Einigung betrifft. Es bleibt zu beachten, dass die Betriebsvereinbarung ausnahmslos keine Gültigkeit für Arbeitnehmer hat, die unternehmens- oder betriebsleitende Aufgaben wahrnehmen und im Sinne des § 5 BetrVG als leitende Angestellte gelten (vgl. auch Halbach et al. 1994:345ff. und Oechsler 2000:216).

4.2.6.3 Bestimmungen zur Datenverarbeitung

Zentraler Kern einer möglichen Betriebsvereinbarung ist die Festlegung eines Datenkatalogs als eine Aufstellung aller Daten, die von einer Systemspeicherung und Systemverarbeitung betroffen (Positivkatalog) bzw. ausgeschlossen sind (Negativkatalog). Von der Arbeitgeberseite her wird konzentriert der Negativkatalog präferiert, wohingegen von Seiten des Betriebsrats der Positivkatalog tendenziell befürwortet wird (Scholz 2000:190, Oechsler 2000:216). Hermann et al. (2000:26) führen hierzu als Begründung an, dass sich aus der Perspektive des Betriebsrats nachträgliche Verbote schwerer durchsetzen lassen als dass nachträgliche Erlaubnistatbestände realisiert werden können. Als wesentlicher Bestandteil eines Datenkatalogs können Protokolldaten angesehen werden, die vom Workflow-System zur Laufzeit und nach Beendigung einzelner Workflow-Instanzen erfasst werden. Eine Aufstellung über zulässige Abfragen bzw. Auswertungs- und Programmfunktionen auf diesen Datenbestand, Festlegungen zur

Anonymisierung und Verschlüsselung von Daten sowie Angaben über Zugriffsberechtigungen (Art und Umfang) von autorisierten Personen, die mit dem Workflow-System arbeiten werden, sind weitere Aspekte, die in die Vereinbarung aufgenommen werden können.

4.2.6.4 Bestimmungen zur Leistungs- und Verhaltenskontrolle

Werden mit dem Workflow-System Verhaltens- und/oder Leistungsdaten von Mitarbeitern gespeichert und verarbeitet, können Geschäftsleitung und Betriebsrat festlegen, zu welchem Zweck diese Daten erhoben und verarbeitet werden. Die Zweckbestimmung kann sich in diesem Zusammenhang an den in den Arbeitsverträgen bestimmten Leistungen der Arbeitnehmer und an gesetzlichen, tariflichen oder sonstigen vertraglich vereinbarten Pflichten orientieren.

4.2.6.5 Bestimmungen zur Qualifikation und Weiterbeschäftigung von Mitarbeitern

Die Einführung und Anwendung eines Workflow-Systems kann es erfordern, dass Mitarbeiter neue oder erweiterte Kenntnisse zu erwerben haben. In diesem Zusammenhang können Regelungen bestimmt werden, die festlegen, dass Maßnahmen zur beruflichen Weiterbildung seitens der Geschäftsleitung angeboten und vom Bedarf der Arbeitsaufgaben abgeleitet und so ausgestaltet werden, dass diese individuelle Sachverhalte der Mitarbeiter (besonders Alter und Bildungsstand) einbeziehen.

Folgt aus der Einführung eines Workflow-Systems, dass Arbeitnehmer in ihrer bisherigen Tätigkeit nicht weiterbeschäftigt werden können, kann ein Übereinkommen in Bezug auf ein Angebot zur Weiterbeschäftigung im Rahmen einer individuell zumutbaren Tätigkeit insofern getroffen werden, wenn es die betrieblichen Gegebenheiten zulassen.

4.2.6.6 Bestimmungen zu Rechten des Betriebsrats und der Mitarbeiter

Mitarbeiter, deren Aufgaben und Tätigkeiten sich durch die Einführung und/oder Anwendung eines Workflow-Systems ändern, können, bestimmt durch eine Vereinbarung, rechtzeitig und umfassend über Veränderungen informiert und zur Stellungnahme in Bezug auf Vorschläge für die Gestaltung ihres Tätigkeitsbereichs (insbesondere zur Definition von Arbeitsabläufen in Form von Workflow-Typen) aufgefordert und somit aktiv in den Veränderungsprozess integriert werden.

Ein ähnliches Recht kann dem Betriebsrat zugesprochen werden, indem vereinbart wird, den Betriebsrat so rechtzeitig und umfassend von der Geschäftsleitung beziehungsweise von der für die Einführung und Weiterentwicklung des Workflow-Systems zuständigen Organisationseinheit her zu unterrichten, dass sich der Betriebsrat mit den vorgesehenen Maßnahmen umfassend ohne zeitlichen Druck befassen kann.

4.2.6.7 Schlussbestimmungen

Der die Betriebsvereinbarung abschließende Bereich legt fest, wann die Vereinbarung in Kraft tritt und mit welcher Frist sie gekündigt werden kann. Herrmann et al. (2000b:26) plädieren zu diesen zeitlichen Bestimmungen für einen Abschluss über eine vorläufige Betriebsvereinbarung, die einen ähnlichen „Pilot-Charakter" hätte, wie es bei der betrieblichen Einführung eines Workflow-Systems selber zwangsläufig der Fall ist. Eine solche befristete Regelung erscheint insofern sinnvoll, als sie den beteiligten Parteien die Möglichkeit einräumt, zunächst Erfahrungen zu sammeln, die künftig unter Umständen zu einer weniger komplexen Vereinbarung führen können und (Teil-)Bestimmungen entbehrlich werden lassen.

4.2.7 Exkurs: Juristische Entwicklungen zur digitalen Signatur

Isoliert von den oben genannten Problemstellungen können sich weitere juristische Fragestellungen im Gebiet der Rechtsinformatik ergeben, wenn beim Einsatz von Workflow-Management-Systemen gänzlich auf papiergebundene Dokumente verzichtet wird.

Die von Derszteler (2000:193) in Anlehnung an Detering (1994) und Grell (1995) aufgegriffene Problematik digitaler Signaturen im Kontext des Workflow-Managements, welche sich zum einen bei überbetrieblichen Geschäftsprozessen, zum Beispiel im Kontext des elektronischen Datenaustausches und zum anderen bei innerbetrieblichen Geschäftsprozessen, zum Beispiel bei öffentlichen Verwaltungen, wo Verwaltungsakte aufgrund der Rechtslage zumeist der Schriftform bedürfen, ergeben kann, wird an dieser Stelle aus Gründen der Vollständigkeit der vorliegenden Arbeit und angesichts der veränderten Rechtslage fortgeführt und aktualisiert.

Ursache hierfür ist der Wegfall der Möglichkeit, Dokumente eigenhändig zu unterschreiben (Derszteler 2000:193) und die Tatsache, dass elektronische Dokumentenkopien (z.B. gescannte Dokumente) gegenüber dem Original mit Unterschrift im Rechtsstreit grundsätzlich der freien Beweiswürdigung des Richters unterliegen, das heißt, es bleibt jedem Richter überlassen, für wie glaubwürdig er eine Kopie oder Ähnliches einschätzt (NLVA 1989:16, Bizer et al. 1993:621, Bergmann et al. 1994:78). Betroffen sind hiervon hauptsächlich Dokumente, die gemäß § 126 Abs. 1 Bürgerliches Gesetzbuch (BGB) vom Aussteller eigenhändig durch Namensunterschrift oder mittels notariell beglaubigter Handzeichen unterzeichnet sein müssen, falls durch Gesetze die schriftliche Form vorgeschrieben ist (NLVA 1989:16,21). Die eigenhändige Unterschrift hat insbesondere in diesem Zusammenhang nach Seidel (1987:377) und Erber-Faller (1996:375 ff.):

- eine Abschlussfunktion (Der Abschluss bzw. die Vollendung der Erklärung wird zum Ausdruck gebracht und vom bloßen Entwurf abgehoben.),
- eine Identifikationsfunktion (Die Unterschrift macht die Identität des Ausstellers des Dokuments kenntlich.),
- eine Echtheitsfunktion (Die Unterschrift gibt Gewähr für das Herrühren der Erklärung vom Unterzeichner.) und
- eine Warnfunktion (Schutz des Unterzeichners vor Übereilung).

Diesem Problemkreis der digitalen Signatur hat sich die Bundesregierung durch das Gesetz zur Regelung der Rahmenbedingungen für Informations- und Kommunikationsdienste (Informations- und Kommunikationsdienste-Gesetz - IuKDG) gewidmet, das seit 1.8.1997 in Kraft ist. Das Signaturgesetz (SigG, Art. 3 IuKDG) hat den Zweck, Rahmenbedingungen für digitale Signaturen zu schaffen, unter denen diese als sicher gelten und Fälschungen digitaler Signaturen oder Verfälschungen von signierten Daten zuverlässig festgestellt werden können (§ 1 SigG). Der Begründung zum Gesetzentwurf ist folgender Wortlaut zu entnehmen (BMWi 2000a:1): „Die elektronische Signatur ermöglicht es, im elektronischen Rechts- und Geschäftsverkehr den Urheber und die Integrität von Daten festzustellen. Die elektronische Signatur kann ein Substitut zur handschriftlichen Unterschrift darstellen und hierdurch eine entsprechende Rechtswirkung entfalten, wenn die rechtlichen Voraussetzungen hierfür bestehen."

Das Gesetz definiert eine organisatorische Struktur mittels eines Anforderungs- und Verfahrensrahmens, durch dessen Benutzung die elektronische Signatur als sicher gilt (§ 1 SigG und Roßnagel 1997:76). An der Sicherungsinfrastruktur sind

- die Regulierungsbehörde (§ 3 SigG),
- die Zertifizierungsstellen (§ 2 SigG),
- die Prüfstellen für Hard- und Software (§ 14 SigG),
- die Anbieter von adäquater Soft- und Hardware (§ 14 SigG) sowie
- die Antragssteller und Teilnehmer (§ 5 SigG)

beteiligt (vgl. auch Mertens 1996:770).

Die wichtigsten Aufgaben der Regulierungsbehörde sind, Zertifizierungsstellen zu lizenzieren (§ 4 SigG) und diese Zertifizierungsstellen zu kontrollieren (§ 13 SigG; beauftragt ist mit diesen Tätigkeiten die Regulierungsbehörde für Telekommunikation und Post [RegTP 2000:12ff.]). Zertifizierungsstellen geben Signaturschlüssel an die Antragssteller beziehungsweise Teilnehmer (natürliche Personen) aus und registrieren diese (§ 5 SigG). Derzeit bieten die Deutsche Telekom AG und die Deutsche Post AG bundesweit Leistungen nach dem SigG an (BMWi 2000b:1). Die genannten Prüfstellen untersuchen verwendete Hard- und Software auf die Erfüllung der Kriterien aus § 14 SigG. Die angebotene Hard- und Software, welche von den Prüfstellen untersucht und der die Erfüllung der im Signaturgesetz festgelegten Kriterien bescheinigt wurde, wird von der Regulierungsbehörde gemäß § 14 SigG veröffentlicht (als Medium für die Veröffentlichung dieser technischen Komponenten, wie z.B. Software zur Erzeugung und Prüfung digitaler Signaturen, Signaturkarten und Kartenleser, dient der Bundesanzeiger; ebenso können die Ergebnisse im World Wide Web unter http://www.regtp.de bei der Regulierungsbehörde abgerufen werden [Stand: Januar 2001]). Die Antragsteller können bei den Zertifizierungsstellen ein Zertifikat beantragen. Die Zertifizierungsstelle muss sie zuverlässig identifizieren (§ 5 SigG) und über Maßnahmen zur Gewährleistung der Sicherheit der elektronischen Signatur unterrichten (§ 6 SigG).

Der im SigG festgelegte Anforderungs- und Verfahrensrahmen stellt ein Angebot dar, bei dessen Verwendung die elektronische Signatur als sicher gilt und sich die Authentizität und Urheberschaft eines elektronischen Dokuments im Rahmen des Augenscheinbeweises vor Gericht nachweisen lässt (RegTP 2000:3ff.). Die Aufnahme der „elektronischen Form“ einer Signatur in Vorschriften zur Schriftform als Äquivalent zur traditionellen Schriftform in das BGB ist von der Bundesregierung geplant, aber noch nicht umgesetzt (BMWi 2000b:1 und RegTP 2000:3f.).

Übertragen auf den zu Beginn des Kapitels skizzierten Problemkreis stellt das SigG einen bedeutenden Beitrag zu Fragestellungen der digitalen Signatur dar. Für ein Workflow-Management von Verwaltungsakten in Behörden weist das Gesetz einen Handlungsrahmen auf, der es erlaubt, Zeichnungsberechtigungen, Zeichnungsvermerke, Handzeichen und allgemein Unterschriften rechtsgetreu und weitestgehend unter Verzicht auf papiergebundene Dokumente zu gestalten (vgl. weiterführend zu Anforderungen und Problemstellungen an ein Workflow-Management in Behörden Reinermann 1994 und Grell 1994).

Bezogen auf die Problemstellung der vorliegenden Arbeit, gibt das SigG einen Rahmen vor, wie innerbetriebliche personalwirtschaftliche Geschäftsprozesse, bei denen Unterschriften zum Beispiel im Verlauf von Genehmigungs-, Zustimmungs- und Kenntnisnahmeverfahren zu leisten sind, übereinstimmend mit einer internen Revisionssicherheit durch Workflow-Typen beziehungsweise Sub-Typen zur Abwicklung mit digitalen Unterschriften definiert und technisch umgesetzt werden können (z.B. Urlaubs- und Reiseanträge, Benachrichtigungen an den Betriebsrat, Kenntnisnahmen und Genehmigungen des Betriebsrats, Dokumente zur Personalbeurteilung u. Personalauswahl, Dokumente der Personalabrechnung sowie Rundschreiben, die der Kenntnisnahme bedürfen).

Interne Revisionssicherheit meint hier, dass durch den möglichen Wegfall der manuellen Unterschrift die Alternative der digitalen Signatur weiterhin eine Ordnungsmäßigkeit und Sicherheit der Geschäftsprozesse konform innerbetrieblicher Vorschriften gewährt (vgl. weiterführend zur internen Revision und deren Zielsetzung Grupp 1986:16ff., Emory 1990 und Gilhooley 1990).

Geschäftsprozesse zwischen Unternehmen und personalwirtschaftlichen Outsourcing-Partnern, welche Dienstleistungen zum Beispiel in Bereichen der Personalbeschaffung, -abrechnung und -weiterbildung bereitstellen (vgl. weiterführend zur Thematik Personalarbeit und Outsourcing Meckl 1999), erfahren durch das SigG eine Infrastruktur für eine Kommunikation und einen Datenaustausch über das Internet, die als sicher und justiziabel gelten können.

Eher visionär aber dennoch erwägenswert erscheint die Überlegung, dass auch überbetriebliche personalwirtschaftliche (Teil-)Geschäftsprozesse zwischen Unternehmen und Einzelpersonen von dem Gesetz profitieren können (externe Workflows). Ein Anwendungsbeispiel ist in diesem Zusammenhang, dass Unterschriften zu Arbeitsverträgen und sonstigen zusätzlichen betrieblichen Vereinbarungen von externen Bewerbern über das beschriebene Verfahren abgewickelt werden könnten, so dass der postalische Weg im Fall einer Bewerbung über das World Wide Web gänzlich wegfallen würde.

5 Integration von Workflow-Management-Systemen in die personal-wirtschaftliche IT-Infrastruktur

5.1 Vorüberlegungen und Rahmenbedingungen

Workflow-Management-Systeme zählen zu den Applikationen der „coordination technology" (vgl. Kapitel 3.2) und koordinieren in der betrieblichen Anwendung über Schnittstellen Aktivitäten zahlreicher humaner und maschineller Akteure (vgl. Kapitel 3.3.4.4). Um eine derartige Interaktion mit personalwirtschaftlichen Akteuren zu ermöglichen und um eine einhergehende Umsetzung des zuvor dargelegten funktionalen Anwendungspotentials zu erreichen, müssen Workflow-Systeme in die personalwirtschaftliche IT-Infrastruktur integriert werden.

Die betrieblich vorhandene IT-Infrastruktur definiert den Einsatz und die Anwendungsgebiete der Systeme maßgeblich. Die Existenz eines Kommunikationssystems (z.B. in Form eines lokalen Netzwerkes) ist zum einen eine grundlegende Prämisse für den Systemeinsatz, zum anderen bestimmen die geographische Ausdehnung des Kommunikationssystems und die konnektierten Personen und IT-Systeme das Akteurpotential, welches im Kontext des personalwirtschaftlichen Workflow-Managements eingebunden werden kann.

Ausprägungen betrieblicher IT-Infrastrukturen und korrespondierender Komponenten sind unternehmungsindividuell, so dass nachstehend ausschließlich von einer Struktur ausgegangen wird, die idealtypisch der betrieblichen Personalwirtschaft zur Verfügung steht. Des Weiteren wird die Interoperabilität und Kompatibilität der einzelnen Komponenten (Schnittstellenproblematik, d.h., die einzelnen Instrumente müssen Schnittstellen aufweisen und somit insbesondere den wechselseitigen Datenaustausch gewähren) nicht betrachtet, sondern vorausgesetzt.

Maschinelle Akteure respektive IT-Systeme werden durch ein Workflow-System direkt ausgeführt (aufrufbare Applikationen) oder einem humanen Akteur als instrumentelles Mittel zur Aufgabenverrichtung angeboten (Klienten-Applikationen, vgl. insgesamt Kapitel 3.3.4.4). Diese Differenzierung von IT-Systemen kann nachfolgend nicht beibehalten werden, da die Entscheidung über teil- und vollautomatisierte Aktivitäten durch die in der Unternehmung eingesetzten IT-Produkte, aufgrund ihrer divergenten Eigenschaften, situativ vorgegeben wird.

Gemäß der in Kapitel 1 gegebenen Definition zu IT-Systemen, beinhaltet eine IT-Infrastruktur die Gesamtheit aller betrieblichen IT-Systeme, somit Rechner und Netzwerke (Hardware) sowie Anwendungen (Software) im Verbund. Um eine fachliche Betrachtungsweise dieser Architektur aus der Sicht der betrieblichen Personalwirtschaft zu erzielen, wird der Strukturbegriff in dieser Arbeit auf einzelne Komponenten reduziert, die idealtypisch personalwirtschaftlichen Aufgabenträgern zur Verfügung stehen. Neben Rechnern und Netzwerken sind dem Literaturbefund entsprechend explizit als personalwirtschaftliche Anwendungen

- Personalinformationssysteme,
- Elektronische Archivierungssysteme,
- Expertensysteme und
- Standard-Büroanwendungen

zu betrachten (vgl. besonders Hoppe 1993:45f., Heinecke 1994:6, Jung 1995:691ff., Bader 1997, Oechsler 2000:200f., Scholz 1994:691f., Scholz 2000:134ff. u. Mülder 2000a).

5.2 Personalwirtschaftliche IT-Infrastruktur

5.2.1 Rechner

Hinsichtlich der Leistungsfähigkeit der Zentraleinheit(en) bzw. Rechenleistung werden die Rechnerklassen Superrechner, Großrechner, Midrange-Systeme und Workstations sowie Personalcomputer absteigend definiert (Mertens et al. 1996:40ff.).

Für die Ausgestaltung der personalwirtschaftlichen IT-Infrastruktur sind Superrechner, welche in der Regel für technisch-mathematische Problemstellungen (z.B. Wetterprognosen) eingesetzt werden, nicht relevant.

Großrechner, ausgestattet mit besonders hoher Rechenleistung und sehr großen Speicherkapazitäten (zentral u. extern), bilden traditionell den Kern zahlreicher personalwirtschaftlicher IT-Systeme bei Groß- und mittelständischen Unternehmen. Die Massendatenverarbeitung, determiniert durch die Beschäftigtenzahl, ist in diesem Zusammenhang Anwendungsschwerpunkt.

Den Trends des Down- und Rightsizing (vgl. Buck-Emden 1996:33f.) nachgehend, werden zunehmend aus Kostengründen Großrechenanlagen durch Midrange-Systeme, entweder ohne Veränderung der Struktur der eingesetzten Applikationen (Downsizing) oder aber durch integrierte und benutzerfreundlichere Client-Server-Lösungen (Rightsizing) mit aufwendigen Bedieneroberflächen, substituiert. Midrange-Systeme stehen hinsichtlich der Leistungsfähigkeit aufgrund der enormen technischen Entwicklung (z.B. Mehrprozessortechnik) Großrechnersystemen kaum nach.

Der Personalcomputer, insbesondere in Verbindung mit Client-Server-Anwendungen und Netzwerken, dominiert vermehrt personalwirtschaftliche IT-Infrastrukturen unabhängig von der Unternehmensgröße. IT-Outsourcing, Portierungsprobleme von Großrechneranwendungen und das beträchtliche Softwareangebot für Personalcomputer und Midrange-Systeme im Client-Server-Verbund begründen diese Entwicklung (vgl. für eine Studie bezüglich der Trends im Bereich von personalwirtschaftlichen Hardwareplattformen besonders Mülder 1997b:24ff.).

5.2.2 Netzwerke

5.2.2.1 Begriff und Differenzierungen

Ein Netzwerk kann als Verknüpfung von mindestens zwei Rechnern durch ein Kommunikationssystem definiert werden (vgl. z.B. Ferstl et al. 1993:237).

Sind die Rechner eines Netzwerkes über einen geographisch eng begrenzten Raum (z.B. Gebäude u. Betriebsgelände) verteilt, so spricht man von einem LAN (Local Area Network). Netzwerke mit einer Ausweitung über das Betriebsgelände hinaus werden als WAN (Wide Area Network) oder als GAN (Global Area Network) bezeichnet (vgl. insgesamt z.B. Hansen 1996:1033ff.).

Eine weitere Differenzierung von Netzwerken wird mit den Bezeichnungen Internet, Intranet und Extranet getroffen (vgl. z.B. Voß et al. 2001:209ff.). Diese Systematisierung wird nachstehend aufgegriffen, um die Bedeutung der Netzwerke in der personalwirtschaftlichen IT-Infrastruktur zu konkretisieren.

5.2.2.2 Internet

Das Internet gilt als ein globales Netzwerk (GAN), das logisch durch einen eindeutigen Adressraum (jedem Rechner ist weltweit auf der Grundlage des Internetprotokolls [IP] eine eindeutige Adresse zugeordnet) bestimmt wird. Die Rechner- bzw. Nutzerkommunikation basiert auf der Protokollfamilie TCP/IP, welche informationsbezogene Dienste (EMail, World Wide Web, Dateitransfer, Terminalemulation) der Öffentlichkeit oder einem eingeschränkten Nutzerkreis bereitstellt (vgl. insgesamt z.B. Voß et al. 29ff. u. Krcmar 2000:169ff.).

Das Internet gilt im Kontext der Personalbeschaffung, neben dem klassischen Werbemittel der Stellenanzeige in Zeitungen und Zeitschriften sowie weiteren Beschaffungswegen (z.B. Bundesanstalt für Arbeit und Kontakte von Betriebsangehörigen), als eine zukunftsorientierte Ergänzung der Akquisitionswege. Die Personalbeschaffung kann in zwei Arten durch das World Wide Web Unterstützung finden. Zu der ersten Form zählen Angebote einer Unternehmung, die:

1) eine Unternehmungsdarstellung (durch Präsentation einer Unternehmung im WWW werden möglichen Initiativbewerbern Unternehmensinformationen angeboten) oder
2) Stellenangebote (aufbauend auf Punkt 1 kann das Informationsangebot um Stellenangebote erweitert sein) oder
3) eine Bewerbungskomponente (aufbauend auf Punkt 2 kann der Stellensuchende über eine Antwortseite sein Interesse an einer Stelle bekunden)

im WWW beinhalten.

Die zweite Form bilden spezialisierte Dienstleistungsunternehmen, jedoch auch private und von Studenteninitiativen betriebene WWW-Stellenbörsen, welche kostengebunden oder kostenfrei Stellenanzeigen und Stellengesuche veröffentlichen.

5.2.2.3 Intranet

In Abgrenzung zur obigen Internet-Definition kann der Begriff Intranet definiert werden als ein unternehmens- bzw. konzernweites Netzwerk (LAN/WAN), dessen Datenkommunikation auf den Techniken des Internet beruht und informationsbezogene Dienste allen Mitarbeitern oder einem eingeschränkten Mitarbeiterkreis bereitstellt (vgl. insgesamt z.B. Voß et al. 29ff. u. Krcmar 2000:169ff.).

Die flexible Ausgestaltung der Internettechnik und die Endbenutzerfreundlichkeit ergeben, besonders für ein dezentral organisiertes Personalwesen, ein breites unternehmens- oder konzernweites Anwendungsfeld. Neben dem Kommunikations-instrument EMail, als zumindest ergänzenden Instrument der (Haus-)Post, stellt die Präsentation (WWW-Dokumente) und Verfügbarmachung (Dateitransfer) von personalwirtschaftlichen Informationen und Dokumenten, unter Umständen nach Benutzergruppen zugriffsbeschränkt, ein interessantes Anwendungsgebiet dar (vgl. Abbildung 5-1).

Als Informationssystem für den Mitarbeiter mit interaktiven Komponenten zum Beispiel:

- Zeitsystem (Arbeitszeiterfassung, Arbeitszeitkonto, Urlaubsplanung)
- Vorschlagssystem (Erfassung und Handhabung von Verbesserungsvorschlägen)
- Fortbildungssystem (Fortbildungsangebote, Buchung, aber auch computergestützte Lernsysteme [CBT, Computer Based Training])

• Arbeitsplatzbeschreibungen • Aufgabenbeschreibungen • Betriebsvereinbarungen • Einsatzpläne • Formulare (z.B. Musterarbeitsverträge, und -zeugnisse) • Gesetzestexte und Verordnungen • Interne Stellenausschreibungen • Laufbahnlinien • Laufbahnpläne • Nachfolgepläne	• Organisationspläne • Personalfragebögen (Personalbeurteilung) • Personalstatistiken • Qualitätsmanagement-Handbuch • Stellenbeschreibungen • Stellenbesetzungspläne • Stellenpläne • Tarifverträge • Verbesserungsvorschläge (Vorschlagswesen) • Weiterbildungsangebote • ....

Abbildung 5-1: Intranet - personalwirtschaftliche Informationen und Dokumente

bietet die Internettechnik ein geeignetes Instrument, um Aufgaben aus dem Personalbereich (z.B. Personalabteilungen) in die Linien bis hin zu den Mitarbeitern zu verlagern.

5.2.2.4 Extranet

Als Extranet wird ein Intranet bezeichnet, dessen innerbetrieblicher Nutzerkreis um einen externen Benutzerkreis ergänzt ist. Diese Öffnung eines Intranets mit festgelegten Zugriffsrechten gilt für definierte Nutzergruppen anderer Unternehmen, die in wirtschaftlicher Kooperation zum eigenen Unternehmen stehen (vgl. insgesamt z.B. Voß et al. 29ff. u. Krcmar 2000:169ff.).

Für die betriebliche Personalarbeit ist vornehmlich das IT-Outsourcing (Outside Resource Using) im Kontext der Extranet-Thematik von Interesse. Outsourcing umschreibt allgemein die Auslagerung oder Fremdvergabe von im Unternehmen erbrachten Leistungen an unternehmensexterne Dritte auf der Grundlage von Marktbeziehungen (Bühner et al. 1997:21f.). Bezogen auf die innerbetriebliche Personalarbeit meint Outsourcing die Auslagerung personalwirtschaftlicher Leistungen aus dem Unternehmen an externe Dienstleister (Meckl 1999:11). Ein Extranet schafft die technischen und organisatorischen Voraussetzungen für eine überbetriebliche Kommunikation und Koordination zwischen dem Personalbereich und dem externen Dienstleister und bietet so die Option für einen geregelten Datenaustausch. Nach einer empirischen Studie von Meckl (1999:23) eignen sich Personalaufgaben mit geringer Spezifität und einem hohen Standardisierungsgrad für Outsourcingprojekte. Explizit wird in der

Literatur als Anwendungsgebiet die Entgeltabrechnung genannt (vgl. umfassend, mit zahlreichen Beispielen aus der Praxis Meckl 1999). Des Weiteren ermöglicht die Extranet-Technik das sogenannte „Application Service Providing" (ASP) auch für den Personalbereich. ASP gilt als eine besondere Form des Outsourcing. Im Unternehmen und an den Arbeitsplätzen verbleiben Rechner, mit denen die Endanwender arbeiten, aber die gesamte Anwendungssoftware, Server und Backup-Systeme gehen in die Betreuung eines Dienstleisters über (Hentschel 2000b:66).

5.2.3 Personalinformationssysteme

5.2.3.1 Begriff und Anforderungen

Die Erhebung, Verwaltung und Verarbeitung mitarbeiterbezogener Daten mit Karteien und Ordnern sind in der heutigen Zeit aufgrund des enormen Datenvolumens (im Regelfall 100 bis 300 Einzeldaten pro Mitarbeiter) nur bedingt durchzuführen (Mülder 1994:156). Für eine systematische Personalarbeit bietet sich der Einsatz eines umfangreichen datenbankbasierten Informationssystems an. Zentrales Element ist in diesem Zusammenhang das sogenannte Personalinformationssystem.

Allgemeine Anforderungen an ein solches System sind nach Heinecke (1994:20f.) sowie nach Hentze und Kammel (2002:374f.):

- den aktuell bekannten Informationsbedarf der Personalwirtschaft zu befriedigen,
- die zukünftigen Informationswünsche rechtzeitig zu berücksichtigen und
- vergangenheits-, gegenwarts- sowie zukunftsbezogene Informationen
- der externen und internen Beziehungen innerhalb des Systems Personalwirtschaft und
- zur betrieblichen und außerbetrieblichen Umwelt bereitzustellen.

Somit lässt sich grundlegend ein Personalinformationssystem als System der geordneten Erfassung, Speicherung, Transformation und Ausgabe von für die Personalarbeit relevanten Informationen über das Personal und die Tätigkeitsbereiche/Arbeitsplätze mit Hilfe organisatorischer und methodischer Mittel und im Hinblick auf die IT-Realisierung unter Berücksichtigung sozialer und wirtschaftlicher Ziele sowie unter Berücksichtigung der Datenschutzgesetzgebung, des Betriebsverfassungsgesetzes sowie anderer relevanter Gesetze, Verordnungen und Vereinbarungen zur Versorgung der betrieblichen und überbetrieblichen Nutzer des Systems mit denjenigen Informationen, die sie zur Wahrnehmung ihrer Führungs- und Verwaltungsaufgaben benötigen, definieren (Domsch et al. 1986:3).

5.2.3.2 Rahmenarchitektur

Personalinformationssysteme können elementar abhängig vom Verarbeitungsniveau nach formalen Funktionen in:

- Abfragesysteme - Systeme, die nach verschiedenen Kriterien Datensätze selektieren und dem Nutzer präsentieren;
- Berichtssysteme - Systeme, die Datensätze in systematischer Form zusammenstellen und zuvor aggregieren bzw. disaggregieren können;
- Analysesysteme - Systeme, die Daten nach vorgegebenen Kriterien auswerten;
- Prognosesysteme - Systeme, die aus Daten zeitabhängige oder kausale Prognosen ableiten;
- Entscheidungssysteme - Systeme, die einfache oder komplexe Entscheidungen treffen und dem Benutzer anbieten;

gegeneinander abgegrenzt werden (Drumm 1992:101).

Ein idealtypisches Personalinformationssystem, dessen zentraler Kern eine Personal- und Stellendatenbank ist, wird durch Abbildung 5-2 dargestellt.

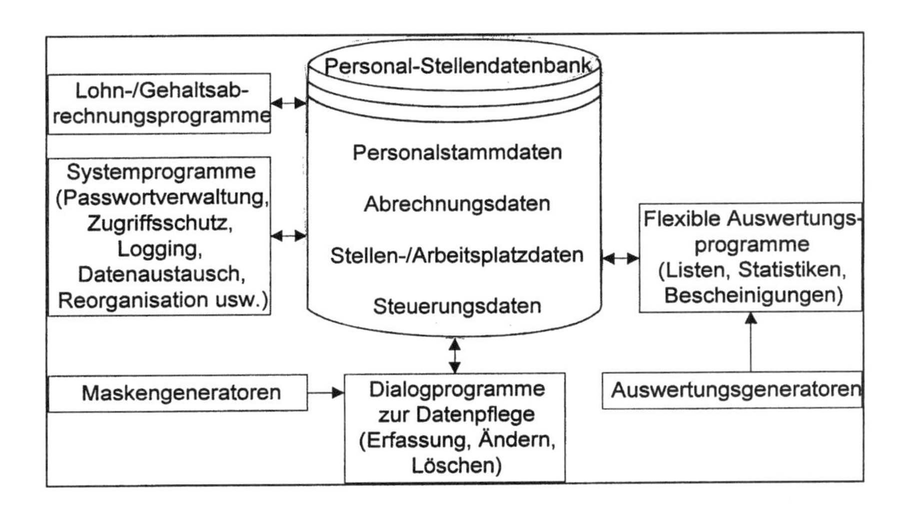

Abbildung 5-2: Komponenten eines Personalinformationssystems (nach Mülder 1994:156)

Die Personal-Stellendatenbank enthält alle quantitativen, qualitativen, regional und zeitlich differenzierten Daten der Arbeitnehmer und Organisationsstrukturen, die zur Erfüllung personalwirtschaftlicher Aufgaben obligat sind. Zu speichernde personenbezogene Attribute differenzieren Domsch et al. (1993:422) in fünf Hauptgruppen:

- allgemeine Merkmale (z.B. Familienname, Vorname und Staatsangehörigkeit),
- Kenntnis- und Einsatzmerkmale (z.B. Abschlüsse, Weiterbildungskurse und Auslandserfahrungen),
- physische Merkmale (z.B. Untersuchungsergebnisse und Krankheitsgeschichte),
- psychische Merkmale (z.B. Kooperationsfähigkeit, Initiative und Kreativität) und
- Abrechnungsmerkmale (z.B. Abrechnungsdaten, Urlaub und Fehlzeiten).

Eine Methoden- und Modellbank, hier repräsentiert durch diverse Programme sowie Daten und Datenstrukturen, erlaubt eine problemspezifische Transformation der gespeicherten Daten in Abhängigkeit von unterschiedlichen Verwendungszwecken. Zu den Methoden und Modellen können einfache Suchprogramme, Analyseverfahren, mathematisch-statistische Verfahren, Alarmberichte, Planungsmodelle, umfangreiche Abrechnungs- und Berechnungsverfahren für die Lohn- und Gehaltsabrechnung sowie Profilabgleiche gezählt werden (Henss et al. 1984:26f. u. Heinecke 1994:20). Die zentrale Datenhaltung charakterisiert das System gemäß Mülder (1994:156f.) durch:

- redundanzarme Datenspeicherung,
- mehrfache Verwendbarkeit des Datenbestandes für verschiedenartige Personalaufgaben,
- unmittelbare Datenverfügbarkeit,
- einfache Verknüpfbarkeit von Daten,
- Erweiterbarkeit und
- Gewährleistung von Datenschutz- und Datensicherungsmaßnahmen, besonders im Hinblick auf die Erfüllung gesetzlicher Vorschriften.

5.2.3.3 Funktionsangebot

Hauptanwendungsgebiete bzw. -funktionen eines Personalinformationssystems lassen sich wie folgt festlegen (vgl. für eine Übersicht Abbildung 5-3). Als Basis dient die Stammdatenverwaltung. Hier werden zum Beispiel Arbeitsvertrags-, Besteuerungs-, Ausbildungs- und Beurteilungsdaten geführt. In dem Bereich Administration werden unter anderem Einstellung, Entlassung, Versetzung und Disziplinarmaßnahmen abgewickelt. Die Personalplanung umfasst hauptsächlich die Stellen-, Einsatz- und Fortbildungsplanung. Ein weiterer Bereich ist die Personalabrechnung mit der Lohn- und Gehaltsabrechnung, in welche insbesondere Daten der Zeitermittlung (z.B. An- und Abwesenheitszeiten) einfließen.

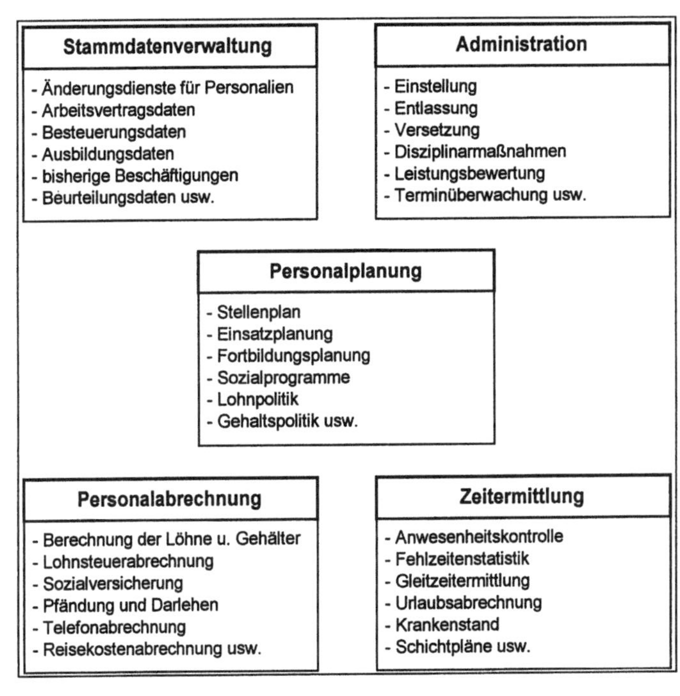

Abbildung 5-3: Anwendungsgebiete und -funktionen eines Personalinformationssystems (nach Hoppe 1993:55, ähnlich bei Heinecke 1994:21f.)

5.2.4 Elektronische Archivierungssysteme

5.2.4.1 Begriff und Anforderungen

Ein Archivierungssystem organisiert die systematische Erfassung, Ablage, Erhaltung und Wiedergewinnung von Informationen (z.B. in Form von rechtlichen, politischen und kulturellen Informationen) auf Schrift-, Bild- oder Tonträgern (Stickel et al. 1997:40).

Verwaltungsobjekte Elektronischer Archivierungssysteme sind im betriebswirtschaftlichen Kontext Informationen in Form von Dokumenten, welche in elektronischer Form gespeichert werden (Hansen 1992:849 u. Stahlknecht et al. 1997:455). Der in diesem Zusammenhang betrachtete Terminus Dokument als Kommunikationsmedium innerhalb einer Unternehmung und zwischen einer Unternehmung und ihrem Umfeld umschreibt Informationen für betriebliche Prozesse, fixiert durch ein Dokument als Informationsstand zu einem bestimmten Zeitpunkt (Kränzle 1995:27).

Liegen Dokumente in elektronischer Form vor, so können sie aufgrund ihrer Beschaffenheit und der Möglichkeiten der (Weiter-)Bearbeitung nach Berndt et al. (1994:19) typologisiert werden in:

- Träger von codierten Informationen (CI-Dokumente), deren Schriftzeichen von Programmen als Text erkennbar und interpretierbar sind (z.B. MS-Word-Dokument) und
- Träger von nicht codierten Informationen (NCI-Dokumente) in der Gestalt von Pixel- oder Rastergrafiken, die nicht unmittelbar informationsbezogen weiterverarbeitbar sind (z.B. gescannter Text).

5.2.4.2 Rahmenarchitektur

Zur Erfüllung der oben beschriebenen Aufgaben bieten Elektronische Archivierungssysteme prinzipiell folgendes Funktionsspektrum an (Gulbins et al. 1993:6ff.):

- digitale Erfassung und Speicherung von Dokumenten,
- Attributierung bzw. Indexierung erfasster Dokumente und
- Recherchefunktionen für einen gezielten Zugriff auf gespeicherte Dokumente.

Einer funktionsorientierten Betrachtungsweise folgend charakterisiert Abbildung 5-4 die Architektur eines Elektronischen Archivierungssystems.
Das Ablagesystem, die zentrale Komponente des Systems, speichert auf optischen oder magneto-optischen Datenträgern dauerhaft Dokumente. Über den Speicherort, d.h. auf welchem Speichermedium ein Dokument abgelegt ist, in welchem Datenformat die Ablage erfolgte und Angaben über den Inhalt eines Dokuments, enthalten die Index- und Locationdatenbank Informationen. Bei Einstellung eines Dokuments in das Archivsystem wird zunächst das Original erfasst (bei Papierdokumenten z.B. durch einen Scanner) und temporär gespeichert. Der manuelle oder vollautomatische Verarbeitungsvorgang der Attributierung ordnet dem einzelnen digitalen Dokument Attribute zu und bestimmt so, nach welcher Ordnung auf den Archivbestand zugegriffen werden kann. Abschließend erfolgt die permanente Speicherung des Dokuments im Ablagesystem. Der Zugriff auf den Archivbestand (Recherche) verläuft zweigeteilt. Durch eine Suchanfrage an die Datenbank über die Menge der Attributeinträge erhält

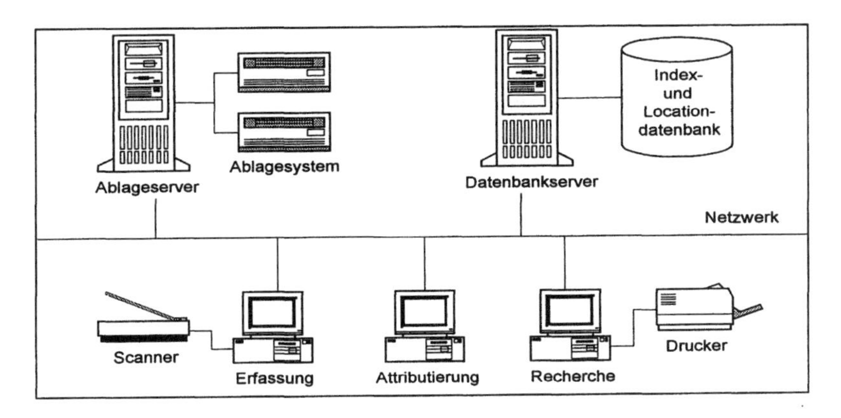

Abbildung 5-4: Komponenten eines Elektronischen Archivierungssystems (nach Gulbins et al. 1993:17f., ähnlich bei Hansen 1992:864)

der recherchierende Benutzer eine Trefferliste gefundener Dokumente, aus der einzelne Dokumente ausgewählt werden können. Bei erfolgter Auswahl stellt nun das Ablagesystem das Dokument zur Bildschirmansicht oder Druckerausgabe bereit.

5.2.4.3 Exkurs: Nutzenpotentiale

Im Vergleich zu anderen Formen der Archivierung, beispielsweise auf papierorientierter Basis (Registratur) oder Mikrofilm, die zum Teil noch in der personalwirtschaftlichen Praxis Anwendung finden, bieten Elektronische Archivierungssysteme folgende Nutzenpotentiale (Berndt et al. 1994:16f. u. Gulbins et al. 1993:11):

I) Vorteile

- Kontinuierliche Verfügbarkeit, Ordnungsmäßigkeit und Sicherheit: Der gesamte Dokumentenbestand ist stets für alle Nutzer verfügbar. Das Problem falsch abgelegter Dokumente (z.B. bei Rückgabe) entfällt. Dokumente können nicht verfälscht, beschädigt oder vertauscht werden.
- Geographische Unabhängigkeit:
  Archiv und Recherchearbeitsplätze können dezentral angeordnet werden.
- Kürzere Zugriffs- und Suchzeiten:
  Durch die Rechner- und Netzwerkunterstützung entfallen weitgehend Transport und Liegezeiten von Dokumenten. Es kann schneller und nach einer Vielzahl von Kriterien im Dokumentenbestand gesucht werden.

- Geringer Raumbedarf:
  Auf einem Speichermedium mit einer Kapazität von z.B. 10 Gigabyte lassen sich bis zu 200.000 DIN-A4-Seiten speichern.
- Möglichkeiten der integrierten Verarbeitung:
  Elektronische Archivierungssysteme helfen Medienbrüche zu vermeiden und erlauben naturgemäß eine einfachere Integration des Systems in bestehende Informationstechnik.

II) Nachteile

- Hohes Investitionsvolumen:
  Elektronische Archivierungssysteme erfordern neben einer benutzerfreundlichen und zuverlässigen Software leistungsfähige Rechner, Peripheriegeräte und Speichermedien sowie ein schnelles Netzwerk.
- Aufwendige Eingabe:
  Das Einscannen und Indexieren von Dokumenten beansprucht einen relativ hohen Personalaufwand.
- Akzeptanz:
  Der Wechsel von dem vertrauten Medium Papier zu einem fast papierlosen Arbeitsplatz mit steigendem Anteil an Bildschirmarbeit kann bei Mitarbeitern zu Akzeptanz- und Umstellungsproblemen führen.

5.2.4.4 Funktionsangebot

Im Kontext personalwirtschaftlicher Aufgaben existieren zahlreiche, oft noch in Papierform oder auf Mikrofilm archivierte Dokumente oder Datensammlungen in Form von Akten, die potentielle Objekte für den Einsatz Elektronischer Archivierungssysteme symbolisieren (Mülder 1999:66f.). Als sehr umfangreiche Datensammlung wird in der Literatur die Personalakte genannt, die ergänzend zum Personalinformationssystem für Einzelauskünfte und Entscheidungen herangezogen wird (Witte 1993:51). Bewerbungsunterlagen (z.B. Bewerbungsschreiben, Lebenslauf, Lichtbild, Zeugnisse), Ergebnisse von Eignungstests, ärztliche Gutachten, der Arbeitsvertrag, Kündigungsschreiben usw. oder allgemein all die die Person eines Arbeitnehmers betreffenden Unterlagen, welche mit dem Arbeitsverhältnis des Arbeitnehmers in einem sachlichen Zusammenhang stehen, bilden den Inhalt der Personalakte (Knebel et al. 1979:364f.). Das überaus umfangreiche und durch den Gesetzgeber determinierte Auskunfts-, Bescheinigungs- und Meldewesen der Personalwirtschaft gegenüber Dritten wie z.B. Arbeits-, Finanzämtern und Krankenkassen und Dokumente der Lohn- und Gehaltsabrechnung bieten ebenso ein weites Anwendungsspektrum für die elektronische Archivierung (vgl. Hentschel et al. 1997 für Auskunfts-, Bescheinigungs- u. Meldevorschriften sowie Bolten et al. 1999 für Aufbewahrungspflichten und –fristen für den Personalbereich). Denkbar ist auch der Einsatz eines Archivierungssystems im Rahmen der Personalbeschaffung zur Aufbewahrung von Bewerberunterlagen und Stellenausschreibungen.

Mülder (1999:66) ordnet zusammenfassend folgende personalwirtschaftliche Dokumente, getrennt nach der oben getroffenen Differenzierung in uncodierte und codierte Dokumente, dem Anwendungsgebiet der elektronischen Archivierung zu:

- Uncodierte Information: Bewerbungsunterlagen, Reisebelege, Arbeitsverträge, Steuerkarten, Arbeitserlaubnisse, Bescheinigungen, Schriftverkehr und Zeugnisse;
- Codierte Information: Lohn- u. Gehaltsabrechnungen, Lohn- u. Gehaltskonten, Personalstatistiken, Arbeitgebermeldungen an externe Stellen.

5.2.5 Expertensysteme

5.2.5.1 Begriff und Anforderungen

Expertensysteme unterscheiden sich von konventioneller Anwendungssoftware (z.B. Personalinformationssysteme) durch ihre Einsatzmöglichkeiten. Während die Einsatzfelder der herkömmlichen Software im Bereich der Massendaten und der Bearbeitung von gut strukturierbaren Problemen liegen, simulieren Expertensysteme das menschliche Problemlösungsverhalten, jeweils auf ein eng spezifiziertes Problem beschränkt (Heinecke 1992:50). Mit Expertensystemen wird versucht, Gedankengänge und Erfahrungen von Experten bestimmter Fachgebiete auf eine Menge formalisierter, maschinenverarbeitbarer Operationen abzubilden, um den Benutzern Aspekte der Problemlösungskompetenz menschlicher Experten in Form eines maschinellen Systems zur Verfügung zu stellen (Stickel et al. 1997:257f.). Expertensysteme unterstützen Entscheidungsprozesse, deren Entscheidungsobjekte sich nicht mehr rational, sondern nur intuitiv und subjektiv erfassen lassen (Stahlknecht et al. 1997:461f.)

5.2.5.2 Rahmenarchitektur

Abbildung 5-5 konkretisiert ein idealtypisches Modell eines Expertensystems. Die Wissensbasis, abgebildet in Form von Regeln und Fakten, wird durch Expertenwissen, fallspezifisches Wissen sowie Zwischenergebnisse und Problemlösungen repräsentiert. Sie interagiert mit der Wissenserwerbskomponente als Schnittstelle zwischen dem Experten für die aufbereitete Speicherung des Expertenwissens. Als Schnittstelle zum Benutzer erlaubt die Interviewerkomponente die Problemformulierung und Eingabe problemspezifischen Wissens.

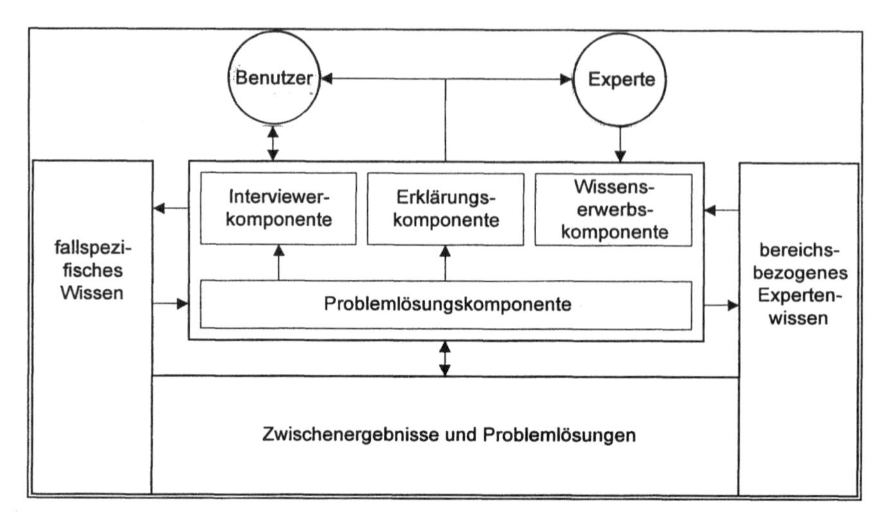

Abbildung 5-5: Rahmenarchitektur eines Expertensystems (nach Puppe 1991:13, ähnlich bei Stahlknecht et al. 1997:462)

Als Kernelement des Systems erzeugt die Problemlösungskomponente mit Hilfe der Wissensbasis Problemlösungen, welche aufbereitet durch die Erklärungskomponente dem Benutzer dargestellt und erläutert werden. Expertensysteme stellen äußerst komplexe Softwaresysteme dar. Die Entwicklung eines Expertensystems und der Wissenstransfer in ein Expertensystem ist ein evolutionärer und langwieriger Prozess.

5.2.5.3 Funktionsangebot

Um einen personalwirtschaftlichen Entscheidungsprozess qualitativ unterstützen zu können, muss eine problem- und situationsspezifische Wissensbasis konzipiert werden. Dieser Aspekt schließt eine generelle Standardisierung der Expertensysteme aus und führt zu dem Schluss, dass Expertensysteme Personalinformationssysteme nicht substituieren können. Sie stellen vielmehr eine Ergänzung dar. Personalwirtschaftliche Anwendungsmöglichkeiten bieten Expertensysteme insbesondere für Aufgabenkomplexe, welche nicht nur ein Unternehmen betreffen, und für unternehmensindividuelle Entwicklungen, die nur einen eingeschränkten Aufgabenbereich abdecken können (Hentze/Kammel 2002:384f.).

Unter dem ersten Punkt sind dispositive Aufgaben zu verstehen, deren Bewältigung nur mit Hilfe von speziellem, aber recht statischem Fachwissen möglich ist, das für die Personalarbeit unternehmensunabhängig Gültigkeit besitzt, wie zum Beispiel die Lohn- und Gehaltsfindung im Angestelltenbereich und die Überprüfung von personalwirtschaftlichen Maßnahmen in Bezug auf die Verträglichkeit mit arbeitsrechtlichen Normen oder dem Betriebsverfassungsgesetz und sonstigen tarifvertraglichen Regelungen, die gesamte Branchen betreffen (Heinecke 1992:285).

Abbildung 5-6 zeigt entlang der personalwirtschaftlichen Funktionen eine Anwendungsübersicht.

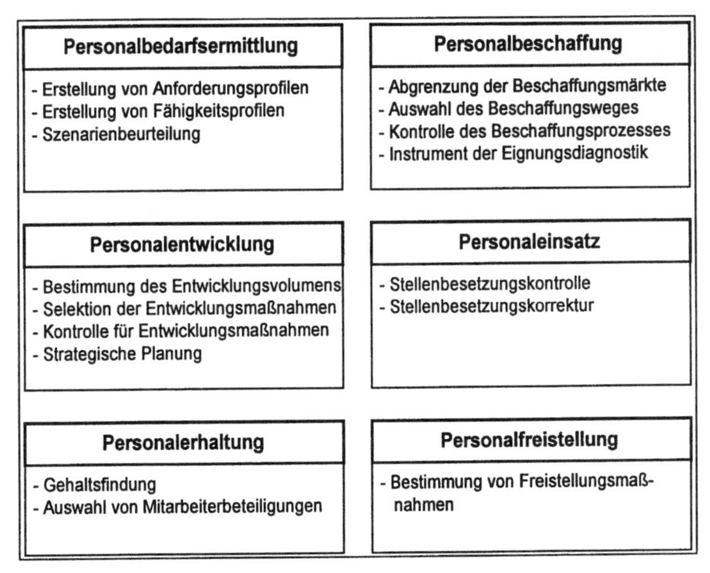

Abbildung 5-6: Personalwirtschaftliche Anwendungsgebiete von Expertensystemen (nach Heinecke 1992:286f.)

5.2.6 Standard-Büroanwendungen

Standard-Büroanwendungen sind aufgabenneutrale und universelle Endbenutzerwerkzeuge zur individuellen Arbeitsunterstützung, die es erlauben, Problemlösungen ohne die Aneignung spezieller IT-Kenntnisse zu erarbeiten (Hansen 1992:406). Zu dieser Softwarekategorie sind nach Hansen (1992:406, 888), Mertens et al. (1995: 24f.) und Stahlknecht et al. (1997:444f.):

- Textverarbeitungsprogramme - Texterstellung und -verwaltung mit zahlreichen unterstützenden Funktionen;
- Präsentationsprogramme - Erstellen von Präsentationsunterlagen (Folien oder Manuskripte) mit Text- und Grafikelementen;
- Terminverwaltungsprogramme - Planung von Terminen und zeitabhängigen Tätigkeiten mit Erinnerungsfunktionen;
- Tabellenkalkulationsprogramme - Formulierung und Berechnung von Modellen in Form von tabellarischen Arbeitsblättern (Rechenschemata);
- Grafikprogramme - Erstellen und Nachbearbeiten von Bildern und Zeichnungen;
- E-Mailprogramme - Erstellen, Versenden und Empfangen elektronischer Nachrichten;
- einfache Datenbankmanagementsysteme - geordnete Verwaltung beliebiger Daten, z.B. Adressenverwaltung

zu zählen.

Bürosoftware unterstützt die Personalarbeit in Bereichen, die nicht durch anwendungsspezifische Instrumente abgedeckt werden. Die oben genannte individuelle Arbeitsunterstützung ist der Anwendungsmittelpunkt und erstreckt sich über alle Mitarbeiter und Aufgabenbereiche des Personalbereichs.

5.3 Optionen der Integration

5.3.1 Integrationsaspekt: Rechner und Software

Eine personalwirtschaftliche Implementierung beziehungsweise Realisierung eines Workflow-Management-Systems kann gemäß der zuvor getroffenen Differenzierung von Rechnerklassen grundsätzlich in zwei hardware-orientierten Formen zentral oder dezentral erfolgen.

Dominiert in einer personalwirtschaftlichen IT-Infrastruktur der Einsatz von Großrechnern, so kann das Workflow-System in einer zentralen Konfiguration installiert werden. Bei einer solchen Konfigurationsform wird das System zusammen mit weiteren personalwirtschaftlichen Anwendungen zentral von einem Rechner verwaltet. Besonderes Merkmal einer derartigen Konfiguration ist, dass der wechselseitige Datenaustausch zwischen dem Workflow-System und den personalwirtschaftlichen Anwendungen in den meisten Fällen nicht über Netzwerkverbindungen realisiert wird. Auf Daten beziehungsweise Funktionen einzelner Anwendungen kann direkt zugegriffen werden. Weitere maschinelle Akteure und die Gesamtheit an humanen Akteuren werden durch eine Anbindung des Rechnersystems an das Unternehmungsnetzwerk realisiert.

Im Rahmen einer dezentralen Konfiguration wird das Workflow-System in die betriebliche Client-Server-Umgebung integriert. Die Kommunikation des Systems mit humanen und maschinellen Akteuren vollzieht sich ausschließlich über Netzwerkverbindungen.

Eine software-orientierte Differenzierung der Konfiguration eines Workflow-Systems geht davon aus, dass das System entweder als eigenständiges Softwareprodukt (dezentral) oder als Komponente einer bestehenden personalwirtschaftlichen Anwendung (zentral, z.B. als Modul einer komplexen personalwirtschaftlichen Standardsoftware) implementiert wird.

Die genannten software-orientierten Alternativen können prinzipiell frei mit den hardware-orientierten Alternativen kombiniert werden.

Welche der möglichen Kombinationen in der betrieblichen Praxis zu präferieren sind, kann hier nicht grundlegend entschieden werden.

Die in der Literatur etablierten Kriterien zur Beurteilung von IT-Systemen (z.B. Leistung, Kosten, Ausbaufähigkeit/Flexibilität, Wartbarkeit, Verfügbarkeit, Ausfallsicherheit, Datenschutz, -sicherheit, Benutzerfreundlichkeit u. Dokumentation, vgl. exemplarisch Langendörfer 1992:16ff.) bedingen die Kenntnis der betrieblichen Situation.

Im Hinblick auf die Ausbaufähigkeit und Flexibilität zeigt die Client-Server-Lösung Vorteile auf, da die verwendete Hardware des Workflow-Systems unabhängig von der bestehenden Rechner-Struktur wechselnden Bedarfen hinsichtlich der Leistungsfähigkeit angepasst werden kann.

Die software-orientierte zentrale Lösung kann Problemstellungen der Interoperabilität und Kompatibilität, des Datenschutzes und der Datensicherheit, der Ausbaufähigkeit und Flexibilität sowie der Wartung reduzieren, da das Workflow-System und einzelne personalwirtschaftliche Anwendungen auf Standardisierungen eines Software-Herstellers beruhen.

5.3.2 Integrationsaspekt: Netzwerke

Durch die Unterstützung von Netzwerken kann allgemein der Kreis von Kommunikationspartnern des Personalbereichs auf elektronischem Weg erschlossen werden.

Mittels Intra-, Extra- und Internettechnik wird der potentielle Adressatenkreis personalwirtschaftlicher Kommunikationen und personalwirtschaftlicher Informationen erheblich erweitert (Mülder 2000a:101). Eine einfache Übersicht möglicher Kommunikationspartner zeigt Abbildung 5-7 in alphabetischer Folge.

• Arbeitnehmer	• Öffentliche Verwaltungen
• Arbeitsämter	• Personalberater
• Banken	• Rentner
• Betriebsrat	• Schulen, Hochschulen, Studenten
• Bewerber	• Seminarveranstalter
• Dienstleister	• Verbände
• Führungskräfte	• Verbundunternehmen
• Gewerkschaften	• Vorstand
• Inaktive Mitarbeiter	• Zeitarbeitsunternehmen

Abbildung 5-7: Kommunikationspartner der Personalabteilung über Intra-, Extra- und Internet (verändert nach Mülder 2000a:102)

Im Kontext des Workflow-Managements sind oben genannte Kommunikationspartner humane Akteure, die, sofern eine entsprechende Netzwerkverbindung existent ist, in den Ablauf von Workflows eingebunden werden können. Es zeigt sich, dass gerade für unternehmungsübergreifende Workflows (external Workflows) Netzwerke von entscheidender Bedeutung sind. Insbesondere die Inter- und Extranettechnik erweitern die Menge humaner Akteure und somit das Anwendungspotential von Workflow-Systemen erheblich.

Die Argumentation unterstützend wird hier exemplarisch der komplexe Bereich an Vorschriften des Auskunfts-, Bescheinigungs- und Meldewesens aufgegriffen. Die personalwirtschaftliche Informationspflicht der Unternehmung ist rechtlich bestimmt und verpflichtet Unternehmungen, regelmäßig und/oder auf Anforderung personenbezogene Informationen an staatliche und sonstige externe Stellen weiterzuleiten (Mülder 2000a:102). Eine Vorschriftenübersicht, eingeteilt in die Rechtsgebiete allgemeines Recht, Arbeits-, Steuer-, Sozial-, Leistungs- und Statistikrecht zeigt Abbildung 5-8.

Die oben gezeigten Vorschriften bilden die Rechtsgrundlage von Auskunftsbegehren, welche von Personal- und Abrechnungsverantwortlichen und Sachbearbeitern täglich zu erfüllen sind. Des Weiteren lassen sich aus den einzelnen Vorschriften anfragende bzw. anfordernde Stellen ableiten (vgl. für eine Übersicht Abbildung 5-9), die neben den betrieblichen Organisationseinheiten, Informationsbedarfe repräsentieren, welche gerade bei Groß- und mittelständischen Unternehmen nur mit Unterstützung der Informationstechnik effizient zu befriedigen sind.

Allgemeines Recht

- Aktiengesetz
- Außenwirtschaftsgesetz
- Verordnung zur Durchführung des Außenwirtschaftsgesetzes
- Bürgerliches Gesetzbuch
- Bundesdatenschutzgesetz
- Zivilprozessordnung
- Gesetz über die Angelegenheiten der freiwilligen Gerichtsbarkeit
- Betäubungsmittelgesetz
- Gesetz über die Entschädigung ehrenamtlicher Richter
- Finanzgerichtsordnung
- Gesetz zur Regelung von Härten im Versorgungsausgleich
- Handelsgesetzbuch
- Strafprozessordnung
- Verwaltungsgerichtsordnung
- Gesetz über die Entschädigung von Zeugen und Sachverständigen
- Unterhaltsvorschussgesetz
- Sozialgerichtsgesetz

Arbeitsrecht

- Arbeitssicherstellungsgesetz
- Arbeitnehmerüberlassungsgesetz
- Arbeitszeitgesetz
- Berufsausbildungsgesetz
- Berufsbildungsförderungsgesetz
- Betriebsverfassungsgesetz
- Druckluftverordnung
- Fahrlehrergesetz
- Gaststättengesetz
- Gefahrenstoffverordnung
- Gesetz zur Verbesserung der betrieblichen Altersversorgung
- Katastrophenschutzgesetz
- Gewerbeordnung
- Heimarbeitsgesetz
- Jugendarbeitsschutzgesetz
- Kündigungsschutzgesetz
- Mindestarbeitsbedingungsgesetz
- Musterungsverordnung
- Mutterschutzgesetz
- Nachweisgesetz
- Röntgenverordnung
- Schwerbehindertengesetz
- Strahlenschutzverordnung
- Gesetz zur Förderung von Ruhestandsleistungen
- Verordnung über Ausnahmen vom Verbot der Beschäftigung von Arbeitnehmern an Sonn- und Feiertagen in der Eisen- und Stahlindustrie
- Verordnung über Ausnahmen vom Verbot der Beschäftigung von Arbeitnehmern an Sonn- und Feiertagen in der Papierindustrie
- Verordnung über die Ersatzleistungen an die zum Luftschutzdienst herangezogenen Personen
- Wahlordnung
- Verordnung zum Eignungs-übungsgesetz

Steuerrecht

- Abgabenordnung
- Einkommensteuergesetz
- Lohnsteuer-Durchführungsverordnung
- Umsatzsteuergesetz
- Fünftes Vermögensbildungsgesetz

Sozialrecht

Beitragsrecht

- Künstlersozialversicherungsgesetz
- Sozialgesetzbuch VI
- Sozialgesetzbuch VII

Melderecht

- Sozialgesetzbuch IV
- Sozialgesetzbuch V
- Sozialgesetzbuch VI
- Sozialgesetzbuch X
- Sozialgesetzbuch XI
- Arbeitsförderungsgesetz
- Zweites Gesetz über die Krankenversicherung der Landwirte
- Meldeverordnung über die Krankenversicherung der Studenten

Leistungsrecht

- Arbeitsförderungsrecht
- Bundesausbildungsförderungsgesetz
- Bundeserziehungsgeldgesetz
- Bundeskindergeldgesetz
- Bundessozialhilfegesetz
- Heimgesetz
- Kindergeldauszahlungsverordnung
- Lohnfortzahlungsgesetz
- Reichsversicherungsordnung
- Sozialgesetzbuch X
- Unterhaltsvorschussgesetz
- Vorruhestandsgesetz
- Wohngeldgesetz

Statistikrecht

- Arbeitsförderungsgesetz
- Arbeitnehmerüberlassungsgesetz
- Bundesstatistikgesetz
- Handelsstatistikgesetz
- Lohnstatistikgesetz
- Verordnung über die Meldung statistischer Daten der privaten Arbeitsvermittler

Abbildung 5-8: Auskunfts-, Bescheinigungs- und Meldevorschriften in der Personalwirtschaft nach Rechtsgebieten (nach Hentschel et al. 1997:7ff.)

- Absender einer Fracht
- Amt für Ausbildungsförderung
- Amtsarzt
- Arbeitnehmer
- Arbeitsamt
- Aufsichtsbehörde für den Datenschutz im nicht-öffentlichen Bereich
- Aufsichtsbehörde für den Gefahrenstoffschutz
- Aufsichtsbehörde zust. f. Gaststättengewerbe
- Aufsichtsbehörde zust. f. den Mutterschutz
- Aufsichtsbehörde zust. f. Jugendarbeitsschutz
- Auszubildender
- Beauftragter des Arbeitgebers für Schwerbehinderte
- Behörde zust. f. Fahrschullehrer
- Behörde zust. f. die Vergabe von Unterhaltsvorschüssen
- Behörde zust. f. die Vergabe von Wohngeld
- Berufsgenossenschaft
- Betrieblicher Datenschutzbeauftragter
- Betriebsrat
- Betroffener
- Bundesamt für gewerbliche Wirtschaft
- Bundesanstalt für Arbeit
- Bundesinstitut für Berufsbildung
- Bundesinstitut für Arzneimittel und Medizinprotokolle
- Bundesversicherungsamt
- Entleiher von Arbeitskräften
- Familienkasse
- Finanzamt
- Gerichte
- Geringfügig Beschäftigter
- Gesellschafter
- Gesetzliche Krankenkassen
- Gewerbeaufsichtsamt
- Hauptfürsorgestelle
- Industrie- und Handelskammer
- Interessent
- Jugendlicher
- Kreditinstitute
- Kreis
- Künstlersozialkasse
- Landesarbeitsamt
- Landesbehörde zust. f. Lohnstatistiken
- Landesversicherungsamt
- Landwirtschaftliche Kranken-kasse
- Leiharbeiter
- Patient
- Personalrat
- Pflegekasse
- Polizeibehörde
- Schwerbehindertenvertretung
- Sozialamt
- Sozialversicherungsträger
- Staatsanwaltschaft
- Stadt
- Statistisches Bundesamt
- Strahlenexponierte Person
- Unternehmer
- Träger der Insolvenzversicherung
- Verwaltungsbehörden
- Wahlvorstand für den Betriebsrat

Abbildung 5-9: Auskunftsbegehren: anfragende und anfordernde Stellen (nach Hentschel et al. 1997:10ff.)

Für das Workflow-Management personalwirtschaftlicher Prozesse zeigt dieses Beispiel das enorme Anwendungspotential externer humaner Akteure auf, das durch Netzwerke erschlossen werden kann.

Die Abwicklung einzelner Informationsbedarfe kann durch Workflow-Typen repräsentiert werden, wobei die betriebliche Situation den Umfang der Modellierung bestimmt. Nicht alle aufgeführten Informationsbedarfe sind von jeder Unternehmung zu erfüllen. Insbesondere die Unternehmungsgröße, Branche und Mitarbeiterstruktur bestimmen, welche Verordnungen für eine Unternehmung Gültigkeit haben. In diesem Zusammenhang ist eine notwendige Bedingung, dass die jeweilige anfragende Stelle mit dem Unternehmungsnetzwerk und/oder dem Internet verknüpft ist.

Ein weiterer, eher visionärer Aspekt ist die Einbindung der Anwendungssoftware der anfragenden Stellen in die Workflow-Modellierung als externe maschinelle Akteure. Durch eine derartige Nutzung unternehmungsexterner Ressourcen ist eine Erfüllung von Informationspflichten, koordiniert durch Workflow-Systeme, mit sehr geringen Transportzeiten und insbesondere ohne Medienbrüche realisierbar, da Mitarbeiter des Personalbereichs direkt Informationen in externe IT-System einpflegen.

Durch die Internet- und Extranettechnik ergibt sich des Weiteren die Option, das Workflow-System nicht in die lokale personalwirtschaftliche IT-Infrastruktur zu integrieren, sondern vielmehr das System von einem externen Dienstleister betreiben und verwalten zu lassen (vgl. Stichwort Application Service Providing in Kapitel 5.2.2.3.). Diese Form des Outsourcing im Kontext des Workflow-Managements entbindet die Unternehmung (Personalbereich) von der Aufgabe, Mitarbeiter mit Kenntnissen über die Implementierung und die Verwaltung des Workflow-Systems sowie insbesondere adäquate Rechner bereitzustellen. Dem Personalbereich ist die Möglichkeit gegeben, sich ausschließlich auf die Applikation des Systems zu konzentrieren.

5.3.3 Integrationsaspekt: Funktionsangebot

Workflow-Systeme können, wie Kapitel 2 und 4 aufzeigen, nicht die Gesamtheit aller personalwirtschaftlichen (Teil-)Geschäftsprozesse sinnvoll unterstützen. Sie sind vielmehr, aus der Perspektive der personalwirtschaftlichen Anwender, als zusätzliches Instrument zur bestehenden IT-Struktur zu betrachten. Folgt man diesem Gedankengang, so ist die Integration eines Workflow-Systems in eine existente IT-Infrastruktur aus Anwenderperspektive als eine zusätzliche Schicht (Koordinationsebene) anzusehen, die zwischen die Anwenderebene und Funktionsebene gelegt wird (vgl. Abbildung 5-10).

Die Funktionsebene umfasst die vorab dargestellten personalwirtschaftlichen Anwendungen, auf welche die Anwenderebene sowohl einen wahlfreien (direkten, vgl. Punkt (1) in der Abb.) als auch, gesteuert durch das Workflow-System,

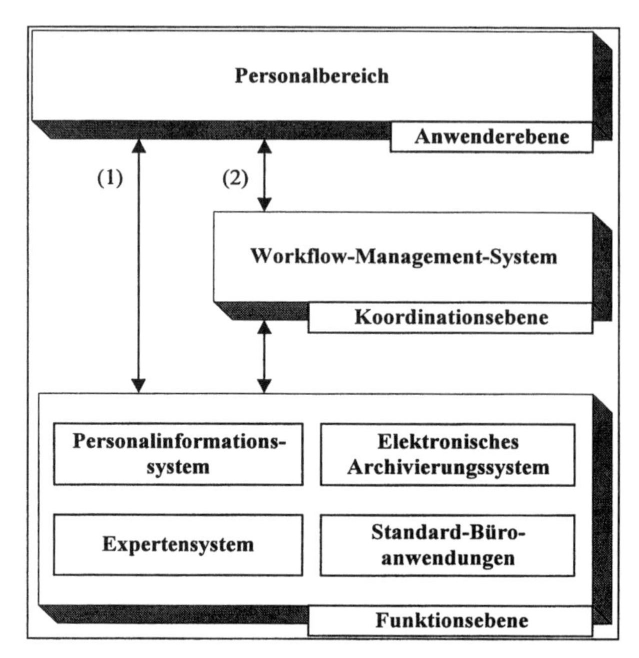

Abbildung 5-10: Ebenenmodell zur Integration eines Workflow-Systems

einen fest definierten Zugriff (vgl. Punkt (2) in der Abb.) hat. In diesem Zusammenhang stellt das Workflow-System Dienste bereit, die einzelnen Endanwendern des Personalbereichs ermöglichen, Workflow-Typen bei Bedarf zu selektieren und zu instanzieren. Des Weiteren werden Mitarbeiter des Personalbereichs während der Ausführung von Workflows über die anstehende Verrichtung von Aufgaben informiert. Entsprechende personalwirtschaftliche Anwendungen werden zur Aufgabenverrichtung angeboten.

Zusammenfassend ist festzuhalten, dass die Eingliederung des Workflow-Management-Systems in eine personalwirtschaftliche IT-Infrastruktur, unabhängig von der eigentlichen technischen Realisierung, aus der Perspektive der Endanwender des Personalbereichs eine Erweiterung der IT-gestützten Instrumente darstellt, welche die Verwendung von IT-Applikationen bei der Abwicklung von nicht workflow-gestützten Geschäftsprozessen nicht limitiert.

5.4 Exkurs: SAP R/3 HR

5.4.1 Begründung

Die SAP AG ist mit der Softwarelösung SAP R/3 HR und einem Marktanteil von etwa 30% der Marktführer unter den globalen Anbietern von personalwirtschaftlichen Applikationen in Europa (Mülder 2000b:12). Diese Tatsache der weiten Verbreitung des Produktes in der Praxis und die umfassenden Funktionalitäten des Systems rechtfertigen einen dieses Kapitel beendenden Exkurs über das Produkt, in welchem nachstehend insbesondere das Konzept einer personalwirtschaftlichen Standardsoftware hinsichtlich der Funktionalität, Architektur und unter Beachtung des integrierten Workflow-Management-Systems analysiert und dargestellt wird. Es kann somit, in Annäherung an die Praxis, ein Eindruck beziehungsweise ein Überblick gewonnen werden, welche personalwirtschaftlichen IT-Instrumente tatsächlich weitverbreitet eingesetzt werden und welche Funktionen aktuell der personalwirtschaftlichen Praxis dargeboten werden (vgl. für eine grundlegende und infolge der Weiterentwicklung des R/3-Systems zum Teil obsolete Fallstudie über SAP R/3 HR auch Strohmeier 1996).

5.4.2 Modulkonzept

Hochintegrierte und komplexe Standardsoftware, welche eine Vielzahl an betriebswirtschaftlichen Funktionen über verschiedene, frei kombinierbare Module anbietet und somit umfangreich Tätigkeiten in größeren organisatorischen Einheiten (Unternehmensbereiche, Gesamtunternehmen, unternehmensübergreifend) unterstützt, wird als betriebswirtschaftliche Standardsoftware oder als betriebswirtschaftliche Standardanwendungssoftware bezeichnet (Pietsch 1994:4). Das R/3-System vereint in seinem Funktionsumfang die betriebswirtschaftlichen Module Logistik, Rechnungswesen und Personalwirtschaft. Abbildung 5-11 zeigt diese Modulstruktur, welche in zahlreiche Teilmodule zerfällt, in einem Überblick.

Das Akronym HR steht für „Human Resources“ und gilt als Oberbegriff der umfangreichen personalwirtschaftlichen Anwendungen des R/3-Systems. Abbildung 5-12 zeigt in einer Übersicht das spezielle Funktionsangebot des R/3-Moduls HR, das in weitere Komponenten und Subkomponenten unterteilt ist.

Ausführliche praxisorientierte Beschreibungen zu den einzelnen personalwirtschaftlichen Funktionalitäten des Systems liegen in der Literatur vor (vgl. CDI 1999, Bichler 1999 u. Wenzel 2001). Interessant erscheint hier vielmehr, dass das HR-Modul aus der Perspektive der zuvor gegebenen Definition zu dem

Logistik		**Rechnungswesen**		**Personalwirtschaft**	
Logistik allg.	LO	Rechnungswesen allg.	AC	Personalmanagement	PA
Instandhaltung	PM	Controlling	CO	Personalzeitwirtschaft	PT
Vertrieb	SD	Finanzwesen	FI	Personalabrechnung	PY
Materialwirtschaft	MM	Investitionsmanagement	IM	Veranstaltungsmanagement	PE
Logistics Execution	LE	Treasury	TM		
Qualitätsmanagement	QM	Unternehmenscontrolling	EC		
Kundenservice	CS	Projektsystem	PS		
Produktionsplanung und -steuerung	PP	Immobilien	IS-RE		
Umweltmanagement	EHS				

Abbildung 5-11: SAP R/3: betriebswirtschaftliche (Teil-)Module (Quelle: SAP R/3 Anwendungshierarchie, Release 46b)

Begriff Personalinformationssystem ein solches System darstellt, welches in ein umfassendes Modulkonzept eingebunden ist. Der Praktiker hat die Wahl, Module frei zu verwenden und zu kombinieren. Dies gilt sowohl für die spezifische Auswahl aus der Menge der Module als auch für die Anwendung einzelner Teilkomponenten. Auf diese Weise kann in einem Unternehmen ein definierter Ausschnitt aus den betriebswirtschaftlichen und insbesondere personalwirtschaftlichen Funktionalität von R/3 Anwendung finden. Je nach der getroffenen Modulauswahl ergibt sich eine Reihe von Integrationsmöglichkeiten zwischen den verschiedenen Modulen. Dieses Konzept ermöglicht Unternehmen weitgehend, die Schnittstellenproblematik, die beim Einsatz heterogener Teillösungen auftritt, zu umgehen. Die angesprochenen modulübergreifenden Integrationsmöglichkeiten liegen unter anderem im Bereich der integrierten Anwendung von Personalplanung/-abrechnung und Kostenrechnung. Dabei können beispielsweise die unterschiedlichen Organisationseinheiten des Unternehmens als Kostenstellen betrachtet werden, denen auf diese Weise die Kosten für das jeweilige Personal der Organisationseinheit zugeordnet werden. Auf der anderen Seite können die Daten des Controlling auch für die Durchführung der Personalkostenplanung dienen.

5.4.3 Rahmenarchitektur

Das R/3-System basiert auf einer software-orientierten, mehrstufigen Client-Server-Architektur. Die Serverdienste des R/3-Systems lassen sich vereinfacht in die Ebenen (CDI 1996:62ff.):

- Präsentationsserver (Präsentationsschicht),
- Anwendungsserver (Anwendungsschicht) und

Personalmanagement	**PA**	**Personalzeitwirtschaft**	**PT**
Personalbeschaffung	PA-RC	Arbeitszeitplan	PT-WS
Personaladministration	PA-PA	Zeitdatenerfassung und	PT-RC
Arbeitgeberleistungen	PA-BN	-verwaltung	PT-SP
Altersversorgung	PA-PF	Personaleinsatzplanung	PT-EV
Personalinformations-	PA-IS	Zeitauswertung	PT-IN
systeme		Integration mit anderen	
Personalentwicklung	PA-PD	Applikationen	PT-IS
Aufbauorganisation	PA-OS	Informationssystem	PT-TL
Vergütungsmanagement	PA-CM	Werkzeuge	
Stellenwirtschaft	PA-PM		
Mitarbeiter Self-Service	PA-ES		
HR Manager's Desktop	PA-MA		
Reisemanagement	PA-TV		
Personalabrechnung	**PY**	**Veranstaltungsmanagement**	**PE**
Deutschland	PY-DE	Integration	PE-IN
(und weitere 30 landes-		Veranstaltungsvorbereitung	PE-PR
spezifische Teilmodule,		Veranstaltungsangebot	PE-OF
u.a. für Argentinien,		Tagesgeschäft	PE-DA
Österreich, Japan, Austra-		Wiederkehrende Arbeiten	PE-RA
lien, Belgien, Brasilien,		Auskunftsmenü	PE-RE
Kanada, Schweiz, Däne-		Raumbelegungsmanagement	PE-RPL
mark, Spanien, Frankreich			
u. Irland)			

Abbildung 5-12: SAP R/3: HR-Komponenten (Quelle: SAP R/3 Anwendungshierarchie, Release 46b)

- Datenbankserver (Datenhaltungsschicht)

gliedern.

Die Präsentationsschicht erzeugt die grafische Benutzeroberfläche. Sie ermöglicht die Dialogführung des Anwenders mit dem System, bietet Dienste zur Grafikdarstellung und ermöglicht den Datentransfer zwischen Anwender-PC und System. Diese Schnittstelle des R/3-Systems mit dem Anwender wird durch das Programm SAPGUI (SAP Graphical User Interface) repräsentiert. Das Programm ist für verschiedene Betriebssysteme (z.B. Windows-Familie, OS/2, Macintosh) verfügbar und stellt somit eine einheitliche, plattformunabhängige Bedieneroberfläche dar. Das eigentliche Kernstück des R/3-Systems ist die Anwendungsschicht. Sie spiegelt die betriebswirtschaftliche Logik wider und wird durch Anwendungsserver repräsentiert, welche mehrfach bei einem R/3-System installiert sein können. Die Verwaltung der zentralen Datenbank einer R/3-Installation obliegt dem Datenbankserver (Datenhaltungsschicht). Eine Verteilung der Services in einem Rechnernetzwerk erlaubt alternative Konfigurationen eines R/3-Systems, welche sich bezüglich ihrer Performanz, entstehender Hard- und Softwarekosten sowie ihrer Flexibilität und Wartbarkeit unterscheiden. Es werden folgende Alternativen differenziert, die auch für personalwirtschaftliche Konfigurationen Varianten darstellen:

- Zentral-System (Ist vergleichbar mit klassischen Großrechnerkonfigurationen. Alle drei Ebenen befinden sich auf einem Rechner. Zeichenorientierte Terminals sind lediglich durch grafikfähige Terminals ersetzt.),
- zweistufige Architektur (Es kommen zwei Gruppen von Rechnern zum Einsatz. Die Variante „verteilte Präsentation" wird durch einen zentralen Server für Datenbank- und Applikationsdienste und Präsentationsserver beschrieben. Ein Datenbankserver und Server für die Präsentation und Applikation kennzeichnen die Variante „Datenzugriff über Rechnergrenzen".),
- dreistufige Architektur (Jede Dienstgruppe läuft auf einer speziellen Hardware.),
- mehrstufige Architektur (Ist eine logische Erweiterung der dreistufigen Architektur. Dienstelemente einzelner Dienstgruppen werden zwischen der Hardware der jeweiligen Gruppe verteilt.).

5.4.4 Additive R/3-Funktionen mit personalwirtschaftlichem Anwendungsbezug

Neben dem Modul HR stellt das SAP R/3 Anwendungskomponenten bereit, die auch in einer personalwirtschaftlichen Funktion genutzt werden können.

R/3-Module können optional aufgrund einer Schnittstellendefinition an Elektronische Archivierungssysteme angebunden werden (Gulbins et al. 1999:66f.). Für den personalwirtschaftlichen Anwendungsbereich ergibt sich somit die Möglichkeit, personalwirtschaftliche Originalbelege zu erfassen, zu archivieren, zu suchen und weiterzuverarbeiten (Verwaltung von elektronischen Personalakten).

Eine weitere Schnittstelle (Internet Transaction Server) erlaubt den Zugriff auf R/3-Anwendungen über Internet-Browser. Diese Internet-Technik ermöglicht in Verbindung mit einem Intranet die Verlagerung von personalwirtschaftlichen Aufgaben aus dem Personalbereich heraus zu den Führungskräften und auf die Ebene der Mitarbeiter. Die SAP AG bezeichnet diesen Anwendungsbereich als „Employee Self Service" (SAP AG 2000). In Verbindung mit einer Internet-Anbindung bietet das System im Kontext der Personalbeschaffung die Möglichkeit an, Stellenausschreibungen auf einem World-Wide-Web-Server zu publizieren. Bewerbern wird so die Möglichkeit eingeräumt, direkt in das R/3-System ihre Daten einzupflegen. Diese Funktionalität kann aufgrund der technischen Spezifizierung auch im Intranet für eine interne Personalbeschaffung und Bewerberabwicklung genutzt werden. Abbildung 5-13 zeigt eine Auswahl möglicher personalwirtschaftlicher Inter-/Intranet-Anwendungen.

Der SAP „Business Workflow“ bildet eine prozessorientierte Schicht oberhalb der betriebswirtschaftlichen Module ab und ist ein in das gesamte R/3-System integriertes Workflow-Management-System. Mit Hilfe von Definitionswerkzeugen können Workflow-Typen erstellt werden, die auf die Gesamtheit der R/3-Funktionen zurückgreifen. Des Weiteren stellt die SAP AG vordefinierte Workflow-Typen (in der Terminologie der SAP = Workflow-Muster) bereit, die (un-)verändert genutzt werden können. Für die betriebliche Personalwirtschaft sind dies zum Beispiel Bearbeitungs- und Genehmigungsverfahren von Urlaubs- und Reiseanträgen sowie Bearbeitungsverfahren zu Bewerbungen und zu Reisekostenabrechnungen.

- Mitarbeiterliste
- Personaldaten
  - Anschrift
  - Bankverbindung
  - Notfalladresse
  - Datenerfassung zur Einstellung
- Zeitwirtschaft
  - Zeitnachweis
  - Zeitkonten
  - Arbeitszeitblatt
  - Einsatzplan
  - Abwesenheiten/-mitteilung
- Bezahlung
  - Abrechnungsergebnisse
- Veranstaltungsmanagement
  - Veranstaltungsangebot
  - Gebuchte Veranstaltungen
  - Veranstaltungen buchen
  - Teilnahme stornieren
- Reisen
  - Reisen erfassen
  - Reisen anzeigen
- Büro
  - Integrierter Eingang (SAPoffice, Workflow, Ausgang, Ablage)
- Personalbeschaffung
  - Stellenangebote
  - Bewerbung/Bewerberstatus

Abbildung 5-13: SAP R/3 HR: Internet-/Intranet-Anwendungen (Auswahl) (Quelle: SAP R/3 Anwendungshierarchie, Release 46b)

6 Zusammenfassung der Ergebnisse

Als zentrales Ergebnis der synoptischen Analyse von ausgewählten konstruktiven und empirischen Beiträgen zum Workflow-Management (Kapitel 2) ist festzuhalten, dass Workflow-Management in der betrachteten Literatur als ein offenes Konzept angeboten wird, in dessen Mittelpunkt die betriebliche Anwendung von Workflow-Management-Systemen steht.

Workflow-Systeme werden in dieser Arbeit als technokratische Koordinationsinstrumente betrachtet, die im Kontext der Fremdkoordination ein Funktionsangebot zur Unterstützung aller Aufgabengebiete des Workflow-Managements bereitstellen.

Obwohl einzelne Konzepte jeweils einen weitgefassten und komplexen inhaltlichen Bezugsrahmen schaffen, kann das Aufgabengebiet des Workflow-Managements durch die Aufgabengruppen Planung, Steuerung und Überwachung operativer Geschäftsprozesse als typischer Management-Kreislauf subsumiert werden.

Die effiziente (teil-)automatisierte Koordination operativer Geschäftsprozesse, das heißt vornehmlich die Minimierung von Prozessdurchlaufzeiten, ist hierbei die primäre Zielsetzung der einzelnen Aufgabengruppen.

Als operative Geschäftsprozesse gelten in diesem Zusammenhang Prozesse, die einen überwiegenden Anteil an Routineaufgaben beinhalten und sich insbesondere durch einen hohen Wiederholungsgrad und durch eine über die Zeit relativ gleichbleibende Aufgabenstruktur auszeichnen.

Da die Literatur keinen Beitrag anbietet, der aufgrund seiner Struktur eine systematische und analytische Durchdringung des Themenkomplexes eines personalwirtschaftlichen Workflow-Managements ermöglicht, wird in dieser Ausarbeitung Workflow-Management unter Berücksichtigung einer theoretischen Implikation betrachtet (Kapitel 3). Als Basis zur Entwicklung eines Workflow-Management-Ansatzes dient die *Coordination Theory* von *Malone*, die erweitert um Ergänzungen von *Crowston* (generische Interdependenzen) betrachtet wird. Ingesamt wird in dieser Arbeit Workflow-Management unter einer funktionalen (Aufgaben des Workflow-Managements), institutionellen (Aufgabenträger des Workflow-Managements), instrumentellen (Methoden- u. Verfahren des Workflow-Managements) und prozessualen (Wirkungsablauf des Workflow-Managements) Perspektive konstituiert.

Entscheidend für die Analyse und Darstellung des funktionalen Potentials eines Workflow-Managements für die betriebliche Personalwirtschaft ist die Differenzierung von Interdependenzen eines Geschäftsprozesses durch die Interdependenztypen „Aufgaben-Aufgaben“ (zeitlich-logische Zusammenhänge zwischen einzelnen Aufgaben eines Geschäftsprozesses), „Aufgaben-Ressourcen“ (Ressourcenbedarfe und Ressourcenzuordnungen einzelner Aufgaben eines Geschäftsprozesses) und „Ressourcen-Ressourcen“ (wechselseitige Beziehungen zwischen Ressourcen eines Geschäftsprozesses).

Die betriebliche Personalwirtschaft wird in der vorliegenden Arbeit modellhaft betrachtet. Die in Kapitel 1 angeführte Definition zum personalwirtschaftlichen Geschäftsprozess gibt eine erste Ordnung vor, wie ein derartiges Modell ausgestaltet werden kann. Der entwickelte Workflow-Management-Ansatz berücksichtigt in diesem Zusammenhang des Weiteren generische Interdependenzen, so dass das zu betrachtende Modell für die Analyse der Potentiale weiterführend spezifiziert wird.

Die erste Dimension des Modells bilden personalwirtschaftliche Funktionen. Bezogen auf die zugrunde gelegte Definition zum personalwirtschaftlichen Geschäftsprozess werden die Aspekte der Transformation, Verkettung und Zielsetzung in die modellhafte Betrachtung integriert und durch den Interdependenztyp „Aufgaben-Aufgaben“ einer Analyse zugänglich gemacht, um insbesondere personalwirtschaftliche Routineprozesse zu isolieren.

Die zweite Dimension des Modells bilden ausgewählte personalwirtschaftliche Konfigurationen, die allgemein den Personalaspekt eines personalwirtschaftlichen Geschäftsprozesses einbeziehen. Eine Betrachtung verschiedenartiger Konfigurationsmodelle ist an dieser Stelle notwendig, da in der betrieblichen Praxis und in der Literatur nicht „die personalwirtschaftliche Konfiguration“ etabliert ist, sondern zahlreiche Modelle implementiert beziehungsweise diskutiert werden. Durch die Interdependenztypen „Aufgaben-Ressourcen“ und „Ressourcen-Ressourcen“, wobei in diesem Zusammenhang als Ressourcen ausschließlich humane personalwirtschaftliche Akteure betrachtet werden, wird die Möglichkeit geschaffen, den Personalaspekt, das heißt insbesondere mögliche Aufgabenträger eines personalwirtschaftlichen Workflow-Managements, detailliert darzustellen.

Obwohl die Gesamtheit an personalwirtschaftlichen Maßnahmen aus Gründen einer Komplexitätsreduktion nur partiell betrachtet wird, kann als kompaktes Analyseergebnis zur ersten Dimension festgehalten werden, dass jede personalwirtschaftliche Funktion ein umfangreiches funktionales Anwendungspotential für ein personalwirtschaftliches Workflow-Management bereitstellt (Kapitel 4.1.1). Es ist aber einschränkend anzumerken, dass letztendlich keine umfangreiche personalwirtschaftliche Maßnahme vollständig durch einen Workflow abbildbar ist. Der Schwerpunkt für eine personalwirtschaftliche Workflow-Anwendung liegt daher primär in der Koordination von Teilaufgaben einzelner Maßnahmen. Ein personalwirtschaftliches Workflow-Management setzt demnach die explizite Definition von entsprechenden Rahmenbedingungen, Beurteilungs- und Entscheidungskriterien zu einzelnen Maßnahmen, die durch Workflows unterstützt werden sollen, zwingend voraus (z.B. Ermittlung und Bestimmung von Beschaffungsarten im Kontext der Personalbeschaffung).

Mit Hilfe eines idealtypischen personalwirtschaftlichen Entscheidungsprozesses lassen sich die erzielten Ergebnisse, unabhängig von den einzelnen personalwirtschaftlichen Funktionen, differenziert und aggregiert darstellen. In der Literatur werden folgende Phasen dem personalwirtschaftlichen Entscheidungsprozess zugeordnet (Hentze/Kammel 2001:65ff. in Anlehnung an Ulrich 1970:204 u. Hahn 1971:163):

(1) Anregungsphase (Problemerkennung, Feststellung der Ausgangslage und Umweltbedingungen sowie Ursachenanalyse),
(2) Suchphase (Bestimmung von Zielen und Entscheidungskriterien sowie Entwicklung alternativer Lösungen),
(3) Entscheidungsphase (Beurteilung von Lösungen und Auswahl der besten Lösung),
(4) Realisierungsphase (Umsetzung der Lösung durch entsprechende Maßnahmen) und
(5) Kontrollphase (Ausführungskontrolle und Ergebnisbewertung).

Betrachtet man die ersten zwei Phasen als personalwirtschaftliche Aufgaben der Entscheidungsvorbereitung, so liegen Anwendungspotentiale für ein Workflow-Management zum einen bei Routineprozessen zur Beschaffung von Informationen aus der Linie (z.B. Bestimmung von Qualifikationsbedarfen im Kontext der Personalentwicklung) und zum anderen bei Methoden, die sich auf beide Phasen der Entscheidungsvorbereitung beziehen (z.B. Stellenplanmethode und Profilvergleichsmethode im Kontext der Personalbedarfsermittlung).

Die Phase Entscheidung kann durch Workflows unterstützt werden, die Abstimmungs- und Entscheidungsprozesse zwischen dem Personalbereich und einzelnen Mitarbeitern und/oder Vorgesetzten abbilden (z.B. Abstimmungsprozess zur Prüfung auf Teilzeitarbeit u. Genehmigungsprozesse zu Entwicklungsmaßnahmen im Kontext der Personalentwicklung). Des Weiteren können Entscheidungsaufgaben, die in komplexen Workflow-Typen integriert sind, durch Einzelschrittaufgaben an die entsprechenden Entscheidungsträger übergeben werden (z.B. Entscheidung über Einstellungen im Kontext der Personalbeschaffung u. Prüfung und Genehmigung von Kündigungen im Kontext der Personalfreistellung).

Funktionale Potentiale für ein personalwirtschaftliches Workflow-Management liegen bezogen auf die Realisierungsphase vornehmlich in der Fixierung von Entscheidungen (z.B. Abschluss bzw. Änderung von Arbeitsverträgen im Kontext der Personalbeschaffung u. Durchführung von Kündigungen im Kontext der Personalfreistellung) und in der Distribution von Informationen zu einzelnen Entscheidungen in die Linie (z.B. Informationen zu Überstundenregelungen und zur Kurzarbeit im Kontext der Personalfreistellung).

Im Rahmen der Kontrollphase liegt - ähnlich zu den Phasen der Entscheidungsvorbereitung - das Workflow-Potential im Bereich der gezielten Informationsbeschaffung aus der Linie (z.B. Informationen zu erworbenen Qualifikationen einzelner Mitarbeiter im Kontext der Personalentwicklung).

Aus der Perspektive einer institutionellen Umsetzung eines personalwirtschaftlichen Workflow-Managements ist als kompaktes Ergebnis zur zweiten Analysedimension festzuhalten, dass ein Workflow-Management in nahezu beliebig ausgestalteten personalwirtschaftlichen Konfigurationen implementiert werden kann. Es zeigt sich aber auch, dass eine Implementierung ohne eine organisatorische Veränderung beziehungsweise Anpassung der jeweiligen Konfiguration nicht möglich ist. Gerade in Bezug auf die Eingliederung von Workflow-Ownern und Workflow-Teams ist die bestehende Struktur zu modifizieren. Es müssen organisatorische Rahmenbedingungen geschaffen werden, die Aufgabenträger – besonders Workflow-Owner - eines personalwirtschaftlichen Workflow-Managements mit entsprechenden Kompetenzen ausstatten, so dass dispositive Aufgaben im Bereich der Planung, Steuerung und Überwachung von Workflows dauerhaft ausgerichtet wahrgenommen werden können.

Der in dieser Arbeit entwickelte Workflow-Management-Ansatz fasst Personen, die an dem Ablauf von personalwirtschaftlichen Geschäftsprozessen als Akteure beteiligt sind, ausschließlich zweckorientiert als Ressource auf. Eine derartige sachlich-nüchterne Auffassung kann zu Konflikten, insbesondere auf der Ebene der Mitarbeiter führen. In Kapitel 4.2 wird dieser Problemkomplex aufgegriffen und diskutiert. Die Ausführungen zeigen im Kern auf, dass insbesondere eine mögliche mangelnde Akzeptanz seitens der Mitarbeiter und des Betriebsrates gegenüber der Einführung und Applikation von Workflow-Systemen zu Einigungsstellenverfahren und Arbeitsgerichtsprozessen führen kann. Insgesamt kann sich die betriebliche Situation - äquivalent zur historischen Entwicklung der Informatisierung der Personalwirtschaft bei der Einführung von Personalinformationssystemen - konfliktiv entwickeln. Unter Beachtung der maßgeblichen rechtlichen Restriktionen (BetrVG u. BDSG) wird aufgezeigt, dass eine Betriebsvereinbarung zu Workflow-Management-Systemen, in der Form eines betrieblichen Kollektivvertrags zwischen Betriebsrat und Unternehmensleitung, als wichtigstes proaktives rechtliches Regulativ in Verbindung mit der Einführung eines Workflow-Systems anzusehen ist, das im Vorfeld eine schriftlich fixierte Konsensfindung zwischen den Fraktionen ermöglicht.

Die in dieser Arbeit vertretene Auffassung zu einem personalwirtschaftlichen Workflow-Management setzt weiterhin eine IT-Infrastruktur voraus, in welche Workflow-Systeme zu integrieren sind. Kapitel 5 greift diesen Aspekt auf. Da Ausprägungen personalwirtschaftlicher IT-Infrastrukturen unternehmungsindividuell sind, wird von einer Struktur (Rechner, Netzwerke u. personalwirtschaftliche Anwendungen) ausgegangen, die idealtypisch der betrieblichen Personalarbeit zur Verfügung steht. Die Ausführungen zeigen in der Essenz auf, dass existente Netzwerke für die wechselseitige Interaktion zwischen humanen sowie maschinellen Akteuren und dem Workflow-System als grundlegende Prämisse für ein personalwirtschaftliches Workflow-Management in der Form eines Kommunikationssystems anzusehen sind. Des Weiteren zeigen die spezifizierten Integrationsoptionen auf, dass Workflow-Systeme aus Anwenderperspektive als eine Koordinationsebene anzusehen sind, die zwischen den Anwendern und personalwirtschaftlichen Anwendungen (Funktionsebene) interagiert und dass insgesamt Nutzungsmöglichkeiten einer vorhandenen IT-Infrastruktur nicht beeinträchtigt oder eingeschränkt, sondern vielmehr um eine vorgangsorientierte Komponente erweitert werden.

In Kapitel 1 wird im Rahmen der Problemstellung zur vorliegenden Arbeit das von *Scholz* formulierte Anforderungsprofil an eine zeitgemäße Personalwirtschaft vorgestellt. Im Folgenden werden diese Anforderungen erneut aufgegriffen und den ermittelten Leistungspotentialen eines personalwirtschaftlichen Workflow-Managements resümierend gegenübergestellt:

- **Erfolgsorientierung:**
  Erfolgsorientierung meint allgemein, dass alle personalwirtschaftlichen Aktivitäten auf ökonomische Zielgrößen auszurichten sind.
  Die hier vertretene Auffassung zum Workflow-Management zielt im Kontext der Koordination auf Effizienz ab, das heißt, die Aufgabenbereiche des Workflow-Managements werden im Hinblick auf die Minimierung von Prozessdurchlaufzeiten betrachtet. Die Kenngröße Prozessdurchlaufzeit kann in diesem Zusammenhang als Produktivitätskriterium angesehen werden. Insbesondere die Ergebnisse der synoptischen Analyse von ausgewählten empirischen Beiträgen zum Workflow-Management zeigen auf, dass die Beschränkung eines personalwirtschaftlichen Workflow-Managements auf operative Geschäftsprozesse eine Steigerung der Produktivität im Bereich der personalwirtschaftlichen vorgangsorientierten Aufgabenbearbeitung, das heißt eine Minderung von Prozessdurchlaufzeiten, ermöglicht.
  Im Bereich der formalisierten Personalarbeit, besonders bei Center-Konzepten, ist die Festlegung interner Verrechnungspreise sowie eine verursa-

chungsgerechte Kostenzuordnung und –belastung notwendig. Hierauf Bezug nehmend kann festgehalten werden, dass Workflow-Systeme auch als ergänzendes Instrument der personalwirtschaftlichen (Prozess-)Kostenrechnung eingesetzt werden können. Der Anwendungsschwerpunkt der Systeme liegt hier in der Festlegung und Berechnung verursachungsgerechter Kosten, indem der Aspekt Kostenerfassung mit in ein Workflow-Kennzahlensystem einbezogen wird. Protokollierte Bearbeitungszeiten einzelner humaner und maschineller Akteure bilden hierbei die Datengrundlage, welche mit Verrechnungssätzen (z.B. Löhne, Gehälter u. IT-Kosten) zu Verrechnungspreisen von Workflow-Einzelschrittaufgaben und/oder Workflows multipliziert werden.

- **Flexibilisierung:**
  Die Anforderung Flexibilisierung beschreibt, dass die Personalwirtschaft die Systemeigenschaft der kurzfristigen Anpassungsfähigkeit an Änderungen aufzuweisen hat.
  Durch den Aufgabenkomplex der Überwachung von Workflows und durch die betriebliche Etablierung von Workflow-Ownern stellt der in dieser Arbeit entwickelte Workflow-Management-Ansatz sowohl auf funktionaler Ebene, als auch auf institutionaler Ebene Optionen zur kurzfristigen Anpassung von personalwirtschaftlichen Abläufen bereit. Workflow-Owner bestimmen in diesem Zusammenhang Modellanpassungen (Veränderungen an bestehenden Workflow-Typen), welche direkt die Planungsfunktion des Workflow-Managements adressieren.
  Des Weiteren zeichnen sich Workflow-Systeme durch die Eigenschaft aus, dass nahezu beliebige IT-Anwendungen bei der Modellierung und Ausführung von Workflow-Typen integriert werden können. Auch aus dieser technischen Perspektive heraus kann daher einem personalwirtschaftlichen Workflow-Management die Eigenschaft Flexibilität zugesprochen werden.
- **Individualisierung:**
  Individualisierung meint, dass die Personalwirtschaft verstärkt individuelle Bedürfnisse und Wertvorstellungen einzelner Mitarbeiter zu berücksichtigen hat.
  Obwohl Mitarbeiter im Bereich der Ablaufgestaltung primär als Ressourcen, das heißt als humane Akteure betrachtet werden, kommt ein personalwirtschaftliches Workflow-Management der Anforderung Individualisierung durch die Institutionalisierung von Workflow-Teams und Workflow-Ownern nach, so dass dem einzelnen Mitarbeiter die Gelegenheit eingeräumt wird, Arbeitsabläufe und Arbeitsschritte, an denen er aktiv als Akteur beteiligt ist, nach seinen Wünschen und Vorstellungen mitzugestalten.

- **Kundenorientierung:**
  Die Anforderung Kundenorientierung gibt vor, dass alle personalwirtschaftlichen Aktivitäten an den Wünschen vorhandener und potentieller Kunden auszurichten sind.
  Der Leistungsbeitrag eines personalwirtschaftlichen Workflow-Managements liegt in diesem Zusammenhang darin, dass angebotene und durch Workflow-Typen definierte personalwirtschaftliche Dienstleistungen Kunden, Mitarbeitern des Personalbereichs und allen weiteren beteiligten Akteuren transparent gemacht werden.
  Die Anwendung eines Workflow-Systems ermöglicht darüber hinaus, Aussagen über den Bearbeitungsstatus eines Vorgangs zu treffen, so dass Kundennachfragen über den Fortschritt einer personalwirtschaftlichen Leistung zeitnah beantwortet werden können.
  Des Weiteren kann durch die Workflow-Integration von humanen und maschinellen Akteuren - insbesondere externer Kunden - eine erweiterte Kundenbindung und Kundenorientierung erzielt werden. In diesem Kontext ist besonders die Option hervorzuheben, dass Kunden in Workflow-Teams eingebunden werden und somit aktiv an der Planung und Modellierung von personalwirtschaftlichen Workflows partizipieren.
- **Qualitätsorientierung:**
  Workflow-Management berücksichtigt Anforderungen an eine qualitätsorientierte Personalarbeit facettenreich. Zum einen können personalwirtschaftliche Qualitätssicherungsmaßnahmen (z.B. Qualitätsmanagement-, Organisations- u. Arbeitsablaufhandbücher) durch Workflows operationalisiert beziehungsweise modelliert und in ihrem Ablauf systemgestützt koordiniert und synchronisiert werden. Zum anderen ist der Qualitätsaspekt integrativer Bestandteil des Aufgabengebietes eines personalwirtschaftlichen Workflow-Managements. Der Aufgabenkomplex Planung berücksichtigt durch die Ablaufsimulation von Workflows vor der Produktivsetzung Qualitätskriterien insbesondere in Hinblick auf die Vollständigkeit und Fehlerfreiheit einzelner Workflow-Typen. Durch die Aufgabenbereiche der Steuerung und Überwachung werden instanzierte Workflows auf der Grundlage von Monitoring-Daten (Ablaufinformationen) und qualitätsbezogenen Kennzahlen (z.B. zu Terminüberschreitungen, Rückfragen und Ablaufabbrüchen) revidiert. Ergebnisse der Überprüfung fließen als Korrektur- und Anpassungsentscheidungen zu Workflow-Modellen in die Planungsaufgaben ein, so dass die Planungsaufgaben auch unter der Perspektive Qualität eine Rückkopplung erhalten.

- **Akzeptanzsicherung:**
  Die Anforderung Akzeptanzsicherung beschreibt im Allgemeinen die Aufgabe, dass die Personalwirtschaft sicherzustellen hat, dass Mitarbeiter Veränderungen unterstützen. Zur Akzeptanzsicherung bei der Entwicklung und Einführung neuer personalwirtschaftlicher Systeme empfehlen Drumm et al. (1988:34ff.) sogenannte Promotoren, welche für die Etablierung einer neuen Lösung zuständig sind.
  Die hier vertretene Auffassung zum Workflow-Management greift den empfohlenen Lösungsvorschlag auf. In Kapitel 4.1.2 wird ausgeführt, dass die Organisation (Etablierung, Standardisierung und Koordination) eines umfassenden personalwirtschaftlichen Workflow-Managements (kurz Meta-Workflow-Management) durch Workflow-Protagonisten umgesetzt werden kann. Es zeigt sich insgesamt, dass vornehmlich – abhängig von der Ausgestaltung der formalisierten Personalarbeit - der Personalleitung dieser übergeordnete Aufgabenkomplex zuzuordnen ist.
  Zur Vermeidung von Reaktanzen seitens der Mitarbeiter und des Betriebsrates gegenüber der Einführung eines Workflow-Systems ist auch an dieser Stelle die Betriebsvereinbarung zu nennen (s.o.), die neben den genannten organisatorischen Maßnahmen als formal-rechtliches Element proaktiv dem Zweck der Akzeptanzsicherung eines personalwirtschaftlichen Workflow-Managements dient.
- **Professionalisierung:**
  Die Anforderung Professionalisierung der Personalarbeit verlangt im Gebiet der Informatisierung der Personalwirtschaft den Umgang mit neuen Techniken in Form von Spezialsoftware.
  Workflow-Management-Systeme sind dieser Kategorie von Anwendungssystemen zweifelsfrei zuzurechnen. Sie erweitern und bereichern personalwirtschaftliche IT-Infrastrukturen um eine vorgangsorientierte Komponente, die Möglichkeiten der Koordination und Synchronisation der Arbeitsausführung beziehungsweise einzelner Arbeitsschritte bietet.
  Darüber hinaus können vorhandene und künftige personalwirtschaftliche Applikationen in eine Workflow-Umgebung eingebunden werden (Workflow-Klienten-Applikationen u. aufrufbare Applikationen), so dass Workflow-Systeme nicht als „Insel-Lösung" für eine spezielle Problemstellung, sondern vielmehr als eine zukunftsorientierte und integrative personalwirtschaftliche IT-Lösung zu betrachten sind.

Die mit dieser Arbeit vorliegende Diskussion über ein personalwirtschaftliches Workflow-Management zeigt auf, dass Workflow-Systeme in der Literatur erst am Anfang ihrer Etablierung für personalbezogenen Applikationen stehen. Bezogen auf die Segmente der Forschungsaufgabe im Gebiet der Informatisierung der Personalwirtschaft (vgl. Kapitel 1.4) stellen die Ausführungen einen ersten umfassenden deskriptiven Beitrag dar. Wenn daraus weiterführende wissenschaftliche Beiträge resultieren, dann hat diese Arbeit einen Hauptanteil ihres Anspruchs erreicht.

Literaturverzeichnis

Adam, D. (1996): Planung und Entscheidung: Modelle – Ziele – Methoden, 4. Auflage, Wiesbaden 1996

Albert, H. (1975a, Hrsg.): Konstruktion und Kritik. Aufsätze zur Philosophie des kritischen Rationalismus, 2. Auflage, Hamburg 1975

Albert, H. (1975b): Theorie und Praxis. Max Weber und das Problem der Wertfreiheit und Rationalität, in: Albert, H. (1975a, Hrsg.): Konstruktion und Kritik. Aufsätze zur Philosophie des kritischen Rationalismus, 2. Auflage, Hamburg 1975, S. 41-73

Alchian, A. A. (1961): Some Economics of Property, Santa Monica/ Kalifornien 1961

Amberg, M. (1999): Prozeßorientierte betriebliche Informationssysteme, Methoden, Vorgehen und Werkzeuge zu ihrer effizienten Entwicklung, Berlin u.a. 1999

Atteslander, P. (2000): Methoden der empirischen Sozialforschung, 9. Auflage, Berlin u.a. 2000.

AWV (Arbeitsgemeinschaft für wirtschaftliche Verwaltung e.V., Hrsg., 1992): ORGATEC-Forum 1992 – Optische Speicher als Komponenten im Informationsmanagement, Eschborn 1992

AWV (Arbeitsgemeinschaft für wirtschaftliche Verwaltung e.V., Hrsg., 1993a): Opto-elektronische Speichersysteme und Datenschutz, Eschborn 1993

AWV (Arbeitsgemeinschaft für wirtschaftliche Verwaltung e.V., Hrsg., 1993b): Prozeßrechtliche Aspekte des Dokumenten-Managements mit elektronischen Speichersystemen, Eschborn 1993

Bader, B. (1997): Computerunterstützte Personalinformationssysteme: Stand und Entwicklungstendenzen, Dresden 1997

Badura, B./ Gross, P. (1976): Sozialpolitische Perspektiven. Eine Einführung in Grundlagen und Probleme sozialer Dienstleistungen, München 1976

Baecker, R. M. (Hrsg., 1990): Groupware and Computer-Supported Cooperative Work, San Francisco/ Kalifornien 1990

Bänsch, A. (1996): Wissenschaftliches Arbeiten, München 1996

Balzert, H. (2000): Lehrbuch der Software-Technik: Software-Entwicklung, 2. Auflage, Heidelberg u.a. 1996

Bea, F. X./ Göbel, E. (1999): Organisation – Theorie und Gestaltung, Stuttgart 1999

Bea, F. X./ Schnaitmann, H. (1995): Begriff und Struktur betriebswirtschaftlicher Prozesse, in: Wirtschaftswissenschaftliches Studium, 24. Jahrgang, 1995, S. 278-282

Becker, J./ Rosemann, M./ Schütte, R. (1995): Grundsätze ordnungsgemäßer Modellierung, in: Wirtschaftsinformatik, 37. Jahrgang, Heft 5, 1995, S. 435-445

Becker, J./ Vossen, G. (1996): Geschäftsprozessmodellierung und Workflow-Management, in: Vossen, G./ Becker, J. (1996, Hrsg.): Geschäftsprozessmodellierung und Workflow-Management, Modelle, Methoden, Werkzeuge, Bonn 1996, S. 18-26

Bellgardt, P. (1990a, Hrsg.): EDV-Einsatz im Personalwesen: Entwicklungen, Anwendungsbeispiele, Datensicherheit und Rechtsfragen, Heidelberg 1990

Bellgardt, P. (1990b): Rechner- und Systemunterstützung im Personalwesen, in: Bellgardt, P. (1990a, Hrsg.): EDV-Einsatz im Personalwesen: Entwicklungen, Anwendungsbeispiele, Datensicherheit und Rechtsfragen, Heidelberg 1990, S. 17-24

Bellardt, P (1995): Entwicklungstrends in der DV-gestützten Personalarbeit, in: Computergestützte und operative Personalarbeit, 3. Jahrgang, Heft 1, 1995, S. 3-7

Bergmann, M., Streitz, S. (1994): Beweisführung durch EDV-gestützte Dokumentation, in Computer und Recht, Heft 7, 1994, S. 77-83

Berndt, O./ Leger, L. (1994): Dokumenten-Management-Systeme, Nutzen, Organisation, Technik, Berlin u.a. 1994

Berthel, J./ Groenewald, H. (1991, Hrsg.): Handbuch Personal-Management, 3. Auflage, Landsberg a. Lech 1991

Berthel, J. (1995): Personal-Management. Grundzüge für Konzeptionen betrieblicher Personalarbeit, 4. Auflage, Stuttgart 1995

Berthel, J. (1997): Personal-Management. Grundzüge für Konzeptionen betrieblicher Personalarbeit, 5. Auflage, Stuttgart 1997

Bertram, C. (1996): Qualität in der Personalabteilung, München u.a. 1996

Bichler, S. (1999): Personalwirtschaft: Einführung mit Beispielen aus SAP R/ 3 HR, München u.a. 1999

Bisani, F. (1995): Personalwesen und Personalführung: der state of the art der betrieblichen Personalarbeit, 4. Auflage, Wiesbaden 1995

Bizer, J./ Hammer, V. (1993): Elektronisch signierte Dokumente als Beweismittel, in: Datenschutz und Datensicherheit, 17. Jahrgang, Heft 11, 1993, S. 619-628

Blohm, H./ Beer, T./ Seidenberg, U./ Silber, H. (1987): Produktionswirtschaft, Herne u.a. 1987

BMWi (Bundesministerium für Wirtschaft und Technologie, Hrsg., 2000a): Begründung zum Entwurf eines Gesetzes über Rahmenbedingungen für elektronische Signaturen und zur Änderung weiterer Vorschriften (in der Fassung des Kabinettbeschlusses vom 16. August 2000), ohne Ortsangabe 2000

BMWi (Bundesministerium für Wirtschaft und Technologie, Hrsg., 2000b): Gesetz über Rahmenbedingungen für elektronische Signaturen (Signaturgesetz-SigG) Eckpunkte für einen Gesetzesentwurf, ohne Ortsangabe 2000

Bolten, R./ Pulte, P. (1999): Aufbewahrungsnormen und -fristen im Personalbereich, 4. Auflage, Frechen 1999

Bortz, J./ Döring, N. (1995): Forschungsmethoden und Evaluation, 2. Auflage, Berlin u.a. 1995

Brockhoff, K./ Hauschildt, J. (1993): Schnittstellen-Management – Koordination ohne Hierarchie, in: Zeitschrift Führung und Organisation, 62. Jahrgang, Heft 6, S. 396-403

Buck-Emden, R./ Galimow, J. (1996): Die Client/ Server-Technologie des SAP-Systems R/ 3, 3. Auflage, Bonn u.a. 1996

Bühner, R. (1994): Personalmanagement, Landsberg a. Lech, 1994

Bühner, R./ Tuschke, A. (1997): Outsourcing, in: Die Betriebswirtschaft, 57. Jahrgang, Heft 1, 1997, S. 20-30

Bullinger, H.-J. (Hrsg., 1993): Wege aus der Krise. Geschäftsprozeßoptimierung und Informationslogistik, Berlin u.a. 1993

Bunge, M (1967a): Scientific Research, Band I: The Search for System, Berlin u.a. 1967

Bunge, M (1967b): Scientific Research, Band II: The Search for Truth, Berlin u.a. 1967

Bunge, M (1983): Epistemologie, Mannheim u.a. 1983

Bußler, C. (1998): Organisationsverwaltung in Workflow-Mamagement-Systemen, Wiesbaden 1998

CDI (Deutsche Private Akademie für Wirtschaft GmbH, Hrsg., 1996): SAP R/ 3 Basissystem, Systemarchitektur, Administration, Basistechnologie, Haar bei München 1996

CDI (Deutsche Private Akademie für Wirtschaft GmbH, Hrsg., 1999): SAP R/ 3 Personalwirtschaft, München u.a. 1999

Chmielewicz, K. (1994): Forschungskonzeptionen der Wirtschaftswissenschaften, 3. Auflage, Stuttgart 1994

Clermont, A./ Schmeisser, W. (Hrsg., 1999): Betriebliche Personal- und Sozialpolitik, München 1999

Coase, R. H. (1937): The Nature of the Firm, in Economica, November 1937, S. 386-405

Conradi, W. (1983): Personalentwicklung , Stuttgart 1983

Crowston, K. (1994): A Taxonomie Of Organizational Dependencies and Coordination Mechanisms, Center for Coordination Science, Massachusetts Institute of Technology, Working Paper, Cambridge/ Massachusetts 1994

Damschik, I./ Häntschel, I. (1995): Evaluierung von Workflow-Systemen, in: Wirtschaftsinformatik, 37. Jahrgang, Heft 1, 1995, S. 18-23

Davenport, T. H. (1993): Process Innovation – Reengineering Work Through Information Technology, Boston 1993

Demsetz, H. (1967): Towards a Theory of Property Rights, in: American Economic Review, Papers and Proceedings, 57. Jahrgang, 1967, S. 347-359

Derszteler, G. (2000): Prozessmanagement auf Basis von Workflow-Systemen, Köln 2000

Detering, S. (1994): Technikunterstützung für virtuelle Unternehmen, Veröffentlichung am Fachbereich Informatik der TU Berlin, 1994

DIN (1996, Hrsg.): DIN-Fachbericht 50. Geschäftsprozeßmodellierung und Workflow-Management. Forschungs- und Entwicklungsbedarf im Rahmen der Entwicklungsbegleitenden Normung (EBN), 1. Auflage, Berlin u.a. 1996

Dinkelbach, W. (1992): Operations Research, Berlin u.a. 1992

Domsch, M./ Schneble, A. (1986): Personalinformationssysteme. Instrumente der Personalführung und Personalverwaltung, in: Soziale Betriebs-Praxis, Heft 1, 1986, S. 1-33

Domsch, M./ Schneble, A. (1991): Die Informationsbasis der Personalplanung, in: Berthel, J./ Groenewald, H. (1991, Hrsg.): Handbuch Personal-Management, 3. Nachlieferung 9/ 1991, Landsberg a. Lech 1991, S.

Domsch, M./ Gerpott, T. J. (1992): Organisation des Personalwesens, in: Frese, E. (Hrsg.): Handwörterbuch der Organisation, 3. Auflage, Stuttgart 1992, Sp. 1934-1949

Domsch, M./ Schneble, A. (1993): Personalinformationssysteme, in: v. Rosenstiel, L. (1993, Hrsg.): Führung von Mitarbeitern : Handbuch für erfolgreiches Personalmanagement, 2.Auflage, Stuttgart 1993

Drumm, H. J./ Scholz, C. (1988): Personalplanung. Planungsmethoden und Methodenakzeptanz, 2. Auflage, Stuttgart u.a. 1988

Drumm, H. J. (1992): Personalwirtschaftslehre, 2. Auflage, Berlin u.a. 1992

Drumm, H. J. (1995): Personalwirtschaftslehre, 3. Auflage, Berlin 1995

Eichhorn, P. (2000): Das Prinzip Wirtschaftlichkeit, Wiesbaden 2000

Eigler, J. (1995): Transaktionskosten als Steuerungsinstrument für die Personalwirtschaft, Frankfurt/ Main u.a. 1995

Elgass, P./ Krcmar, H. (1993): Computergestützte Geschäftsprozeßplanung, in: Information Management, Heft 1, 1993, S. 42-49
Emory, W. A. (1990): Definition von DV-Revisionszielen, in: Hannan, J. (1990, Hrsg.): Revision in der Datenverarbeitung, Braunschweig u.a. 1990, S. 1-22
Ende, W. (1982): Theorie der Personalarbeit im Unternehmen, Königstein/ Ts. 1982
Erber-Faller, S. (1996): Gesetzgebungsvorschläge der Bundesnotarkammer zur Einführung elektronischer Unterschriften, in: Computer und Recht, Heft 6, 1996, S. 375-380
Falke, J./ Höland, A./ Rhode, B./ Zimmermann, G. (1981): Kündigungspraxis und Kündigungsschutz in der Bundesrepublik Deutschland, Forschungsbereicht 47, im Auftrag des Bundesministeriums für Arbeits- und Sozialordnung, Bonn 1981
Ferstl, O. K./ Sinz, E. J. (1993): Grundlagen der Wirtschaftsinformatik, München u.a. 1993
Fessmann, K. D. (1980): Organisatorische Effizienz, Düsseldorf 1980
Fichter, M. (1999): Marktstudie Workflow-Management-Systeme, Hamburg 1999
Finzer, P. (1992): Personalinformationssysteme für die betriebliche Personalplanung, München 1992
Freimuth, J./ Meyer, A. (Hrsg., 1998): Fraktal, fuzzy. oder darf es ein wenig virtueller sein? Personalarbeit an der Schwelle zum neuen Jahrtausend, München u.a. 1998
Frese, E. (Hrsg., 1992): Handwörterbuch der Organisation, 3. Auflage, Stuttgart 1992
Friedrichs, H. (1973): Moderne Personalführung, 4. Auflage, München 1973
Fries, S./ Seghezzi, H. D. (1994): Entwicklung von Messgrößen für Geschäftsprozesse, in: Controlling, Heft 6, 1994, S. 338-345
Gadatsch, A. (1999): Entwicklung eines Konzeptes zur Modellierung und Evaluation von Workflows, Berlin u.a. 1999
Gaitanides, M. (1983): Prozeßorganisation, München 1983
Gaitanides, M./ Scholz, R./ Vrohlings, A./ Raster, M. (1994): Prozeßmanagement – Konzepte, Umsetzungen und Erfahrungen des Reengineering, München u.a. 1994
Gehring, H./ Gadatsch, A. (1999a): Ein Rahmenkonzept für die Modellierung von Geschäftsprozessen und Workflows, Fachbereichsbericht Nr. 274, Fachbereich Wirtschaftswissenschaften, Fernuniversität Hagen, Hagen 1999
Gehring, H./ Gadatsch, A. (1999b): Eine Rahmenarchitektur für Workflow-Management-Systeme, Fachbereichsbericht Nr. 275, Fachbereich Wirtschaftswissenschaften, Fernuniversität Hagen, Hagen 1999

Geis, I. (1992): Rechtliche Aspekte für den Einsatz optischer Speichermedien – Mikrofilm und Optische Speicherplatten, in: AWV (Hrsg, 1992): ORGATEC-Forum 1992 – Optische Speicher als Komponenten im Informationsmanagement, Eschborn 1992, S. 7-12

Gerken, W. (1988): Systemanalyse – Entwurf und Auswahl von DV-Anwendersystemen, Bonn u.a. 1988

Gilhooley, I. (1990): Aufgaben der DV-Revision, in: Hannan, J. (1990, Hrsg.): Revision in der Datenverarbeitung, Braunschweig u.a. 1990, S. 23-50

Glaser, H./ Geiger, W./ Rohde, V. (1992): PPS, Produktionsplanung und -Steuerung, Grundlagen – Konzepte – Anwendungen, 2. Auflage, Wiesbaden 1992

Götzer, K. (1995): Workflow : Unternehmenserfolg durch effizientere Arbeitsabläufe ; Technik, Einsatz, Fallstudien, München 1995

Götzer, K. (1996): Was bringen Workflow-Systeme wirklich ?, in Information Management, Band 11, Heft 1, 1996, S. 65-68

Grell, R. (1994): Schriftgutverwaltung und Vorgangsbearbeitung in der Landesverwaltung Baden-Württemberg, in: Theorie und Praxis der Wirtschaftsinformatik, 31. Jahrgang, Heft 176, 1994, S. 35-44.

Grell, R. (1995): Elektronische Bearbeitung schwach strukturierter Vorgänge, in: Office Management, 43. Jahrgang, Heft 6, 1995, S. 34-38

Groth, U./ Kammel, A. (1993): Betriebliches Sozialleistungsmanagement, in: Personalwirtschaft, 20 Jahrgang, Heft 9, 1993, S. 35-36

Grupp, B. (1986): Interne Revision – Moderne Verfahren und Arbeitstechniken, Ludwigshafen 1986

Gunderson, K. (Hrsg., 1975): Language, Mind and Knowledge, Minneapolis 1975

Gutzwiller, T. (1994): Das CC RIM-Referenzmodell für den Entwurf von betrieblichen, transaktionsorientierten Informatonssystemen, Heidelberg 1994

Gulbins, J./ Seyfried, M./ Strack-Zimmermann H. (1993): Elektronische Archivierungssysteme, Image-Management-Systeme, Dokumenten-Management-Systeme, Berlin u. a. 1993

Gulbins, J./ Seyfried, M./ Strack-Zimmermann H. (1999): Dokumenten-Management, Vom Imaging zum Business Dokument, 2. Auflage, Berlin 1999

Haasters, K. (1999): Innovative Instrumente der prozeßorientierten Personalarbeit – Konzeptionelle Grundlagen und empirische Erhebungen, Berlin u.a., 1999

Hässig, K./ Arnold, M. (1996): Informationslogistik und Workflow Management, in: Die Unternehmung, 50. Jahrgang, Heft 2, 1996, S. 99-116

Hagemeyer, J./ Rolles, R./ Schmidt, Y./ Bachmann, J./ Haas, A. (1998): Sollkonzeptentwicklung und Implementierung eines Workflow-Managementsystems – eine Fallstudie, in: Hermann, T./ Scheer, A.-W./ Weber, H. (1998, Hrsg.): Verbesserung von Geschäftsprozessen mit flexiblen Workflow-Management-Systemen 2, Berlin 1998, S. 59-75

Hahn, D. (1971): Führung des Systems Unternehmung, in: Zeitschrift für Organisation, 40. Jahrgang, 1971, S. 161-169

Halbach, G./ Paland, N./ Schwedes, R./ Wlotzke, O. (1994): Übersicht über das Arbeitsrecht, 5. Auflage, Bonn 1994

Hammer, M./ Champy, J. (1994): Business Reengineering. Die Radikalkur für das Unternehmen, 3. Auflage, Frankfurt/ Main 1994

Hammer, M./ Champy, J. (1996): Business Reengineering. Die Radikalkur für das Unternehmen, 6. Auflage, Frankfurt/ Main 1996

Hannan, J. (1990, Hrsg.): Revision in der Datenverarbeitung, Braunschweig u.a. 1990

Hansen, H. R. (1992): Wirtschaftsinformatik 1, 6. Auflage, Stuttgart u. a. 1992

Hansen, H. R. (1996): Wirtschaftsinformatik 1, 7. Auflage, Stuttgart u. a. 1996

Harrington, H. J. (1991): Business Process Improvement: The Breakthrough Strategy For Total Quality, Productivity and Competitiveness, New York 1991

Hase, D./ Schneider, W./ Wüsthoff, H. (1998): Handbuch für die Einigungsstelle, 3. Auflage, Frankfurt/ Main 1998

Heilmann, H. (1994): Workflow-Management: Integration von Organisation und Informationsverarbeitung, in: Theorie und Praxis der Wirtschaftsinformatik, 31. Jahrgang, Heft 176, 1994, S. 8-21

Heinecke, A./ Hentze, J. (1989): EDV im Personalwesen: Der EDV-Einsatz in den funktionalen Bereichen der Personalwirtschaft, in: Personal, 41. Jahrgang, Heft 5, 1989, S. 194-199

Heinecke, A. (1994): EDV-gestützte Personalwirtschaft, München u.a. 1994

Heinecke, A. (1992): Die Applikationsmöglichkeit von Expertensystemen in den funktionalen Bereichen der Personalwirtschaft, Aachen 1992

Heinen, E. (1991, Hrsg.): Industriebetriebslehre. Entscheidungen im Industriebetrieb, 9. Auflage, Wiesbaden 1991

Heinrich, L.H./ Damschik, I./ Gappmaier, M./ Häntschel, I. (1995): Workflow-Management: Produktevaluierung im Labor, in: Theorie und Praxis der Wirtschaftsinformatik, Heft 181, 1995, S. 101-112

Henss, K./ Mikos, L. (1984): Personalinformationssysteme. Der große Bruder im Betrieb, Berlin 1984

Hentschel, B./ Jaspers, A./ Laicher, E. (1997): Auskunfts-, Bescheinigungs- und Meldevorschriften im Personalwesen: Rechtssammlung gesetzlicher Arbeitgeberpflichten an Datenübermittlungen gegenüber Behörden, 4. Auflage, Frechen-Königsdorf 1997

Hentschel, B. (2000a): Computergestützte Personalarbeit im Rollenwechsel, in: Personalarbeit und Computergestütztes Personalmanagement, 8. Jahrgang, Heft 6, 2000, S.66

Hentschel, B. (2000b): ASP: Software aus der Steckdose, in: Personalarbeit und Computergestütztes Personalmanagement, 8. Jahrgang, Heft 3, 2000, S.66

Hentze, J./ Brose, P. (1985): Organisation, Landsberg am Lech, 1985

Hentze, J./ Brose, P./ Kammel, A. (1993): Unternehmungsplanung, 2. Auflage, Stuttgart u.a. 1993

Hentze, J./ Kammel, A./ Lindert, K. (1997): Personalführungslehre, 3. Auflage, Stuttgart. u.a. 1997

Hentze, J./ Keiser, O. (1999): Personalfreistellung, in: Clermont, A./ Schmeisser, W. (Hrsg., 1999): Betriebliche Personal- und Sozialpolitik, München 1999, S. 131-146

Hentze, J./ Heinecke, A./ Kammel, A. (2000): Allgemeine Betriebswirtschaftslehre, München u.a. 2000

Hentze, J./ Kammel, A. (2001): Personalwirtschaftslehre 1, 7. Auflage, Stuttgart u.a. 2001

Hentze, J./ Kammel, A. (2002): Personalwirtschaftslehre 2, 7. Auflage, Stuttgart u.a. 2002 (im Druck)

Hermann, T./ Scheer, A.-W./ Weber, H. (1997, Hrsg.): Verbesserung von Geschäftsprozessen mit flexiblen Workflow-Management-systemen 1, Berlin 1997

Hermann, T./ Scheer, A.-W./ Weber, H. (1998, Hrsg.): Verbesserung von Geschäftsprozessen mit flexiblen Workflow-Management-systemen 2, Berlin 1998

Herrmann, T./ Bayer, E. (2000a): Datenschutzkonzepte bei Workflow-Management-Systemen (1), in: Computer: Fachwissen für Betriebs- und Personalräte, Heft 1, 2000, S. 23-28

Herrmann, T./ Bayer, E. (2000b): Datenschutzkonzepte bei Workflow-Management-Systemen (2), in: Computer: Fachwissen für Betriebs- und Personalräte, Heft 2, 2000, S. 26-30

Hoch, D. J./ Schirra, W. (1993): Entwicklung der Informationstechnologie – Management des Wandels in einer Zeit des Paradigmenwechsels, in Scheer, A. W. (1993, Hrsg.): Handbuch des Information Management, Wiesbaden 1993

Hölzle, P. (1999): Prozeßorientierte Personalarbeit. Vom Personal- zum Führungs-Controlling, Frankfurt/ Main u.a. 1999

Hoff, A./ Weidinger, M./ Göbel, J. (1988): Neue Arbeitszeitsysteme, Eschborn 1988

Hollingsworth, D. (1997): The Workflow Reference Model, in: Lawrence, P. (Hrsg., 1997):Workflow Handbook, New York u.a. 1997, S. 243-293

Hoppe, M. (1993): Organisation und DV-Unterstützung der Personalwirtschaft, Bergisch Gladbach u. a., 1993

Huch, B. (1992): EDV-gestütztes Controlling: Stand und Entwicklung, in: Huch et al. (Hrsg., 1992): Controlling und EDV, Frankfurt/ Main 1999, S. 15-28

Huch, B./ Behme, K./ Schimmelpfeng, K. (Hersg., 1992): Controlling und EDV - Konzepte und Methoden für die Unternehmenspraxis, Frankfurt/ Main 1999

Hungenberg, H. (2000): Strategisches Management in Unternehmen. Ziele – Prozesse – Verfahren, Wiesbaden 2000

IDC (Hrsg., 1994): Special Report, Lotus Notes, Frankfurt a. Main, 1994

Ising, A. (2001): E-Business im Personalwesen: Instrument zu einer verbesserten Mitarbeiterorientierung, Bochum 2001

Jablonski, S. (1995): Workflow-Management-Systeme. Modellierung und Architektur, Bonn u. a. 1995

Jablonski, S. (1995b): Workflow-Management-Systeme: Motivation, Modellierung Architektur, in: Informatik Spektrum, Heft 18, 1995, S. 13-24

Jablonski, S./ Böhm, M./ Schulze, W. (Hrsg., 1997): Workflow-Management, Entwicklung von Anwendungen und Systemen, Heidelberg 1997

Jele, H. (1999): Wissenschaftliches Arbeiten, München 1999

Jensen, M. C./ Meckling, W. H. (1976): Theory of the Firm: Managerial Behavior, Agency Costs and Ownership Structure, in: Journal of Financial Economics, 3, 1976, S. 305-360

Jeserich, W. (1981): Mitarbeiter fördern und auswählen – Assessment-Center-Verfahren, München u.a. 1981

Jeserich, W. (1991): Handwörterbuch der Weiterbildung, Mitarbeiter auswählen und fördern: AC-Verfahren, 6. Auflage, München u.a. 1991

Jung, H. (1995): Personalwirtschaft, München u. a. 1995

Karl, R./ Karl, S. (2000): Studie 2000, Geschäftsprozesse - elektronisch gestalten und optimieren via Workflow Management, Höhenkirchen 2000

Kieser, A./ Reber, G./ Wunderer, R. (Hrsg., 1995): Handwörterbuch der Führung, 2. Auflage, Stuttgart 1995

Knebel, H./ Becker, L. (1979): Anlage und Führung von Personalakten, in: Das Personal-Büro in Recht und Praxis, Freiburg-Breisgau, 1979, S. 364-380

Kosiol, E. (1964): Betriebswirtschaftslehre und Unternehmensforschung, in: Zeitschrift für Betriebswirtschaft, 34. Jahrgang, 1964, S. 743-762

Kosiol, E. (1978): Die Unternehmung als wirtschaftliches Aktionszentrum, Einführung in die Betriebswirtschaftslehre, 23. - 25. Tsd., Reinbek bei Hamburg 1978

Kossbiel, H./ Mülder, W./ Oberweis, A. (2000): IT und Personal, in: Wirtschaftsinformatik, 42. Jahrgang, Sonderheft IT & Personal, 2000, S. 7-8

Kränzle, H.-P. (1995): Dokumentenmanagement: Technik und Konzepte, in: Theorie und Praxis der Wirtschaftsinformatik, Heft 181, 1995, S. 26-43

Krcmar, H. (2000): Informationsmanagement, 2. Auflage, Berlin u. a. 2000

Kropp, W. (1997): Systemische Personalwirtschaft: Wege zu vernetzt-kooperativen Problemlösungen, München 1997

Kupsch, P. U./ Marr, R.(1991): Personalwirtschaft, in Heinen, E. (1991, Hrsg.): Industriebetriebslehre. Entscheidungen im Industriebetrieb, 9. Auflage, Wiesbaden 1991, S. 729-896

Kurbel, K./ Nenoglu, G./ Schwarz, C. (1997): Von der Geschäftsprozessmodellierung zur Workflowspezifikation – Zur Kompatibilität von Modellen und Werkzeugen, in: Theorie und Praxis der Wirtschaftsinformatik, Heft 198, 1997, S. 66-82

Lamla, J.(1995): Prozeßbenchmarking, München 1995

Langendörfer, H. (1992): Leistungsanalyse von Rechensystemen - Messen, Modellieren, Simulation, München u.a. 1992

Langendörfer, H./ Schnor, B. (1994): Verteilte Systeme, München u.a. 1994

Lawrence, P. (Hrsg., 1997): Workflow Handbook, New York u.a. 1997

Lehmann, F. R. (1999): Fachlicher Entwurf von Workflow-Management-Anwendungen, Stuttgart u.a. 1999

Limbach, M. (1987): Planung der Personalanpassung, Köln 1987

Lippold, H. (1993): BIFOA-Marktübersicht: Vorgangsmanagementsysteme, Köln 1993

Löwisch, M./ Rieble V., (1985): Anmerkungen zum Beschluß des Bundesarbeitsgerichtes vom 14.09.1984, in: Entscheidungssammlungen zum Arbeitsrecht Paragraph 87 Betriebsverfassungsgesetz 1972, Kontrolleinrichtungen Nr. 11, 1985, S. 91-95

Lockemann, P.C./ Schreiner, A./ Trauboth, H./ Klopprogge, M. (1983): Systemanalyse, DV-Einsatzplanung, Berlin u.a. 1983

Malone, T. W. (1988): What is Coordination Theory ? Center for Coordination Science, Massachusetts Institute of Technology, Working Paper, Cambridge/ Massachusetts 1988

Malone, T. W./ Crowston, K. (1990): What is Coordination Theory and How Can It Help Design Cooperative Work Systems? in: Baecker, R. M. (Hrsg., 1990): Groupware and Computer-Supported Cooperative Work, San Francisco/ Kalifornien 1990, S. 375-388

Malone, T. W./ Crowston, K. (1991): Toward an Interdisciplinary Theory of Coordination, Center for Coordination Science, Massachusetts Institute of Technology, Working Paper, Cambridge/ Massachusetts 1991

Malone, T. W. / Crowston, K. (1992): The Interdisciplinary Study of Coordination, Center for Coordination Science, Massachusetts Institute of Technology, Working Paper, Cambridge/ Massachusetts 1992

Malone, T. W. / Crowston, K./ Lee, J./ Pentland, B. (1993): Tools for inventing organizations: Toward a handbook of organizational processes, Center for Coordination Science, Massachusetts Institute of Technology, Working Paper, Cambridge/ Massachusetts 1993

Maurer, G. (1996): Von der Prozeßorientierung zum Workflow Management. Teil 1: Prozeßorientierung – Grundgedanken, Kernelemente, Kritik, in: Arbeitspapiere WI, Nr. 9/ 1996, Hrsg.: Lehrstuhl für Allg. BWL und Wirtschaftinformatik, Johannes Gutenberg-Universität, Mainz 1996

Mayring, P. (1996): Einführung in die qualitative Sozialforschung : eine Anleitung zu qualitativem Denken, 3. Auflage, Weinheim 1996

Meckel, R. (1999, Hrsg.): Personalarbeit und Outsourcing: HR-Services und Dienstleistungen, Frechen 1999

Mertens, P. (1996): Gesetz und Verordnung zur digitalen Signatur – Bewegung auf der Datenautobahn ?, in Computer und Recht, Heft 12, S. 769-775

Mertens, P./ Bodendorf, F./ König, W./ Picot, A./ Schumann, M. (1996): Grundzüge der Wirtschaftsinformatik, 4. Auflage, Berlin u. a. 1996

Metz, Th.(1995): Status, Funktion und Organisation der Personalabteilung – Ansätze zu einer institutionellen Theorie des Personalwesens (Diss.), München und Mering 1995

Mühlherr, T./ Sauter, C./ Teufel, S. (1994): Einführung in CSCW: Computer Supported Cooperative Work, Publikation des Institutes für Informatik der Universität Zürich IFI, 1994

Mülder, W. (1994): Zehn Forderungen an computergestützte Personalinformationssysteme, in: Personal, 46. Jahrgang, Heft 4, 1994, S. 156-161

Mülder, W. (1997a): Computergestützte Personalarbeit - Entwicklungstrends, in: Computergestützte und operative Personalarbeit, 5. Jahrgang, Heft 2, 1997, S. 9-12

Mülder, W. (1997b): Standardsoftware für die Personalwirtschaft, Software-Trends, in: Computergestützte und operative Personalarbeit, 5. Jahrgang, Heft 4, 1997, S. 24-26

Mülder, W. (1999): Computergestützte Personalarbeit mit SAP R/ 3 HR - erfolgreich durch moderne Software, in: Schmeisser, W./ Clermont, A./ Protz, A. (1999, Hrsg.): Personalinformationssysteme und Personalcontrolling, Neuwied 1999, S. 49-75

Mülder, W. (2000a): Personalinformationssysteme – Entwicklungsstand, Funktionalität und Trends, in: Wirtschaftsinformatik, 42. Jahrgang, Sonderheft IT & Personal, 2000, S. 98-106

Mülder, W. (2000b): Human Resource Software in Europa, Ergebnisse einer Marktstudie, in: Personalarbeit und Computergestütztes Personalmanagement, 8. Jahrgang, Heft 1, 200, S. 12-17

Müller-Merbach, H. (1992):Operations Research, 3. Auflage, 1992

Neuberger, O. (1997): Personalwesen 1, Grundlagen, Entwicklungen, Organisation, Arbeitszeit, Fehlzeiten, Stuttgart 1997

NLVA (Niedersächsisches Landesverwaltungsamt, Hrsg., 1989): ELBÜ – Pilotprojekt Elektronisches Büro. Rechtliche Aspekte der elektronischen Speicherung von Dokumenten, Hannover 1989

Oberweis, A. (1996): Modellierung und Ausführung von Workflows mit Petri-Netzen, Stuttgart 1996

Oechsler, W. A./ Schönfeld, T. (1986): Computergestützte Personalinformationssysteme. Rechtliche Probleme in der betrieblichen Praxis, in: Die Betriebswirtschaft, Heft 6, 1986, S. 720-735

Oechsler, W. A. (1997): Personal und Arbeit: Einführung in die Personalwirtschaft unter Einbeziehung des Arbeitsrechts, 6. Auflage, München 1997

Oechsler, W. A. (2000): Personal und Arbeit : Grundlagen des Human Resource Management und der Arbeitgeber-Arbeitnehmer-Beziehungen, 7. Auflage, München 2000

Oelsnitz, D. von der (2000): Marktorientierte Organisationsgestaltung: eine Einführung, Stuttgart u.a. 2000

Oelsnitz, D. von der/ Kammel, A. (Hrsg., 2001): Kompetenzen moderner Unternehmensführung, Bern u.a. 2001

Picot, A./ Rohrbach, P. (1995): Organisatorische Aspekte von Workflow-Management-Systemen, in: Information Management, Heft 1, 1995, S. 28-35

Picot, A./ Ripperger, T./ Wolff, B. (1996): The Fading Boundaries of the Firm: The Role of Information and Communication Technology, in: Journal of Institutional and Theoretical Economics, Vol. 152, 1996, S. 65-79

Picot, A./ Reichwald, R./ Wigand, R. T. (2001): Die grenzenlose Unternehmung, Information, Organisation und Management, 4. Auflage, Wiesbaden 2001

Pietsch, M. (1994): Beiträge zur Konfiguration von Standardsoftware am Beispiel der Geschäftsprozeßimplementierung und der Parameterinitialeinstellung bei der Einführung eines großintegrierten PPS-Systems, Erlangen u.a. 1994.

Pünnel, L./ Isenhardt, U. (1997): Die Einigungsstelle des BetrVG 1972, 4. Auflage, Neuwied u.a. 1997

Puppe, F. (1991): Einführung in Expertensysteme, 2. Auflage, Berlin u. a. 1991

Raffée, H. (1974): Grundprobleme der Betriebswirtschaftslehre, Göttingen, 1974

Raufer, H. (1997): Dokumentenorientierte Modellierung und Controlling von Geschäftsprozessen, Wiesbaden 1997

Reichert, L. (1988): Führung und Personalwesen, in: Personal, Heft 3 1988, S. 114-117

RegTP (Regulierungsbehörde für Telekommunikation und Post, Hrsg., 2000): Die digitale Signatur, ohne Ortsangabe 2000

Reinermann, H. (1994): Vorgangssteuerung in Behörden, in: Theorie und Praxis der Wirtschaftsinformatik, 31. Jahrgang, Heft 176, 1994, S. 22-34.

Reinwald, B. (1993): Workflow-Management in verteilten Systemen, Stuttgart u.a. 1993

Ridder, H.-G. (1999): Personalwirtschaftslehre, Stuttgart u.a. 1999

RKW (Rationalisierungs-Kuratorium der Deutschen Wirtschaft e. V., Hrsg., 1996): RKW-Handbuch Personalplanung, 3. Auflage, Berlin u.a. 1996

Rolle, R. (1997): Kontinuierliche Verbesserung von workflow-gestützten Geschäftsprozessen, in: Hermann, T./ Scheer, A.-W./ Weber, H. (1997, Hrsg.): Verbesserung von Geschäftsprozessen mit flexiblen Workflow-Management-Systemen 1, Berlin 1997, S. 109-133

Ropohl, G. (1979): Eine Systemtheorie der Technik, München u.a. 1979

Ropohl, G. (1990): Technologische Aufklärung, Beiträge zur Technikphilosophie, Frankfurt a.M. 1990

Rosenstiel v., L. (1993, Hrsg.): Führung von Mitarbeitern : Handbuch für erfolgreiches Personalmanagement, 2.Auflage, Stuttgart 1993

Roßnagel, A. (1997): Das Signaturgesetz. Eine kritische Bewertung des Gesetzentwurfs der Bundesregierung, in: Datenschutz und Datensicherheit, 21. Jahrgang, Heft 2, 1997, S. 75-81

Pratt, J. W./ Zeckhauser, R. J. (Hrsg., 1985): Principals and Agents: The Structure of Business, Boston 1985

Rühli, E. (1992): Koordination, in: Frese, E. (Hrsg., 1992): Handwörterbuch der Organisation, 3. Auflage, Stuttgart 1992, S. 1164-1175

SAP AG (Hrsg., 2000): Funktionen im Detail, SAP Personalwirtschaft: Mitarbeiter Self-Service, Walldorf, 2000

Schäl, T./ Zeller, B. (1993): Supporting Cooperative Procecces with Workflow Management Technology, Tutorial at the Third European Conference on Computer Supported Cooperative Work, Mailand 1993

Schanz, G. (1976): Verhaltentheoretische Betriebswirtschaftslehre und soziale Praxis, in Ulrich, H. (1976, Hrsg.): Zum Praxisbezug der Betriebswirtschaftlehre, 1976, S. 13-32

Scheer, A. W. (1993, Hrsg.): Handbuch des Information Management, Wiesbaden 1993

Scheer, A.-W. (1994a, Hrsg.): Prozeßorientierte Unternehmensmodellierung, Wiesbaden 1994

Scheer, A.-W. (1994b): Was ist „Business Process Reengineering“ wirklich ?, in: Scheer, A.-W. (Hrsg., 1994a):Prozeßorientierte Unternehmensmodellierung, Wiesbaden 1994, S. 5-12

Scheer, A.-W. (1994c): Wirtschaftsinformatik, Referenzmodelle für industrielle Geschäftsprozesse, 5. Auflage, Berlin u.a. 1994

Scheer, A.-W./ Galler, J. (1994): Die Integration von Werkzeugen für das Management von Geschäftsprozessen, in: Scheer, A.-W. (Hrsg., 1994a): Prozeßorientierte Unternehmensmodellierung, Wiesbaden 1994, S. 101-118

Scheer, A.-W./ Galler, J. (1995): Workflow-Projekte: Vom Geschäftsprozeßmodell zur unternehmensspezifischen Workflow-Anwendung, in: Information Management, Heft 1, 1995, S. 20-27

Scheer, A.-W./ Nüttgens, M./ Zimmermann, V. (1995): Rahmenkonzept für ein integriertes Geschäftsprozeßmanagement, in: Wirtschaftsinformatik, Band 37, Heft 5, 1995, S. 426-434

Schmeisser, W./ Clermont, A./ Protz, A. (1999, Hrsg.): Personalinformationssysteme und Personalcontrolling, Neuwied 1999

Schmidt, G. (1994): Organisatorische Grundbegriffe, Gießen 1994

Schönecker, H.G. (1993): Begriffe zum Geschäftsprozeßmanagement, in: Office Management, Heft 7, 1993, S. 56-57

Scholz, C. (1992): Effektivität und Effizienz, organisatorische, in: Frese, E. (Hrsg.): Handwörterbuch der Organisation, 3. Auflage, Stuttgart 1992, Sp. 533-552

Scholz, C. (1994): Personalmanagement, 4. Auflage, München 1994

Scholz, C./ Djarrahzadeh, M. (1995a): Strategisches Personalmanagement: Konzeptionen und Realisationen (USW-Schriften für Führungskräfte, Band 28), Stuttgart 1995

Scholz, C. (1995b): Die virtuelle Personalabteilung, Ein Denkmodell für das Jahr 2000?, in: Personalführung, Heft 5, 1995, S. 398-403

Scholz, C. (1996): Die virtuelle Personalabteilung, ein Jahr später. in: Personalführung Heft 12, 1996, S. 1080-1086

Scholz, C. (1997): Strategische Organisation: Prinzipien zur Vitalisierung und Virtualisierung, Landsberg am Lech 1997

Scholz, C. (1998): Die virtuelle Personalabteilung, in: Freimuth, J./ Meyer, A. (Hrsg., 1998): Fraktal, fuzzy. oder darf es ein wenig virtueller sein? Personalarbeit an der Schwelle zum neuen Jahrtausend, München u.a. 1998, S. 103-113

Scholz, C. (Hrsg., 1999a): Innovative Personal-Organisation: Center-Modelle für Wertschöpfung, Strategie, Intelligenz und Virtualisierung, Neuwied u.a. 1999

Scholz, C. (1999b): Die Virtuelle Personalabteilung als Zukunftsvision?, in: Scholz, C. (Hrsg., 1999): Innovative Personal-Organisation: Center-Modelle für Wertschöpfung, Strategie, Intelligenz und Virtualisierung, Neuwied u.a. 1999, S. 233-253

Scholz, C. (2000): Personalmanagement, 5. Auflage, München 2000

Scholz, C. (2001): Fraktalisierung der Personalarbeit oder Virtualisierung der Personalabteilung, in: Oelsnitz, D. von der/ Kammel, A. (Hrsg., 2001): Kompetenzen moderner Unternehmensführung, Bern u.a. 2001, S. 139-154

Scholz, R./ Vrohlings, A. (1994): Prozeß-Leistungs-Transparenz, in: Gaitanides et al. (Hrsg., 1994): Prozeßmanagement, München u.a. 1994, S. 57-98

Schreiber, S. (1992): Integrierter Prozeß der Personalfreisetzungsplanung, Köln 1992

Schuh, G./ Katzy, B. R./ Dresse, S. (1995): Prozeßmanagement erfolgreich einführen, in: io Management, 64. Jahrgang, Heft 12, 1995, S. 64-67

Schwickert, A. C./ Lüders, R. (1999): Electronic Commerce auf lokalen Märkten, in: Arbeitspapiere WI, Nr.2/ 1999, Hrsg.: Lehrstuhl für Allg. BWL und Wirtschaftsinformatik, Johannes Gutenberg-Universität, Mainz 1999

Searle, J. R. (1975): A Taxonomy of Illocutionary Acts, in: Gunderson, K. (Hrsg., 1975): Language, Mind and Knowledge, Minneapolis 1975, S. 344-369

Seidel, G. (1987): Urkundensichere Dokumentenverarbeitung, in: Computer und Recht, 1987, S. 376-384

Simon, H. (1993): Die Unternehmen brauchen eine Radikalkur. Reengineering könnte der richtige Weg sein/ Drei Fallstudien, in Frankfurter Allgemein Zeitung, Nr. 204, 07.12. 1993

Spie, U. (1983): Personalwesen als Managementaufgabe: Handbuch für die Personalpraxis, Stuttgart 1983

Staehle, W. H. (1999): Management, 8. Auflage, München 1999

Stahlknecht, P./ Hasenkamp, U. (1997): Einführung in die Wirtschaftsinformatik, 8. Auflage, Berlin u. a. 1997

Stark, H.(1997): Understanding Workflow, in: Lawrence, P. (Hrsg.): Workflow Handbook, New York u.a. 1997, S. 5-25

Steinle, C. (1995): Führungskonzepte und ihre Implementation, in: Kieser, A./ Reber, G./ Wunderer, R. (Hrsg., 1995): Handwörterbuch der Führung, 2. Auflage, Stuttgart 1995, Sp. 736-750

Stickel, E./ Groffmann/ H.-D./ Rau, K.H. (1997, Hrsg.): Gabler-Wirtschaftsinformatik-Lexikon, Wiesbaden 1997

Strohmeier, S. (1996): SAP R/ 3 HR. Eine personalwirtschaftliche Einführung, Bamberg 1996

Strohmeier, S. (1999): Software Kompendium Personal, Frechen 1999

Strohmeier, S. (2000): Informatisierung der Personalwirtschaft: Eine kritische Bestandsaufnahme gegenwärtiger Forschung, in: Wirtschaftsinformatik, 42. Jahrgang, Sonderheft IT & Personal, 2000, S. 90-96

Tanenbaum, A. S. (1990): Betriebssysteme, Entwurf und Realisierung, München u.a. 1990

Teufel, S./ Sauter, C./ Mühlherr, T./ Bauknecht, K. (1995): Computerunterstützung für die Gruppenarbeit, Bonn 1995

Ulich, E. (1991): Arbeitspsychologie, Zürich 1991

Ulrich, H. (1970): Die Unternehmung als produktives soziales System, 2. Auflage, Stuttgart u.a. 1970

Ulrich, H. (1976, Hrsg.): Zum Praxisbezug der Betriebswirtschaftlehre, Stuttgart u.a. 1976

Vogler, P. (1996): Chancen und Risiken von Workflow-Management, in: Vogler, P./ Österle, H. (1996, Hrsg.): Praxis des Workflow-Managements. Grundlagen, Vorgehen, Beispiele, Braunschweig u. a. 1996, S. 343-362

Vogler, P./ Österle, H. (1996, Hrsg.): Praxis des Workflow-Managements. Grundlagen, Vorgehen, Beispiele, Braunschweig u. a. 1996

Voß, S./ Gutenschwager, K. (2001): Informationsmanagement, Berlin u.a. 2000

Vossen, G./ Becker, J. (1996, Hrsg.): Geschäftsprozessmodellierung und Workflow-Management, Modelle, Methoden, Werkzeuge, Bonn 1996

Wächter, H. (1992): Vom Personalwesen zum Strategic Human Resource Management. Ein Zustandsbericht anhand der neueren Literatur. In: Staehle, W. H./ Hauke, C. (Hrsg.): Managementforschung 2, Berlin, New York 1992, S. 313-340

Wagner, D. (1989a): Organisation, Führung und Personalmanagement: neue Perspektiven durch Flexibilisierung und Individualisierung, Freiburg im Breisgau 1989

Wagner, D. (1989b): Zentralisation oder Dezentralisation der Personalfunktion in der Unternehmung? Organisatorisch-institutionelle Aspekte und konzeptionelle Perspektiven des Personalmanagements, in: Zeitschrift Führung und Organisation, 57. Jahrgang, Heft 3, 1989, S. 179-185

Wagner, D. (1994a): Personalfunktion in der Unternehmensleitung: Grundlagen, empirische Analyse, Perspektiven, Wiesbaden 1994

Wagner, D. (1994b): Die Organisation des Personalwesens, in: Personal, 48. Jahrgang, Heft 9, 1994, S. 472-477

Wagner, D. (1999): Die Personalabteilung als Cost-/ Profit-Center, in: Scholz, C. (Hrsg., 1999): Innovative Personal-Organisation: Center-Modelle für Wertschöpfung, Strategie, Intelligenz und Virtualisierung, Neuwied u.a. 1999, S. 62-73

Wallmüller, E. (1990): Software Qualitätssicherung in der Praxis, München u.a. 1990

Walter, H.-C. (1989): Systementwicklung – Planung, Realisierung und Einführung von EDV-Anwendersystemen, Köln 1989

Weber, J. (1988): Einführung in das Controlling, Stuttgart 1988

Weber, U./ Erich, C. (1999): Einigungsstelle: eine systematische Darstellung zur Lösung betriebsverfassungsrechtlicher Konflikte, München 1999

Wenzel, P. (2001): Personalwirtschaft mit SAP R-3: Personalstammdaten, Organisationsmanagement, Personalentwicklung und -beschaffung, Zeitwirtschaft, Lohn- und Gehaltsabrechnung, Reisemanagement, Internetanbindung, Braunschweig 2001

Wersch, M. (1995): Workflow-Management. Systemgestützte Steuerung von Geschäftsprozessen, Wiesbaden 1995

Wild, J. (1967): Zur praktischen Bedeutung der Organisationstheorie, in Zeitschrift für Betriebswirtschaft, 37. Jahrgang, S. 567-592

Willamson, O. E. (1983): Markets and Hierarchies: Analysis and Antitrust Implications, A Study in the Economics of Internal Organization, New York 1983

Witt, F.-J. (1991): Aktivitätskontrolle und Prozeßkostenmanagement, Stuttgart 1991

Witte, E. (1981a, Hrsg.): Der praktische Nutzen empirischer Forschung, Tübingen 1981

Witte, E. (1981b): Nutzungsanspruch und Nutzungsvielfalt, in: Witte, E. (1981a, Hrsg.): Der praktische Nutzen empirischer Forschung, Tübingen 1981, S. 13-40

Witte, W. (1993): Die elektronische Personalakte, in: Computergestütze Personalarbeit, Heft 2, 1993, S. 51-53

Wittmann, W. (1959): Unternehmung und unvollkommene Information, Köln 1959

Wohlgemut, H. H. (1992): Neuere Entwicklungen im Arbeitnehmerdatenschutz, Der Betriebs-Berater, 47. Jahrgang, Heft 5, S. 281

Wunderer, R. (1992a): Das Personalwesen auf dem Weg zu einem Wertschöpfungs-Center, in: Personal, 52. Jahrgang, Heft 4, 1992, S. 148-153

Wunderer, R. (1992b): Von der Personaladministration zum Wertschöpfungs-Center. Vision, Konzeption und Realisation unternehmerischer Personalarbeit, in: Die Betriebswirtschaft, 52. Jahrgang, Heft 2, 1992, S. 201-215

Wunderer, R./ Arx, S. (1999): Personalmanagement als Wertschöpfungs-Center, Wiesbaden 1999

Zäpfel, G. (1982): Produktionswirtschaft, operatives Produktions-Management, Berlin u.a. 1982

Zimmermann, W. (1999): Operations Research, Quantitative Methoden zur Entscheidungsvorbereitung, 9. Auflage, München 1999

Zöllner, W. (1986): Der Einsatz neuer Technologien als arbeitsrechtliches Problem, in: Der Betrieb, Beilage Nr. 7 zu Heft 10, 1986, S. 1-8

Schriften zum Managementwissen

Herausgegeben von Joachim Hentze und Andreas Kammel

Band 1 Maik Oliver Spohr: Inter- und intraorganisationale Beziehungen in der europäischen Automobilelektronikbranche. Eine ego-zentrierte Analyse. 2002.

Band 2 Jens Kaufmann: Intrapreneuring: Gestaltungsansätze von Instrumenten ausgewählter personalwirtschaftlicher Funktionsbereiche. 2003.

Band 3 Oliver Keiser: Virtuelle Teams. Konzeptionelle Annährung, theoretische Grundlagen und kritische Reflexion. 2003.

Band 4 Klaus Koch: Workflow-Management in der betrieblichen Personalwirtschaft. 2003.

Oliver Keiser

Virtuelle Teams

Konzeptionelle Annäherung, theoretische Grundlagen und kritische Reflexion

Frankfurt/M., Berlin, Bern, Bruxelles, New York, Oxford, Wien, 2002.
242 S., zahlr. Tab. und Graf.
Schriften zum Managementwissen.
Herausgegeben von Joachim Hentze und Andreas Kammel. Bd. 3
ISBN 3-631-50191-9 · br. € 37.80*

Das Objekt der wissenschaftlichen Auseinandersetzung in dieser Arbeit sind „virtuelle Teams". Virtuelle Teams werden aktuell zum einen in praxisorientierten Beiträgen mit häufig nahezu euphorischem Beiklang als eine durch die revolutionäre Entwicklung und Verbreitung der Informations- und Kommunikationstechnik ermöglichte neuartige Form betrieblicher Teamarbeit propagiert. Zum anderen werden sie gegenwärtig auch im Rahmen der wissenschaftlichen Diskussion mit deutlich zunehmender Frequenz thematisiert. Besonders für die Betriebswirtschaftslehre ist diesbezüglich ein Forschungsdefizit festzustellen, und so ist es Ziel dieser Arbeit, zur Fundierung des Konzepts virtueller Teams in diesem Kontext beizutragen.

Aus dem Inhalt: Virtualisierung und Teamorientierung · Definitorische Annäherung und Elemente einer „Theorie der virtuellen Teams" · Ausgewählte Aspekte virtueller Teams unter besonderer Berücksichtigung der Einflußpotentiale von Groupware